Philip Yancey
Sehnsucht nach dem unsichtbaren Gott

Philip Yancey

Sehnsucht nach dem unsichtbaren Gott

Titel der Originalausgabe:
Reaching for the Invisible God

© 2000 by The Zondervan Corporation
Published by Zondervan Publishing House,
Grand Rapids, Michigan 49530, USA

© 2001 der deutschen Ausgabe
by Gerth Medien GmbH, Asslar
1. Taschenbuch-Auflage 2004

Die Bibelstellen stammen, falls nicht anders angegeben,
aus der „Gute Nachricht"-Bibel.

ISBN 3-89490-517-4

Übersetzung: Roland Renz
Umschlaggestaltung: Hanni Plato
Umschlagfoto: ZEFA
Satz: Die Feder GmbH, Wetzlar
Druck und Verarbeitung: Ebner & Spiegel, Ulm

Nachdruck, auch auszugsweise, nur mit Genehmigung des Verlages.

Inhalt

Vorwort 9

Teil I: Durst.
Unsere Sehnsucht nach Gott 11

Kapitel 1: Wieder geboren, aber taubstumm 13
Kapitel 2: Der Durstige am Brunnen 25

Teil II: Glaube.
Wenn Gott scheinbar abwesend, gleichgültig
oder uns sogar feindlich gesinnt ist 35

Kapitel 3: Raum für den Zweifel 37
Kapitel 4: Angriff auf den Glauben 52
Kapitel 5: Der beidhändige Glaube 65
Kapitel 6: Im Glauben leben 77
Kapitel 7: Bewältigung des Alltags 91

Teil III: Gott.
Kontakt mit dem Unsichtbaren 105

Kapitel 8: Gott kennen lernen – wen sonst? 107
Kapitel 9: Ein Persönlichkeitsprofil 123
Kapitel 10: Im Namen des Vaters 134
Kapitel 11: Der Stein von Rosette 147
Kapitel 12: Der Mittler 161

Teil IV: Einheit.
Ungleiche Partnerschaft 173

Kapitel 13: Das Vermächtnis 175
Kapitel 14: Unbeherrschbar 188
Kapitel 15: Die Leidenschaft und die Wüste 201
Kapitel 16: Geistliche Amnesie 214

Teil V: Wachstum.
Die Entwicklungsstufen 227

Kapitel 17: Das Kind 229
Kapitel 18: Der Erwachsene 243
Kapitel 19: Die Eltern 256

Teil VI: Erneuerung.
Das Ziel der Beziehung 271

Kapitel 20: Das verlorene Paradies 273
Kapitel 21: Göttliche Ironie 284
Kapitel 22: Eine arrangierte Ehe 295
Kapitel 23: Karfreitag und die Folgen 306

Anmerkungen 319

Der Herr sagt:
„Der Weise soll sich nicht wegen seiner Weisheit rühmen,
der Starke nicht wegen seiner Stärke
und der Reiche nicht wegen seines Reichtums.
Grund sich zu rühmen hat nur,
wer mich erkennt und begreift, was ich will.
Denn ich bin der Herr, der Liebe, Recht und Treue
auf der Erde schafft!
An Menschen, die sich danach richten, habe ich Freude."
Jeremia, 9,22–23

Vorwort

In gewisser Hinsicht habe ich mit dem Schreiben dieses Buch schon an dem Tag begonnen, als ich zum ersten Mal die Sehnsucht verspürte, Gott kennen zu lernen. Dieser Hunger ist in meinen Augen für einen Christen nichts Ungewöhnliches, aber viele Rezepte, mit deren Hilfe ich ihn stillen wollte, haben mich nicht wirklich satt gemacht. Manche Christen werben mit dem großartigen Versprechen auf „eine persönliche Beziehung zu Gott", als sei es selbstverständlich, dass man Gott auf die gleiche Art kennen lernen könne wie einen Menschen. Und doch fällt eines Tages ein Vorhang, der Vorhang, der das Unsichtbare vom Sichtbaren trennt. Wie kann ich eine persönliche Beziehung zu jemandem haben, von dem ich nie ganz sicher bin, dass er existiert? Oder kann man diese Gewissheit doch bekommen?

Der Ausgangspunkt meines Buches ist der Zweifel, das Ziel der Glaube – was auch meinen eigenen Lebensweg wiedergibt. Wer Spiritualität argwöhnisch gegenübersteht oder vielleicht nach schlechten Erfahrungen mit der Kirche Narben davongetragen hat, sollte so weit lesen, wie er kann, und dann aufhören. Ich plane, ein zweites Buch über die eher praktischen Aspekte der Beziehung zu schreiben, unter anderem die Kommunikation mit Gott. Auf jeden Fall habe ich C. S. Lewis' Hinweis im Sinn, dass wir Menschen eher erinnert statt angeleitet werden sollten. Immerhin greife ich die ältesten Fragen von Christen auf, Fragen, von denen sich die Christen im 1. Jahrhundert genauso beunruhigen ließen wie wir uns im 21.

Im Hinblick auf gewisse empfindliche Reaktionen sollte ich auch erwähnen, dass ich ab und zu das maskuline Personalpronomen für Gott verwende. Ich weiß durchaus, dass Gott unsichtbar und ohne Körperteile ist (das diesem Buch zu Grunde liegende Motiv), aber leider sind die geschlechtsneutralen Personalpronomen in unserer Sprache unzureichend. Ich bin sprachlichen Lösungen abgeneigt, die Gott mehr abstrakt als persönlich erscheinen lassen. Wegen der sprachlichen Einschränkungen bleibe ich bei der biblischen Lösung, den maskulinen Pronomen.

Mein Lektor John Sloan hat mich auf noch verschlungeneren redaktionellen Pfaden begleitet als gewöhnlich. Irgendwie gelingt es John, auf Mängel zu verweisen, deren Korrektur wochenlange Arbeit bedeutet, allerdings auf eine Weise, die Mut und Hoffnung macht. Meiner Erfahrung nach ist ein guter Lektor zum Teil auch Therapeut oder Sozialarbeiter. Bob Hudson und viele andere Mitarbeiter im *Zondervan Publishing House* begleiteten das Manuskript durch die späteren elektronischen Stadien. Und meine Assistentin Melissa Nicholson leistete ihren Beitrag mit vielen wertvollen Diensten.

Ich hatte eine erste Fassung dieses Buches an eine Reihe von Lesern verschickt, um Feedback zu bekommen. Die zurückgesandten und mit Anmerkungen versehenen Manuskripte stellten überzeugend klar, dass eine Beziehung zu Gott so subjektiv und unterschiedlich ist wie die daran beteiligten Menschen. Ich möchte Mark Bodnarczuk, Doug Frank, David Graham, Kathy Helmers, Rob Muthiah, Catherine Pankey, Tim Stafford, Dale Suderman und Jim Weaver für ihre geschätzten Anmerkungen danken. Sie halfen mir nicht nur bei inhaltlichen Fragen, sondern auch bei der Struktur und dem Gesamtkonzept des Buches. Bei den ersten Fassungen fühlte ich mich wie in einem Labyrinth gefangen; mit Hilfe ihrer Ratschläge fand ich den Weg ins Freie.

Einer dieser Leser schrieb mir zurück: „Sei also guten Mutes, mein Freund, und lass dieses Buch werden, was jedes religiöse Buch ist: ein unvollkommener Fingerzeig mit unbestimmbarer Ungenauigkeit auf den Einen hin, den wir dadurch nicht gegenwärtig machen können. Und doch ist es der Eine, von dem und auf den hin wir nichtsdestoweniger schwach, lachend und zärtlich die Erlaubnis verspüren zu zeigen." Darauf antworte ich mit einem herzlichen „Amen".

Teil I

Durst

Unsere Sehnsucht nach Gott

Kapitel 1

Wieder geboren, aber taubstumm

*O Gott, ich liebe dich nicht, ich will dich nicht einmal lieben,
aber ich will, dass ich dich lieben will!*
TERESA VON AVILA

Meine Frau und ich besuchten einmal Peru, das Land, in dem Janet ihre Kindheit verbracht hat. Wir reisten nach Cuzco und Machu Picchu und besichtigten die Überreste der berühmten Inka-Kultur, die ohne Hilfe eines Alphabetes oder Kenntnis des Rades so vieles geleistet hatte. Auf einem grasbewachsenen Plateau außerhalb von Cuzco blieben wir vor einer Mauer aus turmhohen grauen Steinen stehen, von denen jeder einzelne 17 Tonnen wiegt.

„Die Steine, die Sie hier sehen, sind von Hand geschnitten und ohne Mörtel zu einer Wand aufgeschichtet worden – so genau, dass man kein Blatt Papier dazwischenschieben kann", rühmte der peruanische Fremdenführer. „Nicht einmal mit modernen Laserstrahlen kann man so akkurat arbeiten. Niemand weiß, wie die Inkas das geschafft haben. Deswegen hat natürlich Erich von Däniken im Buch ‚Götter aus dem Raumschiff' behauptet, dass eine fortgeschrittene Zivilisation aus dem All die Inkas besucht haben müsse."

Ein Mitglied unserer Gruppe erkundigte sich, mit welcher Technik der Transport so gewaltiger Steine über das gebirgige Gelände ohne Räder vonstatten gegangen sei. Die Inkas hatten keine schriftlichen Aufzeichnungen hinterlassen, was eben viele solcher Fragen aufwirft. Unser Führer rieb sich versonnen das Kinn und beugte sich dann vor, als wolle er ein großes Geheimnis preisgeben. „Nun ja, das verhält sich so . . ." In der Gruppe wurde es still. Mit sorgsamer Betonung jedes Wortes sagte er: „Wir kennen die Werkzeuge . . . aber nicht die Instrumente." Ein zufriedener Ausdruck huschte über sein sonnengebräuntes Gesicht.

Als wir ihn alle verständnislos anblickten und auf weitere Erklärungen warteten, drehte sich der Führer bereits wieder um und machte mit der Tour weiter. Für ihn war die kryptische Antwort die

Lösung des Rätsels. In den nächsten Tagen wiederholte er diesen Satz als Antwort auf weitere Fragen. Er barg für ihn wohl eine Bedeutung, die sich uns anderen entzog. Als wir aus Cuzco abreisten, wurde der Satz in unserer Gruppe zum bewährten Witz. Immer, wenn jemand zum Beispiel fragte, ob es am Nachmittag vielleicht regnen werde, antwortete ein anderer mit spanischem Akzent: „Nun ja, wir kennen die Werkzeuge, aber nicht die Instrumente."

Dieser rätselhafte Satz kam mir neulich in den Sinn, als ich mich mit zahlreichen Klassenkameraden traf, die mit mir ein christliches College besucht hatten. Obwohl wir uns seit 20 Jahren nicht mehr gesehen hatten, kamen wir schnell vom Klatsch zu einer tieferen Ebene der Gemeinschaft. Wir alle waren durch Glaubenskrisen gegangen, bezeichneten uns aber immer noch gern als Christen. Jeder von uns wusste, was Leid bedeutet. Wir brachten einander auf den neuesten Stand, erzählten erst von Kindern, Beruf, Ortswechseln und akademischen Titeln. Dann wurde das Gespräch ernster: Es ging um Eltern, die an Alzheimer litten, geschiedene Kommilitonen, chronische Krankheiten, moralische Fehltritte und Kinder, die von kirchlichen Mitarbeitern missbraucht worden waren.

Schließlich kamen wir zu dem Schluss, dass Gott heute viel stärker im Mittelpunkt unseres Lebens stand als während der Collegezeit. Doch als wir uns einige Begriffe in Erinnerung riefen, mit denen wir damals geistliche Erfahrungen beschrieben hatten, verstanden wir fast nicht mehr, was damit gemeint war. Vor 25 Jahren war im Theologieseminar vom geisterfüllten Leben, von Sünde und dem fleischlichen Wesen, von Heiligung und dem überfließenden Leben die Rede gewesen. Keine dieser Lehren hatte sich aber so umsetzen lassen, wie wir es erwartet hatten. Will man einem Menschen, der sich den ganzen Tag um seine mürrischen, bettnässenden, an Alzheimer erkrankten Eltern kümmert, ein Leben geistlicher Ekstase erklären, dann ähnelt das dem Versuch, Inka-Ruinen mit dem Satz zu erklären: „Wir kennen die Werkzeuge, aber nicht die Instrumente." Unsere Sprache reicht nicht aus, die eigentliche Bedeutung zu erläutern.

Die in der Kirche ausgesprochenen Worte können Verwirrung stiften. Der Pastor verkündet, dass „Christus selbst in uns lebt" und wir „mehr als Überwinder" seien. Doch obwohl diese Worte vielleicht ein sehnsüchtiges Verlangen wecken, lassen sie sich bei vielen kaum auf die Alltagserfahrungen anwenden. Ein Sexsüchtiger hört sie, betet um Befreiung und lässt sich doch in der gleichen Nacht auf die ungebetene E-Mail einer Dame namens Candy oder Heather ein, die ihm die Erfüllung seiner heißesten Fantasien verspricht. Eine Frau, die in der gleichen Kirchenbank sitzt, denkt an ihren Sohn, einen Jugendlichen, der wegen Drogenmissbrauchs im Gefängnis sitzt. Sie hat als Mutter ihr Bestes gegeben, aber Gott hat ihre Gebete nicht erhört. Liebt Gott ihren Sohn vielleicht nicht so sehr wie sie ihn als Mutter?

Viele andere verirren sich nicht mehr in die Kirche, unter anderem etwa drei Millionen Amerikaner, die sich als evangelikale Christen betrachten, aber keiner Gemeinde angehören. Vielleicht sind sie in einer Studentengruppe wie „Campus für Christus" kurz entflammt, verloren dann aber das Interesse und ließen sich nie wieder anstecken. Eine der Figuren in John Updikes *A Month of Sundays* drückt dies folgendermaßen aus: „Ich kenne keinen Glauben. Oder vielmehr, ich habe Glauben, aber er lässt sich irgendwie nicht anwenden."[1]

Ich höre Menschen zu, die solche Erfahrungen machen, und bekomme von vielen anderen Briefe. Sie teilen mir mit, dass sich nach ihrer Umkehr nicht wirklich etwas verändert habe. Was sie in ihrem Leben erfahren, ist so ganz anders als das, was man so zuversichtlich von der Kanzel gehört hat. Mich überrascht, dass viele weder der Kirche noch anderen Christen die Schuld geben. Sie geben sich selbst die Schuld. Nehmen wir zum Beispiel diesen Brief von einem Mann aus Iowa:

„Ich weiß, dass es Gott gibt: Ich glaube, dass er existiert. Ich weiß bloß nicht, was ich von ihm glauben soll. Was erwarte ich von diesem Gott? Greift er ein, wenn man ihn bittet (oft/selten), oder soll ich das Opfer seines Sohnes für meine Sünden annehmen, mich glücklich schätzen und es bei einer solchen Beziehung bewenden lassen?
Ich bin mir im Klaren darüber, dass mein Glaube unreif ist, dass meine Erwartungen von Gott offensichtlich nicht realistisch sind. Ich schätze, dass ich oft genug enttäuscht worden bin, so dass ich einfach für immer weniger Anliegen bete, um nicht immer wieder enttäuscht zu werden.
Wie soll überhaupt eine Beziehung zu Gott aussehen? Was haben wir von einem Gott zu erwarten, der von sich sagt, wir seien seine Freunde?"

Diese vertrackte Beziehungsthematik wird in den Briefen immer wieder angesprochen. Wie hält man die Beziehung zu jemandem lebendig, der so anders ist als jeder andere, jemand, der sich mit den fünf Sinnen nicht erfassen lässt? Ich habe von sehr vielen Menschen gehört, dass sie mit diesen Fragen zu kämpfen haben – wie ich annehme, gaben auch meine Bücher *Where Is God When It Hurts?* und „Von Gott enttäuscht" Anlass dazu.

Ein anderer Mann schrieb in seinem Brief:

„Ich mache einige schwierige Jahre durch – manchmal habe ich das Gefühl, unter dem Druck zusammenzubrechen. Das alles hat meinen Glauben an Jesus Christus erschüttert und ich versuche immer noch, die Scherben eines einst so unerschütterlichen Glaubens aufzusammeln. Ich stelle mir dabei nicht die Frage, ob Gott oder Jesus wirklich existieren, sondern ob mein Glaube und das, was man eine ‚persönliche Beziehung' nennt, wirklich echt sind. Ich schaue auf alles zurück, was ich in Bezug auf ihn gesagt und getan habe, und frage mich: ‚Habe ich auch wirklich gemeint, was ich gesagt habe?' Ich meine, wie kann ich sagen, dass ich auf Gott vertraue, wenn ich mich ständig frage, ob er wirklich da ist? Ich höre von Menschen, die für dies und jenes beten und von Gott erfahren, dass sie dies und jenes tun sollen, aber ich merke, dass ich nur Eindruck schinden will oder schlicht unehrlich bin, wenn ich solche ‚geistlichen' Dinge sage. Ich bekomme richtig Bauchschmerzen, wenn ich nur daran denke. Ich frage mich andauernd: ‚Wann erlebe ich das endlich? Wann klappt es endlich bei mir?' Was stimmt denn mit mir nicht?"

Ein anderer Leser schrieb mir in ähnlich niedergedrückter Stimmung und stellte die Frage, ob der Ausdruck „Beziehung mit Gott" überhaupt eine Bedeutung habe. Er beschrieb seinen Großvater, einen frommen Mann, der den ganzen Tag lang betet, die Bibel und christliche Bücher liest und sich Kassetten mit Predigten anhört. Der alte Mann ist fast taub, kann kaum noch laufen und muss gegen die schmerzhafte Arthritis in seiner Hüfte Medikamente einnehmen. Seit seine Frau tot ist, lebt er allein, steht kurz vor dem Verfolgungswahn und macht sich Sorgen über die Heizölrechnung oder darüber, ob das Licht noch brennt. „Wenn ich ihn mir anschaue", schrieb sein Enkel, „sehe ich nicht gerade einen fröhlichen Heiligen in Gemeinschaft mit Gott; ich sehe einen müden, einsamen Mann, der nur noch herumsitzt und darauf wartet, in den Himmel zu kommen." Er zitierte eine Textstelle aus einem Roman von Garrison Keillor, in dem es um die alte Tante Marie geht: „Sie wusste, dass der Tod nur eine Tür zu dem Reich war, wo Jesus sie willkommen heißen würde, dass es dort keine Tränen und kein Leid gab, aber mittlerweile war sie dick geworden, das Herz tat weh und sie lebte allein mit ihren übellaunigen kleinen Hunden und wankte in ihrem dunklen kleinen Haus umher, das vollgestopft war mit chinesischen Figürchen und alten Ausgaben der ‚Sunday Tribunes'."

Ein anderer Leser aber drückte es noch knapper aus: „Ich frage mich, ob ich – in Anlehnung an die Metapher von der Wiedergeburt – taubstumm geboren wurde."

Vor zehn Jahren beschlossen die Teilnehmer einer Diskussionsgruppe, an der ich beteiligt war, als Übung einmal einen offenen Brief an Gott zu schreiben und ihn zum nächsten Treffen mitzubringen. Als ich vor kurzem in einigen Unterlagen stöberte, fiel mir mein eigener Brief in die Hände:

„Lieber Gott,
‚du benimmst dich auf jeden Fall nicht so, als wäre Gott lebendig' – das war der Vorwurf, den Patty von einer Freundin zu hören bekam, und er hat mich seitdem immer wieder heimgesucht. Verhalte ich mich so, als wärst du lebendig?
Manchmal, wenn ich schnelle Lösungen brauche, gehe ich mit dir um wie mit einem Medikament, einem Betäubungsmittel wie Alkohol oder Valium. Damit kann ich die Härte der Realität mildern oder sie ausschalten. Ich kann mich manchmal aus dieser Welt wegstehlen und mir eine unsichtbare Welt bewusst machen; meistens glaube ich wirklich daran, dass sie existiert und so real ist wie diese Welt mit Sauerstoff und Gras und Wasser. Wie aber kann ich umgekehrt die Realität deiner Welt – deiner selbst – in diese Welt hineinlassen, damit die abstumpfende Eintönigkeit meines Alltags und mein Alltags-Ich umgewandelt wird?
Ich gebe zu, dass ich gewisse Fortschritte erkenne. Ich erkenne dich als jemanden, den ich respektiere, sogar verehre und fast gar nicht mehr fürchte. Heute machen deine Gnade und

Freundlichkeit mehr Eindruck auf mich als deine ehrfurchtgebietende Heiligkeit. Das hat Jesus für mich getan, wie ich annehme. Er hat dich gezähmt, wenigstens so weit, dass wir im gleichen Käfig zusammenleben können, ohne dass ich mich die ganze Zeit in der Ecke verkriechen muss. Er hat dich ansprechend und liebenswert gemacht. Außerdem rede ich mir ein, dass er auch mich in deinen Augen ansprechend und liebenswert gemacht hat. Das hätte ich nicht aus mir selbst heraus entdecken können; da muss ich mich auf dein Wort verlassen. Die meiste Zeit jedoch kann ich es kaum glauben.

Wie kann ich also so leben, als wärst du lebendig? Wie schaffen es meine Körperzellen, eben die Zellen, die schwitzen, urinieren, in Depressionen verfallen und sich nachts im Bett hin und her werfen – wie also schaffen es diese Zellen, die Herrlichkeit des Gottes des ganzen Universums so in sich zu tragen, dass diese durchschimmert und anderen auffällt? Wie kann ich überhaupt einen einzigen Menschen lieben, und zwar mit der Liebe, die du uns gebracht hast?

Ab und zu lasse ich mich von deiner Welt fesseln und liebe dich und ich habe gelernt, im Wesentlichen mit dieser Welt zurechtzukommen, aber wie bringe ich die beiden Welten zusammen? Das ist wohl mein Gebet: an die Möglichkeit der Veränderung zu glauben. Da sich mein Leben in mir abspielt, lässt sich der Wandel schlecht beobachten. Häufig genug erscheint es mir so, als hätte ich dieses Verhalten erlernt, als hätte ich mich an meine Umwelt angepasst (um die Naturwissenschaftler zu zitieren). Wie lasse ich zu, dass du mich in meinem Wesen veränderst, in meiner Natur, damit ich dir ähnlicher werde? Ist das überhaupt möglich?

Seltsam, es fällt mir leichter, an das Unmögliche zu glauben – an das Zurückweichen des Roten Meeres, an die Auferstehung – als an das, was eher möglich sein sollte: dass du unser Leben, das von mir und Janet und Dave und Mary und Bruce und Kerry und Janis und Paul, immer mehr durchdringst. Gott, hilf mir an das zu glauben, was möglich ist."

Soweit ich mich erinnern kann, war mein Freund Paul ausgesprochen verblüfft, als ich der Gruppe meinen Brief vorlas. Es kam ihm so unpersönlich vor, sagte er, so distanziert und unverbindlich. Er konnte das, was ich beschrieb, nicht mit der Nähe zu Gott in Einklang bringen, die er verspürte. Wenn ich mich jetzt an seine Reaktion zurückerinnere, ruft dies auch meinen Selbstzweifel wach. Er lässt mich innehalten und wirft die Frage auf, was mich eigentlich dazu qualifiziert, ein Buch über die persönliche Beziehung zu Gott zu schreiben. Ein Verleger bat mich einmal um ein „seelsorgerlicheres" Buch. Das konnte ich ihm nicht vorlegen. Ich bin kein Pastor, sondern ein Pilger, der auch nur voller Zweifel ist. Ich kann nur diese Perspektive bieten, nämlich die des einzelnen Pilgers, und dabei widerspiegeln, was Frederick Buechner mit den folgenden Worten beschrieben hat: „Jemand, der unterwegs, wenn auch nicht unbedingt weit gekommen ist, und der zumindest eine schwache und halbgare Vorstellung davon hat, wem er dankbar sein kann."[2]

Die meiste Zeit meines Lebens habe ich in der evangelikalen protestantischen Tradition verbracht, in der eine persönliche Beziehung so wichtig ist. Letzten Endes habe ich entschieden, dieses Buch zu schreiben, weil ich für mich selbst herausfinden will, wie eine Beziehung mit Gott wirklich zu Stande kommt – und nicht, wie sie funktionieren sollte. Die Position der evangelikalen Tradition – der Mensch allein vor Gott, ohne Priester, Ikonen oder andere Mittler – passt ganz gut zu meiner Situation. Obwohl ich andere Quellen zu Rate ziehen und mit klugen Menschen sprechen kann, muss ich mir letzten Endes in aller Einsamkeit Klarheit verschaffen und in mich hineinschauen. Vor mir liegt das leere Blatt, auf das ich meine Gedanken aufzeichne. Das schafft ganz eigene Risiken, denn praktisches Christsein bedeutet nicht, dass ein Mensch den ganzen Tag allein in der Ecke sitzt und darüber nachdenkt, wie das Leben eines Christen aussehen sollte.

Wenn ich ein Buch zu schreiben beginne, nehme ich gewöhnlich eine Machete und fange an, mir einen Pfad durch den Dschungel zu hauen. Nicht, um anderen einen Weg zu bahnen, sondern um mir selbst freie Bahn zu verschaffen. Wird mir jemand folgen? Habe ich mich verirrt? Während des Schreibens kenne ich niemals die Antwort auf diese Fragen; ich lasse einfach die Machete durch die Luft sausen.

Nein, das stimmt nicht ganz. Auf dem Weg durch das Dickicht halte ich mich an eine Karte, die von vielen anderen entworfen wurde, der „großen Wolke der Zeugen", die mir vorangegangen sind. Meinen Glaubenskämpfen halte ich zumindest eines zugute:

Sie entstammen einer langen, deutlich sichtbaren Spur. Ich finde einen mir verwandten Ausdruck des Zweifels und der Verwirrung in der Bibel selbst. Sigmund Freud hat die Kirche bezichtigt, nur solche Fragen zu lehren, die sie beantworten kann. In manchen Kirchen mag das der Fall sein, Gott aber ist durchaus nicht so. In Büchern wie Ijob, dem Prediger und Habakuk stellt die Bibel unverblümt Fragen, auf die es keine Antworten gibt.

Bei meinen Forschungen stelle ich fest, dass selbst die großen Heiligen mit vielen ähnlichen Hindernissen, Umwegen und Sackgassen zu tun hatten, wie ich sie erlebe und wie sie auch von meinen Lesern zum Ausdruck gebracht werden. Die Kirchen von heute stellen tendenziell geistliche Erfolgsberichte in den Vordergrund, nie die Fehlschläge. Dadurch fühlt sich der Gequälte in seiner Kirchenbank noch schlechter. Bücher und Videos konzentrieren sich ähnlich auf Erfolge. Und doch braucht man sich nur in die Kirchengeschichte zu vertiefen, um andere Berichte zu finden, und zwar von denen, die mühevoll stromaufwärts schwimmen wie der Lachs vor dem Laichen.

In seinen „Bekenntnissen" beschreibt Augustinus detailliert sein langsames Erwachen. „Ich wünschte, mir der unsichtbaren Dinge genau so gewiss zu werden, wie ich mir sicher war, dass sieben und drei zehn ergeben", schreibt er.[3] Er hat diese Gewissheit nie erlangt. Dieser nordafrikanische Gelehrte des vierten Jahrhunderts rang mit den gleichen Themen, die uns heutige Christen plagen: an das Unsichtbare zu glauben und das quälende Misstrauen gegen die Kirche zu überwinden.

Hannah Whitall Smith, deren Buch *The Christians's Secret of a Happy Life* Millionen von Lesern der viktorianischen Ära zu einer höheren Ebene des Daseins verlockte, hat selbst nie zu großem Glück gefunden. Ihr Mann, ein berühmter Evangelist, heckte ein neues Rezept der Ekstase aus, in dem geistliche Bedürfnisse mit sexueller Erfüllung befriedigt werden sollten. Später beging er mehrfach Ehebruch und wandte sich vom Glauben ab. Hannah blieb bei ihm, verlor aber ihre Illusionen und verbitterte. Keines ihrer Kinder blieb gläubig. Eine Tochter heiratete den Philosophen Bertrand Russell und wurde wie ihr Mann Atheist. Russells eigene Berichte über seine Schwiegermutter beschreiben eine alles andere als siegreiche Frau.

Eugene Peterson, ein zeitgenössischer Schriftsteller, nahm als

Heranwachsender an einer christlichen Konferenz teil, die jeden Sommer an einem See stattfand. Das geistliche Leben der Teilnehmer schien sehr intensiv zu sein und sie prägten Ausdrücke wie „tieferes Leben" und „zweite Segnung". Als Peterson diese Menschen jedoch näher kennen lernte, fiel ihm auf, wie wenig ihr Überschwang auf den Konferenzen und ihr Alltag in der Stadt übereinstimmten. „Die Mütter unserer Freunde waren immer noch schlampig, wenn sie vorher schlampig gewesen waren. Mr. Billington, unser Geschichtslehrer, der dort im Center so verehrt wurde, räumte nie seine Spitzenstellung als gemeinster Lehrer der Highschool."[4]

Diese Niederlagen erwähne ich nicht, um Ihrem Glauben einen Dämpfer zu versetzen, sondern um eine Prise Realität in die geistliche Propaganda zu streuen, die mehr verspricht, als sie halten kann. Merkwürdigerweise belegen gerade die Niederlagen der Kirche, wie sehr ihre Lehren zutreffen. Die Gnade fließt wie Wasser bis zur tiefsten Stelle. Wir Christen haben der Welt Demut und Reue zu bieten, kein Erfolgsrezept. Fast als Einzige in unserer erfolgsorientierten Gesellschaft geben wir zu, dass wir versagt haben, gegenwärtig versagen und immer wieder versagen werden. Die Kirche im Jahr 3000 n. Chr. wird genau wie die Kirche im Jahr 2000 oder 1000 n. Chr. vor Problemen nur so strotzen. Eben aus diesem Grund wenden wir uns so verzweifelt an Gott.

„Der Christ ist gegenüber den anderen Menschen sehr im Vorteil", sagte C.S. Lewis, „nicht, weil er weniger tief gesunken ist als sie oder weniger zu einem Leben in der gefallenen Welt verdammt, sondern weil er weiß, dass er als gefallener Mensch in einer gefallenen Welt lebt."[5] Diese Einsicht dient mir als Ausgangspunkt, wenn ich aufbreche, um Gott kennen zu lernen.

Als ich dieses Buch zu schreiben begann, besuchte ich Freunde, die ich als Christen respektiere. Manche spielen eine führende Rolle in ihrer Kirche und einige sind landesweit bekannt. Andere sind normale Bürger, die ihren Glauben ernst nehmen. Folgende Frage habe ich ihnen allen gestellt: „Was antwortest du, wenn ein Suchender zu dir kommen und dich fragen würde, wie sich dein Leben als Christ von seinem als moralisch handelnder Nichtchrist unterscheidet?" Ich wollte wissen, ob der Glaube außer den Niederlagen und unerfüllten Träumen noch etwas zu bieten hatte, vielleicht irgendeine

Hoffnung auf eine Veränderung. Wenn nicht, was soll dann die ganze Mühe?

Manche gaben Auskunft über ganz bestimmte Veränderungen. „Wegen Gott habe ich meine Ehe nicht aufgegeben, obwohl meine Frau und ich immer noch viele ungelöste Schwierigkeiten haben", sagte einer. „Und auch mein Umgang mit Geld hat etwas damit zu tun – ich überlege mir, wie ich den Armen helfen kann, statt nur an meine Wünsche zu denken."

Eine Frau, die gerade die Schrecken einer Brustoperation überlebt hatte, sprach von ihren Ängsten. „Ich kann nicht anders, ich mache mir einfach Sorgen. Es hängt mit dem Krebs und mit meinen Kindern zusammen, die vom richtigen Weg abgekommen sind. Ich weiß, dass es keinen Sinn hat, sich Sorgen zu machen, aber ich tue es trotzdem. Immerhin habe ich so eine Art Grundvertrauen auf Gott. Obwohl es wie Selbstbetrug aussieht, glaube ich ganz tief in mir, dass Gott alles im Griff hat. Für manche ist das eine Krücke, für mich ist es mein Glaube. Wenn jemand verkrüppelt ist, dann gibt es nur noch eines, das schlimmer ist als eine Krücke – nämlich keine Krücke zu haben."

Ein anderer sprach davon, Gottes Gegenwart zu verspüren, vom Gefühl, nicht allein zu sein: „Ich muss ihm mein Ohr leihen und mich anstrengen, Gott reden zu hören; manchmal spricht er am stärksten durch die Stille, aber er spricht." Ein Mann erklärte, er könne nur im Rückblick seinen geistlichen Fortschritt entdecken. „Wenn es bei uns zu Hause brennen würde, dann würde ich sofort mein Tagebuch retten. Es ist das Wertvollste, was ich habe – die Aufzeichnungen über meine Beziehung zu Gott. Zwar gab es nur wenige dramatische Höhepunkte, auf jeden Fall aber sehr vertraute Momente. Wenn ich jetzt mein Tagebuch lese, kann ich rückblickend die Hand Gottes in meinem Leben erkennen."

Eine Krankenschwester beschrieb, wie sich der Glaube am Bett sterbender Patienten zeige. „Ich erkenne, dass gläubige Familien ganz anders mit dem Tod umgehen. Natürlich trauern und weinen sie, aber sie umarmen sich auch und beten und singen. Der Schrecken ist nicht so groß. Für Menschen ohne Glaube ist der Tod endgültig; damit hört alles auf. Sie stehen herum und reden über die Vergangenheit. Die Christen halten einander vor Augen, dass es noch eine Zukunft gibt."

Die vielleicht bitterste Antwort kam von einem Freund, dessen

Name in christlichen Kreisen sehr bekannt ist. Er moderiert eine landesweit ausgestrahlte Radiosendung und gibt Woche für Woche fundierte biblische Ratschläge. Sein eigener Glaube ist jedoch in den letzten Jahren ins Wanken geraten, vor allem, nachdem eine Krankheit ihn fast das Leben gekostet hat. Auf Grund seiner Rundfunkerfahrung gibt mein Freund vernünftige Antworten auf Fragen so schnell, als habe er einen Hörer in der Leitung. Diesmal aber dachte er vor seiner Antwort erst einmal nach und sagte dann Folgendes:

> *„Es fällt mir nicht schwer zu glauben, dass Gott gut ist. Ich frage mich eher: Wozu ist er gut? Vor einiger Zeit hörte ich, dass die Ehe von Billy Grahams Tochter in einer Krise steckte. Also flogen die Grahams und die Schwiegereltern allesamt nach Europa, trafen sich mit den beiden und beteten für sie. Trotzdem endete das Ganze mit einer Scheidung. Wenn Billy Grahams Gebete nicht erhört werden, was sollen dann meine nützen? Ich schaue mir mein Leben an – meine Krankheiten, die Probleme meiner Tochter, meine Ehe. Ich schreie zu Gott um Hilfe, und es ist schwer zu erfahren, wie er antwortet. Bei was können wir wirklich auf Gott zählen?"*

Diese letzte Frage traf mich und hat mich seitdem nicht mehr losgelassen. Ich kenne Theologen, die solche Sätze verächtlich als bloßes Kennzeichen für einen egoistischen Glauben abtun. Und doch bin ich überzeugt, dass hier der Kern unserer Enttäuschungen liegt. In all unseren Beziehungen – zu Eltern, Kindern, Verkäufern, Tankwarten, Pastoren und Nachbarn – haben wir irgendeine Vorstellung davon, was man erwarten kann. Wie steht es mit Gott? Womit können wir bei einer persönlichen Beziehung zu ihm rechnen?

Während meiner Collegezeit wohnte ich zwei Jahre lang mit einem deutschen Studenten namens Reiner zusammen. Als Reiner nach dem Abschluss nach Deutschland zurückkehrte, wurde er in einem Ferienlager für Behinderte eingesetzt, wobei er anhand der Unterlagen vom College bewegende Vorträge über das siegreiche Leben eines Christen hielt. „Auch wenn Sie im Rollstuhl sitzen, können Sie den Sieg erringen und ein erfülltes Leben führen. Gott lebt in

Ihnen!", erzählte er seinen Zuhörern, darunter Querschnittsgelähmte, spastisch behinderte Patienten und geistig Zurückgebliebene. Es war ihm peinlich, zu Menschen zu reden, die kaum Herr waren über ihre Muskeln. Die Köpfe wackelten, sie sanken in den Stühlen zusammen und sabberten.

Den Teilnehmern des Ferienlagers war es gleichermaßen peinlich, Reiner zuzuhören. Einige wandten sich an Gerda, die Leiterin, und beschwerten sich. Sie konnten mit den Vorträgen nichts anfangen. „Na los, sagt es ihm!", erwiderte Gerda.

Eine Frau fasste Mut und sprach Reiner an. „Für uns ist es so, als ob Sie über die Sonne reden, und wir sitzen in einem dunklen Raum ohne Fenster", sagte sie. „Wir verstehen überhaupt nicht, wovon Sie reden. Sie reden von Lösungen, von den Blumen da draußen, vom Überwinden und vom Sieg. Das lässt sich auf uns und unser Leben nicht anwenden."

Mein Freund Reiner war niedergeschmettert. Für ihn war die Botschaft so klar. Er zitierte doch direkt aus den Briefen von Paulus, oder? Sein Stolz war verletzt und er dachte daran, ihrer Kritik mit einer Art geistlicher Keule zu begegnen: „Mit euch kann irgendwas nicht stimmen. Ihr braucht Wachstum im Herrn. Ihr müsst über die widrigen Umstände triumphieren."

Nach einer durchbeteten Nacht kehrte Reiner aber mit einer anderen Botschaft zurück. „Ich weiß nicht, was ich sagen soll", gab er am nächsten Morgen zu. „Ich bin ganz durcheinander. Außer der Botschaft vom Sieg weiß ich nicht, was ich sagen soll." Er schwieg und ließ den Kopf hängen.

Die Frau, die ihn angesprochen hatte, meldete sich schließlich aus dem Raum voller Behinderter zu Wort. „Jetzt verstehen wir Sie", sagte sie. „Jetzt können wir zuhören."

> *„Begriffe schaffen Götzen,*
> *nur das Wunder lehrt begreifen."*
> GREGOR VON NYSSA[6]

Kapitel 2

Der Durstige am Brunnen

Die menschliche Komödie reizt mich nicht so sehr.
Ich bin nicht ganz von dieser Welt ...
Ich komme von anderswo.
Und es lohnt sich, dieses anderswo
jenseits der Mauern zu finden. Wo aber ist es?
EUGENE IONESCO[1]

Auf einer Reise durch Russland besuchte ich 1991 meinen ersten orthodoxen Gottesdienst. Dieser soll für die Sinne spürbar das Geheimnis und die Erhabenheit der Anbetung ausdrücken. Verborgene Kerzen verleihen der Kathedrale ein weiches, fast unheimliches Leuchten, als seien die Stuckwände die Lichtquelle und nicht die Reflektionsfläche. Die Luft bebt von den kehligen Bässen der harmonischen russischen Liturgie, ein Klang, der die Körperzellen vibrieren ließ und direkt aus dem Boden zu kommen scheint. Ein solcher Gottesdienst dauert drei bis vier Stunden. Die Gläubigen kommen und gehen, wann sie wollen. Niemand fordert die Versammelten dazu auf, einander „Frieden zu wünschen" oder die Umstehenden „mit einem Lächeln zu begrüßen". Man steht – es gibt weder Stühle noch Bänke – und schaut den Berufsgeistlichen zu, die nach einem Jahrtausend unveränderter Liturgie in der Tat sehr professionell wirken.

Später am Tag besuchte ich in Begleitung eines Priesters und eines Mitarbeiters der Gefangenenhilfe die Kapelle im Keller eines nahe gelegenen Gefängnisses. Mit bemerkenswertem Mut hatte ein kommunistischer Funktionär des ehemals atheistischen Staates ihrem Bau zugestimmt. Hier im untersten Geschoss war die Kapelle eine Oase der Schönheit in dem ansonsten erbarmungslosen Verließ. Die Gefangenen hatten den Raum von 70 Jahren Schmutz gereinigt, hatten einen Marmorboden gelegt und fein geschwungene Messingleuchter an den Wänden angebracht. Sie waren auf ihre Kapelle stolz, die damals die einzige Gefängniskapelle in ganz Russland war. Jede Woche kam ein Priester aus einem Kloster und hielt hier den Gottesdienst ab. Zu dieser Gelegenheit wurden die Gefangenen von den Aufsehern aus den Zellen gelassen, was natürlich garantierte, dass viele Menschen daran teilnahmen.

Wir bewunderten eine Weile das Kunsthandwerk im Raum und Bruder Bonifatio wies uns auf die Ikone der Gefängniskapelle hin, „Unsere liebe Frau, die uns die Traurigkeit nimmt". Ron Nikkel von der Gefangenenhilfe bemerkte, dass es innerhalb dieser Mauern viel Traurigkeit geben müsse. Dann wandte er sich an Bruder Bonifatio und bat ihn, ein Gebet für die Gefangenen zu sprechen. Dieser wirkte verblüfft und Ron wiederholte: „Könnten Sie ein Gebet für die Gefangenen sprechen?"

„Ein Gebet? Sie möchten ein Gebet?", fragte Bruder Bonifatio und wir nickten. Er verschwand hinter dem Altar am Ende des Raumes. Er brachte eine weitere Ikone der lieben Frau her, die uns die Traurigkeit nimmt, und befestigte diese an einer Halterung. Dann brachte er zwei Kerzenständer und zwei Weihrauchschalen herbei, die er umständlich aufhängte und entzündete. Der süßliche Duft erfüllte sofort den ganzen Raum. Bruder Bonifatio legte seine Kopfbedeckung und die äußeren Gewänder ab und band sich glänzende goldene Manschetten um seine schwarzen Ärmel. Er legte eine lange Goldstola um seine Schultern und hängte sich ein goldenes Kruzifix um. Sorgsam setzte er eine andere, formellere Kopfbedeckung auf. Vor jeder Handlung hielt er inne und küsste das Kreuz oder ging in die Knie. Schließlich war er bereit zu beten.

Das Gebet erforderte eine vollständig neue Reihe von Formalitäten. Bruder Bonifatio sprach die Gebete nicht, er sang sie gemäß der Vorlage aus einem liturgischen Buch, das auf einer anderen Halterung befestigt war. 20 Minuten nach Rons Bitte, für die Gefangenen zu beten, sagte Bruder Bonifatio „Amen" und wir traten aus dem Gefängnis in die stärkende Luft im Freien.

Anderenorts in Russland stieß ich auf westlich geprägte Christen, die die orthodoxe Kirche scharf kritisierten. Ehrerbietung, Unterordnung, Ehrfurcht – man gab zu, dass die Orthodoxie diese Merkmale im Gottesdienst ganz vorzüglich vermittelt, aber Gott bliebe weit entfernt. Eine Annäherung ist nur nach aufwändiger Vorbereitung zulässig und nur durch Vermittlung von Priestern oder Ikonen. Und doch nahm ich die Überzeugung mit, dass wir von den Orthodoxen etwas lernen können: Unter einem kommunistischen Regime, das für Gott keinen Raum ließ, das den Menschen zum Maß aller Dinge machte, beharrte die russische Kirche darauf, Gott in den Mittelpunkt zu stellen, und überlebte den entschlossensten atheistischen Angriff, den es je gab.

Ich wusste, dass Bruder Bonifatio kein Mystiker aus einer anderen Welt war, denn ich hatte seinen Gottesdienst unter Kriminellen an einem Ort miterlebt, den man nur als Verließ bezeichnen konnte. Seine Tradition hatte ihn jedoch gelehrt, dass man sich dem ganz Anderen nicht so nähert wie seinesgleichen. Das Ritual half ihm, sich den negativen Ansprüchen zu entziehen, die der Dienst an Gefangenen mit sich bringt, und in einen Zustand der Ruhe zu gelangen, dessen Rhythmus die Ewigkeit erahnen ließ.

Wenn man Gott ganz mühelos findet, vermutete Thomas Merton, dann ist es vielleicht nicht Gott, den man gefunden hat.

Der Physiker John Polkinghorne, der seine Stellung in Cambridge aufgab, weil er anglikanischer Priester werden wollte, verweist auf einen großen Unterschied zwischen dem Gewinnen von Erkenntnissen in den Naturwissenschaften und in der Theologie. Die Naturwissenschaften häufen immer mehr Wissen an: erst Ptolemäus, dann Galilei, Kopernikus, Newton und Einstein. Jeder dieser Wissenschaftler baute auf der Grundlage seiner Vorgänger auf, so dass der durchschnittliche Wissenschaftler von heute eine genauere Vorstellung von der materiellen Welt hat, als sie Isaac Newton je möglich war. Das Wissen von Gott schreitet in einer gänzlich anderen Weise voran. Jede Begegnung ist so einzigartig wie auch das Zusammentreffen zweier Personen, so dass ein Mystiker des 5. Jahrhunderts oder ein ungebildeter Gastarbeiter eine tiefere Kenntnis Gottes haben könnten als ein Theologe des 20. Jahrhunderts.

Mit der Hybris eines mittelalterlichen Kosmologen sprach Carl Sagan beharrlich das aus, was er unmöglich wissen konnte: „Der Kosmos ist alles, was es gibt, und alles, was es jemals geben wird." Und doch war nicht einmal Sagan immun gegen die Sehnsucht, eine Verbindung zum ganz Anderen schaffen zu wollen. Sein Roman *Contact* erzählt von Regierungen, die 500 Milliarden Dollar ausgeben wollen, um einen Botschafter in eine andere Welt zu entsenden. Dieser Botschafter, im Film von Jodie Foster gespielt, nahm tatsächlich Kontakt auf, kehrte zurück und musste feststellen, dass sein Bericht von Wissenschaftlern missbilligt, von den Massen aber begrüßt wurde. Sagans Roman ließ mehr durchblicken, als er wohl geplant hatte.

Christen behaupten, dass es Situationen gibt – wenn auch weniger häufig, als wir anderen weismachen wollen –, in denen wir persönlich Kontakt mit dem Schöpfer des Universums aufnehmen. „Ich habe Dinge gesehen, die alle meine Schriften wie Stroh erscheinen lassen", schrieb Thomas von Aquin über eine solche Begegnung.[2]

Im Film *Contact* verbringt Jodie Foster Tage und Nächte an den Radioteleskopen, bis sie eines Tages im Kopfhörer ein Muster von Geräuschen hört und sich kerzengerade aufrichtet: *Da draußen ist irgendetwas!* Auch für Christen kann der Kontakt eine Art von Schockerlebnis bedeuten. Hören wir C. S. Lewis zu:

„Es wirkt immer schockierend, auf Leben zu stoßen, wenn wir uns allein wähnten. ‚Vorsicht!', rufen wir aus, ‚es ist ja lebendig!' Und deshalb liegt genau hier der Punkt, an dem sich so viele zurückziehen – ich selbst auch, wenn ich gekonnt hätte – und mit dem Christentum nicht weiterkommen. Ein ‚unpersönlicher Gott' – schön und gut. Ein subjektiver Gott der Schönheit, Wahrheit und Güte in unseren Köpfen – noch besser. Eine formlose Lebenskraft, die uns durchströmt, eine ungeheure Kraftquelle, die wir anzapfen können – das wäre am besten. Aber der lebendige Gott selbst, der am anderen Ende der Leine zieht, sich vielleicht mit unendlicher Geschwindigkeit nähert, ein Jäger, König, Gemahl – das ist etwas ganz anderes. Es kommt der Augenblick, wenn die Kinder bei ihrem Einbrecherspiel plötzlich verstummen: War da tatsächlich ein Schritt im Flur? Es kommt der Augenblick, wenn Menschen, die mit der Religion gespielt haben (‚Die Suche des Menschen nach Gott!'), sich plötzlich zurückziehen. Kann es sein, dass wir ihn wirklich gefunden haben? So weit wollten wir es nicht kommen lassen! Schlimmer noch, kann es sein, dass er uns gefunden hat?"[3]

Auch ich habe manchmal dieses Ziehen verspürt, das stark genug war, um mich aus meinem Zynismus, meiner Auflehnung zu reißen, stark genug, um mein Leben in eine neue Richtung zu zwingen. Und doch gab es lange, schmerzhaft lange Phasen, als auch ich mit meinen Kopfhörern verzweifelt auf irgendeine Botschaft aus der anderen Welt wartete, als ich mich nach Bestätigung und Kontakt sehnte und nur ein Rauschen vernahm.

Wie kann ein Gott, der uns geschaffen hat, um ihn kennen und lieben zu lernen, sich so rar machen? Wenn Gott, wie Paulus vor einer sophistisch gebildeten Gruppe von Skeptikern in Athen erklärte, „die Welt geschaffen hat" und wir ihn suchen und finden sollen, warum hat er sich dann nicht sichtbarer gemacht?

Die biblischen Autoren lebten im „Heiligen Land", wo Büsche in Flammen standen, wo Steine und Vulkane heilige Metaphern hervorbrachten und die Sterne von Gottes Größe kündeten. Das ist vorbei. Die Welt des Übernatürlichen hat sich scheinbar zurückgezogen und uns allein das Sichtbare hinterlassen. Der Durst nach Gott aber, nach *Kontakt* mit dem Unsichtbaren, der Hunger nach Liebe von einem kosmischen Erzeuger, der dieser chaotischen Welt irgendeinen Sinn verleiht, bleibt trotzig bestehen.

Wer von uns in einer Welt aus Materie lebt, dazu in einem Körper, von Haut bedeckt, hat das verständliche Bedürfnis, dass Gott sich in unserer Welt mit uns verbindet. Einmal besuchte ich den imposanten Schrein der Jungfrau von Guadeloupe bei Mexico City. In einem musealen Raum wird auf Wandtafeln erläutert, dass einem Indio an diesem Ort 1531 das Bild der Jungfrau auf wunderbare Weise erschienen sei. Sie habe das Bild auf seinem Mantel hinterlassen, ein zerlumptes Etwas, das jetzt dramatisch im Raum hängt. Im Auge der Jungfrau blieb, wie man behauptet, das Abbild des Indianers erhalten, und die Touristen mühen sich, körnige Vergrößerungen von der Iris der Jungfrau zu untersuchen, um das winzige Abbild des Mannes zu entdecken. Andere Vergrößerungen zeigen ihr Ohrläppchen, auf dem angeblich das Hohelied Salomos geschrieben steht. Tausende von Pilgern waren an diesem Tag mit mir gekommen und wir starrten auf eine Statue der Jungfrau, während wir von einer Art Rolltreppe bequem durch den Schrein transportiert wurden. Dabei hielten sogar hinter einer Glaswand die Priester eine Messe ab.

Ich weiß nicht, ob Carl Sagan jemals den Schrein von Guadeloupe besucht hat, aber falls er dies getan hat, kann ich mir seine Reaktion vorstellen: *Die Menschen bilden sich alles ein, was sie nur wollen, aber alles ist nur eine Form von Projektion oder eines sich selbst erfüllenden Wunsches.* Wir sehnen uns nach einer sichtbaren Erscheinung und hoffen, das Übernatürliche auf unsere materielle

Ebene herabziehen zu können. 1999 erschien ein Bild von Jesus auf einem gläsernen Bürogebäude in Florida, das zumindest ein paar Menschen aus einem bestimmten Winkel erkennen konnten, und am nächsten Tag verstopfte eine kilometerlange Prozession von Autos die Straße davor. Als Geschöpfe aus Fleisch und Blut verlieren wir die Geduld mit allem, was sich nicht zu unseren Bedingungen manifestiert.

Alan Turing, einer der Pioniere auf dem Gebiet der Computertechnologie und der künstlichen Intelligenz, schlug eine Methode vor, mit der sich folgende Frage beantworten ließe: „Können Computer denken?" Stellen Sie Tastatur und Monitor auf eine Seite der Wand und X (entweder eine Person oder eine Maschine; Sie dürfen jedoch nicht wissen, was von beidem) auf die andere Seite. Stellen Sie X eine Reihe von Fragen und warten darauf, dass die Antworten auf dem Monitor erscheinen. *Bitte schreiben Sie mir ein Gedicht zum folgenden Thema (Themenvorschlag). Addieren Sie 34 957 und 70 764. Spielen Sie Schach? (stellen Sie ein paar Schachaufgaben).* Turing nahm an, dass einer Maschine dann Denkfähigkeit unterstellt werden darf, wenn der Fragesteller nicht mit letzter Sicherheit aus den Antworten schließen könne, ob X eine Person oder eine Maschine sei. Als er 1950 seine Arbeit schrieb, standen die Chancen für die Maschine ausgesprochen schlecht. Inzwischen ist die künstliche Intelligenz bis zu einem Punkt fortgeschritten, an dem ein Computer die besten Schachspieler der Welt schlagen und therapeutische Software ausgedehnte Gespräche mit „Klienten" führen kann. Eine gut programmierte Maschine könnte den Fragesteller eine Zeitlang merklich beschäftigen.

Da Gott unsichtbar bleibt, neigt der Mensch dazu, sich Gott nach seinem eigenen Bilde neu zu erschaffen. Das Phänomen der *Conversations with God* umfasst drei Bücher – ausnahmslos Bestseller –, auf die Millionen von Lesern begierig gewartet haben. Der Autor behauptet, die Werke seien ihm von Gott diktiert worden. Ich bin kürzlich einem Fan dieser Bücher begegnet und bat ihn, den Gott zu beschreiben, an den er glaubt. „Gott existiert nicht als von uns getrenntes Wesen", antwortete er. „Er ist Bestandteil aller guten Energien in der Welt. Wir alle erschaffen Gott." Mit anderen Worten: Gott würde den Turing-Test niemals bestehen.

Christen dagegen glauben, dass Gott alle Merkmale einer Persönlichkeit in sich trägt: Er ist unberechenbar, geht Beziehungen ein, ist frei, intelligent, hat Gefühle, ist manchmal hilfsbereit und manchmal auch nicht. Das Problem besteht darin, Gott auf die andere Seite einer Wand zu schaffen, damit er auf unsere Fragen antwortet. Er wird die Tastatur nicht bedienen. Wie die Wissenschaftler sagen: Gott ist nicht empirisch zu verifizieren. Wir müssen an etwas glauben – der Instinkt dazu ist so stark wie Durst oder Hunger –, aber wir wissen nicht mehr, woran. Manchen Menschen kommt die traditionelle Theologie so vor, als läse sie den Verhungernden Rezepte vor.

In Woody Allens Film *Der Schläfer* gibt es eine Szene, in der Woody, zuvor tiefgefroren und dann in einem zukünftigen Jahrhundert aufgetaut und zum Leben erweckt, ein paar alte Fotos durchblättert und den Bewohnern der Welt der Zukunft zu erklären versucht, aus welcher Ära er stammt. Er kommentiert Richard Nixon und Norman Mailer. Nun stößt er auf das Bild eines berühmten Evangelisten. „Billy Graham. Hat behauptet, dass er Gott persönlich kennt." Das Publikum lacht. Wer kann es ihm übel nehmen? Ein solcher Gedanke ist scheinbar absurd. Und doch gibt es keinen besseren Ausdruck für das Versprechen, das uns in Aussicht gestellt wird.

Gott ist ein persönlicher Gott. Zum großen Teil verdeckt eine durch den Einfluss griechischer Philosophie verfeinerte christliche Theologie diese einfache Tatsache mit unpersönlichen Aussagen wie „Grund allen Daseins" oder „unumgängliche Schlussfolgerung", um Gott zu beschreiben.[4] Doch in der Bibel, sowohl im Alten als auch im Neuen Testament, wird ein Gott gezeigt, der auf uns einwirkt, auf den wir einwirken können. „Denn der Herr ist freundlich zu seinem Volk", sagt der Psalmist (Ps 149,4). Manchmal macht Gott auch starke Einwände gegen sein Volk geltend, wie die Propheten feststellen. Aus fast jeder Seite der Bibel springt uns die Persönlichkeit Gottes entgegen. „Gott ist Liebe", sagt der Apostel Johannes. „Wer in der Liebe lebt, lebt in Gott, und Gott lebt in ihm" (1 Joh 4,16). Es wäre schwierig, noch persönlicher zu werden.

Warum fällt es uns dann so schwer, uns auf eine persönliche Beziehung zu diesem Gott einzulassen? Oft neigen die Menschen dazu, die Heiligen ihrer Gegend anzubeten, die scheinbar zugänglicher und weniger einschüchternd sind. Die protestantischen Reformer und katholischen Mystiker aber haben uns dazu aufgefordert, eine direkte Verbindung zu Gott aufzunehmen, ohne Vermittlung. Die moderne evangelikale Bewegung lädt uns ein, Gott kennen zu lernen, ihn in gewohnter Sprache anzusprechen, ihn zu lieben, wie man einen Freund lieben könnte. Hört man die „Lobpreislieder" in modernen Kirchen, fällt auf, dass sie genauso klingen wie Liebeslieder, wie Popmusik im Radio, nur dass Gott oder Jesus an Stelle des Geliebten steht.

Eben diese evangelikale Tradition, die uns zu vertrauterer Nähe anspornt, öffnet dem Missbrauch Tür und Tor. „Ich habe den Herrn gefragt, worüber ich predigen soll, und er sagte: „Sprich nicht über Stolz, sprich über Dienerschaft" oder: „Der Herr hat mir gesagt, dass er in dieser Stadt ein neues Krankenhaus möchte" und: „Gott flüstert mir gerade jetzt zu, dass im Publikum jemand um seine zerrüttete Ehe kämpft." Ich bin sicher, dass manche solcher Aussagen in die Irre führen und von Menschen stammen, die damit sehr salopp umgehen oder sogar manipulieren wollen. Damit wird eine Art hörbares Gespräch impliziert, das gar nicht stattgefunden hat. Dieser Unsinn erschafft ein „geistliches Kastensystem", mit dem die Erfahrungen der anderen abgewertet werden.

Martin Marty, ein lutherischer Pastor und bekannter Autor, bekennt: „Ich kann an den Fingern einer Hand abzählen, wie oft in meinem Leben diese ‚Unmittelbarkeit' (zu Gott) mich so getroffen hat, dass es gerechtfertigt war, dem Menschen davon zu erzählen, der mir am nächsten steht. Kein einziges Mal wäre es eine Ankündigung in der Öffentlichkeit wert gewesen."[5] Vielmehr spricht er von einer Phase während der langwährenden und schließlich tödlichen Krankheit seiner Frau, in der er sich von Gott preisgegeben und verlassen fühlte.

Frederick Buechner ist ein Schriftsteller, den ich wegen seiner Kunstfertigkeit und seines Engagements als Christ besonders schätze. Er gab eine vielversprechende Karriere als Romanautor auf, schrieb sich an einem Seminar ein und wollte presbyterianischer Pastor werden, kam dann aber auf das Schreiben als eigentlicher „Kanzel" zurück. In seinen Memoiren erinnert sich Buechner an eine Situation, als er unter der warmen Sonne lag und in gespannter Erwartung um ein Wunder betete, um ein deutliches Zeichen von Gott.

„An genau diesem Ort an gerade diesem Tag lag ich im Gras mit genauso wilden Erwartungen. Zum Teil bedeutet der Glaube an

> *Gott – zumindest bedeutet er das zum Teil für mich –, auch an die Möglichkeit von Wundern zu glauben, und auf Grund aller möglichen Umstände hatte ich in diesem Augenblick das ganz starke Gefühl, dass die Zeit reif für ein Wunder sei. Und die Stärke dieses Gefühls erschien mir als eine Art Vorbote des Wunders. Irgendetwas musste geschehen – etwas Außergewöhnliches, das ich vielleicht sogar sehen und hören könnte – und ich war mir dessen beinahe so sicher, dass ich rückblickend überrascht bin, dass ich das Ereignis nicht durch die Kraft der Autosuggestion geschehen lassen konnte. Doch die Sonne schien zu hell, die Luft war zu klar, irgendeine eingefleischte Skepsis in mir selbst zu scharf, als dass mir die Vorstellung von Geistern in den Apfelbäumen oder Stimmen von den Schlupfwespen möglich gewesen war, und von dem, was ich erwartete, geschah überhaupt nichts."[6]*

Was er hörte, war das Säuseln des Windes und das Knacken zweier Äste des Apfelbaumes, die aneinander rieben. Hatte Gott geredet oder nicht? Warum verwendet Gott nicht ein Vokabular, das weniger anfällig für Zweifel und Fehlinterpretationen ist? Zumindest für Buechner hatte Gott das nicht getan.

Als Mittfünfziger hatte Buechner ein Semester lang einen Lehrauftrag am Wheaton College, wo er zum ersten Mal die Bekanntschaft des evangelikalen Sprachgebrauchs machte. „Ich staunte darüber, wie die Studenten ganz beiläufig von einer Unterhaltung über Wetter und Kino in ein Gespräch über Gott gerieten, darüber, wie er in ihrem Leben wirkte. Wenn in meiner Welt jemand so etwas gesagt hätte, dann wäre die Decke eingestürzt, das Haus hätte Feuer gefangen und die Leute hätten die Augen verdreht."[7] Obwohl er nach und nach den Eifer der Studenten bewundern lernte, kam es ihm zuerst so vor, als sei ihr Gott eine Art kosmischer Kumpel.

Entfachen wir wie die Plakate für Cola eigentlich einen Durst, den wir nicht stillen können? Letzte Woche wurde in meiner Kirche gesungen: „Ich will dich mehr erkennen / Ich will dich berühren / Ich will dein Angesicht sehen." Nirgendwo in der Bibel finde ich das Versprechen, dass wir Gott berühren oder sein Angesicht sehen, jedenfalls nicht in diesem Leben.

Heutzutage reden viele Christen „freundschaftlich" mit Gott, auch wenn, wie C. S. Lewis in *Was man Liebe nennt* verdeutlicht,

Freundschaft die Form von Liebe ist, die am ungenauesten das wahre Verhältnis des Geschöpfes zu seinem Schöpfer beschreibt. Die Frage bleibt: Wie können wir dann eine „persönliche Beziehung" zu Gott haben, der unsichtbar ist, wenn wir nie ganz sicher sein können, dass er existiert?

> *„Ich sterbe vor Durst gleich hier am Brunnen."*
> RICHARD WILBUR[8]

Teil II

Glaube

Wenn Gott scheinbar abwesend, gleichgültig oder uns sogar feindlich gesinnt ist

Kapitel 3

Raum für den Zweifel

*Wir glauben und sind ungläubig zugleich,
in einer Stunde hundert Mal,
was den Glauben beweglich erhält.*
EMILY DICKINSON[1]

Ich muss die Entscheidung treffen, daran zu glauben, dass Gott existiert; dies ist auch eine Grundvoraussetzung für jede Art von Beziehung. Wenn ich aber herausfinden möchte, wie der Glaube funktioniert, schleiche ich mich zur Hintertür des Zweifels hinein, denn ich erfahre mein eigenes Bedürfnis nach Glauben am stärksten dann, wenn ich ihn gerade *nicht* habe. Gottes Unsichtbarkeit ist die Garantie dafür, dass ich manchmal Zweifel erlebe.

Jeder bewegt sich wie ein Pendel, das vom Glauben zum Unglauben schwingt, wieder zurück zum Glauben – und wobei bleibt man stehen? Mancher findet nie zum Glauben. Eine Frau fragte einmal Bertrand Russell, zu seiner Zeit einer der bekanntesten Atheisten, was er sagen würde, wenn sich herausstellte, dass er Unrecht habe und draußen vor den Himmelstoren stehen bleiben müsse. Mit aufblitzenden Augen erwiderte Russell mit seiner hohen, dünnen Stimme: „Na, ich müsste sagen: ‚Gott, du hast uns unzulängliche Beweise gegeben!'"

Andere haben Glauben, verlieren ihn dann aber. Peter De Vries, der in einem streng calvinistischen Zuhause aufwuchs und am Calvin College studierte, schrieb später komische Romane über den Verlust des Glaubens. Eine seiner Figuren „konnte Gott nicht vergeben, dass er nicht existiere" – ein viel sagendes Zitat aus De Vries' Schaffen, das sich zwanghaft mit Gott befasst.[2] Sein Roman *The Blood of the Lamb* erzählt von Don Wanderhope, dem Vater einer elfjährigen Tochter, die an Leukämie erkrankt. Gerade als diese auf die Behandlung anspricht und Aussicht auf Genesung hat, breitet sich eine Infektionskrankheit auf der Station aus und sie stirbt. Wanderhope verlässt mit einer Torte, auf der der Name seiner Tochter steht, das Krankenhaus, kehrt zur Kirche zurück, wo er um Heilung gebetet hatte, und schleudert die Torte auf das Kreuz, das vor der Kirche steht. Die Torte trifft genau unterhalb der Dornenkrone und der bunte Zuckerguss tropft vom steinernen, traurigen Gesicht Jesu herab.

Ich verspüre eine Art Geistesverwandtschaft mit denen, die es für unmöglich halten zu glauben, wie Russell, oder es angesichts offenen Verrats unmöglich finden, sich den Glauben zu bewahren, wie De Vries. Ich habe mich schon in ähnlichen Situationen befunden und staune darüber, dass Gott mir doch das unerwartete Geschenk des Glaubens gemacht hat. Wenn ich die Phasen meines Lebens betrachte, in denen ich Gott untreu war, dann hatten sie alle etwas mit Unglauben zu tun. Manchmal machen mir die unzureichenden Beweise zu schaffen, manchmal hat mein Rückzug mit Verletzungen oder Enttäuschungen zu tun und manchmal wende ich mich in absichtlichem Ungehorsam ab. Trotzdem gibt es etwas, das mich immer wieder zu Gott zurückzieht. *Was eigentlich?*, frage ich mich.

„Was er da redet, geht zu weit! So etwas kann man nicht mit anhören!", sagten Jünger von Jesus mit Worten, in denen sich jeder Zweifler wieder findet (Joh 6,60). Wer Jesus zuhörte, fühlte sich gleichzeitig angezogen und abgestoßen wie eine Kompassnadel, die an einen Magneten gehalten wird. Als seine Worte Wirkung zeigten, machte sich einer nach dem anderen aus der Menge der Zuschauer und Nachfolger aus dem Staub. Nur die Zwölf blieben zurück. „Und ihr, was habt ihr vor? Wollt ihr mich auch verlassen?", fragte Jesus sie in einer Mischung aus Traurigkeit und Resignation (Joh 6,67). Wie so oft ergriff Petrus das Wort: „Herr, zu wem sonst sollten wir gehen?" (Joh 6,68).

Für mich ist das letzten Endes auch die Antwort auf die Frage, warum ich bleibe. Zu meiner Schande gebe ich zu, dass einer der stärksten Gründe, weiterhin an Gott zu glauben, der Mangel an guten Alternativen ist, von denen ich viele schon probiert habe. *Herr, zu wem sonst soll ich gehen?* Eines ist noch schwieriger als die Beziehung zu einem unsichtbaren Gott, nämlich keine solche Beziehung zu haben.

Gott tut sein Werk oft durch „heilige Narren", Träumer, die auf Grund eines lächerlichen Glaubens handeln, während ich mich meinen eigenen Entscheidungen mit Berechnung und Zurückhaltung nähere. Tatsächlich scheint in Glaubensdingen ein seltsames

Gesetz der Gegenläufigkeit zu gelten. In unserer Gesellschaft zählen Intelligenz, gutes Aussehen, Selbstvertrauen und Bildung, bei Gott anscheinend nicht. Um sein Ziel zu erreichen, verlässt Gott sich oft auf einfache, ungebildete Menschen, die nicht anders können, als ihm zu vertrauen. Durch sie geschehen Wunder. Der am wenigsten begabte Mensch kann zum Meister des Gebets werden, denn das Gebet erfordert nur den intensiven Wunsch, Zeit mit Gott zu verbringen.

Meine Gemeinde in Chicago, eine erfreuliche Mischung mancher Rassen und gesellschaftlichen Schichten, setzte einmal wegen einer größeren Krise eine Gebetsnacht an. Es wurden einige besorgte Stimmen laut. Wie sah es angesichts unserer innerstädtischen Umgebung mit der Sicherheit aus? Sollten wir für Wach- oder Begleitschutz zu den Parkplätzen sorgen? Was wäre, wenn niemand käme? Ausführlich besprachen wir, wie praktikabel die Veranstaltung sei, bis wir endlich einen Termin für die Gebetsnacht festlegten.

Die ärmsten Gemeindemitglieder, eine Gruppe von älteren Bürgern aus einer Obdachlosensiedlung, waren von der Idee, eine Gebetsnacht durchzuführen, besonders begeistert. Unwillkürlich kam in mir die Frage auf, wie viele ihrer Gebete im Laufe der Jahre wohl ohne Antwort geblieben waren. Immerhin wohnten sie in dieser Siedlung inmitten von Kriminalität, Armut und Leid. Und doch bewiesen sie ein kindliches Vertrauen auf die Kraft des Gebetes. „Wie lange wollt ihr bleiben – eine oder zwei Stunden?", fragten wir und dachten über die Transportmöglichkeiten mit Gemeindebussen nach. „Ach, wir bleiben die ganze Nacht", erwiderten sie.

Eine Afroamerikanerin, die schon über 90 Jahre alt war, am Stock ging und kaum noch sehen konnte, erklärte einem Mitarbeiter, warum sie die ganze Nacht auf den harten Bänken einer Kirche in einer so unsicheren Nachbarschaft verbringen wollte. „Weißt du, wir können in dieser Kirche vieles nicht machen. Wir sind nicht so gebildet und wir haben nicht so viel Energie wie ein paar von euch Jüngeren. Aber wir können beten. Wir haben Zeit und wir haben Glauben. Manche von uns können sowieso nicht viel schlafen. Aber wir können die ganze Nacht beten, wenn es sein muss."

Sie haben es getan. Inzwischen hat ein Haufen Yuppies in unserer Gemeinde eine wichtige Lektion gelernt: Der Glaube taucht da auf, wo er am wenigsten erwartet wird, und kränkelt, wo er unserer Erwartung nach blühen sollte.

Trotz meiner eingefleischten Skepsis sehne ich mich nach diesem Glauben, der für unsere älteren Mitbürger so natürlich ist. Nach einem kindlichen Glauben, der Gott um das Unmögliche bittet. Dafür gibt es einen Grund: Jesus hat diese Art Glauben geschätzt, wie die Berichte über Wunder in den Evangelien deutlich machen. „Dein Vertrauen hat dir geholfen", sagte Jesus (Mt 9,22) und lenkte die Aufmerksamkeit von sich ab und auf die geheilte Person hin. Die Wunder schaffende Kraft kam nicht allein von ihm, sondern hing irgendwie vom Empfänger ab.

Wenn ich alle Berichte über Wunder nacheinander lese, erkenne ich, dass der Glaube in unterschiedlichen Abstufungen auftritt. Ein paar Menschen bewiesen mutigen, unerschütterlichen Glauben, wie der Hauptmann, der Jesus ausrichtete, er brauche sich nicht die Mühe eines Besuches zu machen – ein Wort sei genug, um seinen Diener aus der Ferne zu heilen. „Wahrhaftig, solch ein Vertrauen habe ich nicht einmal in Israel gefunden!", stellte Jesus überrascht fest (Lk 7,9). Ein anderes Mal wurde Jesus von einer ausländischen Frau aufgesucht, als er Frieden und Ruhe wollte. Zuerst antwortete Jesus nicht. Dann wies er sie scharf zurück und erklärte, er sei zu den verlorenen Schafen in Israel gesandt worden, nicht zu den „Hunden". Doch nichts konnte diese hartnäckige Kanaaniterin abschrecken und ihre Beharrlichkeit überzeugte Jesus. „Du hast ein großes Vertrauen, Frau!", entgegnete er (Mt 15,28). Diese Ausländer, Menschen, denen man am wenigsten einen starken Glauben zutraute, beeindruckten Jesus. Warum vertrauten ein Hauptmann und eine Kanaaniterin, die keinerlei jüdische Wurzeln besaßen, einem Messias, den die eigenen Landsleute kaum akzeptieren wollten?

In auffälligem Gegensatz dazu haperte es mit Glauben bei denen, die es besser hätten wissen müssen. Die eigenen Nachbarn zweifelten an Jesus. Johannes der Täufer, sein Cousin und Vorläufer, stellte ihn später in Frage. Von den zwölf Jüngern äußerte Thomas Zweifel, Petrus verleugnete Jesus und Judas verriet ihn, und das, nachdem sie alle drei Jahre mit ihm gelebt hatten.

Das gleiche Gesetz der Gegenläufigkeit, das ich in meiner Kirche in Chicago beobachtet habe, lässt sich also auch auf die Evangelien anwenden: Der Glaube gedeiht, wo er am wenigsten erwartet wurde, und gerät ins Stocken, wo er aufblühen sollte. Allerdings macht mir Hoffnung, dass Jesus mit jedem Körnchen Glauben wirkt, das ein Mensch vorzeigen kann. Immerhin ging er auf jeden ein, der ihn um etwas bat, sei es der zuversichtliche Hauptmann, der zweifelnde Thomas oder der verzweifelte Vater, der rief: „Ich vertraue ihm ja – und kann es doch nicht! Hilf mir vertrauen!" (Mk 9,24).

Angesichts des weiten Spektrums der Glaubensformen in der Bibel frage ich mich, ob die Menschen sich genauso in „Glaubenstypen" einteilen lassen wie in Persönlichkeitstypen. Als Introvertierter, der auf andere Menschen vorsichtig zugeht, nähere ich mich so auch Gott. Im gleichen Maß, wie ich meine Entscheidungen berechne und alle Möglichkeiten bedenke, bin ich dem Fluch des „Andererseits-Syndroms" ausgesetzt, wenn ich die glanzvollen Verheißungen in der Bibel lese. Ständig hatte ich wegen meiner Glaubens-Losigkeit ein schlechtes Gewissen. Immer noch hätte ich gern mehr Glauben; allmählich aber finde ich mich mit meinem Niveau ab. Wir sind nicht alle schüchtern, melancholisch oder introvertiert. Warum also erwarten wir, dass jeder das gleiche Maß an oder die gleiche Art von Glauben hat?

Der Zweifel ist das Skelett im Keller des Glaubens und ich kenne keine bessere Methode, mit einem Skelett fertig zu werden, als es ins Freie zu schaffen und als das zu entlarven, was es ist: nichts, das man verstecken, wovor man Angst haben müsste, vielmehr ein Gebilde, auf dem lebendes Gewebe wachsen kann. Wenn jeder hier zu lesen aufhören müsste, dessen Glaube je erschüttert wurde – als Folge tragischer Ereignisse, einer von Wissenschaft oder anderen Religionen ausgelösten Vertrauenskrise oder einer Enttäuschung durch Kirche oder einzelne Christen –, dann könnte ich das Buch genauso gut mit diesem Satz beenden. Wie also kommt es, dass die Kirche den Zweifel als Feind betrachtet?

„Ich weiß nicht, wie der Glaube, den man einem christlichen Leben im 20. Jahrhundert abverlangt, überhaupt existieren kann, wenn er nicht in der Erfahrung des Unglaubens gründet", schrieb die Romanautorin Flannery O'Connor an eine Freundin. „Petrus sagte: ‚Herr, ich glaube. Hilf meinem Unglauben.' Das ist das natürlichste und menschlichste und gequälteste Gebet in den Evangelien und ich glaube, dass es die Grundlage des Glaubensgebetes ist."[3] O'Connor hat sich in der Person geirrt (das Zitat stammt vom Vater des dämonisch Besessenen, nicht von Petrus), aber ihr Eindruck ist richtig. Zweifel und Glaube existieren nebeneinander, denn wer bräuchte schon Glauben, wenn er Sicherheit hätte?

In meiner Kindheit hörte ich oft das alte schottische Lied: „Cheer up, ye saints of God, / there's nothing to worry about, / nothing to make ye feel afraid, / nothing to make ye doubt" (etwa: „Freut euch, ihr Heiligen Gottes, es gibt keinen Grund zur Sorge, nichts, was euch Angst machen könnte, nichts, was euch zweifeln lässt"). Ich mochte die erhebende Stimmung des Liedes, besonders das typisch schottische gerollte „r". Wenn ich heute aber den Text lese, frage ich mich, ob der Dichter die gleiche Bibel gelesen hat wie ich, ein Buch, dessen Helden entmutigt von einer Krise zur nächsten stolpern.

Ijobs Freunde reagierten schockiert und entsetzt auf seine Zweifel. „Hör auf, so zu empfinden! Schäme dich für solche skandalösen Gedanken!", sagten sie letzten Endes. Gott, der seine eigenen Probleme mit Ijob hatte, hielt nichtsdestoweniger ihn, nicht seine Freunde, als Held in Ehren. Bücher wie Ijob, Prediger, die Psalmen und die Klagelieder zeigen ohne Frage, dass Gott den Wert des menschlichen Zweifels kennt; es gibt ja in der Heiligen Schrift genügend Beispiele dafür. Die moderne Psychologie lehrt, dass man seine Gefühle lieber gleich offen ausdrücken sollte, da man sie letzten Endes nicht ausschalten kann. Das wird in der Bibel bestätigt. Wer sich ehrlich mit seinen Zweifeln auseinander setzt, wächst oft in einen Glauben hinein, der die Zweifel transzendiert.

Ich muss nur einige christliche Glaubenshelden nennen, um zu belegen, dass Zweifel verbreitet, vielleicht sogar unvermeidlich sind. Martin Luther kämpfte ständig gegen Zweifel und Depressionen. „Eine ganze Woche lang", schrieb Luther einmal, „war Christus mir ganz verloren. Durch Verzweiflung und Blasphemie gegen Gott geriet mir alles ins Schwanken."[4] Der Puritaner Richard Baxter gründete seinen Glauben auf „Wahrscheinlichkeiten statt auf volle unzweifelhafte Gewissheiten"; sein Glaubensbruder Increase Mather schrieb Folgendes und Ähnliches in sein Tagebuch: „Stark gequält von der Versuchung zum Atheismus."[5] Eine Kirche in Boston schob Dwight L. Moodys Mitgliedsantrag auf; sein Glaube mache einen ungewissen Eindruck. Der Missionar C. F. Andrews, ein Freund von Gandhi, verspürte auf Grund seiner Zweifel die Unmöglichkeit, seine indische Gemeinde durch das Glaubensbekenntnis des Athanasius zu führen. Die britische Mystikerin Evelyn Underhill gab Situationen zu, in denen „das ganze geistliche Gedankengut in Frage gestellt war."[6]

Wenn ich die Biografien großer Glaubenshelden lese, muss ich lange suchen, bis ich jemanden finde, dessen Glaube *nicht* auf einem Skelett des Zweifels wuchs und sich so entwickelte, dass er dieses Skelett allmählich bedeckte. In seinem Roman *The Flight of Peter Fromm* lässt Martin Gardner einen Professor behaupten, die heutigen intellektuell aufrichtigen Christen müssten sich zwischen der Rolle als wahrheitsliebender Verräter oder loyaler Lügner entscheiden. Adam, Sara, Jakob, Ijob, Jeremia, Jona, Thomas, Martha, Petrus und viele andere biblische Persönlichkeiten gehören in eine dritte Kategorie: der loyale Verräter, der in Frage stellt, sich windet und auflehnt, aber die Treue hält. Gott ist weitaus weniger von Zweifeln bedroht als seine Kirche.

Die Kirche steht tief in der Schuld der loyalen Verräter. Es gab Zeiten, als die Kirchenführer darauf beharrten, dass die Erde 6 000 Jahre jung sei, als sie die Medizin als Behinderung des göttlichen Willens bekämpften, die Sklaverei guthießen und gewisse Rassen (aber auch die Frauen) zu minderwertigen Wesen degradierten. Die Zweifler stellten diese und andere Dogmen in Frage, was ihnen oft Verurteilung und Verfolgung einbrachte.

In *Owen Meany* beschreibt der Romancier John Irving einen Lehrer, der dem Glauben Anziehungskraft verleiht, weil er den Zweifel schätzt. Irving spielte damit wahrscheinlich auf seinen eigenen Internatslehrer Frederick Buechner an, dem er das Buch widmet. Buechner hält es für selbstverständlich, dass eine Beziehung zwischen einem unsichtbaren Gott und sichtbaren Menschen immer ein Element des Zweifels beinhalten wird: „Wie könnte sich Gott mir, ohne mich dabei irgendwie zu vernichten, so offenbaren, dass dem Zweifel kein Raum gelassen wird? Gäbe es keinen Raum für Zweifel, dann hätte ich überhaupt keinen Platz."[7]

Nachdem ich dem Zweifel so viel Lob gewidmet habe, muss ich auch einräumen, dass der Zweifel den Menschen eher vom Glauben weg- als zu ihm hinführen kann. In meinem Fall hat der Zweifel mich bewogen, vieles in Frage zu stellen, das hinterfragt werden muss, aber auch Alternativen zum Glauben zu untersuchen, von denen keine ernsthaft in Frage kommt. Ich verdanke meinen Zweifeln, dass ich Christ geblieben bin. Bei vielen anderen aber hat der Zweifel den gegenteiligen Effekt gehabt und wie eine Nervenkrankheit auf eine langsame und schmerzhafte geistliche Lähmung hingewirkt. Fast jede Woche beantworte ich einen Brief von Menschen, die von Zweifeln gequält werden. Ihr Leiden ist ebenso akut und aufreibend wie jede mir bekannte Krankheit.

Obwohl wir den Zweifel, der uns vielfach ungebeten überfällt, nicht beherrschen, können wir lernen, ihn so zu kanalisieren, dass er eine fördernde statt vergiftende Wirkung zeigt. Es fängt damit an, dass ich meine Zweifel mit der Demut angehe, die meinem Status als geschaffenes Wesen angemessen ist.

Ich habe mich oft gefragt, warum sich in der Bibel auf bestimmte Fragen keine klaren Antworten finden. Gott hatte am Ende des Buches Ijob in seiner Rede – der längsten Rede Gottes in der Bibel – die perfekte Chance, auf das Problem des Leids einzugehen, doch er kümmert sich überhaupt nicht um das Thema. Anderen wichtigen Themen widmet die Bibel leichte Andeutungen und Hinweise, aber keine direkten Aussagen. Dazu habe ich eine Theorie, von der ich offen zugebe, dass sie dem Bereich der persönlichen Meinung nahe kommt.

Auf meinem Schreibtisch steht ein Buch mit dem Titel *The Encyclopedia of Ignorance*. Der Autor erklärt: Während die meisten Lexika bekannte Informationen anhäufen, wolle er die Bereiche der Wissenschaft hervorheben, die sich bisher Erklärungen entziehen – Fragen der Kosmologie, der gekrümmte Raum, die Rätsel der Gravitation, das Innere der Sonne, das menschliche Bewusstsein. Ich frage mich, ob Gott nicht aus sehr guten Gründen einen Wissensbereich in einer „Enzyklopädie der theologischen Unkenntnis" abgezäunt hat. Diese Antworten bleiben im Bereich Gottes und Gott hält es nicht für angebracht, sie zu enthüllen.

Denken wir über die Rettung von Kindern nach. Die meisten Theologen haben genügend biblische Hinweise gefunden, die uns überzeugen können, dass Gott alle Kinder willkommen heißt, die „noch nicht im verantwortlichen Alter" sind. Allerdings sind diese biblischen Hinweise spärlich. Wie sähe es aus, wenn Gott klar ausgesprochen hätte: „So spricht der Herr: Ich nehme jedes Kind unter zehn Jahren in den Himmel auf." Ich kann mir vorstellen, wie die Kreuzritter im 11. Jahrhundert einen Feldzug veranstalteten, bei dem jedes neunjährige oder jüngere Kind abgeschlachtet würde, damit ihm die ewige Seligkeit gewiss sei – was natürlich bedeuten würde, dass es ein Jahrtausend später niemanden mehr gegeben hätte, der über solche Fragen nachdenkt. Gleichermaßen hätten die eifernden Konquistadoren in Lateinamerika ein für alle Mal mit den

Eingeborenen aufgeräumt, wenn in der Bibel eindeutig stehen würde, dass Gottes „Nachsicht" mit der „Unwissenheit" der Menschen sich auf all jene bezieht, die den Namen Jesus noch nicht gehört haben.

Das Studium der Kirchengeschichte, ganz zu schweigen vom Nachdenken über mein eigenes Leben, stimmt in der Tat demütig. Angesichts des Chaos, das wir aus kristallklaren Geboten gemacht haben – die Einheit der Kirche, Liebe als Zeichen des Christen, Gerechtigkeit gegen alle Rassen und sozialen Schichten, die Bedeutung persönlicher Reinheit, die Gefahren des Reichtums –, zittere ich beim Gedanken, was wir getan hätten, wenn einige der vieldeutigen Aussagen weniger vieldeutig wären.

Unser Umgang mit schwierigen Themen sollte unserem Status als Geschöpfe mit begrenztem Wissen angemessen sein. Nehmen wir die Lehre von der Souveränität Gottes, die in der Bibel so gelehrt wird, dass sie in ungelöster Spannung zur menschlichen Freiheit steht. Gottes Perspektive als allmächtiges Wesen, der die gesamte Geschichte gleichzeitig überschaut, statt sie von Sekunde zu Sekunde zu entfalten, hat die Theologen immer wieder verwirrt. Dabei wird es auch bleiben, einfach deswegen, weil diese Sichtweise uns unzugänglich, ja unvorstellbar ist. Bei bescheidenem Umgang mit dem Thema akzeptieren wir diesen Unterschied der Perspektive und beten einen Gott an, der unsere Begrenzungen transzendiert.

Die Hyper-Calvinisten führen vor, was passiert, wenn wir uns Rechte anmaßen, die keinem Menschen zustehen. Die Anhänger von Malthus sprachen sich deshalb gegen die Pockenimpfung aus, weil dies, wie sie sagten, eine Einmischung in den souveränen Willen Gottes sei. In calvinistischen Kirchen wurde den ersten Missionaren abgeraten: „Junger Mann . . . wenn es Gott gefällt, die Heiden zu bekehren, dann tut er es ohne Ihre oder meine Hilfe", erklärte man William Carey[8] und setzte sich über die offensichtliche Tatsache hinweg, dass *wir* es sind, die Gott dazu auserwählt hat, die gute Nachricht in die Welt zu tragen. Nachdem Calvin eine klare Linie zwischen Erwählte und Verdammte gezogen hatte, zogen seine Nachfolger den Schluss, dass wir Menschen unterscheiden können, wer auf welche Seite dieser Linie gehört. Das Buch des Lebens gehört jedoch in die Kategorie der „theologischen Unkenntnis", Bereiche, von denen wir nichts wissen können, in denen wir Gott (dankbar) vertrauen müssen.

Natürlich müssen und sollten wir manche solcher Randbereiche der Lehre erforschen. Ich habe zum Beispiel in C. S. Lewis' Beschreibung der Hölle Trost gefunden, nämlich als Ort, für den sich die Menschen entscheiden, selbst dann noch, wenn sie dort gelandet sind. Miltons Satan drückt es so aus: „Lieber in der Hölle regieren, als im Himmel dienen."[9] Ich bleibe trotzdem bei meiner Überzeugung, dass die wichtigsten Fragen zu Himmel und Hölle – Wer kommt wohin? Gibt es eine zweite Chance? In welcher Form zeigt sich Gericht oder Belohnung? Welche Zwischenstufen gibt es nach dem Tod? – uns im besten Fall verschleiert bleiben. Ich bin immer dankbarer für diese Unwissenheit und dafür, dass der Gott, der sich uns in Jesus offenbart hat, auch der ist, der die Antworten kennt.

Im Laufe der Zeit ist mir das Verborgene lieber geworden als die Gewissheit. Gott verdreht uns nicht den Arm und zwingt uns niemals in eine Ecke, aus der es nur den Glauben an ihn als einzigen Ausweg gibt. Wir können nie mit einem endgültigen Beweis aufwarten, weder für uns selbst noch für andere. Mit Pascal werden wir immer „zu viel zum Leugnen" erkennen und „zu wenig zur Gewissheit".[10]

Ich schaue mir Jesus an, Gott, wie er dem Blick des Menschen dargeboten ist, wenn ich einen Beweis dafür brauche, dass Gott auf Zwang verzichtet. Jesus hat es den Menschen oft schwerer, nicht leichter gemacht, an ihn zu glauben. Er hat nie die Freiheit des Einzelnen verletzt, selbst zu entscheiden, selbst *gegen* ihn zu entscheiden. Ich staune darüber, wie behutsam Jesus mit der Meldung umgegangen ist, dass Johannes der Täufer im Gefängnis an ihm zweifelte, wie freundlich er Petrus nach seinem krassen Verrat wieder aufgenommen hat. Jesu Geschichte vom verlorenen Sohn offenbart die göttliche Haltung der im Voraus gewährten Vergebung, die zu nachsichtig und riskant erscheinen mag, aber die Kraft hat, einen Toten zum Leben zu erwecken.

„Daran werdet ihr die Wahrheit erkennen, und die Wahrheit wird euch frei machen", sagte Jesus (Joh 8,32). Ich freue mich über diese mitreißende, meisterliche Aussage, weil ich daraus den Schluss ziehen kann, dass auch der Umkehrschluss zutrifft: „Wahrheit", die nicht frei macht, ist keine Wahrheit. Die Zuhörer griffen zu den Steinen, als Jesus diese Aussage machte, und wollten ihn töten. Sie waren auf diese Art Freiheit nicht eingestellt, und dies trifft auch oft auf die Kirche zu. Man braucht nur Aldous Huxleys *The Devils of*

Loudon zu lesen, eine Biografie über Jean d'Arc oder einen Bericht der Hexenprozesse von Salem, um die extreme Reaktion einer Kirche wahrzunehmen, die sich durch die Freiheit bedroht fühlt.

In dem kirchlichen Umfeld, in dem ich groß geworden bin, gab es keinen Raum für Zweifel. „Glaubt einfach!", wurde uns gesagt. Jeder, der von der definierten Wahrheit abwich, riskierte Bestrafung. Mein Bruder bekam in den 60er Jahren auf dem Bibelcollege ein „Ungenügend" für eine Rede, in der er unverfroren behauptete, Rockmusik sei nicht von Hause aus unmoralisch. Obwohl mein Bruder klassische Musik mochte, der für Rock eigentlich nichts übrig hatte, konnte er keinen biblischen Beweis für die an dieser Schule propagierten Argumente gegen Rockmusik finden. Ich habe meinen Bruder oft reden hören – er beteiligte sich an Debattierwettbewerben – und konnte Einblick in seine Aufzeichnungen nehmen. Es gibt keinen Zweifel daran, dass er das „Ungenügend" nur aus einem einzigen Grund bekam: Der Lehrer war mit seiner Aussage nicht einverstanden. Schlimmer, der Lehrer kam zum Schluss, dass *Gott* mit seiner Aussage nicht einverstanden sei. Eine solche Note in einer Collegeklasse ist sicherlich nicht mit den Strafen zu vergleichen, die die Richter in Salem oder Loudon verhängten. Mein Bruder musste nicht mit dem Leben büßen; er ging von der Schule ab. Er hat sich allerdings auch endgültig vom Glauben abgewendet – größtenteils deswegen, wie ich vermute, weil er nicht erleben konnte, dass die Wahrheit die Menschen frei macht, und weil er keine Kirche gefunden hat, die wirklich ein Platz für die Verlorenen ist.

Meine Erfahrungen waren ganz anders. Auf meinem Weg bin ich auf eine Kirche gestoßen, in der die Gnade Raum hatte, eine Gemeinschaft von Christen, in der ich mich mit meinen Zweifeln sicher fühlte. Mir fällt in den Evangelien auf, dass der Jünger Thomas in der Gesellschaft der anderen Jünger Jesu blieb, auch wenn er ihren Berichten von der Auferstehung – dem unverzichtbaren Bestandteil aller Glaubensbekenntnisse – keinen Glauben schenkte. Inmitten dieser Gemeinschaft erschien Jesus und stärkte den Glauben des Thomas. Ähnlich haben meine Freunde und Kollegen bei den Zeitschriften *Campus Life* und danach bei *Christianity Today* sowie die Mitglieder der Kirche in der LaSalle Street in Chicago mir einen Hafen geschaffen, in dem ich angenommen wurde. Sie haben mich mitgetragen, als mein Glaube ins Wanken geriet. Ich konnte es mir leisten, vor einer Unterrichtsgruppe in der Kirche zu sagen: „Ich weiß, dass ich das glauben sollte, aber, ehrlich gesagt, habe ich damit im Augenblick Schwierigkeiten." Der einsame Zweifler tut mir Leid; wir alle sind auf vertrauenswürdige Mitzweifler angewiesen.

Eine Gemeinde stellt im Idealfall einen gesicherten Raum, den der Glaube eines Tages auszufüllen vermag; wir brauchen keinen hundertprozentigen Glauben als Eintrittskarte zur Tür mit hereinzubringen. Als ich anfing, offen über den Zweifel zu schreiben und einige Dogmen der Evangelikalen in Frage stellte, habe ich Ablehnung und Bestrafung erwartet wie damals in meiner Jugend. Stattdessen stellte ich fest, dass die zornigen, verurteilenden Briefe von den anderen zahlenmäßig weit übertroffen wurden. Diese Leser erkannten meine Fragen an und bestätigten mir, dass ich das Recht dazu besaß. Allmählich wurden die Zweifel nebensächlich oder lösten sich auf, und das geschah meiner Meinung nach deswegen, weil die Angst schmolz. Ich habe erfahren, dass das Gegenteil von Glauben nicht Zweifel, sondern Angst ist.

In einem von John Donnes *Holy Sonnets* findet sich die rätselhafte Zeile: „Churches are best for prayer, that have least light."[11] Diesen Satz kann man unterschiedlich auslegen; wörtlich genommen bezieht er sich auf Kathedralen, die nur von Kerzenlicht erhellt werden. Bei Donnes qualvoller Erfahrung mit der Kirche aber sehen die meisten Leser eine andere Bedeutung: In Kirchen, in denen man dem Geheimnis Raum gibt, wo man nicht vorgibt, das aussprechen zu können, was Gott selbst nicht ausgesprochen hat, schafft man eine Umgebung, die der Anbetung am besten dient. Immerhin verlassen wir uns auf Gott, weil wir bedürftig sind, nicht aus der Fülle heraus.

Warum streben dann so viele Kirchen danach, strahlend hell und gut ausgeleuchtet zu wirken?

In einem berühmten allegorischen Dilemma erzählt ein französischer Mönch des 14. Jahrhunderts von einem Esel, der in gleicher Entfernung vor zwei gleich appetitlichen Ballen Heu steht. Das Tier starrt darauf, zögert, starrt weiter und kommt mit der Zeit um, weil es keine logische Begründung dafür gibt, sich entweder zu dem einen oder dem anderen Ballen hinzubegeben.

Man kann nicht glauben, ohne etwas zu riskieren. Nathaniel

Hawthorne schrieb über Herman Melville: „Er kann weder glauben noch mit seinem Unglauben zufrieden sein."[12] Wie beim Esel, der hin- und hergerissen vor zwei Heuballen steht, birgt dieser mittlere Weg die vielleicht größte Gefahr, weil er der Beziehung zu Gott die Leidenschaft nimmt. Der Glaube verkommt zum intellektuellen Puzzle, und das ist keinesfalls biblisch.

Glauben heißt aufbrechen, ohne das Ende des Weges sehen zu können, vielleicht sogar ohne einen klaren Blick für den nächsten Schritt. Er bedeutet Nachfolge, Vertrauen, die Hand nach dem ausstrecken, der unsichtbar führt. Der Dekan einer theologischen Fakultät, Thomas Graham, sagte einmal: „Glaube ist Vernunft, die Mut gefasst hat – nicht das Gegenteil der Vernunft, wohlgemerkt, sondern etwas, das mehr ist als Vernunft und sich nicht von der Vernunft allein zufrieden stellen lässt."

Einmal bekam ich Ende Juni Besuch von einem Freund, der extra gekommen war, um mit mir auf eine Bergtour zu gehen. Wegen des letzten Schnees waren die meisten Gipfel bis auf wenige Ausnahmen jedoch unzugänglich. Also entschieden wir uns für einen von den einfacheren, Mount Sherman. Normalerweise kann der Wanderer einem leichten Pfad folgen, der sich direkt zum sichtbaren Gipfel hochwindet. Als wir jedoch am Ausgangspunkt aufbrachen, merkten wir, dass ein sommerliches Schneegestöber alles verändert hatte. Ab und zu teilten sich die Wolken gerade so weit, dass wir den Gipfel sehen konnten, jedenfalls das, was wir dafür hielten. Dann aber waren wir wieder vom Schneegestöber eingeschlossen.

Scheingipfel – fast jeder Berg hat welche – sind für den Bergsteiger eine harte Nuss. Drei Stunden lang schaut man alle paar Sekunden zur Spitze hin. Die Blicke werden davon angezogen wie Körper von der Schwerkraft; man kann einfach nicht widerstehen und muss auf das Gipfelmassiv schauen, das den Wanderer nach oben lockt. Genau dann aber, wenn man es nach oben geschafft hat, erkennt man, dass es sich überhaupt nicht um den Gipfel handelt. Die Perspektive hat getrogen. Den echten Gipfel sieht man in ein paar hundert Meter weiter oben. Oder ist das etwa auch nur ein Scheingipfel?

Beim Aufstieg auf den Mount Sherman brachen wir in Schnee und Wolken auf und kamen in Schnee und Wolken an. Zwischendurch sahen wir wenig. Im Schneegestöber verliert man mit dem

Horizont jede Orientierung und kann nicht unterscheiden, ob man aufsteigt, absteigt oder sogar auf dem Kopf steht. Man schreitet blind weiter – was sich in Gebirgen wie den Rocky Mountains als tödlich erweisen kann.

Mein Partner und ich erwogen zurückzukehren, entschieden uns aber dagegen. Wir setzten uns hin und warteten darauf, dass sich die Wolken etwas lichteten, suchten uns eine Stelle aus, peilten sie mit dem Kompass an und brachen auf. Als die Wolken uns wieder einhüllten, setzten wir uns in den nassen Schnee und legten die nächste Pause ein.

Angesichts der Lawinengefahr suchten wir uns mit Bedacht eine längere Route aus, die an den sanfteren Hängen des Berges entlangführte. Unter der Wolkenhülle hörte man das bedrohliche Krachen von Lawinen, die sich von den anderen Gipfeln um uns herum lösten. Die schlechten Wetterverhältnisse führten dazu, dass sich jede so anhörte, als käme sie direkt auf uns zu, obwohl uns unser Verstand etwas anderes sagte. Wenn man mitten in einer Wolke im Schnee sitzt und der Widerhall jedes Krachen verstärkt, stellt man Karten, Kompasse, Sinnesorgane und den Verstand selbst in Frage.

Wir hatten die Lage trotzdem richtig beurteilt und in unserer Nähe gab es keinen Lawinenabgang. Die Wolken brachen lange genug auf, um uns die Sicht auf einen Pfad direkt auf den echten Gipfel zu gewähren. Vorsichtig schafften wir den Aufstieg. Das Gipfelbuch zeigte uns, dass wir in dieser Saison die ersten Bergwanderer waren, die den Mount Sherman bestiegen hatten. Dann kam Freude auf. Die Wolken teilten sich, wir konnten unseren Rückweg wählen, und was uns beim Aufstieg vier Stunden gekostet hatte, dauerte weniger als eine Stunde – auf dem Hintern, weil wir wie auf Schlitten den schneeglatten Hang abwärts rutschen konnten.

Als ich später darüber nachdachte, erkannte ich, dass dieser Aufstieg das widerspiegelte, was ich über den Glauben gelernt hatte: Auf meinem Weg mit Gott gehörten Fehleinschätzungen, spannende und schwierige Situationen, lange Wartezeiten und Phasen, in denen ich mich mühevoll dahinschleppte, dazu. Egal, wie gründlich ich mich vorbereite, Vorsichtsmaßnahmen treffe und Risiken ausschalte – der Erfolg bleibt aus. Immer wieder gibt es Schneegestöber, Zeiten, in denen ich gar nichts mehr erkenne und um mich herum Lawinen abgehen.

Wenn ich trotzdem den Gipfel erreiche, lässt sich das Gefühl der

Erfüllung und Erhabenheit mit nichts in der ganzen Welt vergleichen. Dabei ist Mount Sherman nur ein Viertausender in Colorado. Mir stehen noch 52 davon bevor.

> *Wenn wir unser geistliches Haus in Ordnung haben,*
> *werden wir tot sein. Es geht immer weiter.*
> *Man hat ausreichend Sicherheit,*
> *um in der Lage zu sein,*
> *seinen Weg zu gehen, aber wir werden es erst*
> *in der Dunkelheit schaffen. Erwarten Sie nicht,*
> *dass der Glaube für Sie Dinge aufräumt.*
> *Es geht um Vertrauen, nicht um Sicherheit.*
> FLANNERY O'CONNOR[13]

Kapitel 4

Angriff auf den Glauben

Nicht als Kind glaube und bekenne ich Jesus Christus.
Mein Hosianna ist aus einer Feuerprobe des Zweifels geboren.
FJODOR DOSTOJEWSKI

Ich kann mich mit der Dichterin Anne Sexton identifizieren, die gesagt hat, sie liebe den Glauben, habe aber nur wenig davon. Meine eigene Skepsis habe ich mir weitgehend in der Kirche angeeignet: Ich musste mir „Zeugnisse" anhören, die sich später als Lügen erwiesen, habe die Heuchelei von Geistlichen erlebt und Menschen gehört, die Gott eine Woche vor ihrem Tod für eine Wunderheilung dankten. Wie ich feststellen musste, gab es praktisch für jede „Gebetserhörung" andere mögliche Erklärungen, und ich beeilte mich, diese zu finden. Allmählich entwuchs ich der Phase, in der ich den Glauben anderer hinterfragte, aber mein Hang zur Skepsis ist geblieben, verbunden mit einer starken Abneigung gegen den Missbrauch des Glaubens.

Weil ich zahlreiche Bücher zum Thema Leid und Schmerzen veröffentlicht habe, besitze ich eine Schublade voller Briefe von Christen, die gebetet haben – für ihr Kind mit einem Geburtsfehler, für einen inoperablen Gehirntumor, für die Heilung von Lähmungen –, Menschen, die sich mit Öl salben lassen und sich nach jeder biblischen Anweisung richten, aber trotzdem keine Linderung ihres Leids erfuhren, keine „Belohnung" für ihren Glauben. Ich habe darüber hinaus zahlreiche christliche Ärzte befragt, ob sie jemals ein unbestreitbares medizinisches Wunder erlebt hätten. Die meisten denken eine Minute nach und berichten dann von einer möglichen Begebenheit, vielleicht von zweien.

Es ist schon seltsam: Ich schreibe so viele Bücher über den Glauben, aber ich habe immer noch Schwierigkeiten damit. Ein Freund machte einmal eine Bemerkung über die Christen im Allgemeinen: „Wenn man sich irgendetwas nur oft genug einredet, dann wird man es auch glauben." Mache ich genau das? Ich lese meine Texte immer wieder durch und versuche, sie stimmig zu machen. Woher aber soll ich wissen, ob ich tatsächlich daran glaube oder ob ich sie mir nur aufsage, ähnlich, wie ein telefonisches Verkaufsgespräch eingeübt wird? Beim Umgang mit einem unsichtbaren Gott sind Zweifel nicht zu vermeiden.

Aus diesen und ähnlichen Gründen habe ich mich mit schriftlichen Äußerungen über den Glauben immer zurückgehalten. Ich befürchte, dass dadurch so mancher seinen Glauben verlieren könnte. Zwar möchte ich niemand davon abbringen, sein „einfältiges" Vertrauen aufzugeben, aber ich will auch keine unrealistischen Erwartungen darüber wecken, was man durch den Glauben erreichen könnte. „Gott versuchen heißt, sich mehr Gewissheit verschaffen zu wollen, als Gott gegeben hat", sagte der weise Bischof Lesslie Newbigin.[1] Ich muss mich ehrlich der Tatsache stellen, dass Christen in Armut leben, krank werden, Haar und Zähne verlieren und Brillen tragen können. Die Chance ist etwa so groß wie bei allen anderen. Und die Wahrscheinlichkeit, dass Christen sterben, liegt ebenfalls bei exakt 100 Prozent.

Wir leben auf einem gefallenen Planeten. Er ist voller Leid, das nicht einmal dem Sohn Gottes erspart geblieben ist. Im Laufe ihres Lebens haben sowohl Jesus als auch der Apostel Paulus[2] für ein leichteres Los gebetet, aber beiden wurde es nicht erleichtert. Der Soziologe Bronislav Malinowski sagte über die Unterschiede zwischen Magie und Religion: In der Magie versuche der Mensch, den Göttern seinen Willen aufzuzwingen, während es in der Religion darum gehe, sich auf den Willen der Götter einzustellen. Christlicher Glaube bedeutet, sich in jeder Hinsicht auf den Willen Gottes einzulassen. „Mein Vater, wenn es möglich ist, lass diesen Leidenskelch an mir vorübergehen", betete Jesus in Gethsemane (Mt 26,39). Es war nicht möglich und er ordnete sich dem Willen Gottes unter: „Aber es soll geschehen, was du willst, nicht was ich will."

George Everett Ross verdeutlicht dies mit anderen Worten:

„Ich habe 30 Jahre als Pastor gedient, fast 31. Ich habe begreifen gelernt, dass es zwei Arten von Glauben gibt. Bei der einen heißt es ‚wenn', bei der anderen ‚obwohl'. Der eine sagt: ‚Wenn alles gut geht, wenn mir das Leben gelingt, wenn ich glücklich bin, wenn niemand stirbt, den ich liebe, wenn ich erfolgreich bin, dann werde ich an Gott glauben, meine Gebete sprechen, zur Kirche gehen und spenden, was ich mir leisten kann.' Der an-

> *dere sagt: ‚Obwohl die Bosheit siegt, obwohl ich in Gethsemane schwitze, obwohl ich auf Golgatha meinen Leidensbecher leeren muss – trotzdem will ich genau dann meinem Gott und Schöpfer vertrauen.' Deshalb Ijobs Ausruf: ‚Siehe, er wird mich doch umbringen, und ich habe nichts zu hoffen; doch will ich meine Wege vor ihm verantworten'" (Ijob 13,15; Luther).*[3]

Ich habe Freunde, die hinter jedem Strauch einen Dämon vermuten und einen Engel hinter jedem freien Parkplatz. Manchmal wundere ich mich, was sie mit ihrem einfachen Glauben zu Stande bringen. Aber mir fällt auf, dass sie sich an Menschen mit eher bedächtigem und leidensfähigem Glauben wenden, wenn das erbetene Wunder ausbleibt.

In der Bibel finden wir Beispiele für beides, für den einfachen Glauben und die beständige Treue, die allen Widrigkeiten trotzt. Ijob, Abraham, Habakuk und seine Mitpropheten, dazu viele der Glaubenshelden, die im 11. Kapitel des Hebräer-Briefs aufgeführt werden, hielten in langen Dürrezeiten durch. Es geschahen keine Wunder, drängende Gebete fielen ohne Erhörung auf die Erde zurück. Gott war scheinbar nicht nur unsichtbar, sondern ganz und gar abwesend. Wir Christen des 21. Jahrhunderts, die ihnen auf dem Weg folgen, erleben manchmal durchaus Zeiten ungewöhnlicher Nähe, wenn Gott auf alle unsere Bedürfnisse einzugehen scheint. Wir machen aber auch die Erfahrung, dass Gott schweigt und sämtliche Verheißungen der Bibel uns so falsch vorkommen, dass es zum Himmel schreit.

Auf meinen Auslandsreisen fiel mir auf, dass in unterschiedlichen Ländern Gebete unterschiedlich formuliert werden. Die Christen in Wohlstandsnationen beten in der Regel: „Herr, befreie uns von dieser Prüfung!" Bei Gefangenen und verfolgten Christen und manchen, die in sehr armen Ländern leben, hörte ich stattdessen das Gebet: „Herr, gib uns die Kraft, diese Prüfung zu ertragen."

Paradoxerweise können schwierige Phasen dazu beitragen, dass der Glaube genährt und die Verbindung zu Gott gestärkt wird. Ich beobachte das bei menschlichen Beziehungen, die in Krisen eher gefestigt werden. Meine Frau und ich haben beide Großmütter, die älter als 100 Jahre geworden sind (im Jahr 2000 begann für sie ihr drittes Jahrhundert!). Beim Gespräch mit ihnen und ihren Freundinnen fällt mir etwas auf, das für ältere Menschen beinahe typisch ist: Sie denken an schwierige, aufwühlende Zeiten mit einem Hauch von Nostalgie zurück. Die Senioren erzählen sich Geschichten aus der Zeit des Zweiten Weltkriegs und der Weltwirtschaftskrise; sie reden gern von schweren Zeiten wie Schneestürmen, der schwierigen Kindheit und den Jahren im College, wo es drei Wochen hintereinander nur Dosensuppe und hartes Brot gab.

Fragt man eine starke, stabile Familie, woher ihre Kraft kommt, wird man mit großer Sicherheit eine Geschichte ihrer Krisen hören: wie sie im Wartezimmer eines Krankenhauses zusammensaßen, wie sie gespannt auf eine Nachricht von einem ausgerissenen Sohn warteten, sich nach einem Tornado durch den Schutt wühlten oder eine Tochter nach der geplatzten Verlobung trösteten. Beziehungen werden stärker, wenn sie Zerreißproben ausgesetzt werden und trotzdem nicht zerbrechen.

Angesichts dieses Prinzips im Alltag der Menschen kann ich eines der Geheimnisse in der Beziehung zu Gott besser verstehen. Der Glaube konzentriert sich in jeder Art Beziehung auf die Vertrauensfrage: Kann ich meinen Angehörigen vertrauen – oder Gott, wenn es darauf ankommt? Wenn eine Beziehung auf einem felsenfesten Vertrauen gegründet ist, kann sie durch die schlimmsten Umstände nicht zerstört werden.

Abraham, der mit seinem Sohn den Berg Morija bestieg, Ijob, der unter der heißen Sonne seine Eiterbeulen aufschabte, David, der sich in einer Höhle versteckte, Elia, der sich deprimiert in der Wüste verkroch, Mose, der um eine neue Lebensaufgabe bat – alle diese Helden erlebten Krisenzeiten, die sie dazu verführen wollten, Gott als gleichgültig, machtlos oder ihnen gar feindlich eingestellt abzutun. Im Dunkel ihrer Verwirrung standen sie dann vor dem Wendepunkt: Entweder sie wandten sich verbittert ab oder sie gingen im Glauben weiter. Letzten Endes entschieden sie alle sich für den Weg des Vertrauens und deshalb sind sie heute für uns Glaubensriesen.

Leider besteht nicht jeder diese Glaubensprüfungen mit Glanz und Gloria. Die Bibel strotzt von Berichten über die anderen – Kain, Simson, Salomo, Judas. Sie versagten. Ihr Leben hinterließ einen Nachgeschmack von Traurigkeit und Reue: „Ach, was hätte daraus werden können."

Sören Kierkegaard, ein christlicher Denker, hat sein ganzes

Leben lang die Glaubensprüfungen untersucht, die Gottes Vertrauenswürdigkeit in Frage stellen. Als Mensch mit schwieriger Persönlichkeit litt Kierkegaard ständig unter einer inneren Qual. Immer wieder wandte er sich den biblischen Personen Ijob und Abraham zu, die aus unerträglichen Glaubensproben siegreich hervorgingen. Während dieser Prüfungen gewannen Ijob und Abraham den Eindruck, Gott widerspreche sich selbst. *Ganz sicher würde Gott nicht so handeln – eindeutig hat er aber so gehandelt.* Kierkegaard kam letzten Endes zu dem Schluss, dass aus einer solchen Zerreißprobe hundertprozentiger Glaube hervorgehen müsse.[4]

Ich habe von Kierkegaard und seiner unausgeglichenen Auffassung vom Glauben viel gelernt. Unausgeglichen deshalb, weil Kierkegaard sich so stark mit den großen Zerreißproben des Glaubens beschäftigte, dass für die Bedeutung des Alltäglichen beim Erhalt der Beziehung zu Gott wenig übrig blieb. Er beschreibt „Ritter des Glaubens", jene seltenen Individuen, die von Gott für irgendeine außerordentliche Großtat auserkoren wurden. Sie wurden geprüft, wie heutzutage ein Düsenflugzeug getestet wird: nicht, um es zu zerstören, sondern um die Grenzen auszuloten. „Wäre es letzten Endes nicht besser gewesen, wenn Gott ihn nicht auserwählt hätte?", fragte Kierkegaard einmal im Hinblick auf Abraham. Zweifellos hat Abraham sich während seiner Feuerproben diese Frage selbst gestellt, aber ich bezweifle, dass er sich dies noch am Ende seines Lebens gefragt hat.

Für den Gläubigen geht es beim Glauben mehr um die Krisen in der persönlichen Beziehung als um den intellektuellen Zweifel. Verdient Gott wirklich unser Vertrauen, ganz gleich, wie es gegenwärtig um uns steht?

Ein Christ und Autor, den ich sehr schätze, hat einmal geschrieben: „Gottes Art, die Verhältnisse zu arrangieren, scheint manchmal einzig und allein darauf hinauszulaufen, uns zu frustrieren: Auf dem Weg zum Krankenhaus platzt ein Reifen, der Ausguss ist eine Stunde, bevor Übernachtungsgäste eintreffen, verstopft, ein Freund lässt uns im Stich, wenn wir ihn am dringendsten gebraucht hätten, man wird am Tag einer Präsentation vor wichtigen Käufern plötzlich heiser." Christen in Ländern wie Pakistan und dem Sudan müssen solche Prüfungen schrecklich unbedeutend vorkommen. Und doch weiß ich nur allzu gut, dass gerade eine Reihe von solchen

Ärgernissen eine Saat des Zweifels in meiner Beziehung zu Gott säen und mein Grundvertrauen untergraben können.

Trotzdem stolpere ich über die Wortwahl „Gottes Art, die Verhältnisse zu arrangieren". Legt Gott tatsächlich einen Nagel so auf die Straße, dass ich auf dem Weg ins Krankenhaus darüber fahre? Ist er dafür verantwortlich, dass die Haare sich so im Abflussrohr verwickeln, dass es direkt vor Ankunft der Gäste verstopft ist? Auch ich gebe Gott instinktiv die Schuld, wenn etwas Missliches passiert, und stelle die Vertrauensbasis unserer Beziehung in Frage. Ist das richtig? Plant Gott Reifen- und Computerpannen, schickt er mir Viren und Bakterien als normale Prüfung meines Glaubens, ähnlich den Glaubensprüfungen, die Abraham und Ijob erdulden mussten? Das bezweifle ich.

Wenn das Buch Ijob uns eines lehrt – besonders durch die Rede Gottes am Ende –, dann, dass Menschen weder das Recht noch die Kompetenz besitzen, die Frage nach dem Warum der schrecklichen Ereignisse zu beantworten. Vielmehr forderte Gott Ijob heraus, es besser zu machen:

„Sag, nimmst du es an Stärke mit mir auf?
Kann deine Stimme donnern wie die meine?
Dann zeige dich in deiner ganzen Pracht,
lass dich in Majestät und Hoheit sehen!
Halt deinen Zorn nicht länger mehr in Schranken,
sieh alles Hohe an und wirf es nieder,
sieh alle Stolzen an und mach sie klein,
zertrete die Verbrecher auf der Stelle!" (Ijob 40,9–12).

Gott verzichtet auf ständige Eingriffe in die Geschehnisse auf der Erde, auf die Demütigung jedes stolzen Menschen und die Vernichtung des Bösen. Die Gründe dafür geben den Opfern immer wieder Rätsel auf. Wir nehmen wie Ijob an, dass Gott bei allen Ereignissen irgendwie die Hand im Spiel hat, und ziehen daraus Schlüsse, die offenkundig falsch sind: *Gott liebt mich nicht, Gott ist nicht fair.* Der Glaube lässt uns die Wahl, Gott auch weiterhin zu vertrauen, selbst wenn wir die Grenzen unserer Menschlichkeit akzeptieren. Das heißt, dass wir uns damit abfinden müssen, das „Warum" nicht beantworten zu können.

Als Prinzessin Diana bei einem Autounfall starb, bekam ich einen

Anruf von einem Fernsehproduzenten. „Können Sie als Talkgast an unserer Sendung teilnehmen?", fragte er. „Wir möchten von Ihnen eine Erklärung, wie Gott einen so schrecklichen Unfall zulassen konnte." Ohne nachzudenken, erwiderte ich: „Könnte es nicht mit dem betrunkenen Autofahrer zu tun haben, der mit 180 in einen schmalen Tunnel fuhr? Wie sollte Gott sich denn da eingemischt haben?"

Ich durfte nicht im Fernsehen auftreten, aber seine Frage war für mich Anlass, einen Aktenordner hervorzukramen, in dem ich Notizen über alles sammle, wofür man Gott die Schuld zuschiebt. Ich entdeckte ein Zitat des Boxers Ray „Boom-Boom" Mancini, der gerade einen koreanischen Gegner mit seiner harten Rechten getötet hatte. Bei einer Pressekonferenz nach dem Tod des koreanischen Boxers sagte Mancini: „Manchmal frage ich mich, warum Gott solche Sachen macht." In einem Brief an Dr. James Dobson stellte eine junge Frau die folgende quälende Frage: „Vor vier Jahren ging ich mit einem Mann aus und wurde schwanger. Ich war am Boden zerstört! Ich fragte Gott: ‚Warum hast du zugelassen, dass mir das passiert ist?'" Susan Smith, eine Mutter aus South Carolina, die ihre beiden Söhne in einen Teich gestoßen hatte und sie ertrinken ließ, beschuldigte erst einen Phantom-Autodieb dieser Tat. Später schrieb sie in ihrem offiziellen Geständnis: „Ich sank auf meine niedrigste Stufe, als ich zuließ, dass meine Kinder ohne mich auf diesem Steg ins Wasser stiegen. Ich rannte weg und schrie: ‚O Gott! O Gott, nein! Was habe ich getan? Warum hast du das zugelassen?'"

Was für eine Rolle hat Gott denn gespielt, als ein Boxer auf seinen Gegner eindrosch, ein junges Paar sich auf dem Rücksitz eines Wagens nicht mehr beherrschen konnte oder eine Mutter ihre Kinder ertränkte? Das ist die Frage, die ich mir stelle. Waren diese Ereignisse Glaubensprüfungen? Im Gegenteil. Ich erkenne darin die spektakuläre Vorführung menschlicher Freiheit in einer gefallenen Schöpfung. In solchen Augenblicken, die beweisen, wie zerbrechlich und sterblich wir sind, zeigen wir mit dem Finger auf den, der gerade das *nicht* ist: Gott.

Nach einer Untersuchung aller Beispiele menschlichen Leidens in der Bibel habe ich die Überzeugung gewonnen, dass viele Christen, die in einer Glaubensprüfung stecken, eine andere Frage stellen wollen als Gott selbst. Instinktiv flüchten wir uns in Fragen, die in die Vergangenheit reichen: „Wodurch wurde diese Tragödie verursacht? War Gott daran beteiligt? Was will Gott mir damit sagen?" Wir beurteilen unsere Beziehung zu ihm auf der Grundlage solch unzureichender Hinweise.

Die Bibel schildert viele Beispiele für Leiden, die wie bei Ijob keine Strafe Gottes sind. Bei allen seinen Heilungswundern hat Jesus die damals verbreitete Auffassung verworfen, dass die Menschen ihre Leiden – Blindheit, Lähmung, Aussatz – verdient hatten. Jesus trauerte über vieles, das auf dieser Erde geschieht – was ein sicheres Zeichen dafür ist, dass Gott deswegen weit mehr bekümmert ist als wir. Kein einziges Mal hat Jesus jemandem geraten, das Leiden als Willen Gottes anzunehmen; vielmehr beschäftigte er sich damit, Krankheiten und Behinderungen zu heilen.

Wir finden in der Bibel keine systematischen Antworten für das Warum. Oft gibt es keine Antwort. Ein platter Reifen, ein verstopfter Abfluss, die Heiserkeit – diese Prüfungen, wenn auch gering, können in unserer Beziehung zu Gott sehr wohl eine Krise auslösen. Und doch steht es uns nicht zu, uns in Bereiche zu begeben, die Gott als seinen Bereich versiegelt hat. Die göttliche Vorsehung ist ein Geheimnis, das nur Gott versteht, und es gehört aus einem einfachen Grund in meine „Enzyklopädie der theologischen Unkenntnis": Kein vergänglicher Mensch, der auf unserem gefallenen Planeten lebt und die unsichtbare Welt nicht sehen kann, hat die Fähigkeit, solche Antworten zu verstehen. Darauf läuft, kurz gesagt, Gottes Antwort an Ijob hinaus.

Oftmals legen Christen beim Lesen der Bibel ihr Hauptaugenmerk auf Gottes Versprechen an uns. Damit sind spätere Enttäuschungen schon vorprogrammiert. „Seht euch die Vögel an!", sagte Jesus einmal. „Sie säen nicht, sie ernten nicht, sie sammeln keine Vorräte – aber euer Vater im Himmel sorgt für sie. [...] Seht, wie die Blumen auf den Feldern wachsen! Sie arbeiten nicht und machen sich keine Kleider" (Mt 6,26). Aus solchen Versen schließen die Leser, dass Gott sie immer versorgen wird, was dann eine größere Glaubenskrise auslöst, wenn Trockenheit und Hungersnot herrschen.

Wie aber gibt der himmlische Vater den Vögeln zu essen und lässt die Blumen wachsen? Er lässt nicht etwa schwarz glänzende Sonnenblumenkerne auf magische Weise wie Manna in der Wildnis am

Boden auftauchen. Er füttert die Vögel, indem er auf der Erde Wälder und Blumen wachsen und Würmer leben lässt – und wir Menschen wissen genau, dass unser Umgang mit der Erde eine vernichtende Wirkung auf die Vogelwelt haben kann. Die Wiesenblumen wachsen ohne Mühe heran, aber ihr Wachstum ist ebenfalls abhängig vom Regelkreis, der das Wetter entstehen lässt. Auch hier gilt: In den Jahren starker Trockenheit arbeiten sie nicht, machen sich keine Kleider, überleben aber auch nicht.

„Kauft man nicht zwei Spatzen für einen Groschen?", sagte Jesus außerdem (Mt 10,29). „Und doch fällt kein Spatz auf die Erde, ohne dass euer Vater es zulässt. Bei euch aber ist sogar jedes Haar auf dem Kopf gezählt. Habt also keine Angst: Ihr seid Gott mehr wert als ein ganzer Schwarm von Spatzen." Mancher fasst die Stelle als Trost auf: „Er achtet auf den Sperling", heißt es in einem Lied, „und ich weiß, er sieht auch mich." Ironischerweise sagte Jesus diese Sätze inmitten unheilvoller Warnungen an seine Jünger, in denen er ankündigte, dass ihnen Schläge, Gefängnis und sogar Hinrichtung bevorstehe – der Kontext war also kaum besonders beruhigend.[5] Jacques Ellul weist auf eine gängige Falschübersetzung hin: Im griechischen Urtext steht einfach nur „ohne euren Vater" und nichts vom Willen Gottes, der hier etwas zulässt:

> „Um die Aussage zu glätten, wurde der ‚Wille' eingefügt. Aber die Einfügung führt zu einer ganz anderen Bedeutung. In dem einen Fall will Gott den Tod des Sperlings, in dem anderen findet sein Tod nicht statt, ohne dass Gott anwesend ist. Mit anderen Worten: Der Tod stellt sich gemäß den Naturgesetzen ein, aber Gott lässt in seiner Schöpfung nichts sterben, ohne gegenwärtig zu sein, ohne als Trost, Kraft, Hoffnung und Unterstützung des Sterbenden zu wirken. Thema ist hier die Gegenwart Gottes, nicht sein Wille."[6]

Meist fassen wir Gottes Eingreifen in das irdische Geschehen so auf, als komme es „von oben" wie Lichtstrahlen, Hagel oder die Blitze des Zeus, die aus dem Himmel auf den Boden fallen. Auf diese Art und Weise griff Gott durch Ereignisse wie die zehn Plagen ein. Vielleicht wäre es angemessener, sich Gottes Eingreifen als unterirdische Wasserader oder Fluss vorzustellen, die als Quelle oder Brunnen an die Oberfläche treten. Pater Robert Farrar Capon leistet diesen Perspektivwechsel von oben nach unten in seinem Buch *The Parables of Judgment* und stellt Gottes Handeln als

> *„zu Tage treten, als Auftauchen der Spitzen des einen, stets anwesenden Eisbergs unter der gesamten Geschichte an die sichtbare Oberfläche. Wenn wir also die gleiche vorherige Folge der großen Taten in Betracht ziehen, erscheinen sie nicht als Streifzüge in die Geschichte durch eine außerirdische Gegenwart von oben, sondern als das zu Tage treten innerhalb der Geschichte einer fortdauernden Gegenwart von unten."*[7]

Mit anderen Worten: Gott herrscht weniger im Sichtbaren als im Unsichtbaren. Seine Gegenwart dient in jedem Augenblick zur Erhaltung der gesamten Schöpfung: „Alle Dinge bestehen durch ihn (Christus)", schrieb Paulus (Kol 1,17). Seine Gegenwart fließt auch in das Individuum, das sich nach ihm ausrichtet. Gottes Geist, ein unsichtbarer Gefährte, wirkt von innen her und ringt dem Bösen das Gute ab.

Viele Christen halten sich an den Vers aus dem Römer-Brief: „Wir wissen: Wenn jemand Gott liebt, muss alles dazu beitragen, dass er das Ziel erreicht, zu dem Gott ihn nach seinem Plan berufen hat" (Röm 8,28). Sie interpretieren ihn so, dass sich irgendwie alles zum Guten wendet. Der griechische Urtext wird jedoch richtiger mit den folgenden Worten übersetzt: „In allem, was geschieht, wirkt Gott zum Guten mit denen, die ihn lieben." Dieses Versprechen hat sich meiner Erfahrung nach in allen Katastrophen und Härten, die ich persönlich durchlebt habe, als wahr erwiesen. Die Ereignisse kommen, manche davon gut, manche schlecht, viele davon liegen außerhalb unserer Macht. In allen diesen Ereignissen habe ich die verlässliche Konstante eines Gottes verspürt, der bereit ist, mit mir und durch mich zu arbeiten, um etwas Gutes zu bewirken. Ich bin überzeugt, dass es belohnt wird, wenn man dabei treu bleibt, auch wenn das Warum nicht beantwortet wird.

Eine Geschichte aus dem 9. Kapitel des Johannes-Evangeliums zeigt diesen unterschiedlichen Ansatz beispielhaft. Die Geschichte beginnt dort, wovon viele Kranke ausgehen, nämlich mit der Frage nach dem Grund. Bei der Begegnung mit einem Blindgeborenen schauen die Jünger zurück, um das Warum zu ergründen. Wer hat gesündigt, um diese Strafe zu bewirken, der Blinde oder seine Eltern? (Man denke darüber nach, was vorausgesetzt wird: Hat der Mann *im Mutterleib* gesündigt?) Jesus antwortet unzweideutig: „Seine Blindheit hatte weder mit den Sünden seiner Eltern etwas zu tun noch mit seinen eigenen. Er ist blind, damit Gottes Macht an ihm sichtbar wird." Um ihre Aufmerksamkeit nach vorn zu lenken, stellt Jesus eine andere Frage: „Zu welchem Ziel?"

Die Antwort Jesu bietet, wie ich glaube, eine prägnante Zusammenfassung des biblischen Umgangs mit dem Problem des Leids. Thornton Wilder schrieb „Die Brücke von San Luis Rey", um zu untersuchen, warum fünf bestimmte Menschen beim Einsturz einer Brücke starben. Als Jesus nach einer ähnlichen Tragödie gefragt wurde – warum starben 18 Menschen beim Einsturz eines Turms? –, lehnte er es ab, darauf eine Antwort zu geben. Vielmehr gab er die Frage wieder zurück: „Wärt ihr auf den Tod vorbereitet, wenn ein Turm über euch zusammenbräche?" Aus der Sicht Jesu könnte sogar eine Tragödie dazu dienen, einen Menschen zu Gott zu bringen. Statt Erklärungen in der Vergangenheit zu suchen, schaut er nach vorn auf das, was die Erlösung bringt.

Auf rückwärts gewandte Fragen nach dem Grund, auf das Warum gibt es in der Bibel keine definitiven Antworten. Allerdings wird Hoffnung auf die Zukunft geboten, darauf, dass sogar das Leid derart verwandelt werden kann, dass es zu etwas Gutem führt. Manchmal, wie beim Blindgeborenen, wird das Wirken Gottes durch ein dramatisches Wunder offenbar. Manchmal nicht, wie bei Joni Eareckson Tada und vielen andern, die für Heilung beten, sie aber nicht erleben. In jedem Fall bietet uns das Leid die Gelegenheit, das Wirken Gottes zu entfalten, ob in Schwachheit oder Macht. Das „Wunder" von Joni Eareckson Tada – ein junges Mädchen wird durch eine Querschnittslähmung erschüttert und erwächst der Kirche zur Prophetin für die Behinderten – ist der überwältigende Beweis dafür. Ich kannte Joni schon, als sie noch ein Teenager war, und bin fest davon überzeugt, dass die Veränderung an ihr noch beeindruckender ist, als es eine plötzliche Wiederherstellung ihrer Beweglichkeit wäre. „Stürme sind die Triumphe seiner (göttlichen) Kunst", sagt der Dichter George Herbert.[8]

Ich schreibe diese Worte kurz nach der Tragödie an der Columbine Highschool in Littleton, Colorado, nicht weit von meinem Zuhause entfernt. Jeden Tag wird das Ereignis in Zeitungen und Fernsehprogrammen bis in die unerträglichsten Details auseinandergenommen. Die Begräbnisse von zwölf Schülern und einer Lehrerin sind live übertragen worden. Pastoren, Eltern, Schulbeamte und alle anderen, die von dieser Tragödie berührt sind, fragen: „Warum?" Niemand hat eine Antwort. Das Element des Bösen – hasserfüllte, rassistische Teenager, die ihre Mitschüler mit Waffen regelrecht durchsiebt hatten – türmt sich in diesem besonderen Vorfall so machtvoll auf, dass niemand Gott damit in Verbindung bringt. Manche fragen, warum Gott in solchen Situationen nicht eingreift, aber niemand kommt auf den Gedanken, dass Gott diesen Gewaltausbruch *bewirkt* habe.

Man muss wohl in Colorado leben, um die Antwort auf jene andere Frage würdigen zu können, die von der Tragödie aufgeworfen wurde: Kann aus so etwas Furchtbarem etwas Gutes erwachsen? Kann es wieder wettgemacht werden? Eine Woche nach den Morden besuchte ich den Hügel im Clement Park, auf dem 15 Kreuze standen, und sah mir den Stapel von Blumensträußen, Sportjacken, Stofftieren und anderen Andenken an. Dabei stieß ich auf einige handgeschriebene Briefe mit liebevollen Beileidsgrüßen, die aus aller Welt eingetroffen waren. Ich las auch Briefe an die beiden Mörder, persönliche Schreiben von anderen Einzelgängern und Außenseitern, in denen beklagt wurde, dass Eric Harris und Dylan Klebold keine Freunde gefunden hatten, die ihnen die Last tragen halfen. Ich besuchte Kirchen, die in den Tagen und Wochen nach dem Ereignis spontan von Hunderten trauernder Beter besucht wurden. Ich sah mir die *Today Show* an, in der Craig Scott, der Bruder eines der Opfer, dem Vater des einen afroamerikanischen Schülers unter den Toten die Hand auf die Schulter legte und ihn tröstete. Ich erlebte, wie Katie Couric am Mikrofon zusammenbrach. Ich hörte, wie Freunde der Schüler einander vom Mut ihrer Klassenkameradin erzählten, als einer der Bewaffneten ihr sein Gewehr an den Kopf hielt und wissen wollte: „Glaubst du an Gott?" Ich hörte auch von anderen Auswirkungen: von Jugendgruppen, die in der ganzen Stadt regen Zulauf hatten, von Lehrern, die sich vor ihren Klassen entschuldigten, weil sie nicht offen gesagt hatten, dass sie Christen waren, und dann ihren Schülern anboten, sich nach dem Unterricht zu treffen, um die Geschehnisse gemeinsam zu bewältigen. Der Vater eines der Opfer wurde Evangelist, der Vater eines anderen gründete eine Anti-Waffen-Bewegung. Aus dem Bösen, selbst aus so furchtbarer Bosheit wie dem Massaker in Columbine, kann sich Gutes ergeben.

Viele Menschen brauchen den Schock einer Tragödie, einer Krankheit oder des Todes, um darüber nachzudenken, welche Rolle der Glaube in ihrem Leben wirklich hat. In einem solchen Augenblick wollen *wir* Klarheit; *Gott* will unser Vertrauen. Ein schottischer Prediger des letzten Jahrhunderts verlor plötzlich und unerwartet seine Frau. Nach ihrem Tod hielt er eine ungewöhnlich persönliche Predigt. Er gab darin zu, dass er das Leben nicht verstehe. Noch weniger aber könne er Menschen verstehen, die angesichts eines Verlustes ihrem Glauben absagen. „Wofür kann man ihn aufgeben?", fragte er. „Ihr Menschen im Licht der Sonne könnt glauben, doch wir im Schatten *müssen* glauben. Sonst haben wir nichts mehr."

> *Wenn es für dich absolut notwendig ist,*
> *die Antwort auf die Fragen des Lebens zu kennen,*
> *dann lass die Reise sein. Du wirst sie nie bewältigen,*
> *denn dies ist eine Reise ins Unbekannte –*
> *mit unbeantwortbaren Fragen, Rätseln,*
> *Unverständlichem und vor allem Ungerechtigkeiten.*
> MADAME JEANNE GUYON[9]

Kapitel 5

Der beidhändige Glaube

*Danke für alles, was gewesen ist.
Ein Ja zu allem, was sein wird.*
Dag Hammarskjöld[1]

Jahre nach dem Ende des amerikanischen Bürgerkriegs fragte jemand George Pickett, einen General der Südstaaten, der bei Gettysburg gekämpft hatte, warum seine Seite verloren habe. Er zog erst einmal an seinem Schnurrbart und erwiderte dann: „Na ja, ich denk mir irgendwie, die Yankees hatten ein bisschen was damit zu tun."

Um das Bild des unsichtbaren Gottes zu vervollständigen, muss ich einen weiteren Aspekt der Realität erwähnen. Der unsichtbare Gott ist dort draußen nicht ganz allein. In der Bibel wird verdeutlicht, dass wir inmitten unsichtbarer „Mächte" leben, von denen manche dem Guten und manche dem Bösen dienen. Wenn wir eines Tages wie Ijob Gelegenheit haben, Gott persönlich zu Ereignissen zu befragen, die uns während unserer Lebenszeit auf Erden zugestoßen sind, könnte Gott durchaus antworten: „Ich glaube, die Aufrührer hatten irgendetwas damit zu tun."

In den 70er Jahren – auf dem Höhepunkt der Jesus-Bewegung – interviewte ich als junger Reporter einmal eine Rockband, die auf einem christlichen Musikfestival auftrat. Sie stellten mir eine Sicht der Welt vor Augen, die mir noch nie in den Sinn gekommen war:

> *„Ja, Alter, wir standen echt unter Beschuss. In Indianapolis war der Herr mit uns. Sein Geist hat den Ort erfüllt. Als wir die Straße entlangfuhren, hat also Satan mal nach unten gelangt und den Anhänger von unserem Bus locker gemacht. Alle unsere Verstärker und Instrumente abgehängt. Der Trip hätte genau da zu Ende sein können. Aber Gott hat eingegriffen. Er hat das Ding so gelenkt, dass es nirgendwo dran gestoßen ist und nur an den Straßenrand segelte und stehen blieb. Jetzt sind wir wieder im Geschäft, Alter. Mit Gott im Geschäft!"*

In ihrem Jesus-People-Jargon präsentierten die Musiker eine Welt, in der Gott und Satan bei jedem einzelnen irdischen Geschehen ein Tauziehen veranstalten.

Nach dem Interview mit der Band fing ich an, darauf zu achten, wie Christen über diesen Sachverhalt sprachen. Eine Familie brach zum Beispiel zu einer Reise in den Nahen Osten auf, als sich dort die Spannungen verstärkten: „Wir sind in Gottes Hand", sagten sie. Ein Mann durchlebte eine schwierige Scheidung: „Gott lehrt mich, auf ihn zu schauen."

Ich habe Studenten zugehört, die einen Witz über einen Mann erzählten, der vom Gehweg gerät und beinahe von einem Raser erfasst wird. „Die Vorsehung hat über ihn gewacht", sagt ein Beobachter. Einen Tag später geht der Mann an derselben Stelle auf die Straße und wird diesmal angefahren. Nach Monaten hat er sich von den schweren Verletzungen erholt. „Ist es nicht wunderbar, wie Gott ihn bewahrt hat?", fällt dem Beobachter auf. Später wird der Mann an der gleichen Stelle wieder angefahren und stirbt nunmehr an den Verletzungen. „Ach, Gott hat ihn zur rechten Zeit heimgeholt."

Hin und wieder verfallen wir alle in dieses Denkschema. Der große Schriftsteller Leo Tolstoi rang darum, wie es zu erklären war, dass Gott bei der Invasion durch Napoleon nicht eingegriffen habe. In „Krieg und Frieden" betrachtet er jede Finte, jeden Angriff des Feindes, der quer durch Russland marschiert. Gewiss kann es nicht Gottes Wille sein, dass der korsische Emporkömmling das Heilige Mütterchen Russland erobert! Schläft Gott denn? Können die Mächte des Bösen die guten Mächte überwinden? Als die französische Armee bis nach Moskau vordringt, forscht Tolstoi eifrig nach und sucht nach Erklärungen, wer die Verantwortung für diese Katastrophe trägt. Er findet nichts außer der „unwiderstehlichen Woge des Schicksals".

Jeder, der an Gott glaubt, trägt seine eigenen Grundannahmen über das Handeln Gottes an und mit sich. Der französische Romancier Flaubert sagte, ein großer Schriftsteller solle inmitten seines Romans wie Gott in seiner Schöpfung stehen: nirgends sichtbar, nirgends hörbar. Gott ist überall und dennoch unsichtbar, schweigend, scheinbar abwesend und gleichgültig. Eine Hand voll Intellektueller hat vielleicht Freude daran, einen so abwesenden Gott zu verehren, aber die meisten Christen ziehen Jesus als Abbild Gottes vor, des liebenden Vaters. Wir brauchen mehr als einen Uhrmacher, der das Universum aufzieht und dann ticken lässt. Wir brauchen Liebe, Gnade, Vergebung und Freundlichkeit – Eigenschaften, die nur ein persönlicher Gott bieten kann.

Doch je persönlicher unsere Vorstellung von Gott wird, desto beunruhigender werden die Fragen, die sich um ihn ranken. Sollte ein liebevoller Gott nicht öfter zu unseren Gunsten eingreifen? Und wie können wir einem Gott vertrauen, mit dessen Hilfe wir nie ganz sicher rechnen können?

Vor einiger Zeit lernte ich eine eingefleischte Paranoikerin kennen, eine junge Frau, die davon überzeugt war, die ganze Welt sei gegen sie. Alles, was geschah, fügte sie irgendwie in ihre konspirative Theorie einer feindlichen Welt ein. Ich versuchte, sie zu beruhigen, und sagte etwa Folgendes zu ihr: „Ich glaube, du hast diese Bemerkung falsch aufgefasst. Martha wollte dir nur helfen. Sie hasst dich doch gar nicht." So etwas gab ihrem Verfolgungswahn nur neue Nahrung. *Aha, er gehört also auch dazu. Martha hat ihn wahrscheinlich dazu aufgefordert. Er will mich nur weich klopfen, meinen Widerstand brechen.* Nichts, was man sagte oder tat, drang zu ihr durch.

Wenn man unter Verfolgungswahn leidet, kreist das ganze Leben um die eigene Angst. Meine Frau arbeitete einmal für einen leitenden Angestellten, der zu Unrecht zu der Überzeugung kam, Janet habe es auf seinen Job abgesehen. Jeden Vorschlag, den Janet machte, fasste er als Versuch auf, seine Position zu unterminieren. Hinter jedem Kompliment vermutete er den subversiven Versuch, ihn zu übertrumpfen. Janet konnte nichts sagen, was ihn vom Gegenteil überzeugte. Letzten Endes musste sie diese Arbeitsstelle aufgeben, um sich ihre geistige Gesundheit zu bewahren.

Ich habe die Erfahrung gemacht, dass ein gereifter Glaube, zu dem sowohl Einfachheit als auch Treue gehören, das Gegenteil von Verfolgungswahn hervorbringt. Er ordnet alle Ereignisse des Lebens im Vertrauen auf einen liebevollen Gott neu an. Wenn etwas Gutes geschieht, nehme ich es als Geschenk Gottes an, das meine Dankbarkeit verdient. Wenn etwas Schlechtes passiert, fasse ich es nicht unbedingt als gottgegeben auf – in der Bibel finde ich gegenteilige Hinweise – und erkenne darin keinen Grund, mich von Gott zu trennen. Vielmehr vertraue ich darauf, dass Gott sogar das

Schlechte zu meinem Besten verwenden kann. Wenigstens strebe ich dies an.

Ein gläubiger Mensch sieht das Leben aus der Perspektive des Vertrauens, nicht der Angst. Ein felsenfester Glaube hilft mir, darauf zu vertrauen, dass Gott auch angesichts des gegenwärtigen Chaos die Geschicke lenkt; dass ich einem Gott der Liebe nicht gleichgültig bin, egal, wie wertlos ich mich fühle; dass kein Leid ewig dauert und das Böse am Ende nicht triumphiert. Der Glaube sieht sogar im dunkelsten Ereignis der gesamten Geschichte, im Tod von Gottes Sohn, ein notwendiges Vorspiel zum strahlenden Sieg.

Ein Skeptiker wird jetzt einwenden, dass ich soeben eine klassische Rationalisierung präsentiert habe: Von meiner Prämisse ausgehend, manipuliere ich fortan alle Beweise, um diese Prämisse zu stützen. Der Skeptiker hat Recht. Ich setze die Existenz eines guten und liebevollen Gottes als oberstes Prinzip des ganzen Universums voraus; alles, was dieser Voraussetzung widerspricht, muss eine andere Erklärung haben. Wie William Safire sagt, gilt in der Politik: „Der Kandidat, der sich den Regen zugute schreibt, wird für die Trockenheit verantwortlich gemacht."[2] Wie kann ich dann angesichts der furchtbaren Ereignisse, die den Menschen jeden Tag widerfahren, „Gott mit einem blauen Auge davonkommen lassen"?

Erstens sollten wir, wie schon gesagt, nicht annehmen, dass Gott alles gutheißt, was geschieht. Was hat es mit Gottes Plänen zu tun, wenn zwei Teenager in eine Highschool kommen, Sprengladungen explodieren lassen und auf ihre Mitschüler 900 Schuss Munition abfeuern? Ein Freund hat mir begeistert von den vielen „Wundern" berichtet, die in der Columbine Highschool geschehen sind. Die Mörder hatten in der Schule 95 Sprengladungen gelegt, von denen nur wenige explodierten. Einem Schüler wurde aus nächster Nähe zweimal direkt ins Gesicht geschossen; „wie durch ein Wunder" blieben die Kugeln in den dicken Kieferknochen stecken und er überlebte. Ein anderer Schüler war an diesem Tag wegen Krankheit nach Hause gegangen und seine Eltern dankten Gott für seine vorhersehende Fürsorge. Ich höre viele solche Berichte und freue mich darüber. Aber dennoch stelle ich mir die Frage, wie solche Erklärungen in den Ohren der Eltern klingen müssen, die während des Massakers ihre Kinder verloren haben.

Vieles, was auf dieser Welt geschieht, ist eindeutig nicht im Einklang mit dem Willen Gottes. Man lese bei den Propheten nach,

Gottes designierten Wortführern, die gegen Götzendienst, Ungerechtigkeit, Gewalt und andere Symptome menschlicher Sünde und Rebellion wetterten. Man lese die Berichte der Evangelien, wo Jesus das religiöse Establishment verärgert, indem er die Menschen von Behinderungen befreit, die von den Theologen als „Gottes Wille" gedeutet wurden. Die Vorsehung mag ein großes Geheimnis sein. Trotzdem wäre es ungerecht, Gott die Schuld an dem zu geben, was er so klar anprangert.

Allerdings lösen sich die Einwände des Skeptikers nicht in Luft auf. Wie kann ich Gott für das Gute in meinem Leben loben, ohne ihn für das Schlechte zu kritisieren? Das geht nur, wenn mein Leben von einer Einstellung des Vertrauens geprägt ist – eine ins Gegenteil verkehrte Paranoia –, die sich auf das gründet, was ich in der Beziehung zu Gott erfahre.

In meinen menschlichen Beziehungen entdecke ich Parallelen dazu. Wenn ich am verabredeten Ort auf meinen Freund Larry warte und er eine Stunde nach der angesetzten Zeit noch nicht erschienen ist, fluche ich nicht über seine Verantwortungs- und Gedankenlosigkeit. Nach jahrelanger Freundschaft weiß ich, dass Larry pünktlich und zuverlässig ist. Ich vermute, dass irgendetwas seine Pläne durchkreuzt hat, das außerhalb seines Einflussbereiches liegt – eine Reifenpanne? Ein Unfall?[3] Wenn ich jemanden liebe, dann rechne ich ihm das Gute an und bemühe mich, ihm nicht gleich die Schuld für das Schlechte zu geben, weil möglicherweise andere Mächte am Werk sind. Wir haben uns beide angewöhnt, einander zu vertrauen.

Im Laufe der Zeit habe ich sowohl durch persönliche Erfahrungen als auch durch mein Studium der Bibel noch andere Eigenschaften Gottes kennen gelernt. Gottes Wesen ist mir oft ein Rätsel: Er handelt langsam, hat eine Vorliebe für Rebellen und Abtrünnige, zügelt seine Macht und redet durch Flüstern und Schweigen. Doch gerade in diesen Merkmalen erkenne ich den Beweis für seine Geduld, seine Gnade und das Verlangen, lieber zu werben als zu bedrängen. Wenn mich Zweifel befallen, konzentriere ich mich auf Jesus, die ungetrübteste Offenbarung von Gottes Wesen. Ich habe gelernt, Gott zu vertrauen, und wenn irgendeine Tragödie oder etwas Böses geschieht, das ich nicht in Einklang mit dem Gott bringen kann, den ich kennen und lieben gelernt habe, dann suche ich nach anderen Erklärungen.

Versetzen wir uns in die Lage eines Spions, der hinter den feindlichen Linien operiert und plötzlich den Kontakt zu seinen eigenen Leuten verliert. Haben sie ihn fallen lassen, ihn aufgegeben? Wenn er seiner Regierung volles Vertrauen schenkt, nimmt er stattdessen an, dass es undichte Stellen gibt und die Kontakte zu seinem eigenen Schutz unterbrochen wurden. Wenn er in Beirut oder Teheran entführt und als Geisel gehalten wird, wird er keinen Hinweis darauf erhalten, ob sich irgendjemand um ihn kümmert. Ein zuverlässiger Geheimagent wird allerdings darauf vertrauen, dass seine Regierung die diplomatischen Kanäle nutzt, Informanten mit Belohnungen lockt und vielleicht eine geheime Rettungsaktion vorbereitet. Er glaubt gegen jeden Augenschein, dass seiner Regierung etwas an ihm und seinem Wohlergehen liegt.

C. S. Lewis gibt weitere Beispiele von Situationen, in denen sich das Vertrauen lohnt, selbst unter Bedingungen, die scheinbar dagegen sprechen:

„Wenn es gilt, einen Hund aus einer Falle zu befreien, einem Kind einen Dorn aus dem Finger zu ziehen, einem Buben das Schwimmen beizubringen, einen Nichtschwimmer zu retten oder einen ängstlichen Anfänger im Gebirge über eine schwierige Stelle zu lotsen – da mag ihr Mangel an Vertrauen zu uns das einzige, entscheidende Hindernis sein. Wir verlangen von ihnen Vertrauen entgegen ihrem Empfinden, ihrer Einbildungskraft und ihrer Intelligenz. Wir verlangen von ihnen, uns zu glauben, dass das Schmerzhafte den Schmerz lindere und nur das Gefährliche Sicherheit bringe. Wir verlangen von ihnen, das scheinbar Unmögliche anzunehmen: daß man die Pfote aus der Falle zieht, indem man sie tiefer hineinstößt – daß man den Schmerz im Finger beseitigt, indem man einen sehr viel heftigeren Schmerz zufügt – daß das offensichtlich durchlässige Wasser dem Körper Widerstand entgegensetzt und ihn trägt – daß man das Sinken nicht vermeidet, indem man sich an den einzigen erreichbaren festen Gegenstand klammert – daß der Absturz umgangen wird, indem man auf ein höher gelegenes und bedrohlicheres Felsband klettert.

Zur Stütze all dieser incredibilia können wir nur des anderen Vertrauen zu uns anrufen – ein Vertrauen, das gewiß kein Beweis erhärtet, das zugegebenermaßen von Gefühlen beeinflußt

ist und vielleicht – falls wir uns fremd sind – auf nichts anderem beruht als auf der Sicherheit, die der Ausdruck unseres Gesichts und der Ton unserer Stimme gewähren, oder gar – im Falle des Hundes – unser Geruch. Manchmal können wir wegen ihres Unglaubens nichts ausrichten.
Wo wir aber Erfolg haben, da verdanken wir ihn ihrem Vertrauen, an dem sie trotz entgegenstehender scheinbarer Beweise festgehalten haben. Niemand tadelt uns, weil wir ein solches Vertrauen fordern. Niemand tadelt sie, weil sie es uns schenken. Niemand sagt hinterher: Was für ein dummer Hund, was für ein törichtes Kind, was für ein unintelligenter Bube, daß er uns vertraut hat! [...]
Die christlichen Lehrsätze annehmen, heißt nun aber ipso facto glauben, daß wir uns zu Gott stets so verhalten, wie der Hund, das Kind, der Badende oder der Bergsteiger, von denen die Rede war, sich zu uns verhalten – nur in sehr viel höherem Maße."[4]

In einem ungewöhnlich aufschlussreichen Brief an seinen Freund Pater John Calabria hat Lewis dieses Prinzip auf sein eigenes Leben angewendet. Mit 50 verspürt er, wie ihn seine schriftstellerische Begabung im Stich lässt. Er geht darin auf, sich um seine hinfällige Mutter und zusätzlich um die eines Freundes zu kümmern. In seinem chaotischen Haushalt gibt es viel Streit. „Wie lange, o Herr?", schreibt Lewis. Er erklärt Calabria seine Verwirrung, bittet um Gebet, sagt, dass diese Zerrissenheit ihn von der Arbeit an vielen Büchern abhält. Er fügt hinzu: „Wenn es Gott gefällt, dass ich weitere Bücher schreibe, dann sei er gelobt. Wenn es ihm nicht gefällt, sei er auch gelobt. Vielleicht ist es für meine Seele am gesündesten, dass ich Ruhm und Talent zugleich verliere, damit ich nicht in diese üble Krankheit der Aufgeblasenheit verfalle."[5]

Lewis' Brief trifft mich wie ein Pfeil ins Herz, weil ich davon lebe, Bücher zu schreiben, tatsächlich als 50-Jähriger an diesem Buch arbeite und mir in etwa vorstellen kann, was es für Lewis bedeutet hat, so viel Vertrauen und Hingabe zu besitzen. Was jedoch als großes Opfer und Verlust erscheinen konnte, legte er stattdessen als möglichen Segen aus, einzig deshalb, weil er Gott vertraute. Lewis glaubte, dass alles, was ihm im Leben zustieß, sogar das Gegenteil seiner eigenen Wünsche, von Gott in Nutzen und Gewinn umgewandelt werden könne.

Gregor von Nyssa hat einmal den Glauben von Basilius dem Großen als „beidhändig" bezeichnet, weil dieser mit der rechten Hand die Annehmlichkeiten und mit der linken das Leiden entgegennahm, überzeugt davon, dass beides Gottes Absichten mit ihm diene. Jean-Pierre de Caussade, ein Geistlicher und Würdenträger des 18. Jahrhunderts, hielt es auch mit Basilius: „Ein lebendiger Glaube ist nichts anderes als das stetige Streben nach Gott durch alles hindurch, das ihn verhüllt, entstellt und umstürzt und sozusagen danach trachtet, ihn abzuschaffen."[6] De Caussade versuchte, jeden Augenblick als Offenbarung Gottes aufzufassen. Er glaubte, dass die ganze Geschichte letzten Endes dazu diene, Gottes Absichten auf dieser Erde zu verwirklichen, ganz gleich, in welchem Licht die Dinge zu gegebener Zeit erscheinen. Sein Rat: „Mögest du den jetzigen Augenblick als das Beste lieben und annehmen und ganz und gar auf Gottes weltumspannende Güte vertrauen. [...] Ohne Ausnahme ist alles Instrument und Mittel der Heiligung. [...] Gottes Absicht mit uns ist immer das, was am meisten zu unserem Besten beiträgt."[7]

Und nun meine persönliche Vorstellung vom „beidhändigen" Glauben, und zwar in der Theorie, wenn auch nicht immer in der Praxis. Ich betrachte „ohne Ausnahme alles" als Gottes Handeln in dem Sinne, dass ich mich frage, was ich daraus lernen kann. Ich bitte Gott, dass ich es mir zu Nutze machen kann, indem es mich voranbringt. Ich betrachte nichts als Gottes Handeln in dem Sinne, dass ich seinen Charakter danach beurteile, denn ich habe gelernt, meinen kümmerlichen Status als Geschöpf zu akzeptieren, meine begrenzte Perspektive inbegriffen. Durch diese ist der Blick auf unsichtbare Mächte in der Gegenwart sowie in die Zukunft verdeckt, die nur Gott bekannt ist. Der Skeptiker mag darauf beharren, dass man auf diese Weise Gott aus der Patsche helfe, aber vielleicht geht es im Glauben genau darum: auf Gottes Güte zu vertrauen, auch wenn jeder sichtbare Beweis dagegen spricht. So vertraut ein Soldat den Befehlen seines Generals; oder noch besser: ein Kind vertraut so seinen Eltern, die es lieben.

Eine Freundin, die mit Depressionen zu kämpfen hatte, schrieb mir: „Ich kann meine Depression niemandem erklären. Sie ist nicht rational und kommt meinem komfortablen Leben in die Quere. Sie färbt meine Sicht von der ganzen Welt und ist mein geheimer Standpunkt, den niemand sonst teilt oder begreifen kann. Es gibt nichts, das mir realer vorkommt, wenn ich deprimiert bin. Die Dunkelheit definiert mein Leben." Sie erklärte mir weiterhin, dass diese Depression sie seit ihrer Umkehr (die sie als Jüdin immer noch vor ihrer Familie geheim hält) nicht mehr so oft in den Griff bekommt. „Eigentlich fange ich an, den Glauben als Kehrseite der Depression zu betrachten. Auch er gibt allem seine ganz eigene Farbe. Ich kann ihn den anderen nicht immer erklären und trotzdem bringt er allmählich Licht in mein dunkles Leben."

Das Gegenteil von Paranoia, das Spiegelbild einer Depression – ich habe Streifzüge unternommen und Bilder vom Glauben gemalt, die am besten als Illustration wirken und keine Analysen sein sollten. Ich denke an die drei Freunde des Propheten Daniel, die mit ihrer Erklärung einem Tyrannen trotzten: „Unser Gott, dem wir gehorchen, kann uns zwar aus dem glühenden Ofen und aus deiner Gewalt retten; *aber auch, wenn er das nicht tut:* Deinen Gott werden wir niemals verehren und das goldene Standbild, das du errichtet hast, werden wir nicht anbeten" (Dan 3,17). Ich denke an Jesus am Kreuz, der einerseits rief: „Mein Gott, warum hast du mich verlassen?" (Mt 27,46), andererseits aber: „Vater, in deine Hände befehle ich meinen Geist" (Lk 23,46). Daniels Freunde wurden durch ein Wunder errettet, Jesus nicht; sie alle aber vertrauten Gott.

Ich denke auch an den Apostel Paulus mit all seiner Begeisterung. Alle Werte sind in seinen Augen auf den Kopf gestellt. Seinen Gefängnisaufenthalt betrachtet er als erstrebenswert, denn diese Härte hat viel Gutes bewirkt. Reichtum oder Armut, Wohlgefühl oder Schmerz, Anerkennung oder Ablehnung, sogar Tod oder Leben – alle diese Umstände spielen für Paulus keine große Rolle. „Ich habe gelernt, mich in jede Lage zu fügen. Ich kann leben wie ein Bettler und auch wie ein König; mit allem bin ich vertraut. Ich kenne Sattsein und Hungern, ich kenne Mangel und Überfluss" (Phil 4,12).

Ich denke auch an John Donne, den Dichter des 17. Jahrhunderts und Dekan der St.-Paul's-Kathedrale in London. Vieles von meinem Glauben an Gott und meiner Einstellung zum Leid habe ich von Donne gelernt, der mir als Vorbild des „beidhändigen Glaubens" dient.

John Donne war ein Mann, der Schmerz erfahren hat. Während seiner Dienstzeit in Londons größter Kirche fegte die Beulenpest dreimal durch die Stadt; allein der letzte Ausbruch forderte mehr als 40 000 Menschenleben. Die Londoner pilgerten in Scharen zum Dekan. Sie wollten Erklärungen oder wenigstens ein Wort des Trostes. Inzwischen brach Donne selbst unter einer Krankheit zusammen, die von den Ärzten zunächst als Pest diagnostiziert wurde (es stellte sich heraus, dass es ein dem Typhus ähnliches Fleckfieber war). Sechs Wochen lang lag er zitternd an der Schwelle des Todes und hörte, wie die Kirchenglocken von jedem neuen Todesfall kündeten. Ob er der nächste sein würde? („Frage niemals nach, für wen die Glocke schlägt; sie schlägt für dich.") In dieser dunklen Zeit stellte Donne, der nicht lesen und studieren, wohl aber schreiben durfte, das Buch *Devotions* zusammen, eine Meditation über das Leiden. Er habe sein Instrument an der Tür gestimmt, sagte er – an der Tür zum Tode.

In den *Devotions* zieht John Donne Gott zur Rechenschaft. Manchmal schmäht er Gott, manchmal kriecht er im Staub und fleht um Vergebung, manchmal streitet er wütend. Nicht einmal aber lässt Donne Gott außen vor. Die Gegenwart Gottes überschattet jeden Gedanken, jeden Satz.

Donne stellte immer wieder die eine Frage: „Warum ich?" Der Calvinismus war noch relativ jung und Donne betrachtete die Seuchen und Kriege als „Engel Gottes". Bald jedoch verabschiedete er sich von diesem Denken: „Gewiss bist nicht du es, nicht deine Hand. Das verschlingende Schwert, das verzehrende Feuer, die Stürme aus der Wildnis, die Krankheiten des Leibes, alles, was Ijob bedrängte, war aus der Hand Satans; das bist nicht du." Trotzdem war er sich diesbezüglich nie sicher und das Nichtwissen bescherte ihm innere Qualen. Donnes Buch gibt niemals Antwort auf das Warum und niemand von uns kann jene Fragen beantworten, die jenseits der menschlichen Reichweite liegen.

Doch wenn auch in *Devotions* der intellektuelle Zweifel nicht aufgelöst wird, sind diese dennoch die Aufzeichnung von Donnes emotionalen Lösungen. Zunächst – ans Bett gefesselt, ständig betend, aber nie erhört, an den Tod denkend, von ständigen Schuldgefühlen geschüttelt – kann er keinen Ausweg aus der stets gegenwärtigen Angst finden. Wie besessen schlägt er all die Bibelstellen nach, in denen von Angst die Rede ist. Während er dies tut, dämmert es ihm, dass es im Leben immer Umstände geben wird, die bei uns Angst hervorrufen: wenn nicht Krankheit, dann Geldmangel;

wenn nicht Armut, dann Ablehnung, wenn nicht Einsamkeit, dann das Versagen. In einer solchen Welt findet sich Donne vor die klare Entscheidung gestellt: Gott fürchten oder alles andere fürchten; Gott vertrauen oder auf gar nichts vertrauen.

Während er mit Gott ringt, ändern sich Donnes Fragen. Er begann mit der Frage nach dem Ursprung – „Wer hat diese Krankheit bewirkt? Warum?" –, auf die er keine Antwort findet. Seine Meditationen gehen ganz allmählich über zur Frage nach der Reaktion. Das entscheidende Thema, das jeden angeht, der eine große Prüfung erleidet, ist identisch mit der Frage nach der Reaktion: „Werde ich Gott in meinen Schmerzen, meiner Schwäche, selbst in meiner Angst vertrauen? Oder werde ich mich von ihm verbittert und zornig abwenden?" Donne kommt zu dem Schluss, dass es im Grunde gar keine Rolle spielt, ob seine Krankheit eine Züchtigung Gottes oder ein bloßer natürlicher Zufall ist. In jedem Fall wird er Gott vertrauen, denn am Ende bedeutet Vertrauen das rechte Maß an Gottesfurcht.

Donne vergleicht diesen Prozess mit seiner sich wandelnden Einstellung zu den Ärzten. Ursprünglich, als sie seinen Körper nach neuen Symptomen untersuchten und die Ergebnisse mit gedämpften Stimmen vor der Tür besprachen, konnte er nichts gegen seine Angst ausrichten. Mit der Zeit beobachtete er ihr Mitleid und ihre Anteilnahme und gelangte zu der Überzeugung, dass sie sein Vertrauen verdient hatten, auch wenn die Behandlung schmerzhaft war. Dieses Verhaltensmuster lässt sich auf Gott anwenden. Auch wenn wir seine Methoden oder die dahinter stehenden Gründe oft nicht verstehen, geht es im Grunde darum, ob Gott ein vertrauenswürdiger „Arzt" ist. Donne bejaht dies.

In einer Passage, die an Paulus in Römer 8 erinnert („Ich bin gewiss, dass uns nichts von dieser Liebe trennen kann: weder Tod noch Leben, weder Engel noch andere Mächte . . ." [Röm 8,38]), beschäftigt sich Donne mit diversen Ängsten. Starke Feinde? Sie stellen keine Bedrohung dar, denn Gott kann jeden Feind vernichten. Hungersnot? Nein, Gott kann ihn versorgen. Der Tod? Selbst er, der schlimmste Feind des Menschen, stellt für den, der Gott fürchtet, kein endgültiges Ende dar. Donne kommt zu dem Schluss, dass er sich am besten einer angemessenen Gottesfurcht befleißigt, denn diese Furcht kann alle anderen ersetzen. Er betet: „Wie du mir eine Buße geschenkt hast, die ich nicht bereuen muss, so schenke mir, o Herr, eine Furcht, vor der ich keine Angst haben mag."[8]

> *„Was auch immer der Glaube sei,*
> *welche Antworten er wem auch immer je geben kann,*
> *so verleiht jede dieser Antworten der endlichen*
> *menschlichen Existenz einen unendlichen Sinn,*
> *einen Sinn, der sich weder durch Leiden,*
> *Verluste noch durch den Tod zerstören lässt."*
> LEO TOLSTOI[9]

Kapitel 6

Im Glauben leben

*In Vergangenheit und Zukunft leben ist einfach.
In der Gegenwart leben ist so,
als zwänge man einen Faden durch ein Nadelöhr.*
WALKER PERCY[1]

Bill Leslie, der Pastor meiner Chicagoer Gemeinde, hat oft gesagt, er fühle sich wie eine alte handbetriebene Wasserpumpe, die man immer noch hier und da findet. Jeder, der zu ihm komme und Hilfe brauche, pumpe ein paar Mal kräftig, und jedes Mal spüre er, wie ihm irgendetwas entzogen werde. Schließlich sei er in einem Zustand geistlicher Leere gelandet und habe nichts mehr zu geben. Er fühlte sich trocken und verdorrt.

Mitten in dieser Phase nahm Bill an einer einwöchigen Freizeit teil und offenbarte der ihm zugewiesenen geistlichen Leiterin, einer Nonne, wie er sich fühlte. Er erwartete, dass sie tröstende Worte für ihn finden würde, dass sie sagen würde, wie opferbereit und selbstlos er sei. Vielleicht würde sie ihm empfehlen, ein Sabbatjahr einzulegen. Stattdessen entgegnete sie: „Bill, man kann nur eins machen, wenn der Brunnen ausgetrocknet ist. Man muss tiefer graben." Er kam mit der Erkenntnis zurück, dass der Glaube weniger auf seiner sichtbaren Lebensweise und Arbeit beruhe als vielmehr auf seinem Weg zu mehr geistlicher Tiefe.

Im Vorgebirge der Rocky Mountains, wo ich wohne, mussten die Brunnenbauer ungefähr 200 Meter tief graben, bis sie auf Wasser stießen. Selbst danach tröpfelte das Wasser nur, bis sie schließlich die Technik der Wassersprengung anwandten. Indem die Techniker das Wasser mit sehr hohem Druck in den Brunnenschacht pressten, sprengten sie den Granit und zapften neue Grundwasserschichten an. Während ich dabei zusah, wurden durch einen Druck, der aus meiner Sicht den Brunnen hätte zerstören können, tatsächlich neue Wasservorräte angezapft. Ich bin sicher, dass Bill Leslie mit dieser Analogie etwas anfangen könnte: Der scheinbar zerstörerische extreme Druck hatte für ihn Suche nach neuen Kraftquellen nötig gemacht. Genau aus diesem Grund hatte er sich erst einmal um geistliche Richtungsweisung bemüht.

In ähnlich bildhafter Sprache beschreibt der Prophet Jeremia einen Strauch, der seine Wurzeln im dürren Wüstenboden wachsen lässt. In Zeiten des Regens und der Blüte gedeiht der Strauch, während der Trockenheit aber schrumpfen die flach wachsenden Wurzeln und sterben ab. Jeremia beschreibt im Gegensatz dazu den Menschen, der im Glauben lebt:

„Er ist wie ein Baum, der am Wasser steht und seine Wurzeln zum Bach hin ausstreckt. Er fürchtet nicht die glühende Hitze; sein Laub bleibt frisch und grün. Selbst wenn der Regen ausbleibt, leidet er keine Not. Nie hört er auf, Frucht zu tragen" (Jer 17,8).

In der Bibel wird uns kein Leben versprochen, in dem immer Frühling ist. Vielmehr wird hier auf den Glauben verwiesen, der uns hilft, uns auf die Trockenzeiten in unserem Leben vorzubereiten. Es wird harte Winter geben, später glühend heiße Sommer. Wenn die Wurzeln des Glaubens aber tief genug reichen und das lebendige Wasser erreichen, können wir die Trockenzeit überstehen und aufblühen, weil alles in Fülle da ist.

Nach Aussage von Stanley Hauerwas besteht das Glaubensleben aus Geduld und Hoffnung. Wenn etwas geschieht, das unsere Beziehung zu Gott auf die Probe stellt, können wir uns auf diese beiden Tugenden verlassen: Geduld, die wir dadurch erworben haben, dass wir uns immer wieder Gottes Handeln in unserem Leben vor Augen führen, und die Hoffnung, dass unsere Treue das Risiko wert war. Wie Hauerwas feststellt, haben Juden und Christen diese Tugenden immer wieder betont, denn wir glauben, dass dieses Universum von einem Gott beherrscht wird, der sowohl gut als auch treu ist. Geduld und Hoffnung halten den Glauben in Situationen lebendig, in dem Zweifel aufkommen.

Ich würde Hauerwas so interpretieren: Das Leben im Glauben bezieht Vergangenheit und Zukunft mit ein. Ich lebe in der Vergangenheit, um mich in dem zu gründen, was Gott bereits getan hat, und um Vertrauen darauf zu gewinnen, was er zukünftig tun könnte. Die Beziehung zu einem unsichtbaren Gott schließt gewisse Hindernisse ein: Ohne spürbare Beweise in der Gegenwart müssen wir zurückschauen, um uns an den zu erinnern, mit dem wir es zu tun haben. Jedes Mal, wenn Gott sich als „Gott Abrahams, Isaaks und Jakobs" vorgestellt hat, erinnerte er sein erwähltes Volk an seine Geschichte mit ihnen – eine Geschichte, die für alle drei Vorväter Zeiten der Prüfung und des Zweifels mit sich brachte.

Auch ich lerne glauben, indem ich auf Abraham, Isaak und Jakob zurückschaue, denn Gott ist mit allen dreien in höchst seltsamer Weise umgegangen. Nachdem er versprochen hatte, ein Volk hervorzubringen, das so zahlreich wie die Sterne am Himmel sei, folgte eine Episode, die eher einer Fallstudie von familiär bedingter Unfruchtbarkeit glich. Abraham und Sara mussten 90 Jahre alt werden, bevor sie ihr erstes Kind bekamen; dieser Sohn (zu Recht Isaak oder „Lachen" genannt) heiratete eine zunächst unfruchtbare Frau; der Enkel Jakob musste 14 Jahre auf die Frau seiner Träume warten, dann aber feststellen, dass auch sie unfruchtbar war. Dieser qualvolle Weg, bis aus den Nachkommen der Urväter ein großes Volk geworden war, zeigt, dass Gott nach einem anderen Zeitplan handelt, als die ungeduldigen menschlichen Wesen es erwarten. Von Abraham, Isaak und Jakob – und auch von Josef, Mose, David und einer ganzen Reihe von anderen – lerne ich, dass Gott nach Methoden handelt, die ich weder vorhersagen könnte noch mir wünschen würde. Und doch lebte und starb jede dieser alttestamentlichen Gestalten im Glauben und bezeugte bis zum Ende, dass Gott seine Zusagen tatsächlich eingehalten hatte.

In den Psalmen schauen David und die anderen Dichter über die Schulter zurück in frühere Zeiten, als Gott scheinbar machtlos war, aber irgendwie doch triumphierte, als Vertrauen tollkühn sein musste, sich aber doch als kluge Entscheidung erwies. Psalmen, die in die Geschichte von Gottes befreienden Taten zurückblicken, offenbaren oft die Zweifel des Dichters, ob Gott wieder einmal so spektakulär eingreifen werde. Wie jeder Psalm bezeugen kann, wirken Erinnerungen an eine großartige Vergangenheit in einer ruhelosen Gegenwart lindernd.

Die neutestamentlichen Briefe lehren das Gleiche: Studiere sorgsam die Schriften als unverzichtbare Straßenkarte für Glaubensprüfungen. Über die Bibel hinaus bezeugt die gesamte Kirche die Treue Gottes. Ich frage mich, wie es um meinen eigenen Glauben bestellt wäre, hätte ich nicht Augustinus, Donne, Dostojewski, Jürgen Moltmann, Thomas Merton und C. S. Lewis gelesen? Oft habe ich mich auf ihre Worte gestützt, wie sich ein erschöpfter Wanderer an einen Baum am Wegesrand lehnt.

„Ich habe festgestellt, dass ich mich nach Licht sehne wie ein Durstender nach Wasser", schrieb Commander Richard Byrd während eines halbjährigen Aufenthalts in einer Metallbaracke am Südpol. Im antarktischen Winter ließ sich die Sonne vier Monate lang nicht blicken. „Das Zwielicht am Himmel wirkt düster wie eine Trauerfeier. Es ist der Raum zwischen Leben und Tod. So wird die Erde für den letzten Menschen aussehen, wenn sie stirbt." Drei Wochen vor dem Erscheinen der Sonne verfasste er einen Tagebucheintrag über ihre Wiederkehr: „Ich habe mir vorzustellen versucht, wie es sein würde, aber der bloße Gedanke daran überstieg mein Begriffsvermögen."[2] Wie seltsam diese Worte geklungen haben müssen, als Byrd dieses Tagebuch später veröffentlichte, und das in Breiten, in denen die Sonnenstrahlen jeden Tag zu sehen sind?

Obwohl ich nicht direkt ein Tagebuch schreibe, leisten meine Texte etwas Ähnliches. Ich greife zu einem Artikel, den ich vor 25 Jahren geschrieben habe, und staune über die Leidenschaft, zu der ich bei einem Thema fähig war, über das ich seither kaum nachgedacht habe. Dieser Zorn, Zweifel, kaum verhohlene Zynismus! Ich finde Bleistiftnotizen am Blattrand meiner Bibel, wahre Klageschreie, und danke Gott dafür, dass ich jenes Tal durchschritten habe. Wenn ich übermütig bin, blättere ich durch frühere Bücher und bin schockiert, in welchen Sümpfen der Verzweiflung ich mich gesuhlt habe. Wenn ich hingegen deprimiert bin, schockiert mich der strahlende Glaube, zu dem ich fähig war. Diese Rückblicke zeigen mir, dass meine jetzigen Gefühle und Auffassungen nicht ewig anhalten werden. Das gibt mir den Antrieb, meine Wurzeln tiefer auszustrecken in unterirdische Schichten, die sich von El Niño oder anderen Klimaschwankungen nicht beeindrucken lassen.

Der Gedanke an meine Beziehung zu Gott erfordert Mühe und Entschlusskraft. Ich kann nicht zum Familienvideo greifen und unsere gemeinsame Geschichte, das gemeinsame Wachstum abspielen lassen; es gibt kein Fotoalbum über das Glaubensleben. Ich muss *bewusst* daran arbeiten, mich sowohl an die Schmerzen als auch die Heilung zu erinnern.

Der Apostel Paulus schrieb angesichts der Rückblende auf sein eigenes Leben: „Es ist ein wahres Wort und verdient volles Vertrauen: Jesus Christus kam in die Welt, um die Sünder zu retten. Ich bin der schlimmste unter ihnen. Deshalb hatte er gerade mit mir Erbarmen und wollte seine ganze Geduld an mir zeigen" (1 Tim 1,15). Ich denke, dass viele Menschen Paulus den Anspruch auf den Titel „schlimmster Sünder" streitig machen würden. Paulus schaut gerade so lange zurück, dass er sich an seinen früheren Zustand erinnert und seinen Anspruch formuliert. Dann wendet er sich der Zukunft zu: „Gott, der ewige König, der unsterbliche, unsichtbare und einzige Gott, sei dafür in alle Ewigkeit geehrt und gepriesen! Amen" (1 Tim 1,17).

Der Bach neben meinem Haus friert jeden Winter zu. Wenn ich mich aber tief bücke, kann ich ihn durch das Eis plätschern hören, ein gedämpftes, aber unmissverständliches Geräusch. Es hört niemals auf. Unter den eisigen Schichten des Winters findet sich der Beweis eines unaufhaltsamen Sommers.

Das Glaubensleben besteht also aus Geduld und Hoffnung, Vergangenheit und Zukunft. Martin Marty, für den die Hälfte der Psalmen „winterlich" klingen, hat darüber hinaus festgestellt, dass 149 von den 150 nach und nach zur Hoffnung gelangen.

Jürgen Moltmann, einer der führenden Theologen des 20. Jahrhunderts, gibt in dem schmalen Band *Experiences of God* seinen persönlichen Aufbruch zur Hoffnung wieder. Als Jugendlicher wurde er während des Zweiten Weltkriegs eingezogen und an die Westfront geschickt, wo er bald in britische Gefangenschaft geriet. Die darauf folgenden drei Jahre verbrachte er in Kriegsgefangenschaft und wurde über Belgien und Schottland von einem Lager zum nächsten nach England geschickt. In der Zwischenzeit brach Hitlers Reich zusammen. Überall in seiner Umgebung sah Moltmann, wie andere Deutsche „innerlich zusammenbrachen, wie sie die ganze Hoffnung fahren ließen und aus Mangel daran krank wurden, manche sogar starben. Das Gleiche ist fast auch mir zugestoßen. Was mich davor bewahrte, war eine Wiedergeburt zu neuem Leben . . ."[3]

Abgesehen von Weihnachten und den anderen Feiertagen hatte Moltmann keinen christlichen Hintergrund. Er hatte nur zwei Bücher mit in den Kampf genommen: Goethes Gedichte und Nietzsches Gesamtwerk in Ausgaben, die Hitler an die Wehrmacht hatte verteilen lassen. Beides nährte jedoch nicht gerade seine Hoffnung.

Ein Feldgeistlicher gab ihm dann ein Neues Testament, zu dem als Anhang auch die Psalmen gehörten.

„Verstecke ich mich in der Totenwelt – dort bist du auch", las Moltmann als Gefangener. War Gott in dieser dunklen Nacht wirklich bei ihm? „Ich habe mich in Schweigen gehüllt, doch nichts hat sich dadurch gebessert, denn meine Qualen wurden immer schlimmer. [...] Ich bin nur Gast bei dir wie alle meine Ahnen, ein rechtloser Fremder, der auf deine Güte zählt." Beim Lesen fand Moltmann Worte, die seine eigene Trostlosigkeit widerspiegelten. Er gelangte zu der Überzeugung, dass Gott „selbst hinter dem Stacheldraht gegenwärtig war – nein, *vor allem* hinter dem Stacheldraht".

Während Moltmann weiterlas, fand er in den Psalmen auch einen neuen Ton: Hoffnung. Beim abendlichen Abschreiten der Umzäunung – um körperlich fit zu bleiben –, umrundete er einen kleinen Hügel mitten im Lager, auf dem eine Baracke stand, die als Kapelle diente. Für ihn wurde die Baracke zum Symbol der Gegenwart Gottes, die inmitten des Leids ihre Strahlen warf, und aus diesem Symbol erwuchs Hoffnung.

Bei seiner Entlassung beschloss Moltmann, nicht mehr, wie ursprünglich geplant, Quantenphysik zu studieren, und wandte sich stattdessen der Theologie zu. Er setzte eine Bewegung in Gang, die „Theologie der Hoffnung" genannt wurde. Wir auf Erden existieren, so sein Gedanke, in einem Zustand des Widerspruchs zwischen Kreuz und Auferstehung. In einer Umgebung des Verfalls erhoffen wir uns nichtsdestoweniger die Vollkommenheit, die Wiederherstellung des Kosmos. Wir haben keine Beweise dafür, dass wir das Ziel je erreichen können, nur ein Zeichen in der Geschichte, die „Morgendämmerung" der Auferstehung Christi von den Toten. Doch wenn wir den Glauben an diese leuchtende Zukunft aufrechterhalten, kann er die Gegenwart verändern – so wie Moltmanns eigene Hoffnung auf die künftige Entlassung aus der Gefangenschaft seine Alltagserfahrung dort veränderte.

Der Glaube an die Zukunft kann die Gegenwart verändern, zumindest dadurch, dass wir damit das Gericht Gottes aufschieben. Ein Mensch ohne Glauben an die Zukunft muss logischerweise annehmen, dass auf diesem Planeten Leid und Chaos einen Teil von Gottes Wesen wiedergeben. Aus diesem Grund kann ein solcher Gott weder ausschließlich gut noch allmächtig sein. Ist mein Glaube auf die Zukunft gerichtet, darf ich annehmen, dass auch

Gott mit dieser Welt nicht zufrieden ist und sich vornimmt, das Universum seinem eigentlichen Sinn zuzuführen. So wie Moltmann an die Möglichkeit zu glauben anfing, dass er eines Tages außerhalb der Gefangenschaft leben werde, kann ich an eine Zukunft glauben, in der Gott mit vollkommener Gerechtigkeit herrscht.

„Fort, Misstrauen: Mein Gott hält sein Versprechen, er ist gerecht", schrieb George Herbert.[4] Ich bin täglich auf diese Mahnung angewiesen. Dank des in die Zukunft gerichteten Glaubens kann ich auf diese noch zu bestätigende Gerechtigkeit vertrauen, selbst angesichts aller offensichtlichen Widersprüche auf diesem Planeten.

In seiner Autobiografie *A Long Walk to Freedom* erinnert sich Nelson Mandela daran, wie es war, als er zum ersten Mal seine Enkelin sah. Damals musste er auf Robben Island unter fast unerträglichen Umständen arbeiten. Er schlug in einem Steinbruch in gleißendem Sonnenlicht Kalkstein, so dass er fast erblindete. Nur eines habe die Gefangenen vor der Verzweiflung bewahrt, wie er schreibt: Sie sangen während der Arbeit gemeinsam. Die Lieder erinnerten an Familie, Heimat, den eigenen Stamm und die Welt außerhalb des Lagers, die sonst in Vergessenheit zu geraten drohte.

Im 14. Jahr seiner Gefangenschaft gelang es Mandela, die Erlaubnis für einen Besuch seiner Tochter zu erlangen (normalerweise waren ihm Besuche verboten). Sie lief durch den Raum und umarmte ihn. Mandela hatte seine Tochter zuletzt umarmt, als sie noch ein Kind gewesen war, und es war quälend und Schwindel erregend zugleich, diese erwachsene Frau an sich zu drücken – sein Kind. Dann legte sie ihr eigenes Neugeborenes, Nelsons Enkelin, in seine schwieligen, ledrigen Hände. „Ein neugeborenes Baby zu halten, so verletzlich und weich in meinen rauen Händen, den Händen, die schon viel zu lange nur Pickel und Schaufel gehalten hatten, war mir eine tiefe Freude. Ich kann mir nicht vorstellen, dass ein Mann jemals so glücklich war, ein Baby im Arm halten zu können, wie ich damals."

In Mandelas Stammeskultur war es Brauch, dass der Großvater bestimmte, welchen Namen das Neugeborene bekommt. Und so probierte Nelson in Gedanken verschiedene Namen aus, während er das winzige, hilflose Baby hielt. Er beschloss, dass es Zaziwe heißen solle, was „Hoffnung" bedeutet. „Der Name hatte eine besondere

Bedeutung für mich, denn in all meinen Jahren im Gefängnis hatte mich die Hoffnung nie verlassen – und nun sollte es auch nicht mehr geschehen. Ich war überzeugt, dass dieses Kind zu einer neuen Generation von Südafrikanern gehören würde, die sich nur noch schwach an die Apartheid erinnerten. Das war mein Traum."[5]

Wie sich herausstellen sollte, hatte Mandela gerade die Hälfte seines Strafmaßes hinter sich und konnte die Freiheit erst in 13 Jahren erringen. Der Blick auf die Hoffnung, auf Zaziwe, ließ ihn durchhalten. Trotz der damals dürftigen Hinweise glaubte er, dass das Apartheidsregime in Südafrika eines Tages in sich zusammenfallen würde. Es musste der Tag anbrechen, sei es zu seinen Lebzeiten oder der seiner Enkelin, an dem eine neue Gerechtigkeit käme. Der Glaube an die Zukunft prägte seine Gegenwart.

Auch für Menschen, die anders als Mandela die Erfüllung ihrer Hoffnungen nicht zu Lebzeiten erleben, birgt der in die Zukunft gerichtete Glauben eine Hoffnung, nämlich die Hoffnung der Auferstehung. Dallas Willard berichtet von einer Frau, die nicht über ein Leben nach dem Tod reden wollte. Sie gab an, dass sie ihre Kinder nicht enttäuschen wolle, wenn sich herausstelle, dass es kein solches Leben gebe. Willard weist darauf hin, dass niemand ein Bewusstsein haben werde, mit dem man Enttäuschung verspüren kann, wenn es kein Leben nach dem Tod gäbe. Sollte man sich andererseits aber nicht darauf vorbereiten, wenn es ein Weiterleben gebe?

Als ich noch in Chicago wohnte, mussten wir den stetigen körperlichen Verfall von Sabrina miterleben, die Mitglied unserer Gemeinde war. Sabrina war jung, schlank, hübsch und modebewusst gewesen, ein Blickfang für jeden Mann und Anlass zum Neid für die Frauen. Doch dann begann ein inoperabler Gehirntumor, sie grausam zu zeichnen. Jeden Monat fand in unserer Kirche ein Gebet um Heilung statt und Sabrina und ihr Mann kamen Monat für Monat nach vorn. Bald trug sie bunte Kopftücher, um die Auswirkungen der Chemotherapie zu verbergen. Allzu schnell humpelte sie und war auf Hilfe angewiesen, um es den Gang entlang zu schaffen. Dann ließen alle Gliedmaßen sie im Stich und sie kam im Rollstuhl zur Kirche. Schließlich wurde sie blind und bettlägerig. Gegen Ende ihres Lebens konnte sie nicht mehr sprechen und verständigte sich mit ihrem Mann durch Augenzwinkern.

Wer von uns Sabrina kannte, rief um ihretwillen Gott um Hilfe an. Die Pastoren salbten sie mit Öl. Wir ersehnten ein Wunder und beteten darum. Wir waren hilflos und zornig, als die Gebete ungehört verhallten. Dem unerbittlichen Fortschreiten der Krankheit konnten wir nur hilflos zuschauen.

Bei Sabrinas Trauergottesdienst waren eine Hälfte der Teilnehmer Mitglieder der Gemeinde, die andere Hälfte waren Arbeitskollegen. Letztere starrten auf Gesangbuch und Gottesdienstablauf, als seien sie in einer ihnen unbekannten Sprache geschrieben. Wir alle teilten Trauer und Wut über das, was Sabrina passiert war, unabhängig von Glaubenszugehörigkeit oder Einstellung zum Leben. Und doch besaßen ihr Mann, die Pastoren und die Gemeindeangehörigen etwas, das die anderen Besucher nicht erfassen konnten: die Hoffnung, dass Sabrinas Leben in Wahrheit nicht vorbei war, die Hoffnung, dass wir sie eines Tages wieder sehen würden.

„Herr, zu wem sonst sollten wir gehen?", fragte Simon Petrus in einer Situation verwirrt (Joh 6,68). Ich kann seine Worte bei jeder Beerdigung, an der ich teilnehme, nachfühlen. Ohne den Glauben an die Auferstehung, einen Glauben, der über das uns Bekannte hinausreicht, hat der Tod das letzte Wort und verkündet höhnisch seinen Sieg. Eine „Morgendämmerung" der Auferstehung vertreibt durchaus nicht seinen Schatten, taucht ihn aber in das neue Licht der Hoffnung.

Leo Tolstoi, der sich nicht scheute, seine Erzählungen mit einem moralischen Appell zu beenden, schloss die Kurzgeschichte „Drei Fragen" mit den folgenden Sätzen: „Denke also daran: Es gibt nur eine Zeit, die wichtig ist – das Jetzt! Es ist die wichtigste Zeit, weil es der einzige Augenblick ist, in dem wir irgendeine Macht haben."[6]

Die Berichte von Gottes Treue in der Vergangenheit haben gemeinsam mit der Hoffnung auf eine bessere Zukunft ein Ziel: uns für die Gegenwart auszustatten. Wie Tolstoi sagte, können wir keine andere Zeitform beherrschen. Die Vergangenheit lässt sich nicht ändern, die Zukunft ist unvorhersehbar. Ich kann nur das Leben führen, das unmittelbar abläuft. Christen beten: „Dein Wille geschehe im Himmel wie auf Erden", und dann gehen sie daran, Gottes Willen umzusetzen – Liebe, Gerechtigkeit, Frieden, Barmherzigkeit, Vergebung –, in der Gegenwart, auf dieser Welt.

Ich habe die Bedeutung der Gegenwart ganz ähnlich erfahren, und zwar durch das Schreiben. Ob ich mich auf meine früheren Bücher und Artikel konzentriere, über meine Misserfolge nachgrüble und meine Erfolge genieße oder ob ich mich auf die Zukunft konzentriere, mir Sorgen über Abgabetermine mache und ständig in Gedanken das ganze Werk wälze – beides bedeutet für die Gegenwart lähmenden Stillstand. Ich muss mich ganz dem Wort, dem Satz vor mir widmen, dem gegenwärtigen Augenblick.

Meine Freunde in Selbsthilfegruppen leben nach dem zwingenden Motto: „Das Heute zählt." Der Chronist der Anonymen Alkoholiker gab seinem Werk den Titel *Not God*, weil, wie er sagt, ein Suchtkranker vor allem die eine große Hürde meistern müsse: tief in seinem Inneren anerkennen, dass er oder sie nicht Gott ist. Das Grundproblem lasse sich nicht durch Manipulation und Kontrolle überwinden (worin Alkoholiker es zur Meisterschaft bringen). Vielmehr muss der Alkoholiker seine eigene Hilflosigkeit anerkennen und sich in die Arme einer höheren Macht fallen lassen. „Vor allem anderen mussten wir aufhören, Gott zu spielen", resümierten die Gründer der AA. „Als Nächstes müssen wir im Glauben Gott selbst ‚die Rolle Gottes' in unserem Leben einräumen, wozu eine tägliche Kapitulation gehört, und zwar von einem Augenblick bis zum nächsten."[7]

Wenn ich meine geistliche Entwicklung überschaue, dann stellen sich meist nostalgische Gefühle ein – die Sehnsucht nach Zeiten, in denen Gott mir scheinbar viel näher war. Ich habe festgestellt, dass der Glaube nichts ist, worauf man sich spezialisiert, eine Fertigkeit, in der man es zur Meisterschaft bringen kann. Er stellt sich als Geschenk Gottes ein und ich muss täglich darum bitten, so, wie ich um das tägliche Brot bitte. Eine Freundin von mir, die durch einen Unfall gelähmt wurde, führt den Wendepunkt ihres Glaubens auf genau dieses Prinzip zurück. Sie konnte mit dem Gedanken an ein Leben in völliger Lähmung nicht leben, aber sie konnte mit Gottes Hilfe einen Tag nach dem anderen bewältigen. In der Bibel findet sich 365-mal das Gebot: „Fürchte dich nicht!" Es ist das am häufigsten genannte Gebot der Bibel, als sollten wir daran erinnert werden, dass uns Probleme ins Haus stehen, die dazu führen, dass wir uns fürchten.

„Die Liebe kennt keine Angst", schreibt der Apostel Johannes. „Wahre Liebe vertreibt die Angst . . ." (1 Joh 4,18). Weiter verweist er auf die Quelle dieser vollkommenen Liebe: „Wir lieben, weil Gott uns zuerst geliebt hat" (1 Joh 4,19). Mit anderen Worten: Das Rezept gegen die Furcht liegt weniger in der Veränderung von Umständen als vielmehr in einem tiefen Eintauchen in die Liebe Gottes. Ich bitte Gott, mir seine Liebe unmittelbar zu offenbaren oder durch meine Beziehung zu Menschen, die ihn auch kennen – ein Gebet, wie ich meine, auf das Gott sehr gern eingeht. Wenn ich mich wegen meiner gegenwärtigen Misserfolge niedergeschlagen fühle, bitte ich Gott, mich an meine eigentliche Identität zu erinnern: Ich bin jemand, der auf dem Weg zur Vollendung ist und schon Vergebung erlangt hat. „Sie müssen tiefer graben", sagte die Nonne zu meinem ausgebrannten Pastor. Der Brunnenschacht muss bis an eine Wasserader geführt werden, die nie austrocknet.

Thomas Merton räumt ein, dass sich im modernen städtischen Leben alles gegen eine solche Hingabe verschwöre. Wir machen uns Sorgen um Geld, um das, was wir haben und wissen müssen, mit wem wir konkurrieren und die Dinge, die unserer Kontrolle entgleiten. Letzten Endes trieb ihn diese Hetze, die Merton als „Neurose" bezeichnet, in ein Kloster, wo er endlich einen Ort der Stille und Meditation fand. In Mertons Autobiografie findet sich auch die Erinnerung an den Tag, an dem er sich entschloss, statt zur Armee ins Kloster zu gehen. Jeder Lebenslauf würde ihm Glück bringen, wenn es der Weg sei, den Gott ihm zugedacht habe. „Es gibt nur ein Glück: ihm zu gefallen, nur einen Kummer: ihm zu missfallen..."[8]

Merton hat das Geheimnis echter Freiheit gefunden: Wenn wir einzig und allein dafür leben, Gott zu gefallen, können uns Bedürfnisse und Sorgen nicht überwältigen. Ein großer Teil meiner eigenen Sorgen sind im Grunde darauf zurückzuführen, dass ich mir Gedanken über andere Menschen mache: ob ich ihren Erwartungen gerecht werde, ob ich ihren Wunschvorstellungen entspreche. Für Gott allein zu leben erfordert eine radikale Neuorientierung, ein Abstreifen von allem, das mich von meinem höchsten Ziel, Gott zu gefallen, weglocken könnte. Zum Leben im Glauben gehört weitaus mehr, dass ich Gott gefalle, statt dass Gott mir gefällt.

Ich kenne einen Handchirurgen, der sich darauf spezialisiert hat, Finger wieder anzunähen, die bei Unfällen teilweise oder vollständig abgetrennt wurden. Wenn er den Operationssaal betritt, weiß er, dass er sechs bis acht Stunden lang in ein Mikroskop blinzeln und Nerven, Sehnen und Blutgefäße ordnen und zusammennähen muss, die feiner sind als das menschliche Haar. Ein einziger Fehler und der Patient verliert unter Umständen für immer die Bewegungsfähigkeit oder das Gefühl. Er kann sich keine Kaffeepause leisten, nicht einmal zur Toilette gehen. Einmal erhielt mein Freund um drei Uhr morgens einen Notruf. Er war praktisch gar nicht darauf eingestellt, eine so mühselige Prozedur durchzuführen. Um den Anreiz und seine Konzentration zu steigern, entschloss er sich, die Operation seinem Vater zu widmen, der vor kurzem gestorben war. Während der folgenden Stunden stellte er sich vor, dass sein Vater neben ihm stehe, ihm die Hand auf die Schulter lege und ihm Mut zuspreche.

Diese Technik wirkte so erfolgreich, dass er anfing, seine Operationen auch anderen Menschen zu widmen, die er kannte. Er rief sie dann an, wobei er sie oft weckte, und sagte: „Ich habe eine sehr anstrengende Arbeit vor mir und würde die Operation gern dir widmen. Wenn ich während der Arbeit an dich denke, hilft mir das durchzuhalten." Dann schließlich dämmerte es ihm: Sollte er nicht genauso Gott sein Leben widmen? Die Einzelheiten seines Tagesablaufs – telefonieren, Mitarbeiter einstellen, medizinische Fachzeitschriften lesen, Gespräche mit Patienten, die Planung von Operationen – blieben fast die gleichen, aber das Bewusstsein des lebendigen Gottes verlieh allmählich jeder einzelnen seiner irdischen Aufgaben Farbe. Er merkte, wie er die Krankenschwestern mit mehr Aufmerksamkeit und Respekt behandelte, mehr Zeit für die Patienten aufbrachte und sich weniger Sorgen um die Finanzen machte.

Ich besuchte vor einigen Jahren Kalkutta, eine Stadt der Armut, des Todes und unlösbarer menschlicher Probleme. Dort dienen die von Mutter Teresa ausgebildeten Nonnen den ärmsten, unglückseligsten Menschen der ganzen Welt: halbtote Leiber, die auf den Straßen Kalkuttas aufgesammelt werden. Die Welt schaut ehrfürchtig zu, wie die Schwestern hingebungsvoll und erfolgreich arbeiten, aber ein Wesenszug dieser Nonnen beeindruckt mich noch mehr: ihre Gelassenheit. Wenn ich mich auf ein so überwältigendes Projekt einlassen würde, würde ich wahrscheinlich hin und her hasten, den Spendern Pressemitteilungen zufaxen, um mehr Geld betteln, Beruhigungsmittel schlucken und mir Methoden ausdenken, wie ich mit meiner wachsenden Verzweiflung fertig würde. Nicht aber diese Nonnen.

Ihre Gelassenheit hat mit dem zu tun, was sie *vor* Beginn ihrer täglichen Arbeit machen. Um vier Uhr morgens, lange vor Sonnenaufgang, erheben sich die Schwestern beim Klang der Glocke und dem Ruf: „Lasst uns den Herrn loben." „Dank sei unserm Gott", erwidern sie. Bekleidet mit makellos weißen Saris marschieren sie in die Kapelle, wo sie mit übereinander geschlagenen Beinen auf dem Boden sitzen und gemeinsam singen und beten. An der Wand der einfachen Kapelle hängt ein Kruzifix mit den Worten: „Mich dürstet." Bevor sie zu ihrem ersten „Klienten" gehen, begeben sie sich in die Anbetung und in die Liebe Gottes hinein.

Ich verspüre bei den Schwestern, die das Haus der Sterbenden und Armen in Kalkutta leiten, keinerlei Panik. Ich erkenne sicherlich Fürsorge und Mitleid, aber keine übermäßige Verzweiflung über das, was nicht getan werden konnte. Tatsächlich hat Mutter Teresa von Anfang an eine Regel aufgestellt: Die Schwestern sollen sich den Donnerstag zum Gebet und zum Ausruhen freinehmen. „Die Arbeit läuft uns nicht weg, aber wenn wir nicht ausruhen und beten, fehlt uns die Präsenz für unsere Arbeit", erklärte sie.[9] Diese Schwestern arbeiten nicht, um eine Liste von Fällen abhaken zu können. Sie arbeiten für Gott. Sie fangen ihren Tag mit ihm an; sie beenden den Tag, wiederum beim Nachtgebet in der Kapelle, mit ihm. Alles, was dazwischen geschieht, überreichen sie ihm als Gabe. Gott allein legt ihren Wert fest und ist das Maß für ihren Erfolg.

Als sein Lebenswerk einmal bedroht war, wurde Ignatius von Loyola gefragt, was er im Falle einer Auflösung des Jesuitenordens durch Papst Paul IV. tun würde, wo er dieser Arbeit doch all seine Energie und seine Talente gewidmet habe. Er erwiderte: „Ich würde eine Viertelstunde lang beten und nie wieder darüber nachdenken."[10]

Ich kann nicht so tun, als besäße ich auch nur annähernd eine so großartige Einstellung wie Ignatius von Loyola oder die Nonnen aus dem Orden von Mutter Teresa. Ich bewundere sie, verehre sie sogar und bete, dass ich eines Tages an die heilige Einfalt heranreiche, die sie verkörpern. Vorläufig ist alles, was ich schaffe, ein täglicher (und bisher unsteter) Prozess der Ausrichtung meines Lebens auf Gott. Ich wünsche mir, dass mein Leben sich in die einzig wahre Realität eines Gottes einfügt, der alles über mich weiß und nur das Beste für mich im Sinn hat. Ich möchte alle Ablenkungen, die der Tag mit sich bringt, aus der Perspektive der Ewigkeit betrachten können. Ich möchte mein Selbst einem Gott unterstellen, der mich aus der Tyrannei meines Egos befreit. Ich werde nie vom

Bösen oder Ablenkungen völlig befreit sein, aber ich bete darum, dass er mich von Angst und Unruhe befreit, die damit einhergehen.

Morgens bitte ich um die Gnade, für Gott allein leben zu können, doch wenn dann das Telefon klingelt und der Anruf mein Ego streichelt oder ein Brief eines erbosten Lesers eintrifft, falle ich wieder – nein, vielmehr stürze ich wieder – zurück in eine Haltung, in der andere Menschen oder die Umstände der Maßstab für meinen Selbstwert sind und mir die Gelassenheit nehmen. Ich spüre, dass ich mich verändern will und muss, und mache mich wieder auf den Weg, weil dieses Gespür die einzige sichere Grundlage für eine mögliche Veränderung ist.

„Die Zeichen der Gnade; die Härte des Herzens; die äußeren Umstände", notierte Pascal in einem seiner kryptischen Fragmente.[11] Diese drei Merkmale begleiten unser Leben. Die äußeren Umstände drängen sich auf: Streit in der Familie, Stress am Arbeitsplatz, Geldsorgen, allgemeine Sorgen. Die Zeichen der Gnade, Gottes Geschenke in uns, versuchen uns in einer tieferen Wirklichkeit zu gründen. Die Härte des Herzens? Von den drei genannten kann ich lediglich dieses eine beeinflussen. Ich kann nichts weiter tun, als Gott täglich zu bitten, „mein Herz zu zerschmettern", wie John Donne es sagte, oder, noch besser, es mit seiner Liebe zu schmelzen.[12]

Die Veränderung ist letzten Endes kein Willensakt, sondern ein Akt der Gnade. Wir können nur darum bitten. Immer wieder.

> *„Jeden Tag gibt es einen Augenblick,*
> *den der Satan nicht finden kann."*
> WILLIAM BLAKE[13]

Kapitel 7

Bewältigung des Alltags

*Um zu werden, was du nicht bist,
musst du Wege gehen, die du nicht kennst.*
T. S. ELIOT[1]

Wenn ich Werbung für den Glauben machen und dabei ehrlich sein will, muss ich nicht nur untersuchen, wie er theoretisch aussehen sollte, sondern auch, wie er im Alltag „funktioniert". Ich habe in meinem eigenen Glaubensleben einige Überraschungen erlebt, vor denen mich niemand gewarnt hatte. Natürlich wären wir wohl kaum auf Glauben angewiesen, wenn es auf unserem Weg keine Schlaglöcher, dunkle Strecken und unerwartete Umleitungen gäbe.

Aus Klöstern kennen wir die Beschreibung eines ganzheitlichen Lebens, in dem jede Aktivität in einen Strom geistlicher Kraft getaucht ist. Allerdings lebt man in den meisten geistlichen Gemeinschaften in einem Rahmen regelmäßiger Gebete und Gottesdienste, ganz ohne Handys und Fernseher, die den Tagesablauf stören. Was ist mit uns anderen, deren Terminkalender nie erledigt ist, deren gesellschaftliches Umfeld sich gegen jede Stille verschworen hat und alle Pausen ausfüllt?

Wenn ich mir morgens eine halbe Stunde Zeit nehme und mich auf Gott ausrichte, dann hoffe ich, dass die Gelassenheit und der Frieden, die ich in diesem Augenblick verspüre, sich auch auf meinen Alltag erstrecken und ihn prägen. Wenigstens so viel habe ich festgestellt: Selbst wenn ich nur diese halbe Stunde der Stille in einem ansonsten turbulenten Tag habe, dann war es die Mühe wert. Ich habe immer geglaubt, dass alles, was mir im Leben wichtig ist – Ehe, Arbeit, gute Freunde, die Beziehung zu Gott –, in Ordnung gehalten werden müsse. Ist in einem dieser Bereich etwas nicht in Ordnung, dann bricht das ganze System zusammen. Das hat mir gezeigt, wie wichtig es ist, mich an Gott zu halten und ganz und gar auf seine Gnade zu verlassen, selbst und gerade dann, wenn einer der anderen Bereiche ins Chaos stürzt.

Als jemand, der sich als Autor öffentlich zu seinem Glauben äußert, musste ich auch akzeptieren lernen, dass ich ein „tönernes Gefäß" bin, das Gott auch dann verwendet, wenn ich mich unwürdig fühle und mein Glaubensleben gerade nicht gut läuft. Eine Rede oder Predigt, die ich beim Schreiben als echt und lebendig empfand, kann ich auch dann halten, wenn ich gleichzeitig einen gerade erlebten Streit überdenke oder eine Verletzung nähre, die mir ein Freund zugefügt hat. Ich kann schreiben, was in meinen Augen wahr ist, selbst wenn ich mir schmerzhaft meiner eigenen Unfähigkeit bewusst bin, das zu leben, wozu ich andere anhalte.

In der Gegenwart meinen Glauben praktizieren heißt, Gott zu vertrauen, dass er mir durch die Ereignisse hilft, die mir bevorstehen, auch wenn der ganze Hintergrund meines Lebens ein Müllhaufen ist. Wie die Suchthilfe-Bewegung gezeigt hat, treibt uns gerade unsere Hilflosigkeit zu Gott.[2] Und so kann die Schwäche eines Süchtigen eine verborgene Begabung sein, denn sie lässt ihn täglich nach Gnade verlangen – während wir anderen vergeblich versuchen, unser Bedürfnis danach zu unterdrücken. Anne Lamott, die offen über ihren Alkoholismus schreibt, berichtet von ihren beiden Lieblingsgebeten: „Danke, danke, danke" und: „Hilf mir, hilf mir, hilf mir."[3]

Ich besuchte vor einer Weile im kleinen Dorf Olney in England das Haus von William Cowper. Cowper hat Hymnen geschrieben, die zu den beliebtesten der Kirchengeschichte zählen. Er wohnte eine Weile mit John Newton zusammen, dem bekehrten Sklavenhändler und Verfasser des Liedes „Amazing Grace". Als ich aber die Gegend besichtigte, in der Cowper gewohnt hat, wurde mir klar, wie wenig Gnade er eigentlich erlebt hatte.

Von der Angst gequält, er habe die Sünde begangen, die nicht vergeben wird, von Gerüchten verfolgt, er begehe Ehebruch, erlitt Cowper einen Nervenzusammenbruch und unternahm mehrere Selbstmordversuche. Er wurde zu seinem eigenen Schutz in eine Irrenanstalt eingewiesen. Im letzten Viertel seines Lebens betrat er nie wieder eine Kirche.

„Wo blieb der Segen, den ich erlebte,
Als ich anfing, den Herrn zu suchen?
Wo blieb der Tau, der meine Seele erfrischte,
Den Jesus und sein Wort mir gaben?
Welcher Friede hat mich einst erfüllt!

Wie süß ist mir die Erinnerung daran!
Doch blieb nur Schmerz und Leere zurück,
Die diese Welt nicht füllen kann.
O Heilige Taube, kehre zurück,
Du süßer Bote der Ruhe!
Ich hasse die Sünden, die dich betrübten
Und die dich von mir trieben."

Mit dem Idealismus meiner Jugend hätte ich darauf gepocht, dass Cowper ein typischer christlicher Heuchler sei, einer, der über etwas schreibe, das er im Leben nicht verwirklichen konnte. Wenn ich aber jetzt die großen Werke betrachte, die der Dichter hinterließ, dann erkenne ich, dass seine Hymnen die vielleicht einzigen Anzeichen von Klarheit in einem traurigen, trübseligen Lebenslauf sind. „Redeeming love has been my theme, / And shall be till I die" (etwa: Ich habe mir die erlösende Liebe zum Thema gemacht, und bis zu meinem Tod bleibt es dabei) schrieb Cowper. Ich glaube, als er diese Worte für andere als Kirchenlied niederschrieb, war er von ganzem Herzen davon überzeugt. Obwohl er persönlich wenig davon verspürte, hinterließ er mit seinem Liedgut einen bleibenden Beweis der Liebe, die uns befreit.

Ein Künstler wie Cowper verfasst keine Werke um des zukünftigen Ruhms willen; sondern vielmehr, um sich zu verankern, um die Nähe zu erzwingen, um beides, Leid und Lob, zum Ausdruck zu bringen. Wir Nachgeborenen verleihen erst den Ruhm, weil aus dem Ringen des Künstlers allgemein gültige Wahrheiten erwachsen, die uns zu Herzen gehen. Gottes Gnade kann diesen Wandel in uns allen bewirken, indem er aus den Niederlagen der Gegenwart genau die Werkzeuge schafft, die unser Wesen dem Gottes immer ähnlicher machen. Cowper drückte dies mit folgenden Worten aus:

„Manchmal und plötzlich beim Singen
Erscheint dem Christen ein Licht.
Es ist der Herr, der sich erhebt
Und dabei Heilung bringt.
Wenn uns der Trost entschwindet,
Gewährt er unserer Seele
Wieder dieses helle Leuchten,
Um uns nach dem Regen zu erfreuen."

„Meine Lehre habe ich nicht selbst ausgedacht", hat Jesus gesagt. „Ich habe sie von Gott, der mich gesandt hat. Wer bereit ist, Gott zu gehorchen, wird merken, ob meine Lehre von Gott ist oder ob ich meine eigenen Gedanken vortrage" (Joh 7,16–17). Man achte auf die Reihenfolge: Entscheide dich, Gott zu gehorchen, und danach wird sich die Gewissheit einstellen. Jesus stellt den Glaubensweg als einen persönlichen Aufbruch in Ungewissheit und verletzlichem Vertrauen dar.

Manche Psychologen verordnen ihren Patienten in der Verhaltenstherapie, so zu handeln, „als ob" ein gewünschter Zustand erreicht sei, ganz gleich, wie unrealistisch es ihnen erscheint. „Wir verändern kein Verhalten", heißt es bei diesem wissenschaftlichen Ansatz, „indem wir in der Vergangenheit stöbern oder dem Handeln Motive zuschreiben." Vielmehr soll sich der Wandel durch dieses „Als ob"-Handeln" einstellen.[4] Es ist viel einfacher, durch Taten zu Gefühlen zu gelangen, als sich erst in die Taten hineinzufühlen.

Wenn Sie Ihre Ehe retten wollen, sich aber nicht mehr sicher sind, ob Sie Ihre Frau wirklich lieben, dann sollten Sie sich so verhalten, als ob Sie sie lieben: durch Überraschungen, Zärtlichkeiten, Geschenke, Aufmerksamkeit. Es könnte sich herausstellen, dass liebevolle Gefühle entstehen, wenn Sie sich entsprechend verhalten. Wenn Sie Ihrem Vater vergeben wollen, sich dazu aber nicht in der Lage sehen, handeln Sie so, als hätten Sie ihm bereits vergeben. Sprechen Sie die Worte aus: „Ich vergebe dir" oder: „Ich habe dich lieb", auch wenn Sie noch nicht davon überzeugt sind, dass Sie es tatsächlich so meinen. Oft bewirkt das veränderte Verhalten des einen ganz beachtliche Veränderungen bei dem anderen.

Etwas Ähnliches findet in meiner Beziehung zu Gott statt. Es wäre großartig, wenn Gehorsam das Resultat des Wunsches wäre, Gott zu gefallen – doch leider stimmt das nicht. Für mich besteht das Glaubensleben manchmal darin, *so zu tun, als ob* die ganze Sache wahr sei. Ich unterstelle, dass Gott mich grenzenlos liebt, dass das Gute über das Böse siegt, dass jede Feindseligkeit überwunden werden kann, obwohl ich keine sichere Bestätigung dafür habe. Ich handle so, als ob Gott ein liebevoller Vater sei; ich gehe mit meinem Nächsten so um, als ob er wirklich Gottes Ebenbild sei; ich vergebe denen, die mir Unrecht tun, als habe Gott mir zuvor vergeben.

Bei menschlichen Beziehungen ist dies völlig anders. Ich gehe einkaufen und treffe eine Nachbarin, die ich monatelang nicht gesehen habe. *Judy ist gerade geschieden worden*, sage ich mir und denke daran, dass wir in letzter Zeit nichts von ihr gehört haben. Judys Anblick ist Anlass für mein Handeln. Ich frage, wie es ihr geht, erkundige mich nach den Kindern, lade sie vielleicht zur Kirche ein. „Wir sollten Judy und ihre Kinder mal einladen", sage ich später zu meiner Frau.

Anders bei Gott. Es gibt keine zufällige „Begegnung" mit ihm. Ich stoße selten auf sichtbare Hinweise, die mich an ihn erinnern, *es sei denn, ich suche danach*. Die bewusste Suche macht eine Begegnung erst möglich. Aus diesem Grund wird im Christentum immer betont, dass wir zuerst Vertrauen und Gehorsam zeigen sollen, danach erst folgt das Wissen.[5]

Wegen dieses Unterschiedes praktiziere ich die geistlichen Übungen, ganz egal, wie ich mich fühle. Es geht mir dabei um das eine Hauptziel, das Ziel aller geistlichen Übungen: Ich möchte Gott kennen lernen. Wenn wir eine Beziehung zu Gott aufbauen wollen, müssen wir dies unter Gottes Bedingungen tun, nicht unter unseren eigenen. Der berühmte Geistliche und Bischof Fénelon gab seinen Studenten für schwierige Zeiten folgenden Rat mit auf den Weg: „Das Gebet mag uns weniger leicht fallen, die Gegenwart Gottes weniger spürbar und nicht so tröstlich sein, die Pflichten des äußeren Lebens härter und unzumutbarer, und doch wächst die Treue, die damit einhergeht, und das genügt Gott." Wir gehorchen erst und entdecken dann die Quelle von Jesu Lehre.

Die alttestamentarischen Propheten haben ganz unverblümt die Bedingungen genannt, unter denen man Gott kennen lernt. „Der Herr hat dich wissen lassen, Mensch, was gut ist und was er von dir erwartet: Halte dich an das Recht, sei menschlich zu deinen Mitmenschen und lebe in steter Verbindung mit deinem Gott", heißt es im Buch Micha (Mi 6,8). Ebenso die neutestamentlichen Briefe, in denen immer wieder betont wird, dass die Liebe zu Gott, das heißt liebevolles Handeln Gott gegenüber, die Gemeinschaft mit ihm stärkt und eine Entwicklung in Gang setzt. Ich lerne nicht erst Gott kennen und tue dann seinen Willen; ich lerne ihn kennen, *indem* ich seinen Willen tue. Ich begebe mich in eine aktive Beziehung. Das heißt, ich schenke Gott meine Zeit, kümmere mich um die Menschen, die ihm am Herzen liegen, und halte mich an seine Gebote – ob ich nun so empfinde oder nicht.

„Wie sollen wir dich kennen lernen, wenn wir nicht selbst anfangen, Teil dessen zu sein, was du bist?", hat Thomas Merton gefragt. Gott ist heilig, anders. Gott außerhalb einer gemeinsamen Grundlage kennen zu lernen ist ebenso wenig möglich, wie einen Ungarn kennen zu lernen, wenn wir keine gemeinsame Sprache sprechen. Merton fährt fort:

„Wir werden nur in dem Maß zur Erleuchtung finden, wie wir uns immer vollkommener durch demütige Unterordnung und Liebe Gott hingeben. Wir werden nicht erst erkennen und dann handeln: Wir handeln, dann erkennen wir. [...] Und deshalb wird jemand, der erst klar erkennen will, bevor er glaubt, niemals seinen Weg antreten."[6]

Wie soll man gehorchen, wenn man keine Gewissheit hat und von Zweifeln geplagt ist? Ich bin zu dem Schluss gelangt, dass der Glaube auch ohne die volle Erkenntnis Gottes Gehorsam *verlangt*. Wie Ijob und Abraham nehme ich hin, dass vieles mein begrenztes Verständnis übersteigt, und trotzdem entscheide ich mich dafür, Gott zu vertrauen. Ich nehme demütig meine Stellung als Geschöpf hin, dessen Wert, ja, dessen Leben von Gottes Gnade abhängig ist.

Die meisten von uns werden mit geringeren Versuchungen als Ijob und Abraham konfrontiert. Und doch bleiben sie uns nicht erspart. Der Glaube steht aber auch dann auf dem Prüfstand, wenn wir Gottes Gegenwart nicht mehr spüren oder wenn die schiere Alltäglichkeit des Lebens uns mit der Frage konfrontiert, ob unsere Reaktion überhaupt eine Rolle spielt. Wir fragen uns: „Was kann ein Mensch schon tun? Wie wirkt sich meine kleine Anstrengung denn schon aus?"

Ich habe einmal eine Fernsehserie gesehen, die auf Gesprächen mit Überlebenden des Zweiten Weltkriegs aufbaute. Die Soldaten erinnerten sich daran, was sie an einem bestimmten Tag gemacht hatten. Der eine saß den ganzen Tag im Schützengraben; ein- oder zweimal fuhr ein deutscher Panzer vorbei und er beschoss ihn. Andere spielten Karten und vertrödelten die Zeit. Ein paar gerieten in heftige Feuergefechte. Meist verging dieser Tag für den Infanteristen an der Front wie jeder andere. Später erfuhr man, dass sie gerade an einer der größten, bedeutendsten Schlachten des Krieges teilgehabt hatten, der Ardennenschlacht. Damals hatte niemand das *Gefühl*, an einer Entscheidung teilzuhaben, weil niemand sich einen Überblick über das Geschehen an anderen Orten verschaffen konnte.

Große Siege werden dann gewonnen, wenn gewöhnliche Menschen ihre Pflicht erfüllen – und ein zuverlässiger Mensch diskutiert nicht jeden Tag darüber, ob er oder sie in der Stimmung ist, sich nach dem Befehl des Offiziers zu richten und eine langweilige Tätigkeit auszuüben. Wir üben unseren Glauben aus, indem wir uns an die vorliegende Aufgabe halten, denn wir können wie gesagt nur die Gegenwart beeinflussen. Manchmal wünsche ich mir, die Verfasser der Evangelien hätten Details aus dem Leben Jesu *vor* Beginn seines Dienstes mitgeteilt. Die längste Zeit seines Lebens als Erwachsener hat er als Dorf-Zimmermann gearbeitet. Ob er wohl jemals die Bedeutung der Zeit in Frage gestellt hat, die er mit solchen Routineaufgaben zubrachte?

Ignatius von Loyola, der Begründer des Jesuitenordens, erkannte, dass fast alle seine Anhänger Phasen der Sinn-Losigkeit durchlebten. Ihr Glaube geriet ins Wanken, sie stellten den eigenen Wert in Frage, sie fühlten sich nutzlos. Ignatius verfasste eine Reihe von Prüfungsfragen, um der Ursache dieser geistlichen Verzweiflung auf die Spur zu kommen. Aber egal, welche Gründe es individuell gab, er verschrieb in jedem Fall die gleiche Kur: „In Zeiten der Verlassenheit dürfen wir nie Veränderungen anstreben, sondern müssen fest und beständig zu den Entschlüssen und Bestimmungen stehen, in denen wir am Tag vor der Verlassenheit oder vor der Zeit fortschreitender Verlassenheit standen."[7] Er riet dazu, die geistlichen Kämpfe mit genau den Waffen auszufechten, die in solchen Zeiten am schwersten zu führen seien: Gebet und Meditation, Selbstprüfung, Buße. Gehorsam und nur Gehorsam stellt einen Ausweg dar.

Wer in einer christlichen Familie aufgewachsen ist und den Glauben und andere Werte schon „mit der Muttermilch" aufgenommen hat, wird eines Tages in eine Krise geraten, die seine Glaubenstreue auf die Probe stellt. Man hat vielleicht religiöse Erfahrungen gemacht, vielleicht etwas von der Nähe zu Gott verspürt. Nun verschwindet dieses Gefühl ohne Vorwarnung. Man spürt nichts außer einem Zweifel, der alles in Frage stellt, was zuvor galt. Der Glaube entbehrt jeder Stütze durch das Gefühl und man fragt sich, ob alles eine Illusion gewesen ist. In einem solchen Augenblick kann es sehr unsinnig erscheinen, trotzdem am Glauben festzuhalten. Und doch wird es jetzt Zeit, wie Ignatius rät, „festzubleiben". Der Glaube kann Phasen der Dunkelheit überstehen, doch nur dann, wenn wir uns in dieser Dunkelheit daran klammern.

Viel häufiger, als ich zugeben möchte, nagen die Zweifel auch an mir. Ich rätsele über unübersehbare Widersprüche in der Bibel, über das Leid und die Ungerechtigkeit, über die klaffende Lücke zwischen den Idealen und der Realität des christlichen Lebens. In solchen Zeiten trotte ich weiter, „tue so", als sei alles wahr, und stütze mich auf die Gewohnheit des Glaubens. Ich bete um Gewissheit, die sich zwar allmählich einstellt, mich aber nie gegen die Rückkehr der Zweifel immun macht.

Als Klavierspieler habe ich festgestellt, dass meine Fähigkeiten vor allem auf einem beruhen: auf ständigem Üben. Tonleiter und Arpeggios zu üben, macht mir wenig Spaß, und meist verzichte ich darauf und halte mich an die melodischeren Stücke. Aber wenn ich das tue, dann stelle ich fest, dass die anspruchsvolleren Stücke mehr mit Arbeit als mit Freude zu tun haben. Ich spiele Tonleitern nicht um der Tonleitern willen; vielmehr muss ich auf der alltäglichen Bewältigung der Routine aufbauen, um die großen Stücke zu spielen.

Andrew Greeley sagt dazu: „Wenn man im eigenen Leben Ungewissheit, Spannungen, Verwirrungen und Unordnung tilgen will, hat es keinen Sinn, die Sache mit Jahwe oder Jesus von Nazareth durcheinander zu bringen."[8] Ich wurde in dem Glauben erzogen, dass eine Beziehung mit Gott Ordnung, Sicherheit und eine ruhige Rationalität in unser Leben bringen könne. Doch das ist ein Irrtum. Ich habe vielmehr festgestellt, dass ein Leben im Glauben zahlreiche dynamische Spannungen nach sich zieht.

Im Verlauf der gesamten Kirchengeschichte neigten die führenden christlichen Persönlichkeiten dazu, alles festzulegen, Verhalten und Lehre auf etwas Absolutes zu reduzieren, das auf Falsch oder Richtig überprüft werden kann. Es ist bezeichnend, dass ich diese Vorgehensweise in der Bibel nicht finde. Ganz im Gegenteil. Ich finde stattdessen das Mysterium, die Ungewissheit, die charakteristisch für jede Beziehung sind, besonders für die Beziehung zwischen einem vollkommenen Gott und fehlbaren menschlichen Wesen.

In einem bemerkenswerten Satz, der offensichtlich den Eckstein seiner Theologie darstellt, sagt G. K. Chesterton: „Das Christentum hat die Problematik heftiger Gegensätze dadurch überwunden, dass es sie beibehielt, und zwar in gleicher Heftigkeit."[9] Die meisten Häresien entstehen beim Versuch, sich je eine Aussage auf Kosten ihres Gegenteils zu Eigen zu machen.

Eine Kirche, die sich mit Paradoxen nicht wohl fühlt, neigt dazu, in die eine oder andere Richtung auszubrechen, meist mit katastrophalen Konsequenzen. Man lese dazu bei den Theologen der ersten Jahrhunderte nach, die den Versuch unternahmen, Jesus auszuloten, den Mittelpunkt unseres Glaubens, der auf irgendeine Art ganz Gott *und* ganz Mensch war. Man lese bei den Theologen der Reformation nach, als sie sich bewusst wurden, mit welcher Majestät Gott in seiner Souveränität ausgestattet ist. Anschließend rangen sie darum, ihre Anhänger vor einem resignierenden Fatalismus zu bewahren. Man lese bei den zeitgenössischen Theologen und ihren Debatten über die Komplikationen der Schrift gewordenen Offenbarung nach: Eine Bibel, die Gottes Wort ist, nichtsdestoweniger aber von Individuen geschrieben wurde, die sich in Intelligenz, Persönlichkeit und Stil deutlich unterscheiden.

Die Ersten werden die Letzten sein; wer sein Leben verliert, wird es gewinnen; keine Leistung zählt ohne Liebe; schafft eure Seligkeit mit Furcht und Zittern, denn es ist Gott, der in euch wirkt; Gottes Reich ist gekommen, aber nicht in der Fülle; geht ein in das Himmelreich wie die Kinder; wer dient, ist der Größte; miss deinen Wert nicht daran, was andere von dir halten, sondern daran, was du von ihnen hältst; wer sich erniedrigt, wird erhöht; wo die Sünde sich häuft, nimmt die Gnade überhand; wir werden allein durch den Glauben errettet, doch Glaube ohne Werke ist tot – alle diese grundlegenden Prinzipien des Lebens tauchen im Neuen Testament auf und keines davon lässt sich einfach so auf logische Vereinbarkeit reduzieren. „Die Wahrheit liegt nicht in der Mitte und auch nicht in einem Extrem, sondern in beiden Extremen", merkt der britische Pastor Charles Simeon dazu an. Nach einigem Widerstreben bin ich so weit, ihm zuzustimmen.

Denken wir doch an die Grundbeschaffenheit des Menschen. Jeder Mensch wurde nach dem Ebenbild Gottes geschaffen. Und doch wohnt jedem Menschen auch ein Tier inne. Jedes religiöse oder politische System, das diesen Extremen nicht Rechnung trägt

– wie Chesterton sagt, sind es heftige Extreme –, muss versagen. Ein jüdischer Rabbi hat diese Tatsache folgendermaßen ausgedrückt: „Ein Mann sollte zwei Steine in seiner Tasche tragen. Auf einem sollte stehen: ‚Ich bin nichts als Staub und Asche.' Auf dem anderen aber: ‚Um meinetwillen wurde die Welt geschaffen.' Und er sollte jeden Stein so einsetzen, wie er es nötig hat."[10]

Die dynamische Spannung, die bei jedem von uns feststellbar ist, wirkt sich auch in unserem Alltag aus und zeigt, was wirklich in uns steckt. Scott Pecks Buch *The Road Less Traveled* hielt sich länger in der Bestsellerliste der *New York Times* als jedes andere Buch in der Geschichte. Ich glaube, das Geheimnis dieses Erfolgs ergibt sich schon aus dem ersten Satz des Buches: „Das Leben ist nicht einfach."[11] Peck erhob einen nachdenklichen Protest gegen die mit Anleitungen und Problemlösungen gespickten Bücher, die sich normalerweise in solchen Bestsellerlisten finden – in erster Linie in den christlichen Bestsellerlisten.

Wenn eine Frau ein geistig schwerstbehindertes Kind bekommt, kann ihr kein „Problemlösungsbuch" das Leid nehmen. Armut und Ungerechtigkeit lassen sich trotz allerbester Programme nicht beseitigen. Die Kinder aus den wohlhabendsten Stadtbezirken erschießen ihre Klassenkameraden in der Schule. Eheprobleme lassen sich nicht lösen. Der Tod zeigt letzten Endes uns allen die Zähne. Ein Glaube, der solchen Ungereimtheiten nicht Rechnung trägt, kann keinen Bestand haben. Mit anderen Worten: Es ist gesundheitsschädlich, ein Mensch zu sein. Im Unterschied zu Engeln bekommt man als Mensch Krebs, kann man die Arbeitsstelle verlieren und hungern. Wir brauchen einen Glauben, der uns irgendwie die Möglichkeit von Freude inmitten des Leids bietet, dazu Realismus inmitten des größten Lobs.

Ich habe immer gedacht, dass das Christentum einige Probleme gelöst und das Leben leichter gemacht habe. Mehr und mehr glaube ich, dass der Glaube mein Leben komplizierter macht, und zwar zu Recht. Als Christ ist es mir nicht möglich, mir *keine* Sorgen über die Umwelt, Obdachlosigkeit und Armut, Rassismus und religiöse Verfolgung, Ungerechtigkeit und Gewalt zu machen. Gott lässt mir keine Wahl.

Der Quäker und Philosoph Elton Trueblood denkt auch so: „Für viele Bereiche trifft zu, dass das Evangelium dem Menschen im Grunde zusätzliche Lasten bringt, statt sie ihm abzunehmen." Er zitiert John Woolman, einen erfolgreichen Quäker-Kaufmann, der ein sorgenfreies Leben führte, bis Gott ihm die Augen für das Verbrechen der Sklaverei öffnete. Woolman gab sein blühendes Geschäft auf, setzte sein Geld ein, um Sklaven freizukaufen, trug ungefärbte Anzüge, um nicht von der Arbeit der Sklaven zu profitieren, die Stoffe färbten, reiste zu Fuß aus Solidarität mit Sklaven, die nicht in Kutschen mitfahren durften, und nahm keinen Zucker, Rum, Melasse und andere Produkte zu sich, die vom Makel der Sklavenarbeit befleckt waren. Vor allem dieser „stillen Revolution" ist es zu verdanken, dass im Jahr 1787 kein einziger amerikanischer Quäker einen Sklaven besaß. Trueblood schreibt:

„Dann und wann reden wir von unserem Christentum als von einer Sache, die Probleme löst, und in gewissem Sinn geschieht das auch. Doch weit vor dieser Wirkung werden die Probleme sowohl zahlenmäßig als auch in der Intensität vergrößert. Selbst unsere intellektuellen Fragen vermehren sich durch die Annahme eines starken religiösen Glaubens. [...] Will jemand den störenden Auswirkungen von Paradoxen aus dem Weg gehen, wäre der beste Rat für ihn, dem christlichen Glauben abzusagen." [12]

Im Kern des Evangeliums steht das Paradox des Jochs. Jesus bietet uns Trost – „Kommt her zu mir, alle, die ihr mühselig und beladen seid; ich will euch erquicken" –, doch der Trost besteht darin, eine neue Last aufzunehmen, seine eigene Last. „Nehmt auf euch mein Joch und lernt von mir; denn ich bin sanftmütig und von Herzen demütig; so werdet ihr Ruhe finden für eure Seelen. Denn mein Joch ist sanft, und meine Last ist leicht" (Mt 11,28–29; Luther).

Jesus bietet einen Frieden, der neuen Aufruhr, und eine Ruhe, die neue Aufgaben birgt. Der „Friede Gottes, der alles menschliche Begreifen weit übersteigt" und der uns im Neuen Testament versprochen wird, ist ein Friede inmitten von Krieg, eine Ruhe inmitten der Angst, eine Zuversicht inmitten des Zweifels. Was für einen anderen Frieden sollten wir als Ausländer in fremdem Land, Bürger eines geheimen Reiches sonst erwarten? In dieser Welt ist Ruhelosigkeit, nicht Zufriedenheit, ein Zeichen geistiger Gesundheit. Die Bibel verwendet den Ausdruck „im Herzen bewegen", wenn sie beschreibt, wie ein Mensch sich dieser Art Spannung stellt. Als Maria, die Mutter Jesu, Dinge erlebte, für die sie keine rationale Erklärung hatte, bewahrte sie sie in ihrer Seele, „bewegte sie im Herzen" und ertrug die Spannung eher, als dass sie versuchte, sie zu beseitigen.

Mein Schwiegervater, der sein Leben lang ein stark im Calvinismus verwurzelter Bibellehrer war, erfuhr in seinen letzten Lebensjahren, wie sein Glaube erschüttert wurde. Eine bösartige Nervenerkrankung fesselte ihn ans Bett und hinderte ihn an den meisten Aktivitäten, die ihm Freude bereiteten. Seine 39-jährige Tochter kämpfte mit einer schweren Form von Diabetes. Er hatte Geldsorgen. In der schlimmsten Krise schrieb er einen Weihnachtsbrief und schickte ihn an Verwandte. Bei vielem, das er früher gelehrt hatte, war er sich jetzt nicht mehr sicher. Was durfte er noch mit Gewissheit glauben? Er gelangte zu den folgenden drei Aussagen: „Das Leben ist schwierig. Gott ist gnädig. Der Himmel ist uns gewiss." Darauf konnte er sich verlassen. Als seine Tochter schon eine Woche später an Diabetes starb, klammerte er sich umso heftiger an diese Wahrheiten.

Paulus spricht am Ende des 13. Kapitels des 1. Korinther-Briefes, dem berühmten Kapitel über die Liebe, von drei christlichen Tugenden – Glaube, Hoffnung, Liebe – und jede enthält ein Paradox.

Zur Liebe gehört, dass wir uns um Menschen kümmern, mit denen wir uns lieber nicht abgeben würden. Nach Aussage von Paulus ist die Liebe geduldig und nicht missgünstig; sie sucht nicht den eigenen Vorteil, lässt sich nicht zum Zorn erregen und trägt niemandem etwas nach; sie erträgt alles, glaubt alles, hofft alles und erduldet alles. Das wäre auf einem Planeten praktikabel, der nach anderen Gesetzen funktioniert, aber nicht bei uns, wo die Menschen sich ungerecht, niederträchtig und rachsüchtig verhalten. Von Natur aus sind wir nachtragend, werten Ungerechtigkeiten auf und verlangen unsere Rechte; in der Liebe funktioniert das nicht.

Die Hoffnung gibt uns die Kraft, auch über hoffnungslose Zustände hinauszublicken. Hoffnung hält Geiseln selbst dann am Leben, wenn sie keinen Beweis dafür haben, dass sich irgendjemand um ihren Fall kümmert. Die Hoffnung veranlasst den Bauern auch nach drei Jahren Trockenheit, im Frühling die Saat zu säen. „Die Hoffnung aber, die man sieht, ist nicht Hoffnung", teilt Paulus den Römern mit. Er spricht von dem Guten, das sich aus den Schwierigkeiten ergeben kann: „Wir wissen, dass Bedrängnis Geduld bringt, Geduld aber Bewährung, Bewährung aber Hoffnung." Er setzt die Hoffnung ans Ende statt dahin, wo ich sie normalerweise erwarten würde, an den Anfang – sozusagen als Treibstoff, der den Menschen aufrecht hält. Nein, die Hoffnung ergibt sich *aus* dem Ringen als Nebenprodukt der Treue.

Was den Glauben angeht, so geht es darum, dass man an etwas nicht Bewiesenes glaubt, sich einer Sache verschreibt, derer man sich nie sicher sein kann. Ein Mensch, der im Glauben lebt, muss mit unzureichenden Indizien auskommen und im Voraus auf etwas vertrauen, das nur im Nachhinein einen Sinn ergibt. Dazu schrieb Dennis Covington: „Das Mysterium bedeutet nicht Abwesenheit von Sinn, sondern Gegenwart einer größeren Sinnhaftigkeit, als wir begreifen können."[13]

Jahrhunderte lang wurden von der „Pilgerreise" jährlich höhere Auflagen verkauft als von allen anderen Büchern mit Ausnahme der Bibel. Als ich das Buch neulich wieder einmal las, fiel mir auf, wie sehr John Bunyans Version des christlichen Lebens sich von dem unterscheidet, was ich in den meisten christlichen Büchern von heute nachlesen kann. Immer wieder begeht der Pilger irgendeinen dummen Fehler und kommt beinahe um. Er biegt falsch ab und macht Umwege. Sein einziger Reisekamerad versinkt im Sumpf der Verzweiflung. Der Pilger lässt sich auf weltliche Versuchungen ein. Er spielt mit Selbstmordgedanken und fasst immer wieder den Entschluss, die Reise aufzugeben. In einem solchen Augenblick steht ihm Herr Hoffnung bei: „Sei guten Mutes, mein Bruder, denn ich verspüre festen Boden."[14]

Indem er glaubt und mutig handelt, setzt der Pilger seine Reise fort und kommt schließlich an seinem Ziel an, der Himmlischen Stadt. Die „Pilgerreise" hat sich im Laufe der Zeit für Millionen von Christen als zuverlässiger Reiseführer erwiesen. Die aufmunternden Problemlösungsrezepte von heute bieten eine viel attraktivere Straßenkarte, aber ich komme nicht umhin, mich zu fragen, was uns unterwegs verloren gegangen ist.

„*Nichts, das unseres Tuns würdig ist, kann zu unseren Lebenszeiten geleistet werden; deshalb müssen wir durch Hoffnung errettet werden. Nichts, das schön oder wahr oder gut ist, findet seinen vollkommenen Sinn in irgendeinem gegebenen historischen Kontext; deshalb müssen wir durch Glauben gerettet werden. Nichts, was wir tun, wie kunstvoll es auch sei, kann von uns allein geschafft werden; deshalb müssen wir durch Liebe errettet werden.*"

REINHOLD NIEBUHR[15]

Teil III

Gott

Kontakt mit dem Unsichtbaren

Kapitel 8

Gott kennen lernen – wen sonst?

*Es ist unbegreiflich, dass Gott ist, und unbegreiflich,
dass er nicht ist;
dass die Seele mit dem Leibe verbunden ist,
dass wir keine Seele haben;
dass die Welt erschaffen ist, dass sie es nicht ist ...*
BLAISE PASCAL[1]

Eines Nachts sprach ich bis zwei Uhr morgens mit zwei Freunden, die von ihren Schwierigkeiten in ihrer jeweiligen Beziehung zu Gott erzählten. Stanley berichtete von einem lebenslangen Ringen um die Gewissheit, dass er wirklich wichtig sei und Gott sich um ihn kümmere. Judy unterbrach ihn ungeduldig. Ihre Stimme verriet ihre Spannung; sie stand kurz davor, die Geduld zu verlieren. „Ich kann dir gar nicht sagen, wie oft ich versucht habe, mit Gott in Kontakt zu treten! Alles, was ich für meine Mühe bekomme, ist ein spürbar kaltes, verurteilendes Schweigen."

Weil ich meine Freunde gut kenne, vermutete ich, dass sie vielleicht ihre eigenen familiären Probleme auf Gott projizierten. Judy hatte in jungen Jahren ihre Mutter verloren und obwohl ihr Vater hart dafür arbeitete, dass seine drei Töchter in einem heilen Elternhaus aufwuchsen, hatte er doch niemals viel Wärme vermittelt. Sie sah in ihm eine Art Lehrer oder Trainer, der ihre Leistung beurteilte und dann die Messlatte noch ein bisschen höher legte. Was Gott betraf, so erwähnte Judy einen Satz bei der Beerdigung ihrer Mutter, der ihre Beziehung zu Gott derart blockierte, dass sie nicht darüber hinwegkam: „Gott hat sie zu sich genommen, weil er sie mehr brauchte als wir."

Stanley kam aus einer großen, lebhaften siebenköpfigen Familie, in der es an Wärme nicht mangelte. Trotzdem hatte er als viertes Kind, dazu noch als Zwilling, ständig das nagende Gefühl, übersehen zu werden. Die Lehrer in der Schule verglichen ihn unweigerlich mit den älteren Geschwistern. Sein Vater schaffte es nie ganz, ihn von seinem Zwillingsbruder zu unterscheiden, obwohl die beiden nicht einejig waren. „Wenn ich plötzlich verschwunden wäre, hätte es eine oder zwei Wochen gedauert, bis es jemand gemerkt hätte", erklärte er mit mattem Lächeln.

Dieser Abend machte mir bewusst, dass jeder ein verzerrtes Bild von Gott hat – natürlich zwangsläufig, da Gott unser Vorstellungsvermögen übersteigt. Unsere Erfahrungen mit Familie und Kirche sowie vereinzelte Bemerkungen aus Büchern und Filmen bestimmen unser Gottesbild. Wie also sollen wir den wahren Gott kennen lernen?

Wenn Judy und Stanley einen Freund von mir beschrieben und falsch beurteilt hätten, dann hätte ich ihn vorstellen können, um ein anderes, echteres Bild zu ermöglichen. Wie soll man das mit Gott machen? An jenem Abend habe ich es versucht und gesagt: „Der Gott, den ihr mir beschreibt – dieser Gott existiert gar nicht." Wir hatten trotz der späten Stunde ein anregendes Gespräch, aber letzten Endes gingen die beiden mit demselben Bild aus dem Haus, das ihnen von Kindheit an eingeprägt worden war.

Einen unsichtbaren Gott kennen zu lernen hat unserer Vorstellung nach wenig damit zu tun, einen lebendigen Menschen kennen zu lernen. Oder doch? Im Grunde wissen wir, dass alle unsere Kenntnisse – von Gott, Menschen oder anderen Dingen – nur unzureichend sind und einen Akt des Glaubens erfordern.

Der Vorgang des Wissens findet im Gehirn statt, dem bestisolierten Teil des menschlichen Körpers. Das Gehirn kann nicht sehen: Selbst dann, wenn ein Chirurg es freilegt, kann die Gehirnmasse nichts sehen. Das Gehirn kann nicht hören: Es ist so gut gegen Erschütterungen abgepolstert, dass die Gehirnzellen nur die lautesten Geräusche wie ein Düsentriebwerk wahrnehmen können, wenn es dadurch in Vibrationen versetzt wird. Das Gehirn hat keine tast- und schmerzempfindlichen Zellen: Ein Neurochirurg muss wegen des Schnitts durch Haut und Schädel anästhesieren, aber im Gehirn kann er das Gewebe bewegen oder schneiden, ohne einem Patienten wehzutun, auch wenn dieser bei Bewusstsein ist. Die Hirntemperatur schwankt um nur wenige Grade, deshalb empfindet es keine Hitze oder Kälte.

Auf Grund dieser Isolierung wird alles, was zu meinem Wissen über die Welt beiträgt, auf eine Sequenz elektronischer Impulse reduziert, die Signale millionenfacher Nervensensoren. Stellen Sie sich die Stimme vor, die über das Telefon zu Ihnen gelangt. Am anderen Ende spricht jemand und die elektronische Apparatur wandelt diese Geräusche in elektronische Impulse um. Diese passieren auf ihrem Weg Schaltstationen und werden an ihrem Ende zu Vibrationen zusammengesetzt, die wiederum hörbare Geräusche bilden. Wenn der Anrufer ein Handy verwendet, wird das Geräusch päckchenweise in digitale Codes umgesetzt und wie Radiowellen ins Freie gefunkt, bevor sie in Ihrem Hörer ankommen. Trotzdem „hören" Sie die Stimme Ihrer Mutter auf eine Art, die Ihnen real erscheint. In ganz ähnlicher Weise muss sich das isolierte Gehirn auf Botschaften in digitalem Code verlassen, die von den Sinnesorganen kommen.

Es klingelt und ich öffne die Haustür. Tom, der UPS-Fahrer, hat ein Paket für mich. Ich begrüße ihn, unterschreibe die Empfangsbestätigung und kehre wieder zurück zu meiner Arbeit an den Schreibtisch. Man müsste Computerprogrammierer sein, um im vollen Umfang das Wunder schätzen zu können, das in diesem einfachen Handlungsablauf steckt. Geräuschempfindliche Rezeptorzellen in meinem Ohr haben als Erste die Frequenz meiner Türglocke wahrgenommen, die ungefähr eine Oktave über dem mittleren „C" am Klavier liegt, und danach die viel variationsreichere Stimmlage von Toms Bariton ausgemacht. Es gibt inzwischen Computersoftware, mit der man individuelle Stimmlagen identifizieren kann, dazu sogar deutlich ausgesprochene Wörter. Kein Computer jedoch hat bis heute die viel schwierigere Aufgabe gemeistert, ein menschliches Gesicht zu erkennen.

Die 130 Millionen Rezeptorzellen im menschlichen Auge haben spontan Bericht über Form, Oberfläche und Farbe von Toms Lippen, Augen, Augenbrauen, Nase und Haar erstattet. Ich musste die Daten nicht bewusst zusammenfügen; mein Gehirn hat dies mühelos erledigt, indem die Meldung der Augen mit einer Datei aller mir bekannten Gesichter verglichen und Tom in Sekundenbruchteilen identifiziert wurde.

Einem Farbenblinden würde nicht auffallen, dass Toms Augen blau sind, und ein Tauber könnte seine Stimme nicht hören. Tatsächlich aber sind wir alle Fehlurteilen oder Illusionen ausgesetzt, bei denen das isolierte Gehirn falsch informiert wird, so dass jeder Mensch, der je gelebt hat, die Welt unterschiedlich wahrnimmt. Und doch verfügt das Gehirn über so viele Ressourcen, dass es

Wahrnehmungslücken ausfüllt und trotzdem ein Gefühl von Realität vermittelt. Ein großer Komponist wie Beethoven konnte in seinem Kopf eine ganze Symphonie „hören", selbst als er später in seinem Leben absolut taub war.

Ich bin auf diese anatomischen Grundlagen eingegangen, um zu illustrieren, wie sehr meine Kenntnis von anderen Menschen wie Tom, dem UPS-Fahrer, zwangsläufig auf einem Glaubensakt beruht. Obwohl mein eingeschlossenes Gehirn ein Bild von Freunden und Bekannten abgespeichert hat, ist mir bewusst, dass dieses Bild durch ein großes Maß an Vertrauen zu Stande kommt. Ich vertraue darauf, dass Tom keine Maske oder einen falschen Schnurrbart trägt, dass er tatsächlich für UPS arbeitet und kein Einbrecher ist, der mein Haus auskundschaftet. Ich glaube, dass ich ihn kenne, aber woher nehme ich meine Sicherheit? Vielleicht ist Tom ein eineiiger Zwilling, der sich den Job mit seinem Bruder teilt.

Oft genug haben mich Menschen überrascht und auf die falsche Fährte geführt. Ich musste erfahren, dass einer meiner besten Freunde ein Doppelleben führte und unter Sex-Sucht litt. Eine Freundin von mir wurde 15 Jahre lang von ihrem Vater missbraucht. Ich dachte, dass ich diese Freunde kannte, musste aber feststellen, dass mir entscheidende Informationen verborgen geblieben waren. Alle menschlichen Beziehungen müssen mit einer gewissen Unsicherheit leben, in der das mysteriöse Anderssein verborgen ist. Unser Wissen übereinander ist immer unzureichend.

Nichtsdestoweniger vertraue ich auf einer grundlegenden Ebene darauf, dass diese Freunde als mir recht ähnliche Individuen tatsächlich existieren. Kann ich mir da sicher sein? Das Problem des „anderen Bewusstseins" stellt ein schwieriges Problem dar, mit dem sich die Philosophen jahrelang beschäftigt haben.[2] Ich weiß, dass ich existiere, und ich glaube, dass ich mein eigenes Bewusstsein kenne. Wie aber lerne ich Ihr Bewusstsein kennen? Ich glaube zum Beispiel, dass in Ihnen etwas ganz Ähnliches vorgeht wie in mir, wenn Sie sich einen Finger in der Autotür einklemmen. Das kann ich allerdings nicht genau wissen, weil ich nicht in Ihr Bewusstsein eindringen kann; ich muss Sie beim Wort nehmen, wenn Sie mir erzählen, wie sehr es schmerzt.

Woher wollen Sie wissen, dass ich existiere? Gut, Sie lesen meine Worte auf einer Seite, aber vielleicht ist „Philip Yancey" in Wirklichkeit ein Pseudonym. Vielleicht wurde dieses Buch von einem

Ghostwriter oder gar einem Programmierer im *Fuller*-Seminar geschrieben, der eine raffinierte Software entwickelt hat, mit der populärtheologische Bücher hergestellt werden können. Wenn Sie versuchen, mich über das Internet zu erreichen, werden Sie nie erfahren, ob „ich" es bin, der Ihnen antwortet, oder nur ein fiktiver Deckname. (Eine Freundin von mir korrespondierte zwei Jahre lang in einem Chat-Room mit einer jungen Frau, bis sie herausfand, dass es sich dabei eigentlich um einen jungen Mann handelte, der sie hinters Licht geführt hatte.) Für mich bin ich ein „Ich"; für jeden anderen bin ich ein „Du" und dieser Unterschied birgt die schwere Last der Ungewissheit.

Zugegeben, die meisten Menschen stellen nicht in Frage, ob außer ihnen noch ein anderes Bewusstsein, ein anderer Mensch existiert. Das ist für uns selbstverständlich; darüber denken wir nicht nach. Jedes individuelle Bewusstsein aber wird sich immer ein unterschiedliches Mosaik desselben Menschen anfertigen. Denken wir an die Verfasser der vier Evangelien – Matthäus, Markus, Lukas und Johannes –, denen jeweils unterschiedliche Aspekte der Persönlichkeit und des Lebens von Jesus auffielen. Beim Nachdenken darüber, was sie von ihm wussten, kamen ihnen jeweils unterschiedliche Worte und Szenen in den Sinn. Oder denken wir an die zwölf Jünger: Sie alle folgten drei Jahre lang Jesus nach, doch zu welchen unterschiedlichen Schlüssen waren Judas und Johannes dabei gelangt! Später meinte ein Pharisäer namens Saulus von Tarsus, er habe Jesus durchschaut, bis er nach einer persönlichen Begegnung seine Meinung radikal änderte und seinem Leben eine ganz andere Richtung gab. Einen anderen Menschen zu „kennen" ist ein heikles Unterfangen, das sehr viele Näherungswerte und Geheimnisse birgt.

Die Vorgänge beim Kennenlernen von Menschen könnten den Blick dafür schärfen, wie wir Gott kennen lernen. Vor allem sehe ich ein, dass die Kenntnis eines „anderen Bewusstseins", ob anderer Menschen oder Gott, immer einen Glaubensakt erfordert. Alvin Plantinga, ein zeitgenössischer Philosoph, verknüpft diese Tatsache mit der Frage nach der Existenz Gottes. Ich kann mir der Existenz Gottes nicht sicher sein, räumt er ein; ich kann sie nicht rational *beweisen*. Andererseits kann ich mir auch der Existenz anderer Menschen nicht sicher sein; sie alle könnten Produkte meiner Einbildungskraft sein. Ich vermute zwar, dass ich nicht allein in diesem Universum lebe, aber weil ich mich mental nicht in andere hineinversetzen kann, muss ich diese Vermutung in Form einer Analogie annehmen – oder durch den Glauben. Plantinga geht nach ausführlicher philosophischer Erörterung sogar so weit zu sagen, dass wir für den Glauben an Gott genauso viele Beweise haben wie für den Glauben an andere Menschen.

Darüber hinaus muss ich davon ausgehen, dass meine Sinne mir den anderen niemals vollständig vergegenwärtigen können. Ich kann vieles über Sie erfahren, indem ich Sie beobachte, Ihnen zuhöre oder Sie berühre. Und doch bleibt mir ein Teil von Ihnen immer unzugänglich – die Persönlichkeit in Ihrem Körper, das eigentliche „Du". Das erkenne ich am deutlichsten bei behinderten Menschen, die einen Verlust der engen, zuverlässigen Verbindung zwischen Verstand und Körper erlitten haben.

Ich hatte eine wunderbare Freundin, die an spastischer Lähmung litt und jahrelang in irrtümlicher Verbannung in einem Heim für geistig Behinderte lebte. Sie wedelte spastisch mit den Armen umher, konnte nicht gehen und statt Worte nur Grunzlaute äußern. Die meisten Menschen, die ihr begegneten – leider auch die eigenen Angehörigen –, nahmen an, sie sei geistig zurückgeblieben. Nach und nach entdeckten die Mediziner aber, dass Carolyn einen scharfen Verstand besaß, der in diesem sich verweigernden Körper eingeschlossen war. Sie zog in eine angemessenere Unterbringung um, besuchte die Highschool und dann das College. Schließlich wurde sie Schriftstellerin. Einmal las eine Freundin an ihrem College eine Andacht für die Kirche vor, die Carolyn geschrieben hatte. Die Studenten hörten atemlos schweigend den bewegenden Worten zu, während sie auf der Bühne neben der Freundin am Mikrofon saß, in ihren Rollstuhl versunken. (Sie hatte sich einen Text aus dem 2. Korinther-Brief ausgesucht, „Wir haben aber diesen Schatz in irdenen Gefäßen".) Alle auf dem Campus hatten sie im Rollstuhl gesehen und mancher hatte sogar auf ihre Kosten grausame Witze gerissen; aber nur wenige hatten sich die Mühe gemacht, das Wirken des beachtlichen Verstandes in Carolyns verkrümmtem Körper mitzuerleben.

Ein anderer Freund, Don, ringt zur Zeit mit der zerstörerischen Nervenkrankheit ALS (oder auch Lou-Gehrigs-Krankheit genannt). Kennen gelernt habe ich Don als robusten Naturburschen, der eine

Pferdezucht betrieb und Wildwasserkanu-Expeditionen durchführte. Als ich ihn kürzlich besuchte, saß er im Rollstuhl. Obwohl er noch sprechen konnte, waren die Nervenzentren für Stimme und Sprache nicht in der Lage, seinen geistigen Absichten gerecht zu werden. Er stolperte über einzelne Wörter und selbst die einfachsten Sätze brachten ihn in Verlegenheit. Es war ihm lieber, seine Gedanken in ein Notebook zu tippen, das dann an seiner Stelle mit unheimlicher Computerstimme sprach. Wer in sein Zimmer kam, konnte einen Mann sehen, der ganz ruhig dasaß, nichts sagte und manchmal sanft lächelte. Doch die körperlose Stimme aus dem Computer und die klar verständlichen E-Mails, die mir Don bis heute zuschickt, sind der Beweis, dass hinter der stummen Fassade ein lebendiger und geistreicher Verstand überlebt hat.

Ich bin dankbar, dass es die moderne Technologie Menschen wie Don und Carolyn ermöglicht, selbst dann zu kommunizieren, wenn sie die Fähigkeit des Sprechens verloren haben. Stephen Hawking, einer der brillantesten Wissenschaftler der Welt, kann nur den Finger einer Hand bewegen, und doch kann er durch die gleiche Software, die Don verwendet, seinen Teil zu wissenschaftlichen Kongressen beitragen. (Als Engländer betont er, dass er sich über den amerikanischen Akzent des Programms ärgert.) Ich habe ein Buch gelesen, das von einem Franzosen „geschrieben" worden war. Dieser konnte nur mit dem linken Augenlid zwinkern; eine Pflegerin ließ den Finger über ein Alphabet auf einem Poster gleiten, bis er beim gewünschten Buchstaben zwinkerte. Dann fing die ganze Prozedur von vorn an, bis er beim nächsten Buchstaben des Wortes zwinkerte. Selbst wenn diese Menschen *jede* Kommunikationsfähigkeit eingebüßt hätten, sei es durch eine totale Lähmung oder eine vom Schlaganfall verursachte Aphasie, würde ich doch vermuten, dass irgendwo im Innern der Verstand überleben könnte.

Die Anpassungsprobleme bei der Kommunikation mit meinen behinderten Freunden werfen eine interessante theologische Frage auf. Wie können wir Gott erkennen, da er doch keinen Körper hat? Wie können wir mit ihm kommunizieren? Könnte es sein, dass wir über die Fähigkeit verfügen, Gott direkt kennen zu lernen, ohne uns auf Körper und Sinne zu verlassen? Wenn ja, dann würde unsere Gotteserkenntnis anders funktionieren als unsere Kenntnis von anderen Menschen. Es leuchtet wohl ein, dass ein Gott als Geist eine Form direkter Intuition einsetzen könnte, um mit Menschen zu kommunizieren. Dieser Prozess würde nach anderen Regeln ablaufen, denn Gott ist nicht auf unseren Körper angewiesen, um sich Zugang zu unserem Verstand zu verschaffen. So schrieb es Tennyson in einem Gedicht: „Näher ist er als der Atem und näher als Hände und Füße."[3]

Jesus hat deutlich darauf hingewiesen, dass sich uns nach seinem Tod eine neue Form der Erkenntnis eröffnen werde: nicht der normale Prozess, mit dem sich das isolierte Hirn Bilder von der Realität macht, sondern ein innerer und direkter Pfad des Wissens. „Wenn aber der Tröster kommen wird, den ich euch senden werde vom Vater, der Geist der Wahrheit, der vom Vater ausgeht, der wird Zeugnis geben von mir", sagte Jesus. „Wenn aber jener, der Geist der Wahrheit, kommen wird, wird er euch in alle Wahrheit leiten" (Joh 16,13; Luther).

Jedes Geschöpf auf der Erde hat seine eigene Art und Weise, mit seiner Umgebung in Verbindung zu treten, das heißt ein Mittel zum Aufnehmen und Verarbeiten dessen, was sich außerhalb seiner selbst befindet. Ich möchte diesen Vorgang als *Korrespondenz* bezeichnen. In einigen Fällen kann die Korrespondenz eines Tieres unsere menschlichen Fähigkeiten bei weitem überschreiten. Fledermäuse erfassen Insekten durch Ultraschall; Zitteraale betäuben ihr Opfer mit Elektrizität; Tauben haben ein Navigationssystem aus magnetischen Feldern; Spürhunde schöpfen aus einer Welt von Gerüchen, die uns unzugänglich sind.[4]

Vielleicht erfordert die unsichtbare Welt ein System der Korrespondenz, das uns innewohnt und durch eine Art geistliche Wiederbelebung aktiviert wird. Gott ist nicht „irgendwo da draußen" in der materiellen Welt und wir können ihn nur erkennen, wenn wir eine neue Fähigkeit der Korrespondenz erwerben. „Menschen, die sich nur auf ihre natürlichen Fähigkeiten verlassen, lehnen ab, was der Geist Gottes enthüllt. Es kommt ihnen unsinnig vor. Sie können nichts damit anfangen, weil es nur mit Hilfe des Geistes beurteilt werden kann", schreibt Paulus (1 Kor 2,14). „Und das ewige Leben besteht darin", sagt Jesus, „dich zu erkennen, den einzig wahren Gott, und den, den du gesandt hast, Jesus Christus" (Joh 17,3). Im Kern der Geschichte des Christentums steht das Versprechen einer direkten Korrespondenz mit der unsichtbaren Welt, einer Verbindung, die so grundlegend ist, dass sie mit einer neuen Geburt verglichen wird. Und sie ist auch der Schlüssel zu einem Leben über den organischen Tod hinaus.

Als Weg zur unsichtbaren Welt bietet die Bibel den Glauben, im Hebräer-Brief definiert als „Vertrauen, und im Vertrauen bezeugt sich die Wirklichkeit dessen, worauf wir hoffen" (Hebr 11,1). Mose „hatte den unsichtbaren Gott vor Augen" (Hebr 11,27), heißt es weiter im gleichen Kapitel, womit gesagt ist, dass hier eine ungewöhnliche Kommunikation im Gange ist. Von der ersten bis zur letzten Seite finden sich in der Bibel Berichte von einer anderen Realität, die neben der materiellen, irdischen Realität existiert, uns aber meist verborgen ist.

Die unsichtbare Welt kann sich manchmal von der sichtbaren Welt etwas „leihen" und einen Kommunikationsversuch unternehmen, wie es beim brennenden Busch geschah, den Mose mit eigenen Augen sah. Außerhalb solcher ungewöhnlichen Vorkommnisse können wir Menschen uns in erster Linie auf die „Gnadenmittel" wie die Kirche, geistliche Übungen und die Sakramente stützen, um mit der unsichtbaren Welt zu kommunizieren. Das Gebet zum Beispiel wirkt in gewisser Hinsicht wie das Atmen: Es hält uns, geistlich gesehen, am Leben. Evelyn Underhill macht die Beobachtung: „Wir sind Geschöpfe aus Verstand und Geist und wir müssen ein amphibisches Leben führen."[5]

Nach Aussage der Bibel haben die deutlichsten Unterschiede zwischen den Menschen nichts mit Rasse, Intelligenz, Einkommen oder Begabung zu tun. Es geht um Unterschiede, die auf der Korrespondenz mit der unsichtbaren Welt beruhen. Die „Kinder des Lichts" (Eph 5,8) haben diese Korrespondenz, die „Kinder der Finsternis" nicht. Eines Tages erlangen wir eine völlige, uneingeschränkte Korrespondenz mit jener Welt. Dazu der Apostel Johannes: „Ihr Lieben, wir sind schon Kinder Gottes. Was wir einmal sein werden, ist jetzt noch nicht sichtbar. Aber wir wissen, wenn es offenbar wird, werden wir Gott ähnlich sein; denn wir werden ihn sehen, wie er wirklich ist" (1 Joh 3,2).

Als ich auf das Thema des „anderen Bewusstseins" einging, habe ich nicht das ganze Bild gezeigt. Wenn Philosophen sich von solchen Fragen faszinieren lassen, die meisten Menschen aber nicht, so liegt das daran, dass Philosophen inmitten von Bücherwänden sitzen und sich einer Flut von Abstraktionen aussetzen. Währenddessen bedienen wir anderen Waschmaschinen, schicken die Kinder zur Schule, quälen uns mit Elternabenden oder Ämtern oder kümmern uns um unsere alten Verwandten. Wir glauben an die Existenz des „anderen Bewusstseins", weil wir ihm den ganzen Tag begegnen. Wir haben eine „Beziehung" dazu.

Tatsächlich sind es vorwiegend diese Beziehungen, die uns zu dem werden lassen, was wir sind. Wir betreten diese Welt nicht als unabhängige Verstandeswesen, die auf magische Weise in einen Körper geraten, der nur auf dieses Ereignis gewartet hat. Erfahrungen, hauptsächlich Beziehungen, formen unsere Persönlichkeit. In der Wildnis aufgewachsene Kinder – die seltenen, aber gut dokumentierten Fälle von Kindern, die von wilden Tieren aufgezogen wurden – können niemals vollständig die Fähigkeit entwickeln, mit anderen eine Beziehung einzugehen. Man kann sie kaum als Persönlichkeiten im eigentlichen Sinne des Wortes bezeichnen. Ähnlich erlangen Kinder, die jahrelang unter erbärmlichen Umständen eingesperrt wurden, keine sprachlichen Fähigkeiten und leben in permanenter emotionaler Verkümmerung.

Beim Menschen dauert der Reifeprozess länger als bei jedem Tier. Eine Antilope kann aus dem Leib der Mutter fallen, aufstehen und innerhalb von Stunden das Laufen und Fressen erlernen. Das menschliche Baby ist im Gegensatz dazu monatelang hilflos auf andere angewiesen. Ein Baby kann im Grunde ohne menschliche Beziehungen nicht zur Person werden.

Ähnlich begreife ich das geistliche Leben als ein Potenzial, über das der Mensch zwar verfügt, das er aber nur in Beziehung zu Gott entwickeln kann. „Ich lade dich in meine Seele ein", sagte Augustinus, „die du durch die Sehnsucht, die du ihr eingehaucht hast, dazu bereitest, dich aufzunehmen."[6] Obwohl wir alle dieses Potenzial besitzen, wird unsere geistliche Sehnsucht so lange unerfüllt bleiben, bis wir den Kontakt aufnehmen und dann die Fähigkeit der geistlichen „Korrespondenz" entwickeln. Aus dieser Perspektive betrachtet ergibt das von Jesus geprägte treffende Bild der „Wiedergeburt" einen vollkommenen Sinn. Die Umkehr, der Vorgang, bei dem die Verbindung zur geistlichen Realität hergestellt wird, weckt das Potenzial des völlig neuen Lebens. Als Gottes Kinder werden wir durch die Beziehung zu Gott und seiner Gemeinde zu dem, was wir sind.

Ich denke da an jemanden, der mein Leben als Christ stärker geprägt hat als jeder andere: der Missionar und Chirurg Paul Brand. Im Laufe von 15 Jahren habe ich zusammen mit Dr. Brand drei Bücher geschrieben. Ich habe ihn auf Reisen nach Indien und England begleitet, wo wir gemeinsam die wichtigsten Ereignisse seines Lebens zurückverfolgt haben. Ich habe Hunderte von Stunden darauf verwandt, ihm jede nur denkbare Frage über seine Erfahrungen in der Medizin, zu seinem Leben und zu Gott zu stellen. Ich habe seine ehemaligen Patienten, seine Kollegen, seine Familie und die Schwestern in seinem Operationsteam befragt (wie sich herausstellte, die beste Quelle über den wahren Charakter eines Chirurgen!). Dr. Brand verfügt über Güte und Größe und ich bin auf ewig dankbar für die Zeit, die ich ihn begleiten konnte. In einer Phase meiner geistlichen Entwicklung, als ich kaum den Mut hatte, über meinen eigenen Glauben zu berichten, fühlte ich mich absolut sicher, über seinen zu schreiben.

Durch die Beziehung zu Dr. Brand, der mir die Bedeutung von geistigem Wachstum vermittelte, habe ich mich verändert. Weil ich ein lebendiges Vorbild hatte, wurde mein Glaube stärker, was in jeder Hinsicht mit seiner eigenen Beziehung zu Gott zu tun hatte. Heute betrachte ich die Themen Gerechtigkeit, Lebensstil und Geld im Großen und Ganzen durch seine Augen; ich habe einen ganz anderen Blick für unsere Natur und Umwelt; ich sehe den menschlichen Körper, insbesondere Leid und Schmerz, in einem ganz anderen Licht. Meine Beziehung zu Dr. Brand hat mich zutiefst beeinflusst. Wenn ich allerdings zurückschaue, kann ich mich an keinen Moment erinnern, an dem er sich mir aufdrängte oder mich manipulieren wollte. Ich habe mich bereitwillig und froh in dem Maße verändert, wie meine Welt und mein Ich der seinen begegneten.

Meiner Meinung nach läuft im Umgang mit Gott ein ähnlicher Prozess ab. Ich werde zu dem Christ, der ich bin, wenn ich Umgang mit Gott habe. Auf geheimnisvolle und oft schwer zu beschreibende Weise, die aber nie zwanghaft oder manipulierend ist, habe ich mich im Laufe der Zeit durch meinen Kontakt zu Gott verändert.

Wenn ich die biblischen Gestalten Jeremia, Jakob, Ijob, Jakobus und Judas befragen könnte, würde mir jeder von ihnen auf die folgende Frage eine andere Antwort geben: „Berichtet von eurer Beziehung zu Gott – wie sieht sie aus?" Würde ich diese Frage David oder den anderen Psalmisten stellen, bekäme ich von ein und derselben Person deutlich unterschiedliche Antworten! Die Beziehung verändert sich von einem Psalm zum nächsten, sogar innerhalb des gleichen Psalms. Psalm 143 zum Beispiel beschreibt die Erinnerung an „früher", als Gott nahe und vertraut war. Dann ruft der Autor aus: „Verbirg dich bitte nicht vor mir!" Besonders David begriff vielleicht besser als jeder andere Mensch auf dieser Erde die dynamische, lebendige Beziehung, die zwischen Mensch und Gott stattfindet.

Tatsächlich fallen mir viele Parallelen zwischen dem Kennenlernen von Gott und dem eines Menschen auf. Zunächst erfahre ich den Namen einer Person. Er hat irgendetwas an sich, das mich anzieht. Ich nehme mir Zeit für meinen neuen Freund und erfahre, was wir gemeinsam haben. Ich mache ihm Geschenke und bringe diesem Freund kleine Opfer. Ich unternehme etwas, das ich sonst nicht tun würde, um meinem Freund zu gefallen. Wir erleben gemeinsam Fröhliches und Trauriges; wir lachen und weinen gemeinsam. Ich enthülle meine tiefsten Geheimnisse. Ich setze die Beziehung aufs Spiel. Ich lasse mich auf Verpflichtungen ein. Ich streite und schimpfe, dann versöhne ich mich. Alle diese Phasen einer Beziehung lassen sich auch auf Gott anwenden.

„Natürlich", wendet jemand jetzt vielleicht ein, „klingt das bei Ihnen so stimmig. Ich habe viele funktionierende Beziehungen zu anderen Menschen. Ich kann sie sehen, berühren und hören. Aber wenn ich versuche, mit einem unsichtbaren Gott in Beziehung zu treten, geschieht nichts. Ich habe niemals das Gefühl, dass er auch nur existiert." Ich will diesen Einwand nicht vom Tisch fegen, denn es gab Zeiten in meinem Leben, wo auch ich mir diese Fragen gestellt habe. Selbst heute steht und fällt meine Beziehung zu Gott mit dem Glauben (obwohl das auf alle Beziehungen zutrifft, wie ich gerade ausgeführt habe).

Man kann dieses Problem nachvollziehen, wenn man in Filmen Szenen sieht, in denen jemand eine religiöse Erfahrung macht. Kurz gesagt, sie sind langweilig. Ein Heiliger kniet und betet und die Handlung kommt zum Stillstand. Man vermutet, dass irgendetwas geschieht, aber nichts, was die Kamera zeigen könnte. Der Vorgang bleibt unsichtbar – was für die meisten Menschen von viel geringerem Interesse ist als etwas, das mit unserem Körper zu tun hat wie zum Beispiel Sex.

Ich weiß, dass meine Beziehung zu Gott nicht exakt parallel zu meiner Beziehung mit Menschen verläuft, und in mancher Hinsicht unterscheidet sie sich ganz radikal davon. Gott ist unendlich, unfassbar und unsichtbar. Wenn ich es einmal so sagen darf: Wir

Menschen haben wenig Mitgefühl mit den Problemen, mit denen sich ein solches Wesen angesichts des Wunsches konfrontiert sieht, sich auf uns einzulassen. Baron von Hugel bediente sich der Analogie von der Beziehung des Menschen zu einem Hund.[7] Diese Parallele ist für uns schmeichelhaft. Ein unendlicher Gott, der sich mit menschlichen Wesen abgibt, mutet sich weitaus mehr zu als ein Mensch im Umgang mit seinem Hund – vielleicht wäre die Analogie der Kommunikation von Mensch und Zecke passender.

Die Kommunikation zwischen so ungleichen Wesen schafft unweigerlich auf beiden Seiten Verwirrung und Enttäuschung. Was wir Menschen uns von einer Beziehung versprechen, könnte durchaus den Absichten Gottes widersprechen. Wir möchten, dass Gott so wie wir ist: greifbar, materiell, erkennbar (siehe die lange Geschichte des Götzendienstes). Wir möchten, dass Gott in einer Sprache spricht, die wir deutlich verstehen (Ezra Stiles hat Hebräisch gelernt, um mit Gott in seiner eigenen Sprache reden zu können![8]).

Abgesehen von der Menschwerdung und seltenen Erscheinungen zeigt Gott jedoch wenig Interesse daran, auf unserer Ebene zu korrespondieren. Gott hat, umgangssprachlich gesagt, „mal vorbeigeschaut"; er hat keinen Grund, sich länger als nötig auf Zeit und Raum zu beschränken. Vielmehr erwartet Gott von uns Kommunikation auf einer geistlichen Ebene und hat mehr Interesse an anderen Entwicklungen: Gerechtigkeit, Barmherzigkeit, Frieden, Güte und Liebe – geistliche Eigenschaften, die sich in einer materiellen Welt auswirken können. Kurz gesagt: Gott will, dass wir ihm ähnlicher werden.

Ein orthodoxer Autor der Antike hat geschrieben: „Gott kann nicht vom Verstand erfasst werden. Könnte man ihn begreifen, wäre er nicht Gott."[9] Wir sind grundsätzlich verschieden, Gott und ich. Damit lässt sich erklären, warum das vorherrschende biblische Modell, mit dem unsere Beziehung in der Bibel beschrieben wird, nicht Freundschaft, sondern Anbetung ist.

Nachdem Viktor Frankl die Gefangenschaft in einem Konzentrationslager der Nazis überlebt hatte, wurde er ein berühmter Therapeut. Er erinnert sich an eine Zeit, als er jeden Augenblick fürchten musste zu sterben und zusammen mit einem anderen Gefangenen von den Naziwachen gezwungen wurde, mit unbekanntem Ziel loszumarschieren.

"Wir stolperten weiter, meilenweit, rutschten auf eisigen Stellen aus, stützten einander immer wieder, halfen einander auf und weiter. Es wurde nichts gesagt, aber wir beide wussten Bescheid; beide dachten wir an unsere Frauen. Ab und zu schaute ich hinauf zum Himmel, wo die Sterne verblassten und das rosige Licht des Morgens sich hinter einer dunklen Wolkenbank auszubreiten begann. Meine Gedanken aber klammerten sich an das Bild meiner Frau, eine Vorstellung von unheimlicher Genauigkeit. Ich hörte, wie sie mir antwortete, ich sah ihr Lächeln, ihren offenen und aufmunternden Blick. So unwirklich es war, ihr Blick überstrahlte damals die Sonne, die gerade aufging.
Ein Gedanke durchzuckte mich: Zum ersten Mal in meinem Leben erkannte ich die Wahrheit, die von so vielen Dichtern ins Lied gefasst, als höchste Weisheit von so vielen Denkern verkündet wurde. Die Wahrheit, dass Liebe das äußerste und höchste Ziel ist, zu dem der Mensch sich aufschwingen kann. Dann erfasste ich die Bedeutung des größten Geheimnisses, mit dessen Mitteilung menschliches Dichten, Denken und Glauben betraut sind: Die Erlösung des Menschen geschieht durch Liebe und in Liebe. [...]
Zum ersten Mal im Leben konnte ich den Sinn dieser Worte verstehen: ‚Die Engel sind versunken in die unaufhörliche Betrachtung einer unendlichen Herrlichkeit.'"[10]

Wenn ich Frankls Memoiren lese, weiß ich ohne jeden Zweifel, woran ich denken würde, wenn ich jemals an solch einen Ort des Schreckens, des Leidens und drohenden Todes geriete. Wie Frankl würde ich alle mir noch zur Verfügung stehenden Kräfte dazu verwenden, mir das Gesicht meiner Frau vorzustellen, die das Leben mit mir geteilt und mir gezeigt hat, was Liebe ist. Ich frage mich, ob ich Gott überhaupt lieben könnte, wenn ich nicht vorher durch sie lieben gelernt hätte. Wenn wir durch unsere Beziehungen zu Persönlichkeiten werden, dann bin ich in großem Ausmaß dank ihrer die Person, die ich heute bin. Obwohl ich krankhaft schüchtern, kein Gesellschaftsmensch und emotional geschädigt war, als ich ihr begegnete, blickte sie doch hinter diese Mängel und beschenkte mich mit ihrer Liebe und ihrer Aufmerksamkeit.

Während ich diese Worte schreibe, besucht sie ihre 3 000 Kilometer entfernt wohnende Familie, und doch „lebt" sie in mir. Die gemeinsam erlebte Zeit erfüllt mich und macht meine Persönlichkeit aus. Heute habe ich den ganzen Tag lang ihre Abwesenheit als eine Art Gegenwart verspürt. Ich denke daran, was sie gerade jetzt tun könnte. Ich bete für sie. Sie fehlt mir.

Wenn ich an Janets Einfluss auf mich denke, verstehe ich, warum in der Bibel so oft das Bild einer Ehe verwendet wird, um die Beziehung zu beschreiben, die Gott mit uns haben will. Victor Frankl hat beim Gedanken an seine Frau zum ersten Mal die Bedeutung der Anbetung begriffen, die sich ihm stets entzogen hatte. Wir sind allerdings keine Engel, die in beständiger Kontemplation versunken sind, sondern fehlbare menschliche Wesen, die sich in der liebevollen Bindung an Gott als genauso unbeständig erweisen wie ihren menschlichen Partnern gegenüber.[11] Meine eigene Ehe, die seit drei Jahrzehnten besteht, beruht auf der stillschweigenden Vereinbarung, dass wir beide uns täglich neu darüber verständigen. Nicht Romantik, sondern Treue hält uns zusammen.

Am Anfang unserer Ehe gab uns ein älteres und lebenserfahrenes Ehepaar den Rat: „Verlasst euch nicht auf romantische Gefühle. Die halten nicht an. Liebe ist eine Entscheidung, keine Gefühl." Blind vom Rausch der Flitterwochen verbat ich mir diesen Rat. Er sei typisch für eine ältere Generation, der Gefühle nichts mehr anhaben könnten; heute, viele Jahre danach, stimme ich ihnen zu. Ja, eine Ehe lebt von der Liebe, aber es ist die Art Liebe, die von Eltern verlangt wird, von der Nachfolge Christi: eine mutige Entscheidung, Schritt für Schritt voranzugehen.

Für mich ist vieles gleich geblieben, seit ich mich entschieden habe, Christus nachzufolgen. Manches ist schwieriger und komplizierter geworden. Doch wie bei meiner Ehe habe ich festgestellt, dass mich das Leben mit Gott viel mehr ausfüllt. Christus nachzufolgen war ein Anfang, war die Entscheidung für einen Weg, den man einschlägt. Ich mühe mich auf diesem Weg immer noch ab – sogar noch länger, als ich verheiratet bin. Auch Gott lebt in mir. Obwohl er abwesend ist, spüre ich seine Gegenwart, die mich verändert, mir Orientierung gibt und mich daran erinnert, was ich wirklich bin.

Natürlich gibt es dennoch Unterschiede zwischen dem Bund der Ehe und einem Bund mit Gott. Beide Bündnisse bestehen durch die Treue. Jedoch erfordert der eine Glauben in dem Sinne, dass wir uns dessen „gewiss sind, was wir nicht sehen". Ich zweifle nie an der

Existenz meiner Frau, weil ich sie jeden Morgen als greifbaren Beweis berühren kann, außer, einer von uns ist unterwegs.

Von Natur aus offenbart Gott sich selbst; *er* muss die Beziehung zu uns herstellen. Gott verhüllt sich aber auch selbst. „Seinen verborgenen Plan kennt der Herr, unser Gott, allein", erklärte Mose den Israeliten (Dtn 29,29). Unser Leben pendelt zwischen den verborgenen Dingen – vielleicht zu unserem eigenen Schutz unzugänglich – und den bereits geoffenbarten. Der Gott, der unseren Durst stillt, ist auch der große Unbekannte, der Eine, dessen Anblick niemand überleben kann. Vielleicht bedarf es der Abwesenheit Gottes und seiner Anwesenheit gleichermaßen, damit wir wir selbst bleiben oder gar überleben.

> *„Man hört die Menschen so oft sagen: ‚Ich schaffe es einfach nicht', wenn sie ein biblisches Bild von Gott ablehnen, das ihn als Vater, Mutter, als Herr oder Richter, als Liebenden, zornig oder eifersüchtig oder als Gott am Kreuz zeigt. Ich finde diese Worte verräterisch, auch wenn der darin liegende Schmerz real ist: Wenn wir nach einem Gott suchen, den wir ‚schaffen' können, dann werden wir genau das bekommen: einen Gott, den man manipulieren kann, der uns verdächtig ähnelt, dessen grenzenloses Erbarmen wir auf unser Maß zurechtgeschnitten haben."*
> KATHLEEN NORRIS[12]

Kapitel 9

Ein Persönlichkeitsprofil

*Gott gibt uns gerade genug, ihn zu suchen,
und nie genug, ihn ganz und gar zu finden.
Ein Mehr würde unsere Freiheit einschränken
und unsere Freiheit ist Gott sehr wertvoll.*
RON HANSEN[1]

Bestimmte „Persönlichkeitsmerkmale" Gottes machen jede Art von Beziehung zu ihm zu einer entmutigenden Herausforderung. Die in theologischen Werken verwendeten Begriffe charakterisieren Gott als emotionsloses Wesen – allwissend, unbeeinflussbar, unerschütterlich. Doch in der Bibel wird von einem Gott berichtet, der alles andere als unbeeindruckt bleibt. Dieser Gott mischt sich in die Geschichte ein, ergreift Partei für den Unterlegenen, streitet mit Menschen (und lässt sie manchmal gewinnen) und übt seine Macht entweder aus oder zügelt sie bewusst. In der Bibel liest sich das Leben mit Gott nicht gerade wie ein nüchterner theologischer Text, sondern eher wie ein Kriminal- oder Liebesroman. Was ich auf ihren Seiten finde, unterscheidet sich beträchtlich von allem, was ich und die meisten Menschen erwarten, wenn es um die Begegnung mit Gott geht. Die folgenden Aspekte der Persönlichkeit Gottes überraschen und verblüffen vielleicht jemanden, der Gott näher kennen lernen will.

Gott ist zurückhaltend. Damit meine ich nicht, dass er verschämt oder schüchtern ist wie ein Schuljunge auf einer Party. Gott kann mit Donnerstimme reden und wenn er persönlich erscheint, dann fällt der Mensch erschrocken zu Boden. Vielmehr hält Gott sich mit seinem Eingreifen zurück. Wenn man an die zahlreichen Dinge denkt, die ihm auf diesem Planeten missfallen müssen, übt Gott sich in einer unglaublichen – und manchmal aufreizenden – Selbstbeherrschung.

In der Bibel wird vom Ziel der Schöpfung als einer Sabbatruhe gesprochen, in der Gott und alle seine Geschöpfe Frieden und Harmonie genießen können. Jedoch stört die Geschichte diese Ruhe andauernd mit lauten und schrillen Unterbrechungen. Besonders im Alten Testament überwindet Gott seine Zurückhaltung, wenn das Böse oder das Leid sich bis zu einem kritischen Punkt steigert. Manchmal greift Gott durch persönliches Auftreten ein, ein anderes Mal durch Naturphänomene. Vor allem geschieht das, um den Einzelnen zu veranlassen, dass er an Gottes statt sein Wort verkündet.

Im Vergleich zu den heiligen Schriften anderer Religionen werden aber in der Bibel nur wenige Szenen beschrieben, in denen sich die sichtbare und die unsichtbare Welt verbinden. Wir neigen dazu, uns auf Wunder und dramatische Auftritte zu konzentrieren wie bei Mose und dem brennenden Busch und den Propheten mit ihren Träumen und Visionen. Diese aber finden zwischen langen Phasen statt, von denen nicht berichtet wird, dass die unsichtbare Welt sich gezeigt habe. Meist geschieht das Eingreifen nur nach viel Weinen und Beten und verzögert sich um Jahrzehnte oder gar Jahrhunderte. Gott ist nicht impulsiv, sondern hält sich zurück.

Warum? Ich kann natürlich nicht für Gott sprechen, aber die Antwort muss das „Problem" eines unsichtbaren Wesens darstellen, das in Beziehung zu Menschen in einer materiellen Welt tritt. Wenn tatsächlich parallel zu unserer Realität eine unsichtbare Welt existiert, wie in der Bibel behauptet, dann fehlen uns die Sensoren dafür. Ich habe noch nie einen Christen mit Elisas Fähigkeit kennen gelernt, Feuerwagen zu sehen. Selbst wenn es uns gelingt, mit der unsichtbaren Welt zu kommunizieren, dann geschieht das im Glauben, der im Hebräer-Brief definiert wird als „ein Nichtzweifeln an dem, was man nicht sieht" (Hebr 11,1; Luther).

Gott ist mit der fast gegenteiligen Situation konfrontiert. Anders als wir hat Gott eine allumfassende Perspektive, in der nicht nur die uns sichtbare Welt inbegriffen ist, sondern auch andere, uns verborgene Bereiche. Darüber hinaus überblickt Gott die gesamte Geschichte auf einmal und nicht nur die Bruchstücke, die wir erkennen. Da Gott nicht den Beschränkungen eines Körpers unterliegt, existiert er gleichzeitig an jedem Ort. (Wir sollten uns glücklich schätzen, dass Gott Geist ist, denn ein unbegrenztes *materielles* Wesen würde jeden Raum erfüllen und keinen Platz für etwas anderes lassen.)

Die gleiche Schranke, die uns von Gott fern hält, hält ihn von uns fern, wenn auch auf völlig andere Weise. Jedes Mal, wenn Gott sich entscheidet, sich in unserer Welt zu manifestieren, muss er sich auf Begrenzungen einlassen. Er lässt sich im wörtlichen Sinne auf unsere Perspektive herab.

Mose sah einen brennenden Busch, der ihn verblüffte und die Richtung seines Lebens wie auch der gesamten Geschichte veränderte. Aus den Flammen hörte er Gottes Stimme zu ihm sprechen. Doch Gott erlebte den gleichen brennenden Busch als Anpassung, als Begrenzung. Der Busch erschien Mose in der Wüste Sinai, nicht in China oder Lateinamerika. Damit fing das an, was von Kritikern als „Skandal der Partikularität" bezeichnet wird. Warum hätte Gott sich aus allen verfügbaren Stämmen gerade Israel aussuchen sollen? Warum hätte Gott in der Person Jesu Fleisch werden und sich im provinziell rückständigen Palästina niederlassen sollen? Gott hatte, grob gesagt, kaum eine Wahl, wenn er mit den Menschen so kommunizieren wollte, dass sie es verstehen können. Um in unsere Welt einzugreifen, muss Gott sich den Regeln von Zeit und Raum unterwerfen. Jede Korrespondenz zwischen der unsichtbaren und der sichtbaren Welt, zwischen Gott und den Menschen, wirkt in zwei Richtungen und beeinflusst beide.

Ich möchte dies an einem Beispiel verdeutlichen: Stellen Sie sich vor, wir Menschen könnten eines Tages die Sprache der Wale beherrschen, so dass wir ein Mikrofon unter Wasser bringen und durch Quiek- und Klicklaute so kommunizieren können, dass die Wale es verstehen. Dabei würden wir „hinunter"-übersetzen und uns dabei so sehr einschränken, dass die Wale dies verstehen. Sie werden nicht in vollem Umfang verstehen, was es bedeutet, ein Mensch zu sein; wir können nur über Fische und Plankton und Ozeane „reden", nicht über Computertechnik, Wolkenkratzer und Erstliga-Fußball. Und so muss es wohl auch für einen allmächtigen, allwissenden Gott sein, der versucht, mit menschlichen Wesen zu kommunizieren.

Mit anderen Worten: Gott muss den Kommunikationsmodus so festlegen, dass wir ihn nur so weit erkennen, wie er sich bekannt zu machen wünscht und wie wir es ertragen können. Die ungleiche Partnerschaft zwischen dem unsichtbaren Gott und den „begrenzten" Menschen garantiert, dass uns vieles verborgen bleibt. Gott kann alles von uns wissen; wir können niemals alles von Gott wissen. Gott selbst hat zu Jeremia gesagt: „Ich bin nicht der nahe Gott, über den ihr verfügen könnt, ich bin der ferne Gott, der über euch verfügt" (Jer 23,23).

In der Bibel finden wir deutliche Hinweise, mit denen begründet wird, warum Gott sich zurückhält, direkter und öfter einzugreifen: Gott hält sich aus Gnade, zu unserem Besten zurück. Der Apostel Petrus antwortet mit folgenden Worten Spöttern, die Gottes Herrschaft über die Geschichte anzweifeln: „Beim Herrn gilt ein anderes Zeitmaß als bei uns Menschen. Ein Tag ist für ihn wie tausend Jahre und tausend Jahre wie ein einziger Tag. Der Herr erfüllt seine Zusagen nicht zögernd, wie manche meinen. Im Gegenteil: Er hat Geduld mit euch, weil er nicht will, dass einige zu Grunde gehen. Er möchte, dass alle Gelegenheit finden, von ihrem falschen Weg umzukehren" (2 Petr 3,8–9).

Wenn ich auf Gottes spektakuläres Eingreifen im Alten Testament zurückblicke – die Sintflut, der Turm von Babel, die zehn ägyptischen Plagen, die assyrischen und babylonischen Eroberungen –, dann empfinde ich vor allem Dankbarkeit für diese Art göttlicher Zurückhaltung. Um es mit den Worten John Updikes zu sagen: „Am Gefühl des Schweigens lässt sich nichts ändern: Ein lauter und sichtbarer Gott wäre ein Unterdrücker, ein zweifelhafter Tyrann, eine alles vernichtende Größe. Vielmehr ist er als der, der er ist, eine unerschöpfliche Ermutigung für unser schwankendes und furchtsames Wesen."[2]

Gott verbirgt sich. Der jüdische Philosoph Martin Buber stellt fest: „Die Bibel weiß darum, dass Gott sein Antlitz verbirgt, weiß von Zeiten, da der Kontakt zwischen Himmel und Erde unterbrochen scheint. Gott scheint sich völlig von der Erde zurückzuziehen und nicht mehr an ihrer Existenz teilzuhaben. Der Raum der Geschichte ist dann voller Lärm, doch dabei des göttlichen Hauchs entleert."[3] Manchmal frage ich mich, ob wir heute in solch einer Zeit leben, einer Zeit voller Lärm, aber ohne Gott. Warum sollte Gott in einem Augenblick seine Gegenwart hell aufleuchten lassen und sie im nächsten nicht mehr zeigen wie ein Glühwürmchen, das zu schnell ist, als dass wir es fangen könnten?

Jesaja hat unverblümt gesagt: „Wahrhaft, du bist ein Gott, der sich verbirgt" (Jes 45,15). In einer Meditation über diesen Vers bemerkt Belden C. Lane, dass er sich oft darüber aufrege, wie seine Kinder „Verstecken" spielten. Sein Sohn brülle sofort „Fertig!", wenn er ein gutes Versteck gefunden hatte, was ihn natürlich sofort verriet. Lane, der Vater, schärfte ihm immer wieder den Zweck des

Spiels ein – „Du sollst dich doch verstecken und nicht verraten, wo du bist!" –, bis es ihm dämmerte, dass aus der Perspektive seines Sohns *er* es war, der den Zweck des Spiels verfehlt hatte. Der Spaß besteht doch darin, gefunden zu werden. Wer will schon unentdeckt allein gelassen werden?

„Gott ist wie ein Mensch, der sich räuspert, während er sich versteckt, und sich damit verrät", sagte Meister Eckhart.[4] Vielleicht freut auch Gott sich daran, gefunden zu werden?

Lanes Tochter hatte eine andere, raffiniertere Methode. Sie tat so, als renne sie weg und verstecke sich, schlich sich dann aber zu ihrem Vater zurück, während er immer noch mit fest geschlossenen Augen zählte. Obwohl er sie aufgeregt atmen hören konnte, wie sie dort nur ein paar Zentimeter neben ihm stand, stellte er sie nie bloß. Stattdessen täuschte er freudige Überraschung vor, wenn er seine Augen öffnete und ankündigte: „. . . alles muss versteckt sein, ich komme!", und dann seine Tochter das Mal berühren sah, bevor er sie gesucht hatte. Lane machte sich auch darüber Gedanken:

„Natürlich war das Betrug. Ich weiß zwar nicht, warum, aber ich ließ es ihr immer durchgehen. War es deswegen, weil ich mich so sehr nach den paar Augenblicken sehnte, in denen wir so nah beieinander standen und taten, als hörten wir nicht und würden nicht gehört, in ein Spiel versunken, das einen Augenblick lang die Distanz zwischen Vater und Kind aufhob, das uns die Freiheit schenkte, einander zu berühren, zu suchen und zu finden? Es war ein einfacher Akt der Gnade, leicht zu übersehen, wenn ich nicht mein Wissen verriet, dass ich sie neben mir hörte. Und doch vermute ich, dass ich mit dieser einen Handlung meinem Kind ein besseres Bild von Gott vermittelt habe als mit jeder anderen Methode. Bis heute überkommt mich das Gefühl, dass Gott für mich wie meine siebenjährige Tochter ist, die durch das Gras zurückgeschlichen kam, ihr Atmen unterdrückte und mich wieder einmal mit einer Gegenwart überraschen will, die mir näher ist, als ich es je hätte erwarten können. ‚Wahrhaftig, du bist ein Gott, der sich verbirgt', hat der Prophet einmal erklärt. In diese große und komplexe Wahrheit ist etwas Spielerisches ebenso dicht verwoben wie ein dunkles Mysterium."[5]

Spielt Gott deshalb Verstecken, weil er entdeckt werden möchte? Wieder einmal kann ich nicht für Gott sprechen. Die Bibel stellt ihn manchmal als Urheber vor, als „Jagdhund des Himmels", der uns verfolgt. Doch gerade dann, wenn wir glauben, Gott vor uns zu haben, fühlen wir uns plötzlich wie Jesaja auf der Suche nach dem Einen, der sich verbirg, *deus absconditus*. Einen Augenblick lang sieht man ihn, im nächsten schon nicht mehr.

Wir wissen, dass Gott in seiner Beziehung zum Menschen der Glaube wichtig ist, der nur unter Bedingungen ausgeübt werden kann, in denen auch die Zweifel Raum haben – die Verborgenheit Gottes ist eine solche Bedingung. Jesus antwortete denen, die Gottes zurückhaltendes Wesen in Frage stellten, mit folgenden Worten: „Wird dann nicht Gott erst recht seinen Erwählten zu ihrem Recht verhelfen, wenn sie Tag und Nacht zu ihm schreien? Wird er sie etwa lange warten lassen? Ich sage euch: Er wird ihnen sehr schnell ihr Recht verschaffen" (Lk 18,7–8). Er fügte als ernüchternde Mahnung hinzu: „Aber wird der Menschensohn, wenn er kommt, auf der Erde überhaupt noch Menschen finden, die in Treue auf ihn warten?" (Lk 18,8). Später schrieb der Apostel Johannes: „Der Sieg über die Welt ist schon errungen – unser Glaube ist dieser Sieg!" (1 Joh 5,4).

Wenn es Gott nur darum ginge, jedem Menschen auf der Erde seine Existenz bekannt zu machen, würde er sich nicht verstecken. Die unmittelbare Gegenwart Gottes würde notwendigerweise unsere Freiheit erschüttern, wenn das Glauben durch das Schauen ersetzt würde. Gott möchte vielmehr eine andere Art der Erkenntnis, ein persönliches Erkennen, das ein Engagement von jedem verlangt, der ihn kennen lernen *will*.

Meine eigene Erfahrung mit Gottes Verborgenheit hat nicht mit dem Versteckspiel der Kindheit zu tun, sondern mit meinem ersten Besuch in einem Naturkunde-Museum. Mit offenem Mund bestaunte ich die riesigen ausgestopften Grizzlybären, die Mammuts mit ihrem Wollfell und die vergilbten Skelette von Walen und Dinosauriern, die von der Decke herabhingen. Eine Sonderausstellung lockte mich aber immer wieder an diesen Ort: die gesammelten „Verkleidungen" von Tieren. Als ich das erste Mal vorbeiging, fielen mir die nebeneinander ausgestellten Winter- und Sommerfelle auf. Erst als ich zurückging und genauer hinschaute, entdeckte ich die im Schaubild versteckten Tiere: Ein Frettchen jagte in winterlicher Szenerie einen Schneehasen; dazu sah ich Gottesanbeterinnen, Vögel und Motten in der Sommerszene. Auf einem Plakat wurde jedes einzelne versteckte Tier aufgezählt und ich blieb den halben Tag lang an den Schaukästen stehen und versuchte, sie alle zu entdecken.

An anderer Stelle habe ich erzählt, wie ich zum Glauben an Gott kam: nicht durch die Bibel oder christliche Literatur oder eine Predigt. Ich wurde auf ihn aufmerksam, weil ich die Güte und die Gnade in dieser Welt entdeckte: durch die Natur, durch klassische Musik, durch die Liebe. Durch die Freude an diesen Geschenken fing ich an, den Schenkenden zu suchen; voller Dankbarkeit brauchte ich jemanden, dem ich danken konnte. Wie die Tiere im Ausstellungskasten war Gott die ganze Zeit da gewesen und hatte darauf gewartet, dass er mir auffiel. Obwohl ich noch lange keinen Beweis hatte, nur Hinweise, führten diese mich zum Glauben.

Einmal verließ ich kurz vor Mitternacht eine Silvesterparty, um beim Ansturm auf die Straße die Nase vorn zu haben. Wir waren zwei Stunden lang zu dieser Party in Colorado Springs gefahren und hofften, ein paar Kilometer aus der Stadt zu entkommen, bevor die angeheiterten Nachtschwärmer sich in den Verkehr stürzten. Damals wusste ich noch nicht, dass es bei einigen eingefleischten Bergsteigern eine Silvestertradition gibt. Sie stopfen sich die Rucksäcke mit Feuerwerk voll und wandern durch Schnee und Dunkelheit zum Gipfel von Pike's Peak. Als ich die Straße entlangfuhr, schossen Punkt Mitternacht plötzlich rote, blaue und gelbe Raketen aus dem Gebirge. Wegen der Entfernung war nichts zu hören. Die Lichtpunkte entfalteten sich zu riesigen, fantastischen Blumen, die langsam und schweigend in den Himmel stiegen und so den Berggipfel erhellten – ein schneebedecktes Monument, das den gesamten Horizont ausfüllte und alles andere zwergenhaft klein erscheinen ließ. Der Berg war die ganze Zeit dort gewesen, aber wir hatten keine Augen dafür gehabt.

„Wahrhaftig, der Herr ist an diesem Ort und ich wusste es nicht!", hatte Jakob erklärt (Gen 28,16). Könnte es sein, dass wir am falschen Ort nachgesucht haben, wenn uns Gottes Gegenwart in der Welt entgangen ist? Vielleicht haben wir durch die Schönheit hindurchgeblickt, die vor unseren Augen ist?

Gott ist sanft. Ich wüsste keine bessere Art, diese Wahrheit zu vermitteln als durch die Darstellung zweier Gegensätze. Im 9. Kapitel des Markus-Evangeliums finden wir die lebendige Schilderung von Besessenheit. Es sind die Worte eines verzweifelten Vaters, der Jesus erzählt, wie sein Sohn gequält wird:

> „Immer, wenn dieser Geist ihn packt, wirft er ihn zu Boden. Schaum steht dann vor seinem Mund, er knirscht mit den Zähnen und sein ganzer Körper wird steif. Ich habe deine Jünger gebeten, den bösen Geist auszutreiben, aber sie konnten es nicht. [...] Oft hat der böse Geist ihn auch schon ins Feuer oder ins Wasser geworfen, um ihn umzubringen. Hab doch Erbarmen mit uns und hilf uns, wenn du kannst!" (Mk 9,18–22).

Als der böse Geist Jesus erkannte, zwang er den Jungen sofort in einen seiner Anfälle. Ich kann mir diese Szene gut ausmalen, denn ich habe einmal miterlebt, wie jemand einen epileptischen Anfall erlitt – die Gehirnzellen feuern falsche Impulse ab, die Muskeln verhärten sich wie in vorzeitiger Totenstarre, die Zähne sind gewaltsam zusammengebissen.

Stellen wir diese Szene einer „Heimsuchung" durch den Heiligen Geist gegenüber. „Unterdrückt nicht das Wirken des Heiligen Geistes", mahnt Paulus an einer Stelle (1 Thess 5,19), „beleidigt nicht durch euer Verhalten den Heiligen Geist", an einer anderen (Eph 4,30). Gott demütigt sich so sehr, dass er sich in gewisser Hinsicht unserer Gnade ausliefert. Während ein böser Geist die Person ins Feuer oder Wasser wirft und aus einem menschlichen Wesen eine groteske Karikatur macht, wohnt der souveräne Gott der gleichen Person inne und sagt: „Verletze mich nicht." Man kann nur jemanden beleidigen oder verletzen, der Gefühle hat und der alles andere als gleichgültig ist.

Ich erkenne die gleiche Sanftheit und Abkehr vom Zwang im Leben von Jesus Christus. Beim Umgang mit den Menschen macht er deutlich, welche Konsequenzen eine Entscheidung hat. Dann überlässt er die Entscheidung dem anderen. Jesus respektiert die menschliche Freiheit. Sogar dann, als er getötet werden soll, betet er: „Vater, vergib ihnen! Sie wissen nicht, was sie tun" (Lk 23, 34).

Eltern kennen den schwierigen Balanceakt zwischen Führung und Manipulation ihrer Kinder. Vielleicht stimmt es ja, dass Vater es am besten weiß und Mutter sogar noch besser. Das Ziel der Elternschaft besteht aber nicht darin, Klone zu erzeugen, die das Leben ihrer Eltern wiederholen, sondern vielmehr darin, reife Erwachsene heranzuziehen, die zu eigenen Entscheidungen fähig sind. Manche Eltern verwirklichen dieses Ziel besser als andere. Unser himmlischer Vater „irrt" scheinbar im Hinblick auf die menschliche Freiheit. Er unterwirft sich unseren Entscheidungen und ist eher innerhalb seiner Schöpfung tätig, als sie von außen zu beeinflussen.

Dieses Verhaltensmuster könnte Licht auf die anderen Charakteristika Gottes werfen. Warum ist Gott zurückhaltend? Warum so sanft? Gott gesteht uns zu, dass *wir* uns auf dem Weg befinden, nicht er selbst. Die Reise auf diesem Weg ist kein Ereignis wie eine Schatzsuche, bei der man sich an die Anweisungen hält und so lange sucht, bis man den Schatz findet. Nein, der Weg selbst ist das Ziel. Die Suche nach Gott selbst, unser beharrliches Streben, verändert uns auf eine Weise, auf die es ankommt. Das Schweigen, das Dunkel, das uns hier begegnet, die Versuchungen und auch das Leid können allesamt zu Gottes ausgewiesenem Ziel beitragen: uns zu Persönlichkeiten zu formen, wie er uns gedacht hat. Wir werden seinem Sohn ähnlicher.

Zwang war nie ein erfolgreiches Mittel zur Veränderung des Menschen. Darin liegt der Grund, warum es in dieser Welt nur noch wenige linientreue Marxisten und noch weniger linientreue Nazis gibt. Selbst die Utopisten haben einräumen müssen, dass sich die Veränderung des Menschen am besten von innen nach außen vollzieht. Das mag als Erklärung dienen, warum, wie John V. Taylor sagt:

„(Gottes) unaufhörlich wiederholtes Wort an jeden Einzelnen in seiner Schöpfung lautet: ‚Entscheidet euch! Ich habe Leben oder Tod vor euch gesetzt, den Segen oder den Fluch; entscheidet euch deshalb für das Leben. Bleibt, wie ihr seid, und ihr werdet ausgestoßen sein; verändert euch, auch wenn es schmerzt, und ihr seid auf dem Weg zum Leben.' Immer, wenn ich etwas mehr über die Schöpfungsvorgänge erfahre, staune ich aufs Neue über den unglaublichen Wagemut des Schöpfergeistes, der alle Gewinne der Vergangenheit für neue Initiativen aufs Spiel setzt und seine Geschöpfe zu solch verrückten Abenteuern und Risiken anspornt."[6]

Gottes Gegenwart ist nicht immer gleich stark zu spüren. „Das alles ist der Saum von seinen Taten, ein schwaches Echo, das wir davon hören!", sagte Ijob, als Gott lange geschwiegen hatte (Ijob 26,14).

Am Ende des Buches hätte er korrigieren können: „Wie laut ist der Donner, den wir von ihm hören!" In den Seiten dieses einen Buches verspürt ein und derselbe Mensch die überwältigende Gegenwart Gottes, aber auch seine Abwesenheit.

Ich habe in diesem Buch gläubige Christen wie Martin Marty und Frederick Buechner angeführt, die von keinen unmissverständlichen Anzeichen der Gegenwart Gottes berichten konnten. Ich hätte leicht gegenteilige Erfahrungen wiedergeben können: die Vision von Augustinus, George Fox oder Julian von Norwich, dazu zahlreiche Offenbarungen, die von William James in *The Varieties of Religious Experience* aufgezeichnet wurden. In der Bibel wird von ähnlich wechselhaften Erfahrungen berichtet: Statt ein Beispiel von Gottes Gegenwart zu präsentieren, nach dem sich alle strebend ausrichten können, wird uns hier ein Gott vorgestellt, der sich manchmal zurückzieht, manchmal aber ganz nah ist. In den Tagen von König Salomo fuhr Gott spektakulär auf den Tempel herab; zur Zeit von Ezechiel zog er sich still zurück; als Jona lebte, verfolgte er den Propheten wie ein Bluthund.

Julian von Norwich hat sowohl die Gegenwart als auch die Abwesenheit Gottes kurz hintereinander erfahren. Ihre siebte Offenbarung berichtet von Zeiten, in denen sie „mit ewiger Gewissheit erfüllt" war, die aber nur von kurzer Dauer waren; danach befand sie sich „in Schwermut und Traurigkeit sowie Verdrießlichkeit über mein Leben, so dass ich kaum die Geduld hatte, weiterzuleben".[7] Ihre geistlichen Stimmungen stiegen und fielen nach eigener Aussage etwa 20-mal wie auf einer Wippe.

Ich habe bei der Einschätzung von Gottes Gegenwart oder Abwesenheit einen absolut gültigen Grundsatz gelernt: Sie ist nicht berechenbar. Der unsichtbare, souveräne Gott, der nach dem Psalmisten „alles, was er will", auch tut (Ps 115,3), gibt die Bedingungen für die Beziehung vor. Der Theologe Karl Barth hat heftig darauf bestanden, dass Gott *frei* sei: Es stehe ihm frei, sich zu offenbaren oder zu verbergen, einzugreifen oder nicht einzugreifen, in der Natur zu wirken oder von außerhalb, die Welt zu regieren oder aber sogar von der Welt verachtet und abgewiesen zu werden, sich ganz zu zeigen oder sich einzuschränken. Unsere eigene menschliche Freiheit leitet sich von einem Gott ab, zu dessen Wesen diese Freiheit auch gehört.

Einen solchen Gott habe ich nicht unter Kontrolle. Bestenfalls kann ich mich auf einen angemessenen Rahmen einlassen, um ihm zu begegnen. Ich kann meine Verfehlungen bekennen, Hindernisse aus dem Weg räumen, mein Leben bereinigen, ihm erwartungsvoll entgegensehen und – vielleicht die schwerste Übung – die Einsamkeit und Stille suchen. Ich habe jedoch auch damit keine garantiert wirksame Methode, Gottes Gegenwart zu erfahren, denn das hat Gott allein in der Hand. Einsamkeit und Stille geben höchstens den geeignetsten Rahmen vor, in dem man sich auf die ruhige, leise Stimme Gottes einlässt. Es gibt allerdings eine sichere Methode, Gott zu verdrängen. C. S. Lewis hat sie klar beschrieben:

„Meide die Stille, meide die Einsamkeit, meide jeden Gedankengang, der von den eingefahrenen Spuren wegführt. Konzentriere dich auf Geld, Sex, deinen Status, die Gesundheit und (vor allem) auf deine eigenen Sorgen. Lass das Radio an. Geh unter die Leute. Nimm reichlich Beruhigungsmittel ein. Wenn du Bücher lesen musst, dann suche sie sehr sorgfältig aus. Sicherer wäre es, sich an die Zeitschriften zu halten. Du wirst feststellen, dass die Anzeigen sich bewähren, besonders solche mit sexuellen oder snobistischen Anklängen."

Lewis fährt fort und berichtet, dass er keinen Rat geben könne, wie man nach Gott streben soll, da er diese Erfahrung nie gemacht habe. „Es war genau umgekehrt. Er war der Jäger (jedenfalls kam es mir so vor) und ich war das Wild. [...] Bezeichnend aber ist, dass diese lang gemiedene Begegnung zu einer Zeit geschah, als ich mich ernsthaft darauf einließ, auf mein Gewissen zu hören."[8]

> *„Wenn Gott nur ein wenig von dem enthüllen würde, was von den Heiligen und Engeln im Himmel gesehen werden kann, dann würde unser zerbrechliches Wesen darunter versinken. [...] Solch eine Blase ist zu schwach, dieses ungeheure Gewicht zu ertragen. Ach! Kein Wunder, dass es deshalb heißt: Kein Mensch kann Gott sehen und danach weiterleben."*
> JONATHAN EDWARDS[9]

Kapitel 10

Im Namen des Vaters

*Das ganze Gesetz der menschlichen Existenz liegt darin:
dass der Mensch fähig sei,
sich vor dem unendlich Großen niederzubeugen.*
FJODOR DOSTOJEWSKI[1]

Dorothy L. Sayers war in zwei Bereichen tätig, die mehr gemeinsam haben, als man auf den ersten Blick meinen könnte. Dank der englischen Radio- und Fernsehsender kennen die meisten sie als Autorin von Kriminalerzählungen, die sich um die Hauptfigur Lord Peter Wimsey ranken. Andere haben sie als Laientheologin in der Tradition von G. K. Chesterton und C. S. Lewis kennen gelernt. In beiden Bereichen widmete sie sich mit Geist und Erfindungsgabe dem Rätselhaften.

Dorothy Sayers' Buch *The Mind of the Maker* geht der Spur des vielleicht größten aller Mysterien nach: der Dreieinigkeit. Viele Christen beschäftigen sich kaum mit dieser Lehre, aber wir können Gott weder erkennen noch die Art und Weise seiner Kontakte zu uns ausloten, ohne einige Grundbegriffe der Dreieinigkeit zu verstehen.

Wir verstehen Gott am besten, meint Dorothy Sayers, wenn wir ihn uns als kreativen Künstler vorstellen. Wenn wir davon ausgehen, er sei ein Ingenieur oder Uhrmacher oder gar eine unbewegliche Macht, dann irren wir uns. Gottes Bild wird im Schöpfungsakt am deutlichsten, dort, wo die drei Stufen von Idee, Ausdruck und Wiedererkennen enthalten sind. Wenn wir diesen Akt nachvollziehen, könnten wir in Analogie dazu zu ahnen beginnen, was die Dreieinigkeit bedeutet.

Ich wende Sayers' Gedanken auf die kreative Form an, die ich am besten kenne: das Schreiben. Jeder Autor fängt mit einer Idee an. Nehmen wir zum Beispiel dieses Buch. Jahrelang habe ich andere Bücher gelesen, mit Menschen geredet und mir auf Zettel Notizen gemacht, die mit einer vagen Idee zu tun hatten. Ich hatte noch keinen Titel im Sinn, kein klares Konzept, welche Form das Buch annehmen könnte, sondern nur den starken Wunsch, meine eigenen Fragen zu diesem Thema auszuloten: Wie können wir sichtbaren Menschen in Beziehung zu einem unsichtbaren Gott treten? Manchmal kamen Freunde mit der Frage: „Woran arbeitest du, Philip?", und ich habe es zu erklären versucht, aber die begriffsstutzigen Blicke verrieten mir, dass ihnen meine ursprüngliche Idee nicht zugänglich war.[2]

Schließlich war ich so weit, mit dem Schreiben anzufangen und meiner Idee den besten Ausdruck zu verleihen. Mein Medium ist das Sachbuch und ich schreibe Prosa, obwohl Theologie auch in anderen Formen zum Ausdruck gebracht werden kann, zum Beispiel als episches Gedicht, wie Dante und Milton bewiesen haben. John Wesley hat Predigten geschrieben, sein Bruder Kirchenlieder. Alle Künstler erwählen sich ihr Medium – Poesie, Töpferei, die Oper, Gemälde, Romane, Chorwerke, Filme, Fotografien, Quilts, Skulpturen, Lieder –, um die Idee darzustellen, die ihrem Werk zu Grunde liegt.

Mein Ausdruck verändert seine Form von Tag zu Tag. Erst gestern habe ich einem Kapitel einen großen Textblock entnommen und ihn in ein anderes eingefügt, danach ein paar Seiten komplett gelöscht. Um durchschnittlich hundert Seiten kürze ich schließlich die erste Fassung meiner Bücher. Bei der Bearbeitung stelle ich fest, dass einige Seiten, über denen ich tagelang gebrütet habe, die eigentliche Idee sprengen. Das Buch bleibt dadurch stecken oder entwickelt sich in einander widerstrebende Richtungen. Die Idee führt ein Eigenleben und im Laufe der Zeit habe ich gelernt, einem mahnenden Instinkt Gehör zu schenken, wenn ich meine Idee nur unzulänglich ausdrücken kann. Ganz ähnlich ergeht es Freunden von mir, die Fiktion schreiben: Hier führt sie die Geschichte selbst auf Wege, die sie nie planen oder vorwegnehmen konnten. Unabhängig vom Medium versucht jeder menschliche Schaffende, der Idee den vollkommenen Ausdruck zu verleihen – was ihm aber nicht gelingt. Ich bin mir sicher, dass Michelangelo jeder Fehler, jede Unvollkommenheit auffiel, als er die Sixtinische Kapelle nach ihrer Vollendung besuchte.

Der Schaffensakt ist aber nach getaner Arbeit noch nicht zu Ende: Eine andere Person muss ihn in Empfang nehmen. Dieser letzte Schritt ist in meinem Fall tatsächlich in diesem Augenblick getan, wenn Sie diesen Satz lesen. Ein Künstler erschafft sein Werk auf ein Ziel hin, zur Kommunikation, und der kreative Prozess bleibt unvollendet, bis zumindest eine andere Person das Werk empfängt. Dorothy Sayers nennt diesen letzten Schritt „Wiedererkennen".

Ein gelungenes Kunstwerk bewirkt eine Reaktion beim Empfänger. Tatsächlich findet bei der Begegnung mit einem großen Kunstwerk etwas statt, das einer chemischen Reaktion ähnelt. Der gesamte Körper reagiert: mit Muskeln, mit dem Puls, dem Atem, sogar durch Schwitzen. Der Dramatiker Arthur Miller sagte, er habe sich erst dann entspannen können, wenn er im Publikum saß und den Menschen in die Augen schaute. Wenn er den Funken des Wiedererkennens sah – „Mein Gott, da geht es ja um mich!" –, dann wusste er, dass ihm das Werk gelungen war. Das Wiedererkennen vollendet den Zyklus der Kreativität.

Dorothy Sayers' Buch weist hier geschickt auf eine Parallele zur Dreieinigkeit hin. Obwohl Gott eins ist, können wir in dieser Einheit das Wirken von drei unterschiedlichen Personen erkennen. Gott der Vater ist die Idee oder das Wesen aller Realität. „Ich bin, der ich bin" (Ex 3,7), stellte er sich Mose mit einem hebräischen Ausdruck vor, der vielleicht genauer übersetzt werden sollte: „Ich werde sein, was ich sein werde." Alles, was existiert – *alles* –, entströmt diesem Wesen.

Wir erfahren etwas über Gott, wenn wir die gesamte Schöpfung betrachten – Quasare und Pulsare, Erdferkel und Ameisenbären, besonders die Menschen –, aber Gott, der Sohn, stellt den vollkommenen Ausdruck dieses Wesens dar. „Die ganze Herrlichkeit Gottes leuchtet in ihm auf; in ihm hat Gott sein innerstes Wesen sichtbar gemacht", schrieb der Verfasser des Hebräer-Briefes (Hebr 1,3). Wer sehen will, wie Gott aussieht, braucht nur auf Jesus zu schauen.

Der letzte Schritt der kreativen Offenbarung Gottes kam an Pfingsten, als Gott im Menschen selbst Wohnung nahm. Ein Teil von Gottes Wesen, der gleiche Geist, der bei der Schöpfung über den Wassern schwebte, lebt jetzt in den fehlbaren menschlichen Wesen und macht es möglich, dass wir eine neue Identität an uns wieder erkennen. „Von diesem Geist erfüllt rufen wir zu Gott: ‚Abba! Vater!' So macht sein Geist uns im Innersten gewiss, dass wir Kinder Gottes sind" (Röm 8,15–16). Gottes Schöpfungsakt erreicht hier seinen Höhepunkt.

„Gott hat den Menschen geschaffen, weil er Liebesgeschichten mag", sagte Elie Wiesel. Ein zentraler Teil dieser Geschichte behandelt Gottes Handeln an seinen Geschöpfen. In den Begriffen, die Dorothy L. Sayers für die Metapher des Künstlers verwendet, schrieb Gott ein Stück, das auf dem Planeten Erde spielt und in dessen Verlauf den Darstellern jede Freiheit zum Agieren gewährt wird. Alle Künstler, übrigens auch alle Eltern, wissen, was es bedeutet, etwas zu erschaffen und es dann in die Welt zu werfen. Erschaffen heißt loslassen, freilassen und im Fall Gottes bedeutet es, den Menschen seiner Schöpfung die Freiheit zu geben, das gesamte Werk zu zerstören.

Aber nicht genug damit, dass die aufsässigen Akteure ihm das Stück verderben! Gott dachte sich auch noch eine Möglichkeit aus, sich in ihre Geschichte hineinzubegeben. Johannes schrieb, dass das Wort im Anfang bei Gott war: „Er, das Wort, wurde ein Mensch [und] lebte unter uns" (Joh 1,14) – ein Ereignis, nach dem der größte Teil der Welt immer noch den Kalender datiert. In den drei kurzen Jahren seines Dienstes hat Jesus mehr getan, um den Menschen zu zeigen, wie Gott ist, als alle Propheten zusammen. „Herr, zeige uns den Vater! Mehr brauchen wir nicht", bat einer der Jünger in einem Augenblick der Unsicherheit (Joh 14,8). Jesus erwiderte: „Wer mich gesehen hat, hat den Vater gesehen. [...] Was ich zu euch gesprochen habe, das stammt nicht von mir. Der Vater, der immer in mir ist, vollbringt durch mich seine Taten" (Joh 14,9–11).

Als Jesus sich später darauf vorbereitete, den Planeten Erde zu verlassen, gab er seinen Jüngern eine Dreieinigkeitsformel mit und befahl ihnen: „Darum gehet nun zu allen Völkern der Welt und macht die Menschen zu meinen Jüngern und Jüngerinnen! Tauft sie im Namen des Vaters und des Sohnes und des Heiligen Geistes" (Mt 28,19). Die Fleischwerdung und Pfingsten enthüllten gleichermaßen etwas Neues über Gott und brachten die alten Gedankengebäude der Menschen zum Einsturz.

Um dauerhaft die Vorstellung von der Dreieinigkeit zu formulieren, bedurfte es der hellsten Köpfe der Kirche und einer Zeit von fast fünf Jahrhunderten.[3] In der unsichtbaren Welt herrscht keine Verwirrung darüber, wie drei Personen der eine Gott sein können. Auf unserer Seite des Vorhangs aber erfahren wir von den drei Personen auf die einzige Art, in der zeitgebundene Geschöpfe überhaupt lernen können: in einer Reihenfolge. Wir erfahren als Erstes von Gott dem Vater aus dem Alten Testament. Wir hören dann von Jesus in den Evangelien und von dem Heiligen Geist in erster Linie aus der Apostelgeschichte und den Briefen.

Vor einer Weile sprach ich mit einer kleinen Gruppe von Freunden über die Dreieinigkeit und versuchte, diese abstrakte Theologie mit dem praktischen Leben zu verknüpfen. Eine von ihnen, Elisa, erzählte Folgendes: „Weißt du, so bin ich doch zu Gott gekommen, nämlich durch die drei Personen der Dreieinigkeit. Erst habe ich Gott den Vater in der Kirche kennen gelernt, wo ich erfuhr, dass Gott heilig und zum Fürchten ist und unsere Anbetung verdient hat. Später, als Teenager, machte ich die Bekanntschaft mit Jesus, einem Mann, dem ich mein ganzes Leben lang nachfolgen wollte. Und dann – es war fast wie eine zweite Lebenswende – wurde mir die Kraft des Heiligen Geistes bewusst, der in mir lebt."

Auf einfache und persönliche Weise hat Elisa geschickt die fortschreitende Offenbarung Gottes erfasst, wie sie von uns zeitgebundenen Menschen wahrgenommen wird. Gott hat sich erst als heilig und transzendent einem Stamm geoffenbart, um den er sich so kümmerte wie Eltern um ihr Kind. Das war das Frühstadium der Entwicklung. „Die Furcht des Herrn ist der Weisheit Anfang" (Ps 111,10; Luther). Das könnte als bleibende Botschaft des Alten Testamentes gelten. Jesus hat eine neue Phase der Nähe eingeleitet. „Ich nenne euch nicht mehr Diener", sagte er seinen Jüngern. „Vielmehr nenne ich euch Freunde; denn ich habe euch alles gesagt, was ich von meinem Vater gehört habe" (Joh 15,15). Als er sich dann zum Vater aufmachte, versprach er den Geist, einen Tröster, der einen so vertrauten Umgang möglich machen sollte, dass wir an den Taten Gottes auf Erden teilhaben können: Gott tut sein Werk durch uns.

Bei meiner journalistischen Tätigkeit habe ich einige berühmte Leute kennen gelernt: Billy Graham, amtierende Präsidenten, Olympia-Teilnehmer und bedeutende Autoren. Mein Umgang mit ihnen ist allerdings ganz anders als der mit meinen Nachbarn oder meiner Familie. Damit der Kontakt gelingt, muss ich mit zahlreichen Agenten und Vorzimmersekretärinnen verhandeln und es ist selbstverständlich für mich, dass mein Gespräch mit ihnen kurz und streng sachbezogen ist. Wir sitzen also nicht zusammen und tratschen; über mich erfahren sie fast gar nichts.

Mit meinen Nachbarn gehe ich viel zwangloser um. Ich muss mich nicht mit ihnen verabreden, wenn wir uns treffen wollen. Ich begegne ihnen am Briefkasten oder dann, wenn sie den Hund ausführen. Wir reden über das Wetter, Sport, Urlaubspläne, die Gefahr eines Waldbrands oder etwas anderes, das wir gemeinsam haben. Ich wende mich an sie, wenn ich Hilfe für mein Auto brauche, das im Schnee feststeckt, oder wenn während meiner Abwesenheit ein Paket in Empfang genommen werden muss. Am Wochenende können wir uns spontan entschließen, gemeinsam essen zu gehen.

Im Kreis der Familie ist der Umgang wieder ganz anders. Wir reden regelmäßiger und viel vertrauter miteinander. Wenn mir der Arzt nach einer medizinischen Untersuchung eine alarmierende Diagnose stellt, erfährt die Familie zuerst davon. Im Rahmen meiner Familie kann ich alle Masken fallen lassen; die Beziehung ist dadurch definiert, dass wir Teil einer Familie sind.

Wenn man einen Gott kennt, der drei Personen in sich birgt, fallen bestimmte Parallelen zu zwischenmenschlichen Beziehungen auf. Eine Beziehung zu Gott hängt von dem Einblick ab, den Gott uns in seine Person geben will. Sie lässt sich durch veränderliche Rollen beschreiben. Wenn ich einen Israeliten zur Zeit des Alten Testaments bitten würde: „Beschreibe deine persönliche Beziehung zu Gott", dann würde ich eine ganz andere Antwort erhalten, als wenn ich einen Jünger Jesu oder den Apostel Paulus darum bitten würde. Aus diesem Grund möchte ich den Rest dieses Kapitels und die nächsten beiden darauf verwenden, die einzelnen Personen der Dreieinigkeit individuell zu betrachten.

Meine Wortwahl ist vielleicht nicht ehrerbietig genug; trotzdem möchte ich die Dreieinigkeit unter den Aspekten „Vorteile" und „Nachteile" betrachten, die uns das Kennenlernen Gottes einbringt. Keinem Menschen ist es möglich, das Wesen Gottes vollkommen zu erfassen. Wir kennen den unsichtbaren Gott nur insoweit, wie Gott sich uns selbst offenbart, und zwar in unterschiedlichsten Ausdrucksformen. Immer dann, wenn der unsichtbare Gott sich uns in einer Art und Weise zeigt, die wir in unserer materiellen Welt erkennen können, dann nützt uns das in der einen Hinsicht und schadet uns in der anderen.

Der Schriftsteller Tim Stafford weist darauf hin, dass Theologen dazu neigen, die Eigenschaften Gottes zu betonen – Allmacht, Heiligkeit, Souveränität, Allwissenheit. So aber lerne man normalerweise keine Persönlichkeit kennen.[4] Es sind Gegenstände, die wir anhand ihrer Eigenschaften identifizieren; Menschen aber lernen wir vorwiegend durch ihre Geschichten kennen. „Erzähl doch mal von dir", heißt es am Anfang einer Beziehung und ich verspreche mir davon, dass meine neue Bekanntschaft von ihrer Herkunft, ihrer Familie und den Schulen erzählt, die sie durchlaufen hat. Im Laufe der Zeit vertieft sich die Freundschaft, wir machen gemeinsame Erfahrungen und schaffen uns eine gemeinsame Geschichte. (Zufälligerweise ist Tim Stafford ein guter Freund und ehemaliger Kollege von mir und beim bloßen Klang seines Namens tauchen klare Erinnerungen an gemeinsam Erlebtes auf: wie wir früh am Morgen am Tennisplatz sitzen und auf den Sonnenaufgang warten, bei einem Campingurlaub vom Schrei einer Eule aufgeschreckt werden oder gemeinsam einen einsamen Strand in Afrika entlanglaufen.)

Ganz ähnlich kennen wir Gott, den Vater, in erster Linie durch Geschichten aus dem Alten Testament. Gott ist in der Lage, mit der gesamten Schöpfung zugleich in Beziehung zu treten und ihre Existenz zu wahren, was die Hebräer in ihren Psalmen über die Natur dankbar feiern. Und doch wollte Gott einen noch viel engeren Umgang mit diesem Volksstamm pflegen, der von Abraham, Isaak und Jakob abstammt. Tatsächlich hat Gott sich in seine Geschicke so sehr eingemischt, dass er bei ihm „einzog", erst in ein Zelt in der Wildnis, später dann in einen Tempel, den Salomo erbaute.

Gott und die Hebräer hatten nicht deshalb gemeinsame „Camping-Erlebnisse", weil er einen Wohnort brauchte, sondern weil sie auf seine tatsächliche Gegenwart angewiesen waren, um ihn kennen zu lernen. Am wichtigsten war, dass Gott ein „Bündnis" mit Israel schloss, einen Vertrag, der beiden Seiten Bedingungen auferlegte. Der Gelehrte Perry Miller hat einmal gesagt, man habe es nicht mehr mit einer fernen, unnahbaren Gottheit zu tun, wenn man einen Bund mit Gott schließe; man habe einen Gott, auf den man sich verlassen könne. Man weiß, was man zu erwarten hat.

Außerdem gab es seltene, aber dramatische Erscheinungen Gottes bei einzelnen Menschen. Gott sprach zu Kain, zu Abraham und Samuel. Er gab Noah in allen Einzelheiten die Anleitung zum Bau der Arche. Mose sah nicht nur einen brennenden Busch, sondern hörte diesen auch reden; später begegnete Gott ihm von Angesicht zu Angesicht. Jakob rang mit einem nächtlichen Besucher, bekam einen neuen Namen und hinkte verwundert von dannen: „Ich habe Gott selbst gesehen und lebe noch!"

In allen diesen Geschichten hat Gott, der überall zur physischen Welt in Beziehung tritt, sich entschieden, an einem bestimmten Punkt auf sie einzuwirken, sich eines Körpers, eines Busches oder eines Traums als Mittel seiner Gegenwart zu bedienen. Gott konnte von Menschen kraft ihrer körperlichen Sinne mit Augen und Ohren gesehen und gehört werden. Durch Wolke und Feuersäule in der Wüste Sinai dauerte diese Erscheinung eine gewisse Zeit an.

Der Dichter George Herbert blickte dieser Zeit nostalgisch nach:

„Süß waren die Tage, als du wohntest bei Lot,
kämpftest mit Jakob, mit Gideon saßest,
dich mit Abraham berietest . . ."[5]

Wer hat sich nicht schon nach dieser ganz festen, fast greifbaren Beziehung zu Gott gesehnt, an der sich Abraham oder Mose erfreuen konnten? In meinem Buch „Von Gott enttäuscht" beschäftigte ich mich mit drei Fragen, die von vielen Christen gestellt werden: Ist Gott verborgen? Schweigt Gott? Ist Gott ungerecht? Als ich dieses Buch schrieb, hat es mich stark beeindruckt, dass sich die Hebräer in der Wüste Sinai nicht solche Sorgen zu machen brauchten. Sie hatten täglich sichtbare Beweise für Gott, hörten ihn reden und stimmten einem Vertrag mit fairen Bedingungen zu, den Gott mit eigener Hand unterzeichnet hatte.

Aus dieser Beziehung entsprang das große Geschenk der Juden an die Welt: der Monotheismus, der Glaube an den einen, souveränen, heiligen Gott. Die Propheten verachteten die Götzen aus Holz und Stein und beteten stattdessen den wahren Gott an, den Schöpfer von Holz und Steinen.

Der moderne Mensch, der dazu übergeht, Gott eher wie einen kosmischen Kumpel zu behandeln, könnte aus dem Alten Testament einen Grundkurs über die Majestät Gottes gebrauchen. Der Pastor und Schriftsteller Gordon MacDonald hat gesagt, dass seine eigene Liebe zu Gott sich von jeder Sentimentalität entfernt habe, die ihn nie zufrieden stellen konnte. Was er sich vorstelle, habe mehr mit dem Verhältnis von Vater und Sohn zu tun. Er lerne, Gott zu verehren, ihm zu gehorchen und zu danken, Fehltritte und Sünden angemessen zu bereuen und nach einer Stille zu streben, in der er Gottes Flüstern hören könne. Mit anderen Worten: Er strebt eine Beziehung an, die dem grundlegenden Unterschied zwischen beiden Seiten gerecht wird. MacDonald mahnt uns: „Am meisten haben mich Sünden gekostet, die ich zu einer Zeit beging, als ich vorübergehend keine Ehrfurcht mehr vor Gott hatte. In diesem Moment habe ich stillschweigend (und unsinnig) vorausgesetzt, dass Gott sich darum nicht kümmere und höchstwahrscheinlich nicht eingreifen würde, wenn ich eines seiner Gebote übertrete."[6]

Ich habe gemerkt, dass ich mich anderen Kulturen zuwenden muss, um einen Ausgleich zum kumpelhaften Umgang der modernen Evangelikalen mit Gott zu schaffen. Ein Freund in Japan hat mir zum Beispiel geschrieben, dass er mehr vom rechten Geist des Gebets verstehe, wenn ihn die japanischen Christen statt der amerikanischen Missionare unterweisen. „Wir wissen, wie wir als demütige Diener und trotzdem mutig vor Gott treten können", sagt er. „Man braucht den Japanern nichts von Hierarchie zu erzählen. Wenn sie erfahren, dass Jesus der Herr ist, dann ist ihnen sofort alles klar, was damit verbunden ist. Sie wissen, wer der Boss ist. Das stellen sie nicht in Frage. Wenn sie beten, dann in einer Sprache, die ehrwürdigste Anreden mit den vertraulichsten Ausdrücken der Liebe und Hingabe verbindet. Wenn sie um etwas bitten, dann mit echter Demut, weil sie wissen, dass sie kein Recht auf das Erbetene hätten, wenn nicht Gott selbst ihnen das Recht auf die Bitte gegeben und eine Antwort versprochen hätte."

Im Alten Testament wird das Wunder betont, dass dieser souveräne, heilige Gott sich nach einer Beziehung zu seinen fehlbaren Geschöpfen sehnt. Gott *möchte* etwas mit den Menschen zu tun haben, und das ist die Erklärung dafür, dass er den rebellischen Israeliten immer wieder nachgeht. Ein Gott, der stark genug ist, sein Volk aus dem damals mächtigsten Reich der Welt hinauszuführen, brannte nichtsdestoweniger darauf, sich herabzulassen und unter ihnen in einem Zelt zu wohnen. Wie weit sich sein Volk auch von ihm entfernte, er erwies sich doch immer wieder als Immanuel, der „Gott mit uns". Er machte Adam und Eva Kleider, als sie sich gegen ihn auflehnten, gab Abraham und Mose eine Chance nach der anderen, hielt die Würdelosigkeit der Untreue Israels aus und wandte sich immer wieder mit noch größerer Liebe an sein Volk.

Im Grunde war es Gottes Mitleid, nicht seine Macht, das bei den Hebräern den stärksten Eindruck hinterließ. Das Volk Israel machte einen großen Entwicklungssprung, als die Menschen merkten, dass Gott sich darum kümmerte, dass sie in Ägypten Fronarbeit leisten mussten: „Sie begriffen, dass der Herr ihre Unterdrückung gesehen hatte und ihnen helfen wollte. Und sie warfen sich anbetend vor dem Herrn nieder" (Ex 4,31). Wie sehr sich doch ihr Gott von den distanzierten, oft grausamen Gottheiten Ägyptens unterschied!

Aus dem Alten Testament ergibt sich ein ganz klarer „Vorteil": Dieser majestätische Gott verfügt über unbegrenzte Möglichkeiten, mit einzelnen Menschen in Kontakt zu treten. Anders als ein Prominenter braucht Gott keine Sekretärinnen, die den Terminkalender verwalten und für jeden Gesprächspartner die Zeit einteilen. „Gott liebt jeden von uns so, als wäre nur einer von uns zu lieben", sagte Augustinus.

Gott der Vater kann der ganzen Schöpfung seine ungeteilte Aufmerksamkeit widmen, wie Jesus mit seiner Bemerkung andeutete, jedes Haar auf dem Haupt eines Menschen sei gezählt. Früher hielt ich mich eher an meinen Freund Stanley. Er sagte: „Ich kann mir nicht vorstellen, dass Gott in einer Welt von sechs Milliarden Menschen meinen Namen kennt." Aber gerade weil Gott so unendlich ist, kann er sich um sechs Milliarden Menschen kümmern, einen nach dem anderen, ohne sich zu erschöpfen oder geringer zu werden. Das eben bedeutet es, Gott zu sein. Im Alten Testament wird ein Vater offenbart, dem grenzlose Liebesbeweise Freude machen.

Welche „Nachteile" werden im Alten Testament aus der Bekanntschaft mit Gott deutlich? Die vielleicht beste Art des Umgangs mit dieser frechen Frage ist das Zitat eines modernen Juden, für den das Alte Testament die gesamte geschriebene Offenbarung Gottes darstellt. Das Judentum, sagt Gerschom Scholem, stelle sich immer noch dem „ungeheuren Abgrund" zwischen Mensch und Gott. Als zeitgenössischer Jude bekennt er, dass er „hauptsächlich die Ferne wahrnimmt". Scholem ist die Botschaft entgangen, dass Gott sich den vertrauten Umgang mit uns ersehnt.[7]

Liebe schwächt sich mit steigender Macht ab, was auch umgekehrt gilt. Eben die Macht, von der die Israeliten so oft überwältigt wurden, erschwerte es ihnen, Zugang zu Gottes Liebe zu finden. Eltern erheben sich hoch über das Kind, wenn sie sich Respekt verschaffen; zum Umarmen und für Zärtlichkeiten beugen sie sich nieder. Im Alten Testament stand Gott in voller Größe vor den Menschen. Wenn wir wissen wollen, was für einer „persönlichen Beziehung zu Gott" sich die Israeliten erfreuten, dann hören wir ihnen einmal zu: „Wir werden noch alle umkommen. Bald wird keiner mehr von uns übrig sein. Jeder, der sich der Wohnung des Herrn nähert, muss sterben" (Num 17,27–28). Danach wieder: „Wir können die Stimme des Herrn, unseres Gottes, nicht länger hören und dieses große Feuer nicht mehr sehen, sonst müssen wir sterben" (Dtn 18,16).

„Die Stimme Gottes / dem Ohr des Sterblichen so schrecklich", schrieb Milton.[8] Die Verfasser des Neuen Testamentes, vertraut mit hebräischen Schulen und vorwiegend in gesetzestreuen jüdischen Familien groß geworden, lassen kaum nostalgische Gefühle für die Ära des Alten Testamentes durchblicken. Sie ehrten diese Zeit als Vorbereitung für eine weitergehende Offenbarung in Form der Person Jesu. Nach Aussage von Paulus, einem Juden, der die vielen Vorzüge des Alten Bundes anerkannte (vgl. Röm 9–11), verfehlte diese Ordnung jedoch ihr wichtigstes Ziel: Sie erlaubte kein geistliches Wachstum.

Je heller das Licht, desto dunkler der Schatten. Gottes Licht strahlte so hell auf, dass es keine Entwicklung mehr gab. Wie abhängige Kinder jammerten die aufsässigen Israeliten so oft, dass aus einer gut und gern zweiwöchigen Reise ein 40-jähriger Daueraufenthalt wurde. Als Gott sie väterlich ins Verheißene Land geleitet und sich dann aus diesem intensiven Engagement zurückzog – es gab kein Manna mehr, als das Volk den Jordan überschritt –, taten sie die ersten zögernden Schritte und fielen dann auf die Nase: Ein Hinweis auf die zukünftige Geschichte.

Ich habe gezeigt, dass die meisten Christen von heute aus einem einfachen Grund einen Bogen um das Alte Testament machen: Sie empfinden den dort beschriebenen Gott als einschüchternd und fern. Doris Lessing merkt dazu trocken an: „Jehova denkt und benimmt sich nicht wie ein Sozialarbeiter."[9] Jehova verhält sich vielmehr wie ein heiliger Gott, der sich mit allen Mitteln bemüht, eine Verbindung zu den mürrischen menschlichen Wesen aufzunehmen. Bei meiner Lektüre des Alten Testamentes hatte ich früher nach Hinweisen gesucht, wie ich mir Gott annehmbarer, weniger erschreckend machen könne. Jetzt konzentriere ich mich darauf, selbst für Gott annehmbarer zu werden, was immerhin der ganze

Sinn des Alten Testamentes war. Gewiss, Gott strebte eine vertraute Beziehung zu seinem Volk an, allerdings nur nach seinen eigenen Bedingungen.

Hören wir Gottes eigenes Urteil über die Zeiten des Alten Bundes: „Aber mein Volk hat nicht auf mich gehört, Israel wollte nichts von mir wissen. Darum überließ ich es seinem eigenen Starrsinn; es sollte seinen eigenen Wünschen folgen" (Ps 81,12–13).

„Erkundigt euch bei allen Völkern!", beklagte sich Gott bei Jeremia, als sei er schockiert. „Wo hat man je dergleichen gehört? Was das Volk Israel getan hat, ist unglaublich und empörend. [...] Mein Volk aber hat mich vergessen" (Jer 18,13).

Abraham Heschel hat diese und Dutzende anderer Textstellen zitiert und merkt an: „In Gottes Worten ist tiefe Melancholie spürbar. [...] Gott trauert um sich selbst." Heschel fährt fort:

„Zu Israels Elend kam der Kummer Gottes, seine Vertreibung, seine Heimatlosigkeit im Land, in der Welt. [...] Denn Israels Abtrünnigkeit war nicht nur gegen Menschen gerichtet; sie war eine Beleidigung Gottes. Hier hören wir die Stimme Gottes, der sich gemieden, verletzt und beleidigt fühlte."[10]

Israels Erfahrung zeigt, dass Gott durch das, was der Mensch tut, vertrieben oder in das Verborgene gezwungen werden kann. Manchmal lässt Gott eben zu, dass *wir* die Intensität seiner Gegenwart bestimmen.

Eine Szene aus dem Alten Testament gibt beide Seiten einer Beziehung mit Gott dem Vater wieder. Sie wird in 1. Könige 18 beschrieben und ereignet sich zu einer Zeit, als Israel auf eine bislang tiefste Stufe gesunken war. König Ahab und Königin Isebel machen Jagd auf Gottes Propheten und richten sie hin. Dann setzen sie ihre eigenen Hofpropheten und Diener fremder Götzen an ihre Stelle. Bei einer klassischen Konfrontation fordert Elija 850 von diesen Propheten zu einem Duell. Während er sie verspottet und verhöhnt, ritzen sie sich mit Speeren und Schwertern, bis Blut fließt. Den ganzen Tag lang schreien sie zu ihren Göttern und bekommen keine Antwort. Als schließlich die Sonne rot über dem Mittelmeer versinkt, erbaut Elija einen Altar, tränkt ihn drei Mal mit vier großen Krügen Wasser – und das nach dreijähriger Trockenheit – und ruft Gott an, er möge sich zu erkennen geben. „Da ließ der Herr Feuer herabfallen. Es verzehrte nicht nur das Opfertier und die Holzscheite, sondern auch die Steine, die Erde ringsum und das Wasser im Graben. Als das Volk das sah, warfen sich alle zu Boden und riefen: ‚Der Herr allein ist Gott, der Herr allein ist Gott!'" (1 Kön 18,38–39).

Wäre die Geschichte hier zu Ende gewesen, könnten wir sehnsüchtig in die Zeit des Alten Testaments zurückblicken. Doch es kam anders. Unter den Hebräern brach keine Erweckung aus. König Ahab, der am Berg Karmel in der ersten Reihe gestanden hatte, bekam später den Ruf, einer der bösartigsten Könige Israels gewesen zu sein. Er und seine Frau erlangten schnell die Vorherrschaft über Regierung und Religion zurück. Elija selbst, der gerade Feuer vom Himmel gerufen und an einem einzigen Tag 850 Propheten niedergemacht hatte, floh aus Angst um sein Leben. „Herr, ich kann nicht mehr", jammerte er, „lass mich sterben!" (1 Kön 19,4).

In einem Akt großer Freundlichkeit suchte Gott Elija auf, als er so verzweifelt war. Was nun geschah, spricht Bände darüber, welche Methode am besten wirkt, wenn ein allmächtiger Gott sich zur Kommunikation mit den winzigen menschlichen Wesen herablässt:

„Da kam ein Sturm, der an der Bergwand rüttelte, dass die Felsbrocken flogen. Aber der Herr war nicht im Sturm. Als der Sturm vorüber war, kam ein starkes Erdbeben. Aber der Herr war nicht im Erdbeben. Als das Beben vorüber war, kam ein loderndes Feuer. Aber der Herr war nicht in dem Feuer. Als das Feuer vorüber war, kam ein ganz leiser Hauch" (1 Kön 19,11–12).

Den leisen Hauch hatte Elija also gehört. Gott stellte sich mit leiser Stimme, fast flüsternd, auf seinen Propheten ein.

> *Er, der hohe und erhabene Gott, der Heilige, dessen Thron ewig steht, sagt: „Ich wohne in der Höhe, in unnahbarer Heiligkeit. Aber ich wohne auch bei den Gedemütigten und Verzagten, ich gebe ihnen Hoffnung und neuen Mut!"* (Jes 57,15).

Kapitel 11

Der Stein von Rosette

*Wir ersehnen nichts anderes als eine vollkommene Geschichte.
Diese Sehnsucht lässt uns das ganze Leben lang plappern oder
dem Stimmengewirr zuhören – Witze, Anekdoten, Träume,
Filme, Theaterstücke, Lieder, mit denen die Hälfte
unseres Lebens ausgefüllt ist.
Doch wir sind nur zufrieden mit der einen kurzen Mitteilung,
die unserem Gefühl nach wahr ist:
die Geschichte ist der Wille eines gerechten Gottes, der uns kennt.*
REYNOLDS PRICE[1]

Treten wir einen Schritt zurück und denken über die Perspektive Gottes nach. Als Wesen, das nicht an Materie gekettet ist, ungebunden durch Zeit und Raum, hat Gott sich dann und wann materieller Gegenstände bedient und sich so – durch einen brennenden Busch, eine Feuersäule – auf dem Planeten Erde den Menschen gezeigt. Jedes Mal hat Gott mit solchen Gegenständen eine Botschaft vermitteln wollen wie ein Schauspieler, der eine Maske trägt. Danach ging er wieder. Mit Jesus ist etwas Neues geschehen: Gott *wurde* zu einem Geschöpf der Erde, ein beispielloses Ereignis, von dem man bislang nie gehört hatte, einzigartig im wahrsten Sinne des Wortes.

Eine Implosion des Gottes, der das ganze Universum erfüllt! Er wurde zum Baby, das unter Bauern aufwuchs und wie jedes neu auf die Welt gekommene Kind laufen, sprechen und sich ankleiden lernen musste. In der Inkarnation hat Gottes Sohn sich bewusst „behindert". Die Allwissenheit tauschte er gegen ein Gehirn, das Wort für Wort die aramäische Sprache lernte, die Allgegenwart tauschte er gegen zwei Beine und gelegentlich einen Esel, die Allmacht tauschte er gegen Arme, die stark genug zum Sägen von Holz, aber zu schwach zur Selbstverteidigung waren.[2] Statt hundert Milliarden Galaxien auf einmal im Blick zu haben, schaute er auf eine schmale Gasse in Nazareth, einen Steinhaufen in der judäischen Wüste oder eine belebte Straße in Jerusalem.

Der Jünger Johannes, der Jesus gut kannte, schrieb die folgenden

Worte möglicherweise als persönliches Bekenntnis: „[...] die Welt ist durch ihn erschaffen worden, und doch erkannte sie ihn nicht" (Joh 1,10). Kein Wunder. Seine Jünger warteten ständig darauf, dass er wie ein echter Gott sein ganzes Gewicht in die Waagschale werfen würde. Einmal räumte er im Tempel auf, aber was war mit dem Palast des Herodes, dem römischen Senat oder dem Kolosseum? Ein Skandal: Gottes vollkommenster Ausdruck war nicht das, was man als Mensch daraus gemacht hätte.

O ja, in den Evangelien wird berichtet, dass Jesus sich den Zugang zu gewissen ungewöhnlichen Kräften bewahrt habe. Er hatte hin und wieder ein Gespür für zukünftige Ereignisse und eine klare Vorstellung davon, wie sein Leben enden würde. Er konnte Kranke heilen, sogar in deren Abwesenheit, wenn er dazu gedrängt wurde. Einmal veränderte er das Wetter. Trotzdem würde niemand den Zimmermann aus Nazareth für jene strahlende Gestalt aus dem Buch der Offenbarung halten, die zweite Person der Dreieinigkeit, die in Miltons Dichtung „den angestammten Thron besteigt und seine Herrschaft / mit Himmels Herrlichkeit aufs weite Erdenrund ausdehnt".[3] Auch konnte niemand die Stimme Jesu, am Ende nur ein schwacher Schrei, ein Röcheln, mit dem vernichtenden Brüllen Jahwes verwechseln.

1996 stürmte ein Lied von Joan Osborne in die Charts. Im Text ging es darum, was sich wohl ändern würde, wenn Gott einer von uns wäre, „just a slob like one of us", vielleicht ein Fremder in einem Linienbus, der wie wir auf dem Nachhauseweg ist. Manche fanden den Text gotteslästerlich – und das gibt auch die Reaktion der Angehörigen, Nachbarn und Landsleute von Jesus wieder, die die gleichen Schwierigkeiten hatten, sich Gott als „einen von uns" vorzustellen. In jeder Hinsicht gab es im Leben Jesu genug Anlass, traurig zu sein: das Gerücht über eine uneheliche Geburt, der Spott seiner Familie, dass er verrückt sei, die Ablehnung durch die meisten, die ihn reden gehört hatten, der Verrat durch Freunde, der grausame Mob, der sich gegen ihn wandte, ein paar Verhandlungen, die jeder Gerechtigkeit spotteten, die Hinrichtung in einer Art und Weise, die Sklaven und Gewaltverbrechern vorbehalten war. Eine auf jeden Fall erbarmungswürdige Geschichte, und das ist der eigentliche Skandal: Wir sind nicht darauf eingestellt, Gott zu bedauern.

Wie soll man Gott persönlich kennen lernen? Zur Zeit Jesu war die Antwort schockierend einfach: Man lernt ihn genau so kennen wie jeden anderen. Man stellt sich vor, schüttelt einander die Hand, fängt ein Gespräch an, erkundigt sich nach der Familie. Weil Jesus auf diese Welt kam, müssen wir Gottes Wunsch nach vertrautem Umgang mit uns nicht in Frage zu stellen. Will Gott wirklich enge Gemeinschaft mit uns haben? Jesus hat den Himmel genau dafür verlassen. Er persönlich hat die ursprüngliche Verbindung zwischen Gott und den Menschen, zwischen der sichtbaren und den unsichtbaren Welten wieder hergestellt.

Der Schweizer Arzt und Schriftsteller Paul Tournier führt einen offensichtlichen „Vorteil" hinsichtlich der zweiten Person der Dreieinigkeit an. Bevor das gegenwärtige Regime im Iran die Macht übernahm, hielt er auf Einladung eines Ajatollahs eine Ansprache in einer Teheraner Moschee. Tournier trug den aufmerksamen Moslems vor, dass er als Protestant aus Genf sich ihnen schon deshalb nahe fühle, weil Johann Calvin seinen Anhängern ein scharfes Gespür für Gottes unermessliche Größe vermittelt habe, nicht unähnlich dem Profil Allahs. Weil ein Mensch, der in ständigem Bewusstsein des ungeheuren Abstands zwischen Gott und seiner Schöpfung lebe, der Gefahr des Fatalismus ausgesetzt sei. Tournier erklärte weiter, dass das Christentum, anders als der Islam, ein Gleichgewicht biete: den vertrauten Umgang mit Jesus.[4]

Jesus eröffnete einen neuen Zugang zu Gott, eine Beziehung, die so persönlich ist, dass er das Wort „Abba" oder „Papa" als Anrede verwendete.[5] Ein Spiritual, das zur Zeit der Sklaverei im Süden der USA gesungen wurde, gibt diesen besonders fassbaren „Vorteil" der Menschwerdung wieder. Die Sklaven fanden es schwierig, sich dem erhabenen Gott zu nähern; Worte wie „Meister" und „Herr" kamen ihnen verständlicherweise nicht leicht über die Lippen. Sie brauchten nicht den Ehrfurcht einflößenden, fernen Herrn, sondern einen nahen, persönlichen Gott, den sie sich bildlich vor Augen führen und lieben konnten.

My God is so high, you can't get over Him,
He's so low, you can't get under Him,
He's so wide, you can't get around Him,
You must come in, by and through the Lamb.

(Etwa: Mein Gott ist so hoch, dass man nicht darüber,
so tief, dass man nicht darunter, so weit,

dass man nicht an ihm vorbeikommen kann,
man muss durch das Lamm zu ihm kommen.)

Jesus „kam vom Himmel herab" und stieg so weit nach unten, dass er dabei unsere Lebensumstände für Gott verständlicher machte. Nicht nur, dass wir wegen Jesus Gott besser verstehen; Gott versteht auch *uns* besser. Das bringt ein anderes Spiritual zum Ausdruck:

Nobody knows the trouble I've seen,
Nobody knows but Jesus . . . Glory Halleluja!

(Niemand kennt meine Sorgen, niemand außer Jesus . . .)

Um Jesu willen verspürt Gott unseren Zustand als Menschen auf andere Art als zuvor. Im Hebräer-Brief geht der Autor so weit zu sagen, dass Jesus „Gehorsam gelernt" und durch Leiden „vollendet war". Diese geheimnisvollen Worte bergen den Sinn, dass die Fleischwerdung für Gott ebenso bedeutungsvoll war wie für uns. Als geistiges Wesen hatte Gott niemals körperliches Leid verspürt – wie sollte er auch, ohne Nervenzellen? Er hat das Leid genau so „erlernt" wie wir Menschen, nämlich durch persönliche Erfahrung. Unter den zahlreichen Einschränkungen, die Gott auf sich nahm, als er auf die Erde kam, nahm er auch körperliche Schmerzen in Kauf, die Jesus auf schlimmste Weise erlebte. Er starb im wahrsten Sinne des Wortes dafür, um bei uns zu sein.

Der Verfasser des Hebräer-Briefs hat daraus einen wichtigen Schluss gezogen: „Wir haben doch einen unvergleichlichen Obersten Priester, der alle Himmel durchschritten hat und sich schon bei Gott, im himmlischen Heiligtum, befindet: Jesus, den Sohn Gottes. Trotzdem ist er nicht jemand, der kein Mitgefühl für unsere Schwächen haben könnte. Er wurde ja genau wie wir auf die Probe gestellt – „aber er blieb ohne Sünde" (Hebr 4,14–15). Daher kann er „mitfühlen mit den Unwissenden und Irrenden" (Hebr 5,2). Um Jesu willen versteht Gott voll und ganz, was es bedeutet, ein Mensch zu sein. Es stimmt, niemand kennt meine Sorgen, niemand außer Jesus.

Ich komme immer wieder auf dieses Charakteristika Jesu zu sprechen, weil ich sowohl als Christ als auch als Autor übermäßig viel Zeit darauf verwendet habe, die Geheimnisse von Schmerz und Leid zu erforschen. Doch das Ergebnis waren ebenso viele Fragen wie Antworten. Immerhin habe ich einen wichtigen Grundsatz gelernt: Gott nicht auf Grund irgendeines Unglücks zu beurteilen, das mich oder einen Menschen trifft, den ich liebe. Meine Fragen zur Vorsehung und zum Leiden sind *grundsätzlich* mit der Person Jesu beantwortet und müssen nicht Tag für Tag neu beantwortet werden. Als der Sohn Gottes auf die Erde kam, brachte er Heilung und kein Leid, und als er die Erde verließ, versprach er, eines Tages zurückzukommen, um sie nach Gottes ursprünglicher Absicht wieder herzustellen. Seinen eigenen auferstandenen Leib bot er als Beweis dar.

Ich kann an Jesu Vorbild nicht lernen, warum ein Unglück geschieht – warum eine Lawine oder Flut die eine Stadt dezimiert und nicht den Nachbarort, warum ein Kind an Leukämie erkrankt und das andere nicht –, aber ich kann sehr wohl lernen, wie Gott angesichts solcher Tragödien empfindet. Ich betrachte einfach die Reaktion Jesu bei den Schwestern seines guten Freundes Lazarus, bei einer Witwe, die gerade ihren Sohn verloren hatte, oder bei einem Aussätzigen, der vor die Tore der Stadt verbannt war. Jesus verleiht Gott ein Gesicht und dieses Gesicht ist tränenüberströmt.

H. Richard Niebuhr hat mit einem treffenden Bild die Offenbarung Gottes durch Christus mit dem Stein von Rosette verglichen.[6] Vor dessen Entdeckung konnten die Ägyptologen nur raten, was die Hieroglyphen bedeuteten. Eines unvergesslichen Tages gruben sie einen dunklen Stein aus, der den gleichen Text in Griechisch, Volksägyptisch und in vorher unentzifferbaren Hieroglyphen überlieferte. Durch schrittweisen Vergleich der Übersetzungen meisterten sie die Hieroglyphen und hatten jetzt ungehindert Einblick in eine Welt, die vorher im Nebel gelegen hatte. Niebuhr sagt weiterhin, dass wir durch Jesus „unseren Glauben wieder herstellen" können. Wir können Gott vertrauen, weil wir Jesus vertrauen. Wenn wir an Gott zweifeln, ihn unverständlich und unkenntlich finden, dann ist das beste Mittel dagegen der feste Blick auf Jesus, den „Rosette-Stein" des Glaubens.

Mit einem anderen Bild stelle ich mir Jesus als das „Vergrößerungsglas" meines Glaubens vor, ein Ausdruck, den ich wahrscheinlich erklären muss. Ich bin stolzer Besitzer eines Oxford-Wörterbuchs, das jedes Wort der englischen Sprache enthält. Dieses Wörterbuch gibt es in zwei Versionen. Bibliotheken und Büchernarren beschaffen sich eine 20-bändige Version, die man für 3 000 Dollar kaufen kann. Weil ich aber einem bestimmten Buchclub beigetreten bin, habe ich eine einbändige Sonderausgabe für nur $ 39,95 bekommen. Sie enthält den gesamten Text des Wörterbuchs, aber die Sache hat einen Haken: Die Schrift wurde so verkleinert, dass kein Mensch auf dieser Welt sie ohne Hilfsmittel lesen kann. Als Nächstes kaufte ich mir eine ausgezeichnete Lupe – ein tellergroßes Modell, wie Juweliere es verwenden. Sie wurde auf einen schwenkbaren Arm montiert und verfügt über eine fluoreszierende Beleuchtung, die ein summendes Geräusch von sich gibt. Damit und mit der gelegentlichen Hilfe einer zweiten Handlupe kann ich über den Bedeutungsvarianten jedes einzelnen englischen Wortes brüten.

Beim Gebrauch meines Wörterbuchs habe ich auch etwas über Lupen gelernt. Wenn ich das Glas über einem Wort ausrichte, zeichnet sich das winzige Wort im Zentrum oder Brennpunkt klar und deutlich ab, während es sich an den Rändern zunehmend verzerrt.

In Analogie zu diesem Beispiel ist Jesus zum Brennpunkt meines Glaubens geworden und mehr und mehr lerne ich, das Vergrößerungsglas meines Glaubens auf Jesus auszurichten. In meinem geistlichen Werdegang und auch in meinem Beruf als Autor habe ich mich sehr lange am Rande aufgehalten und über die unlösbaren Fragen zum Problem des Leids, über das Rätsel des Gebets, den Widerspruch zwischen Vorsehung und freiem Willen und andere Themen nachgegrübelt. Wenn ich darin feststecke, wird alles unscharf. Beim Blick auf Jesus kehrt aber die Klarheit wieder zurück.

In der Bibel bleiben viele Fragen zum Problem des Leids unbeantwortet, aber in Jesus sehe ich den unmissverständlichen Beweis dafür, dass nicht Gott der Urheber bestimmter Leiden ist. Für mich ist besonders wichtig geworden, dass Jesus die maßgebende göttliche Offenbarung als „Gott allen Trostes" ist.

Denken wir über ein anderes Beispiel nach: Warum erhört Gott meine Gebete nicht? Ich weiß es nicht, aber mir hilft die Erkenntnis, dass Jesus selbst zum Teil diese Enttäuschung erlebt hat. In Gethsemane warf er sich zu Boden und flehte um eine andere Möglichkeit – aber es gab keine. Er betete, die Kirche würde die gleiche Einheit bewahren wie die Gottheit selbst. Auf dieses Gebet ist eine Erhörung auch nicht annähernd erfolgt. Er betete: „Dein Wille geschehe im Himmel wie auf Erden", doch aus jeder Zeitung geht deutlich hervor, dass dieses Gebet auch noch nicht erhört wurde.

Ich kann mich ebenfalls in einen Zustand geistlicher „Verdauungsschwierigkeiten" bringen, wenn ich Fragen dieser Art aufwerfe: „Was nützt es zu beten, wenn Gott doch schon alles weiß?" Jesus bringt solche Fragen zum Verstummen: Wenn für ihn Gebet so wichtig war, dass er manchmal die ganze Nacht damit zubrachte, dann sollte ich das auch tun.

Ich gebe zu, dass mich einige christliche Standardlehren beunruhigen. Was ist mit der Hölle? Gibt es tatsächlich ewige Verdammnis? Was ist mit denen, die auf die Welt kommen und sterben, ohne je von Jesus gehört zu haben? Ich halte mich an die Antwort von Bischof Ambrosius, dem Mentor von Augustinus, der auf seinem Totenbett gefragt wurde, ob er Angst habe, im Gericht vor Gott zu stehen. „Wir haben einen guten Meister", erwiderte Ambrosius lächelnd.[7] Ich lerne, Gott trotz meiner Zweifel und inneren Kämpfe zu vertrauen, weil ich Jesus kennen gelernt habe. Falls mir das als Ausweichmanöver vorgeworfen wird, verweise ich darauf, dass damit die zentrale Rolle Jesu im Neuen Testament präzise dargestellt wird. Wir gehen von ihm als Brennpunkt aus und lassen unseren Blick aufmerksam bis zu den Rändern schweifen.

Am besten dient uns Jesus beim Kennenlernen Gottes also dadurch, dass wir uns ein Bild davon machen können, welche Perspektive Gott selbst hat. Was mich an diesem Planeten beunruhigt – Ungerechtigkeit, Armut, Rassismus, Sexismus, Machtmissbrauch, Gewalt, Krankheiten –, hat auch ihn beunruhigt. Durch den Blick auf Jesus erlange ich Einblick in Gottes Gefühle zu den Vorgängen hier unten. Jesus ist Ausdruck von Gottes Wesen auf eine Weise, die nicht missdeutet werden kann.

„Lieber ein wenig teuer erkauften Glauben [...], als in der herrlichen Fülle des reichhaltigsten Glaubensbekenntnisses umkommen", schrieb Henry Drummond.[8] Für mich beruht dieser „teuer erkaufte" Kern des Glaubens ganz einfach auf Jesus, der Mitte.

Der Apostel Paulus hat im Kolosser-Brief eine ungeheure Behauptung aufgestellt: „Die Mächte und Gewalten, die diesen Schuldschein gegen uns geltend machen wollten, hat er entwaffnet und vor aller Welt zur Schau gestellt, er hat sie in seinem Triumphzug mitgeführt – und das alles in und durch Christus" (Kol 2,15). Für

Paulus beweist der Tod Jesu zusätzlich die unvorhergesehene Überlegenheit, den Triumph. Beim Lesen kommt in mir angesichts dieses Anspruchs wieder die Skepsis hoch: *Wirklich, Paulus? Schau dich doch mal um. Sieht diese Welt tatsächlich so aus, als hätte Gott über „die Mächte" triumphiert?* Dann erinnere ich mich daran, dass Paulus diese Worte im römischen Arrest geschrieben hat, als Gefangener der stärksten Macht der damaligen Zeit. Bald, wahrscheinlich unter Nero, sollte er in die Schar der Märtyrer eingereiht werden.

Wir wissen von anderen Texten, dass der Apostel sein Leben für diesen Glauben eingesetzt hat: Gott, der mit der Auferstehung seines Sohnes die stärkste und zerstörerische Macht, den Tod, besiegt hat, will dieses Wirken dem gesamten leidenden Planeten zukommen lassen. Aber in diesem einen Text im Kolosser-Brief sagt Paulus gar nichts über die Auferstehung, sondern hält den Blick auf das Kreuz gerichtet. Von welchem Triumph redet er?

Vor einigen Jahren ist der französische Philosoph und Anthropologe Rene Girard genau dieser Frage nachgegangen, und zwar so gründlich, dass er zum Entsetzen seiner säkularen Kollegen zum Christentum konvertierte. Girard fiel auf, dass die Geschichte Jesu im Gegensatz zu jeder Heldengeschichte seiner Zeit stand. Die Mythen von Babylon, Griechenland und anderswo feierten starke Helden, keine schwachen Opfer. Im Gegensatz dazu ergriff Jesus von Anfang an Partei für die Unterlegenen: die Armen, die Unterdrückten, die Kranken, die „Randfiguren".[9] Tatsächlich hat Jesus sich zu einer Geburt in Armut und Schande entschieden, seine Kindheit als Flüchtling verbracht, ist unter einem unerbittlichen Regime in einem Minderheitenvolk groß geworden und als zu Unrecht angeklagter Gefangener gestorben.

Jesus bewunderte Menschen wie zum Beispiel den römischen Soldaten, der sich um seinen sterbenden Sklaven kümmerte; den Steuereintreiber, der sein Vermögen mit den Armen teilte; den Reisenden aus einem Minderheitenstamm, weil er sich aufhielt, um einem ausgeraubten Mann zu helfen; einen Sünder, der schlicht und einfach um Hilfe bat; eine Frau, die ihn in ihrer Scham und Verzweiflung am Gewand berührte; den Bettler, der Brocken vom Tisch eines reichen Mannes aß.

Im Gegenzug missbilligte Jesus die religiösen „Profis", die dem Verwundeten nicht helfen wollten, weil sie sich sonst verunreinigt hätten; den stolzen Geistlichen, der auf die Sünder herabschaute; den Reichen, der den Hungrigen nur Reste anbot; den verantwortungsbewussten Sohn, der seinem verschwenderischen Bruder aus dem Weg ging; die Mächtigen, die von den gekrümmten Rücken der Armen profitierten.

Als Jesus selbst schmählich als unschuldiges Opfer starb, trat ein, was einer von Girards Schülern „die nachhaltigste Revolution der Weltgeschichte" nannte, „nämlich das Aufkommen von Mitleid für die Opfer". Mit Ausnahme der Bibel findet sich in keiner anderen antiken Quelle die Geschichte eines unschuldigen und doch heroischen Opfers, das zu Tode gebracht wird. Für die Menschen des Altertums waren Helden heroisch und die Opfer bedauernswert.

Nach Aussage von Girard gibt es das Phänomen, dass gesellschaftliche Macht traditionsgemäß durch „geheiligte Gewalt" gestärkt wird. Die größere Gruppe (zum Beispiel die deutschen Nazis oder die serbischen Nationalisten) sucht sich eine Minderheit aus, die sie zum Sündenbock macht, um ihre selbstgerechte Gewalttätigkeit gegen sie zu richten, was wiederum Zusammenhalt im Volk schafft und diesem Mut einflößt. Die jüdischen und römischen Machthaber haben dieses Verfahren auf Jesus angewendet, doch die Sache schlug fehl.[10] Stattdessen hat das Kreuz die altbewährten Kategorien des schwachen Opfers und des starken Helden zerschlagen, denn das Opfer ging aus den Ereignissen als Held hervor.

Der Apostel Paulus hat an eine tiefe Wahrheit gerührt, als er mit seiner Aussage im Kolosser-Brief von der paradoxen Leistung Jesu sprach. Es war ein öffentliches Schauspiel, als Jesus eben die Mächte und Autoritäten als falsche Götter bloßstellte, auf die Männer und Frauen so stolz sind. Die ausgeklügeltste Religion ihrer Zeit klagte einen Unschuldigen an und das berühmteste Rechtssystem hat den Urteilsspruch vollstreckt.

Eine Figur aus einem Theaterstück von Flannery O'Connor merkt an: „Jesus hat alles aus dem Gleichgewicht gebracht."[11] Das Evangelium, in dessen Mittelpunkt das Kreuz steht, leitete eine verblüffende Umwertung aller Werte ein, die nach und nach die ganze Welt beeinflusst hat. Heute besetzt das Opfer den moralisch hohen Standpunkt: Davon zeugt die Vergabe des Friedensnobelpreises an einen farbigen südafrikanischen Geistlichen, einen polnischen Gewerkschaftsführer, einen Holocaust-Überlebenden, eine Bäuerin aus Guatemala und einen Bischof der verfolgten Einwohner von

Ost-Timor. Dass die Welt Ehre und Beachtung für die an den Rand gedrängten und um ihre Bürgerrechte Betrogenen übrig hat, schloss Girard, ist ganz direkt dem Kreuz von Jesus Christus zu verdanken.

Frauen, Arme, Minderheiten, Behinderte, Fürsprecher der Umwelt und der Menschenrechte – sie alle entlehnen ihre moralische Autorität der Macht des Evangeliums, die am Kreuz entfesselt wurde, als Gott für das Opfer Partei ergriff. Es wirkt ungemein ironisch, wenn sich die Bewegung der „political correctness" als Verteidiger dieser Rechte oft als Feind des Christentums darstellt. Tatsächlich aber hat das Evangelium zu genau dem Fundament beigetragen, das eine solche Bewegung möglich macht.

Die Menschwerdung Gottes in Jesus Christus hat die Welt überrascht und zwei Jahrtausende später ist der Widerhall noch nicht erstorben. In einer Gesellschaft, die den Erfolg verherrlicht und für das Leiden taub geworden ist, sollten wir uns ständig daran erinnern, dass im Zentrum des christlichen Glaubens ein erfolgloser, leidender Christus am Kreuz hängt, der einen schändlichen Tod erlitt.

Roberta Bondi, Professorin für Kirchengeschichte, erzählt in einer sehr persönlichen Geschichte, wie das Mitleid Jesu für die Unterlegenen ihren Widerstand gegen Gott schmelzen ließ und eine verzerrte Vorstellung von ihm richtig stellen half. Sie hatte lange Probleme mit der Vorstellung von Gott als unserem Vater, vor allem, weil sie keine echte Beziehung zu ihrem eigenen Vater hatte. Dieser hatte keine Unvollkommenheit oder Schwäche, keinen Ungehorsam, keine Fragen nach dem Warum geduldet. Er hatte eine klare Vorstellung davon gehabt, wie eine Frau zu sein habe: freundlich und nachgiebig, still und unterwürfig.

Roberta aber schaffte es trotz bester Absichten nie, nachgiebig oder still zu sein, und lebte deshalb mit der schweren Last, dass sie in den Augen ihres Vaters eine Versagerin war. Er ließ die Familie noch vor Robertas zwölftem Geburtstag im Stich und sie hatte ihn nur einmal wieder gesehen, ein Jahr später. Der Zorn hatte sich wie eine ansteckende Krankheit in ihr ausgebreitet und jedes Mal, wenn sie jemanden von „Gott, dem Vater" sprechen hörte, wurde sie wütend.

Ihr Studium führte Mrs. Bondi nach Oxford, wo sie sich ironischerweise in die Schriften der frühen Kirchenväter vertiefte. In den Texten der christlichen Mönche in der ägyptischen Wüste entdeckte sie ein anderes Bild vom himmlischen Vater: einen freundlichen Gott, der besonders die Menschen liebt, die von der Welt verachtet werden, der unsere Schwächen, Versuchungen und Leiden versteht. Sie versuchte jedoch nur mit geringem Erfolg, das Wort „Vater" im Gebet auszusprechen, bis sie eines Tages auf das letzte, lange Gespräch Jesu stieß, das dieser vor Verhaftung und Tod mit seinen Jüngern führte.

In dieser Szene starren die Jünger Jesus verständnislos an, während er davon spricht, dass er zum Vater gehen werde. Schließlich platzt Philippus heraus: „Herr, zeige uns den Vater! Mehr brauchen wir nicht!" (Joh 14,8). Jesus antwortet: „Nun bin ich so lange mit euch zusammen gewesen, Philippus, und du kennst mich immer noch nicht? Jeder, der mich gesehen hat, hat den Vater gesehen. Wie kannst du dann sagen: ‚Zeige uns den Vater'?" (Joh 14,9).

„Jeder, der mich gesehen hat, hat den Vater gesehen." Das fiel Mrs. Bondi, der Kirchenhistorikerin und Theologin, als überraschend neues Konzept auf. Wenn Jesus sich besonders um die Armen, Witwen und sozial Entrechteten kümmert, dann gilt dies auch für den Vater. Wenn Jesus auch Frauen zu seinen Freunden zählt und sie schätzt, dann auch der Vater. Roberta Bondi hatte ihr eigenes verzerrtes Vaterbild zu Unrecht auf Gott projiziert. Sie erkannte, dass vielmehr Gottes Ideal ein starkes Korrektiv für menschliche Väter sein sollte, die versagt haben. Durch das Vergrößerungsglas Jesus, den sichtbar gewordenen Gott, erkannte sie Gott ganz neu.

Als Roberta Bondi die Evangelien mit offenen Augen las, wurden einzelne Geschichten in ein ganz neues Licht gerückt. Im Bericht über Lazarus (Joh 11) fiel ihr zum Beispiel der Umgang Jesu mit den beiden Schwestern auf. Der gleiche Jesus, der Zugang zur Macht des Vaters besaß, um Lazarus von den Toten zu erwecken, zerfließt in Mitleid und weint mit seinen Freundinnen Maria und Martha. Mehr noch, er lässt zu, dass die beiden Schwestern ihn für seine Verspätung tadeln. Roberta Bondi, die immer noch die Wunden der Kindheit mit sich herumtrug, erkannte hier den Gegensatz: Die Schwestern fühlen sich durch Jesus überhaupt nicht eingeschüchtert. Sie nehmen das Geschehene nicht unterwürfig als Willen Gottes hin, sondern überhäufen Jesus mit ihren verletzten Gefühlen und ihrem Zorn.

Allmählich zeichnete sich für Roberta Bondi ein Bild davon ab, wie eine Beziehung mit Gott aussehen könnte.

„Wenn Jesus uns aufträgt, Gott ‚Vater' zu nennen, nahm ich an, dass er von uns als Gottes Kindern verlange, zu diesem Vater so zu stehen, wie ganz kleine Kinder zu jenen wohlwollenden, dominanten Vaterfiguren stehen, die das Kleinkind dem Jugendlichen vorziehen. Kleinkinder sind ja so niedlich und Jugendliche so kompliziert. [...] Ich konnte es mir nicht leisten, etwas mit einem Gottvater zu tun zu bekommen, der von mir ein Leben als hilfloses Kind erwartet."[12]

Zu ihrer Freude stellte sie fest, dass Gott auf eine Beziehung mit gereiften Erwachsenen, wie Jesus mit seinen Jüngern, viel mehr Wert legt. „Ich werde euch nicht mehr Diener nennen ... Vielmehr nenne ich euch Freunde", kündigte Jesus seinen Jüngern an (Joh 15,15), augenscheinlich sehr erleichtert. Hier genießt er die Möglichkeiten der Fleischwerdung.

Eine ganz einfache Tatsache belegt den „Nachteil" der Fleischwerdung: Nur wenige, die Jesus gekannt haben, konnten seine göttliche Herkunft erkennen. Im Philipper-Brief fasst Paulus diesen Sachverhalt sehr schön zusammen: „Er war in allem Gott gleich, und doch hielt er nicht gierig daran fest, wie Gott zu sein. Er gab alle seine Vorrechte auf und wurde einem Sklaven gleich" (Phil 2,6–7). Während er auf dieser Erde lebte, verzichtete Jesus auf die Privilegien Gottes und riskierte damit, unerkannt zu bleiben. Der Mensch erwartet von seinem Gott Macht, nicht Machtlosigkeit, er will Kraft, nicht Schwäche, Größe, nicht Niedrigkeit.

Um diese Veränderung zu würdigen, sollte man sich die Situationen in Erinnerung rufen, in denen Gott im Alten Testament hörbar sprach. Nach 38 Kapiteln mit den Theorien von Ijob und seinen Freunden donnerte Gott aus einem Sturm heraus und ließ sie bereits durch seine ersten Worte zu Boden fallen. Zwar umging Gott die Fragen, die Ijob so leidenschaftlich gestellt hatte. Doch allein dadurch, dass Gott den Abgrund zwischen den beiden Welten überquerte und mit ohrenbetäubenden Kräften auf die Materie einwirkte, wurde Ijob zum Schweigen gebracht. Er tat in Staub und Asche Buße.

Im Vergleich dazu sind in den Evangelien nur drei Situationen aufgezeichnet, in denen Gott hörbar spricht. Zweimal (bei der Taufe Jesu und der Verklärung) sagte Gott praktisch dasselbe: „Dies ist mein Sohn, ihm gilt meine Liebe, ihn habe ich erwählt" (Mt 3,17). Das dritte Mal, als Gott zu den zweifelnden Griechen sprach (Joh 12), hörten einige keine Worte, sondern nur das Grollen des Donners. Während Jesus auf der Erde war, ließ die Stimme Gottes niemand zu Boden fallen. In den traumatischen Prozessen vor Herodes und Pilatus blieb Jesus selbst meist stumm und Gott der Vater sagte kein einziges Wort.

Jesus rief keine Blitze vom Himmel. Keine Rauchwolke hüllte ihn ein, als er zur Menschenmenge sprach. Durch die Überwindung der Nachteile bei den alttestamentarischen Offenbarungen Gottes musste Jesus die Vorteile aufgeben. Er sah ganz und gar nicht so aus wie Gott; er sah aus wie – nun ja, ein Mensch. „Ist das nicht der Sohn von Maria? Der Zimmermannssohn aus Nazareth?", sagte man spöttisch über ihn.

„Zeige uns den Vater! Mehr brauchen wir nicht", bat Philippus. Doch als Jesus mit seiner Antwort auf sich selbst verwies, reichte das eindeutig nicht aus: Später, noch in der gleichen Nacht, wurde Jesus von Philippus und allen anderen im Stich gelassen. In jedem von uns steckt ein Stück von Philippus, eine Sehnsucht, wenigstens einmal Gott in der unwiderlegbaren Rauch-und-Feuer-Version zu sehen, damit sich unsere Zweifel legen. Was Gott uns zu bieten hat, stellt uns nicht zufrieden.

Die Welt findet sich nicht mit der großen Kluft ab, die zwischen unseren Erwartungen von Gott und Jesus, den er uns auf die Erde sandte, besteht. In anderen Religionen wird Jesus als weiser Lehrer und bewundernswerter Führer respektiert, nicht aber als Gott. Die New-Age-Bewegung strebt nach mehr Mystik, nach reichhaltigerer persönlicher Erfahrung. Die höchste Bekundung von Gottes Wesen wird in der heutigen Zeit ebenso abgelehnt wie damals zu seiner Lebzeit.

> *„Gott erschöpft sich durch die unendliche Dichte von Zeit und Raum, um zur Seele zu gelangen und sie für sich einzunehmen. Lässt sie sich durch reine und völlige Einwilligung (sei diese auch so kurz wie ein Blitz) herausreißen, dann erobert Gott diese Seele. [...] Die Seele bricht vom entgegengesetzten Ausgangspunkt auf und begibt sich auf den gleichen Weg, den Gott zu ihr hin beschreitet.*
> *Und das ist das Kreuz."*
> SIMONE WEIL[13]

Kapitel 12

Der Mittler

Die Wahrheit trifft uns von hinten und dazu im Dunkeln.
HENRY DAVID THOREAU[1]

Der italienische Autor Umberto Eco („Der Name der Rose", „Das Foucaultsche Pendel") hat einen faszinierenden Bericht über eine Reise durch die USA geschrieben. In *Travels in Hyper Reality* kommentiert er unsere durch und durch materialistische Einstellung zum Leben. Wie er beobachten konnte, wird selbst die amerikanische Mythologie greifbar: Die Weihnachtsmänner, die zu Weihnachten in jedem Einkaufszentrum ihren Thron einnehmen, und die riesigen lebendigen Comicfiguren, die jederzeit in Disneyland umherlaufen. Die antiken Griechen feierten ihre Helden in epischen Dichtungen und trugen diese bei Gelagen vor; die modernen Amerikaner schütteln Micky Maus persönlich die Hand.

Auch das religiöse Fernsehen übte auf Eco seinen Reiz aus. „Wenn man sich an die religiösen Fernsehsendungen am Sonntagmorgen hält, dann kommt man zu der Erkenntnis, dass Gott nur als Natur, Fleisch, Energie, als greifbares Bild erfahren werden kann. Und da kein Prediger es wagt, uns Gott in Form einer bärtigen Puppe oder als Disneyland-Roboter vorzuführen, kann man ihn nur in Form von Naturgewalten, Freude, Heilung, Jugend, Gesundheit und Wirtschaftswachstum erleben."[2] Eco kam zu dem Schluss, dass Gott für die Amerikaner fast greifbar ist. Wo ist das *mysterium tremendum* geblieben, fragte Eco – der heilige, Ehrfurcht gebietende, erhabene Gott?

Ich frage mich, was Eco von einer Szene gehalten hätte, die ich in einer Kirche auf den Philippinen beobachtete, in der eine Ebenholzstatue von Jesus steht. Die Pilger stehen an, um ihre Zehen zu berühren. Manche kriechen meilenweit auf Knien herbei, nur um ihr nahe zu sein. Früher war es üblich, die Zehen zu küssen, doch die Abnutzung an der Statue veranlasste die Kirche, sie mit Plexiglas zu verkleiden, so dass nur die Zehen frei geblieben sind. Leider haben die zuständigen Beamten zum Unglück für die sehr klein geratenen Filipinos die Statue auch höher aufstellen lassen, so dass die Gläubigen hoch springen müssen, um die Zehen berühren zu können. Jetzt also schiebt sich eine lange Schlange kleiner Menschen bis zu einem bestimmten Punkt, worauf sie alle wie Basketballspieler hoch springen, um die Zehen zu erreichen. Die wiederum zeigen schon wieder Abnutzungsspuren. Einmal im Jahr macht die Kirche ein Zugeständnis und lässt den schwarzen Nazarener im Rahmen einer öffentlichen Prozession ins Freie und in den meisten Jahren werden einige Menschen in der Ekstase zu Tode getrampelt.

Nach Aussage von Eco sind wir Menschen auf der Suche nach klar erkennbaren Zeichen von Gottes Gegenwart, als sehnten wir uns immer noch nach dem brennenden Busch oder einer hörbaren Stimme. Als materielle Wesen werten wir den Geist als weniger real ab und möchten, dass Gott im Bereich des Gegenständlichen erscheint, in dem auch wir leben. Jesus ging eine Zeit lang auf diesen Wunsch ein. Aber Tatsache ist und bleibt, dass Jesus in den Bereich des Unsichtbaren zurückgekehrt ist.

„Gott ist [...] Geist", stellte Jesus fest (Joh 4,24) – jeder religiöse Jude glaubte das. Wie aber sollen wir uns einen Geist oder gar Gott unabhängig von einer sichtbaren Form vorstellen? Wie überhaupt kann ein Geist zu einer materiellen Welt in Beziehung treten? Kann ein Geist ohne Netzhaut „sehen", also Lichtwellen empfangen und damit ein scharfes Bild herstellen, oder ohne Trommelfell „hören", also molekular erzeugte Vibrationen aufzeichnen? Und können wir jemals feststellen, ob ein Gott, der nur ein Geist ist, auf das Leben dieses Planeten Einfluss nimmt? Auch hier stellt sich wieder die Frage, wie kann man an einen Gott glauben, den man nicht sieht? Die Israeliten des Alten Testaments sind an dieser Aufgabe schmählich gescheitert. Trotz zahlreicher Beweise für Gottes Existenz wandten sie sich immer wieder den Götzen zu, die man anfassen und sehen konnte.

Manche Christen wie die, denen Umberto Eco in Amerika begegnete, wollen die Zeiten wieder aufleben lassen, als Gott sich den Menschen viel sichtbarer zeigte. Sie betrachten den Heiligen Geist als eine gezähmte Version des Gottes Israels in der Wüste: Er spricht sie direkt an, versorgt sie mit Nahrung und Kleidung, garantiert ihnen Gesundheit und bietet kristallklare Weisung. Mit anderen Worten: Der Heilige Geist verändert die Regeln des Lebens derart, dass wir nie Grund zur Enttäuschung haben. Ich kenne leider zu viele kranke und bedürftige Christen, um daran glauben zu können.

Ich stelle mir den Heiligen Geist anders vor. Er berührt nicht so sehr unser weltliches Dasein mit seinem Zauberstab, sondern bewirkt, dass wir Gottes Gegenwart an Orten erkennen, an denen wir sie übersehen hätten. Der Heilige Geist kann diesen „Ruck" des Wiedererkennens (ein Begriff von Dorothy L. Sayers) in den normalsten Bereichen bewirken: wenn ein Baby lächelt, wenn Schnee auf einen gefrorenen See fällt, wenn ein Lavendelfeld im Morgentau liegt, wenn aus einem rituellen Gottesdienst ganz unerwartet mehr als ein Ritual wird. Plötzlich erkennen wir diese vergänglichen Freuden als Geschenke eines Gottes, der unser Lob verdient.

Nach dem Heiligen Geist zu suchen ist so, als suche man nach einer Brille, die man auf der Nase trägt. Eine andere Analogie gibt John V. Taylor: „Wir können uns den Geist nie direkt bewusst machen, da er bei jedem Gemeinschaftserlebnis, bei jedem Wiedererkennen der Mittler ist, der das Bewusstsein erzeugt."[3] Der Heilige Geist ist eher das, *womit* wir erkennen, als das, *was* wir erkennen. Er ist es, der uns die Augen öffnet für die unterschwelligen *geistigen* Realitäten.

Das geistige Wiedererkennen unserer Mitmenschen kann sehr wohl die konventionellen Maßstäbe sprengen, denn es geht hier nicht um einen ansehnlichen Körper, das Einkommen und den Zierrat der Macht. Vielmehr führt uns der Heilige Geist womöglich zu den gleichen Gruppen, denen Jesus gedient hat – Fremde, Witwen, Gefangene, Obdachlose, Hungernde, Kranke –, so dass wir allmählich diese „Geringsten" so sehen, wie Gott sie sieht.

Ein Student erzählte mir einmal, wie er sich den Heiligen Geist vorstellt. „Ich habe zum ersten Mal in der Sonntagsschule durch Bilder von ihm erfahren. Er wurde als Mensch in Miniatur dargestellt, eine Art Homunkulus, der tief in unserem Körper wohnt. Dieses Bild prägt immer noch meine Vorstellung. Der Geist wohnt irgendwo in mir, vielleicht in meinem Gehirn oder im Herzen. Wie ein Hausmeister, der im Gebäude gefangen ist, macht er mich auf sich aufmerksam, indem er an die Rohre meines Gewissens oder Unterbewusstseins schlägt. Wenn ich ihn nicht beachte, schrumpft er zusammen. Wenn ich auf ihn höre, wird er größer, bis er mich ganz ausfüllt."

Kommt in Unterhaltungen die Sprache auf den Heiligen Geist, gerät man in mancherlei Verlegenheit. Wenn eine Person oder

Gruppe behauptet: „In der Bibel steht . . .", dann kann man selbst nachschlagen. Wenn es aber heißt: „Der Heilige Geist hat mir gesagt..." – wo soll man da nachschauen? Hier liegt das Problem: Per Definition ist der Heilige Geist unsichtbar. Jesus hat Nikodemus mit einer Parallele geholfen: „Der Wind weht, wo es ihm gefällt. Du hörst ihn nur rauschen, aber du weißt nicht, woher er kommt und wohin er geht" (Joh 3,8). Wie können wir seine Gegenwart belegen, wenn er keine Gestalt, keine bestimmbare Form hat?

Trotz allem kann niemand, der Gott kennen lernen will, den Heiligen Geist übergehen, der sich in einer entscheidenden Situation auf dramatische Weise auf der Erde zeigte. Als Jesus sich von seinen Nachfolgern verabschiedete, bat er sie, zunächst etwas sehr Wichtiges zu tun: „Wartet", sagte Jesus. „Kehrt zurück nach Jerusalem und wartet auf den Heiligen Geist."[4.]

Was seit dem Fortgang Jesu geschehen ist, stellt den Glauben auf die Probe und treibt viele Menschen von Gott weg, was man ehrlich zugeben muss. In Jesus hatte Gott aus freien Stücken einer Welt Gesellschaft geleistet, die vom Bösen angesteckt und ihm zum Opfer gefallen ist. Mit dem Heiligen Geist hat ein heiliger Gott seinen Ruf genau von den Menschen abhängig gemacht, die vom Bösen infiziert sind, denn er hat die Inkarnation auf alle Nachfolger Jesu ausgedehnt. Der Gott, der wie ein Mensch zu Fleisch geworden ist, damit wir ihn in unserer materiellen Welt erfahren können, wird immer noch zu Fleisch – zu unserem eigenen Fleisch.

Befassen wir uns aber mit der traurigen, befleckten Geschichte der Kirche. Gelinde gesagt, sind die sterblichen Menschen nur traurige Abbilder Gottes. Tatsächlich schrecken wir die Menschen wahrscheinlich genauso von Gott ab, wie wir sie ihm zuführen. „[...] es ist gut für euch, dass ich fortgehe", teilte Jesus seinen zweifelnden Jüngern mit (Joh 16,7), als er ihnen den Tröster versprach. Wie das? Welche „Vorteile" hat diese letzte Offenbarung Gottes?

Eines ist sicher: Wenn sich ein Mensch eine „persönliche Beziehung zu Gott" wünscht, dann erhebt der Heilige Geist das Wort *persönlich* auf eine neue Ebene. Keine andere Religion erhebt einen so außergewöhnlichen Anspruch: dass der Gott des Universums nicht nur als äußere Macht existiert, der wir gehorchen müssen, sondern als der Eine, der in uns lebt, uns von innen nach außen verändert und eine Möglichkeit direkter Kommunikation mit Gott eröffnet. Thomas Merton sagt dazu: „Da unsere Seele von geistlicher Beschaffenheit und Gott reiner Geist ist, gibt es nichts, was eine Einheit zwischen uns und ihm verhindern kann, eine Einheit, die im wahrsten Sinne des Wortes ekstatisch ist."[5]

Wie ich schon sagte, schwingt bei unseren Beziehungen zu anderen Menschen immer ein gewisses Maß an Unsicherheit und Zweifeln mit. Die Nachbarn von Massenmördern zeigen sich oft überrascht, wenn der Verbrecher in Handschellen abgeführt wird: „Er war so ein netter Mann." Wir alle halten einen Teil unseres Ichs verborgen, unser Inneres, und zeigen der Welt nur unsere Oberfläche. Mit dem Geist überwindet Gott diese Schranke. Jetzt wohnt Gott im Innern und arbeitet daran, den beiden Teilen der Persönlichkeit Harmonie zu bringen, so dass wir nicht gespalten sind, sondern zu einer ungeteilten Identität finden.

Wir empfangen „Gaben des Geistes" von dem Einen, der in uns wohnt und genau weiß, wie die einzigartige Kombination jedes Menschen aus Persönlichkeit, Sozialisation und natürlicher Begabung im Dienste Gottes genutzt werden kann. Dazu Jürgen Moltmann: „Dem ‚Geist des Lebens' kann man nur in Form des Geistes von diesem und jenem besonderen Leben begegnen – er ist so spezifisch und vielfältig wie die Menschen, denen er innewohnt. Der Geist verstärkt und formt unsere individuellen Persönlichkeiten und Begabungen, doch nie überwältigt er sie."[6]

In einer Anekdote wird davon berichtet, dass Königin Victoria sehr unterschiedliche Eindrücke von ihren beiden berühmten Premierministern hatte. Als William Gladstone im Amt war, sagte sie: „Ich habe den Eindruck, mit einem der wichtigsten Führer der Welt zusammenzuarbeiten." Benjamin Disraeli vermittelte ihr andererseits „das Gefühl, ich sei eine der wichtigsten Persönlichkeiten der Welt". Als ich diese Beschreibungen las, dachte ich daran, wie unterschiedlich die Reaktionen auf den Gott des Alten Testaments und auf den Heiligen Geist sind, der in uns wohnt: Der eine bewirkt Ehrfurcht, der andere hegt und erzieht uns.

Mein Freund Ken, ein engagierter Christ, der aber auch Probleme in seinem Glaubensleben hat, bekannte mir: „Ehrlich gesagt, sehe ich mehr Beweise für den Heiligen Geist als für die beiden anderen Personen der Dreieinigkeit. Der Hunger nach Gott, den ich verspüre – das ist ein Zeichen, dass der Heilige Geist in mir wohnt. Aber dass ich merke, wann ich gegen die Lust und den Stolz ankämpfen muss, wann ich mich entschuldigen und wann ich vergeben muss – das sind für mich genauso eindrucksvolle Zeichen von Gott wie ein brennender Busch. Das zeigt mir, dass Gott immer noch in mir wirkt."

Mir schwant, dass kleine Siege wie die von Ken beschriebenen Gott genauso viel, vielleicht sogar mehr Freude machen als manches Wunder aus biblischen Zeiten. Ich kenne auch viele „normale" Leute, die Gefangene besuchen, sich um Sterbende kümmern, Häuser für Obdachlose einrichten, ungewollte Babys adoptieren und Flüchtlingsfamilien aufnehmen. Das alles machen sie, weil der Heilige Geist es ihnen aufs Herz legt.

„Bist du mit dem Heiligen Geist erfüllt?" Wenn man dem Apostel Paulus diese Frage stellen würde, würde er wahrscheinlich Charakteristika aufzählen, die der Geist bewirkt: Liebe, Freude, Frieden, Güte und so weiter. Zeigen sich diese Merkmale auch bei Ihnen? Können Sie Gottes Liebe für die anderen zum Ausdruck bringen? Jeder Brief von Paulus schließt mit dem Aufruf zu praktischen Taten der Liebe und des Dienstes: Gebet, den Bedürftigen helfen, die Kranken trösten, gastfreundlich und demütig sein. Wir sollten es also nicht wagen, das „gewöhnliche" – eigentlich höchst außergewöhnliche – Wirken Gottes abzuwerten, das er ausübt, wenn er in unserem Leben Wohnung genommen hat. Das sind die Anzeichen eines vom Heiligen Geist erfüllten Lebens, Zeichen des Unsichtbaren, die sich in unserer sichtbaren Welt ereignen.[7]

Der Heilige Geist kann nicht wie ein Haustier gleichsam irgendwo in uns unter Verschlag gehalten und ganz nach unseren Wünschen herausgeholt werden. Die lebendige Gegenwart Gottes in uns sollte alles durchdringen, was wir sehen und tun. Um auf die Vorstellung des Studenten zurückzukommen: Der Heilige Geist ist kein kleines Menschlein, das an die Heizungsrohre unseres Gewissens schlägt, um auf sich aufmerksam zu machen. Vielmehr ist er ein unverzichtbarer Teil des ganzen Bauwerks. Der Heilige Geist handelt weniger *an* uns, als vielmehr *mit* uns, als Teil von uns. Gott gehört zum gesamten Vorgang. Er ist kein Lückenbüßer.

Wie wir in Kapitel 11 gesehen haben, war Jesus eine Zeit lang Teil der Menschheit, so dass er uns heute als Anwalt dienen kann, als unser Fürsprecher. Mit einem einfühlsamen Text belegt Paulus, dass auch der Heilige Geist einen Beitrag leistet, um uns hier unten in unseren Mühen zu helfen.

Das 8. Kapitel des Römer-Briefes ist eine Zusammenfassung des menschlichen Zustands, mehr noch, des ganzen Planeten: „Denn wir wissen, daß die ganze Schöpfung bis zu diesem Augenblick mit uns seufzt und sich ängstigt" (Röm 8,22; Luther). Und auch wir Menschen seufzen innerlich: Die Erde und alle ihre Bewohner senden wie Wellen mit niedriger Frequenz ständig einen Strom von Signalen des Leids aus. Paulus wusste ein gutes Wortspiel zu schätzen und die beiden ersten Erwähnungen des Wortes *seufzen* dienen als Bühnenunterbau für seine höhepunktartige Schlussfolgerung: „Desgleichen hilft auch der Geist unserer Schwachheit auf. Denn wir wissen nicht, was wir beten sollen, wie sich's gebührt; sondern der Geist selbst vertritt uns mit unaussprechlichem Seufzen" (Röm 8,26; Luther).

Ich kenne dieses Gefühl der Hilflosigkeit sehr gut. Das Gefühl, nicht zu wissen, was ich beten sollte: wie ich für jemanden beten soll, dessen Ehe am Ende ist, die nichts als Verkümmerung statt Wachstum aufweist; für ein Opfer von Kindesmissbrauch, die als Erwachsene keine Möglichkeit hat, Freude an Sex zu finden; für Eltern eines Kindes, bei dem Krebs im Endstadium diagnostiziert wurde; für eine Christin in Pakistan, die wegen ihres Glaubens ins Gefängnis gesteckt wurde; für einen Stadtrat oder ein Gericht, das meine tiefsten Überzeugungen nicht teilt. Worum kann ich bitten? Wie soll ich beten?

Der Heilige Geist bringt uns die gute Nachricht, dass wir uns nicht auszudenken brauchen, wie wir beten sollen. Wir brauchen nur zu seufzen. Als ich die Worte von Paulus las, kam mir das Bild einer Mutter vor Augen, die auf das wortlose Weinen ihres Babys eingeht. Ich kenne Mütter, die das Schreien vor Hunger vom Schrei nach Aufmerksamkeit unterscheiden können, den Ohrschmerz-Schrei vom Bauchschmerzen-Schrei. Für mich sind die Geräusche identisch, doch die Mutter erkennt instinktiv die Bedeutung des nonverbalen Seufzens ihres Kindes. Es ist gerade die Wortlosigkeit, die Hilflosigkeit des Kindes, die ihrem Mitleid eine solche Intensität verleiht.

Gottes Geist schöpft aus einem sensiblen Empfinden, das weit über das der klügsten Mutter hinausgeht, und offensichtlich ist es unsere Hilflosigkeit, an der auch Gott sich erfreut, denn unsere Schwäche schenkt ihm Gelegenheit, seine Stärke zu erweisen. Indem Paulus im 8. Kapitel seines Briefes an die Römer eine Verbindung zwischen den *Seufzern* herstellt, berichtet er von einem Geist, der in uns lebt, der Bedürfnisse entdeckt, die wir nicht artikulieren können, und sie in einer Sprache ausdrückt, die wir nicht verstehen. Wenn wir nicht wissen, was wir beten sollen, dann füllt der Heilige Geist die Lücke aus.

Der griechische Begriff für den Heiligen Geist, *paracletos*, bedeutet so viel wie: „einer, der zur Seite steht", wie zum Beispiel ein Rechtsanwalt oder Strafverteidiger. Es ist ein Bild, das den ersten Christen in ihrer Verfolgung einen starken Trost geboten haben muss. Wer von uns Prüfungen über sich ergehen lassen muss – eine Krebserkrankung in der Familie, eine hartnäckige Sucht, die Abwege der eigenen Kinder, berufliche Misserfolge –, braucht auch die innere Gegenwart eines Geistes, der für uns „mit unaussprechlichem Seufzen" eintritt oder, wie es in einer anderen Übersetzung heißt: „... mit einem Stöhnen, das sich nicht in Worte fassen lässt" (Gute Nachricht). Der gleiche griechische Begriff wurde für jemanden verwendet, der die Armee anfeuert, wenn sie sich auf die entscheidende Schlacht einstellen muss. Für die ängstlichen und eingeschüchterten Truppen machte der *paracletos* die Stimme der Zuversicht und der moralischen Stärkung hörbar. Wir haben einen Zugang zu dieser Art innerer Stimme. Es ist die Stimme Gottes selbst.

In der Bibel findet sich, wenn man so will, ein „Dreiklang des Seufzens", je weiter die Geschichte Gottes mit den Menschen fortschreitet. Im Alten Testament erfahren wir von einem „Gott von oben", einem Vater, der sich um unsere winzigen Bedürfnisse kümmert. Das Evangelium berichtet von einem weiteren Schritt, vom „Gott neben uns", der einer von uns geworden ist. Er hat Ohren, Stimmbänder und Nervenzellen, um Schmerz zu empfinden. In den Briefen hören wir vom „Gott in uns", einem unsichtbaren Geist, der unseren unaussprechlichen Bedürfnissen Ausdruck verleiht. Das Kapitel 8 im Römer-Brief über die „Seufzer" schließt mit dem kühnen Versprechen, dass es eines Tages keinen Grund zum Seufzen mehr geben wird.

Einer meiner Schriftstellerkollegen verlor nach einer furchtbaren Reihe von Krankheiten und psychischen Problemen fast seinen Glauben. In den dunkelsten Stunden, berichtet er, habe Gott geschwiegen. Das Gebet habe ihm nichts gebracht. Als er schließlich aus dem Tal der Schatten auftauchte, sagte er mir: „Weißt du, was mich davon abhielt, alles hinzuwerfen, ganz abzufallen? Nur eins. Es wäre nötig gewesen, zu drei oder vier Leuten zu gehen, die ich mehr als alle anderen respektiere, und ihnen zu sagen: ‚Ihr seid betrogen worden.' Ich habe es nicht übers Herz gebracht zu leugnen, was für sie Realität ist: dass Gottes Geist in ihrem Leben wirkt."

Ein gemeinsamer Freund hatte dies mit angehört und meinte dann: „Aber genau das stellt mich vor die Versuchung, vom Glauben abzufallen! Offen gesagt, kann ich nicht erkennen, dass der Geist Gottes wirklich in den Menschen am Werk ist. Ich möchte einen *direkten* Beweis für Gott."

Der „Nachteil" der Erkenntnis Gottes durch den Heiligen Geist liegt darin, dass Gott seiner Kirche die Mission in die Hände legte – er hat sich ein für alle Mal daraus zurückgezogen. Das hat zur Folge, dass viele Menschen, die Gott ablehnen, eigentlich nicht ihn, sondern die Karikatur verwerfen, die die Kirche von ihm gezeichnet hat. Ja, die Kirche war Vorreiter in Sachen Gerechtigkeit, Alphabetisierung, Medizin, Schulbildung und Menschenrechte. Zu unserer ewigen Schande aber wird Gott von der Welt, die dabei zuschaut, auch nach einer Kirchengeschichte mit Kreuzzügen, Inquisition, Antisemitismus, Unterdrückung der Frauen und Förderung des Sklavenhandels beurteilt.

Oft habe ich mir gewünscht, wir könnten die Kirchengeschichte abhaken, die vielen Sedimente abschrubben und den Worten des Evangeliums wieder ganz neu begegnen. Nicht jeder würde sich auf Jesus einlassen – das war zu seiner Zeit nicht anders –, aber wenigstens würden die Menschen ihn nicht aus den falschen Gründen ablehnen. Wonach ich mich aber sehne, ist nicht nur unmöglich, sondern auch unbiblisch. Ich muss mir Jesu Worte in Erinnerung rufen, es sei *zu unserem Besten*, dass er fortgehe. Die nachfolgenden Verfehlungen der Kirche sind gleichzeitig ein Zeichen von Gottes Bereitschaft, sich herabzulassen sowie ein verstecktes Kompliment an die menschlichen Wesen: Gott vertraut uns seine Mission an.

Ich komme viel leichter damit zurecht, dass Gott in Jesus von Nazareth wohnte, als dass er in den Menschen wohnt, die meine Kirche besuchen, und in mir. Und doch wird im Neuen Testament darauf Wert gelegt, dass sich auf diese Weise Gottes ursprüngliches Vorhaben erfülle: Er habe nicht immer wieder übernatürlich eingreifen, sondern seine Mission allmählich an die fehlbaren menschlichen Wesen delegieren wollen. Von Anfang an wusste Jesus, dass er sterben würde, damit wir, seine Kirche, an seine Stelle treten können. Was Jesus einigen wenigen geben konnte – Heilung, Gnade, Hoffnung, die gute Nachricht von Gottes Liebe –, konnten seine Nachfolger jetzt allen darreichen. „Das Weizenkorn muss in die Erde fallen und sterben", erklärte er, „sonst bleibt es allein. Aber wenn es stirbt, bringt es viel Frucht" (Joh 12,24).

Eugene Peterson berichtet in einem seiner Bücher von seinen Problemen als Pastor, vom Versuch, eine Gemeinde zu leiten, die in seinen Augen klatschsüchtig und unreif war, die Bibel auf triviale Geschichten reduzierte und ungeduldig wurde, wenn Gott nicht alle ihre Probleme löste. Der Gegensatz zwischen der vorgefundenen Gemeinde und dem im Neuen Testament beschriebenen Ideal machte ihn wütend. Doch dann stieß er im Buch der Offenbarung auf ein wichtiges Detail. In den ersten Kapiteln werden unreife Kirchen wie die seine als „Leuchter" beschrieben. „Sie gelten als Raum, als Ort, wo sich das Licht Christi zeigt", schreibt Peterson. „Sie selbst sind nicht das Licht. An Kirchen gibt es nichts besonders Glanzvolles, andererseits aber auch nichts besonders Schändliches. Sie existieren einfach."[8]

John V. Taylor findet für die Menschwerdung den eleganten Vergleich mit einer Szene aus Shakespeares „Heinrich V." Am Vorabend der Schlacht gegen einen übermächtigen Feind verkleidet sich König Heinrich und mischt sich inkognito unter die einfachen Soldaten im Lager. Er hört mit, wie einer flucht, der König werde am Tag des Jüngsten Gerichts zahlen müssen: Die verstümmelten und versehrten Leichname würden sich aufrichten und Anklage gegen ihn erheben, weil er den Sieg mit ihrem Leben erkauft habe. Heinrich spürt nur zu gut die Last, die auf seinen Schultern liegt, eine Last, die er jetzt an seine Armee weitergibt:

„Und doch glaubt er immer noch, es sei der Mühe wert, und als der Morgen anbricht, feuert er seine kleine Truppe an, mit ihm daran zu glauben. Also flößt er ihnen seine eigene Hoffnung ein, seinen Glauben an den Wert des Unterfangens. [...]
Gott kennt genauer als jeder andere den Preis, den seine Geschöpfe für das große Abenteuer zahlen, dieses Universum auf Zufall, Freiheit und Leid erbaut zu haben, weil das die einzige

Umgebung ist, in der eines Tages die Liebe aufblühen kann, um seine freudige Liebe zu empfangen, sich daran zu freuen und darauf einzugehen. Er ist immer noch überzeugt, dass das Ergebnis die immense Mühe und Qual in den Schatten stellt, darunter nicht zuletzt die Qual seiner vermeintlichen Gleichgültigkeit und Untätigkeit. Im vollen Bewusstsein, dass wir weder verstehen noch vergeben können, was er tut, ist Gott als Mitmensch und Mit-Leidender zu uns gekommen, um Korrekturen vorzunehmen und das Vertrauen zurückzugewinnen."[9]

König Heinrich konnte die Schlacht nicht allein ausfechten. Er konnte seinen Soldaten Gesellschaft leisten, sich unter ihnen aufhalten, ihnen Mut zusprechen und den Angriff leiten. Doch das Ergebnis der Schlacht bei Agincourt, einer der größten militärischen Siege aller Zeiten, hing von der Leistung des einfachen Fußvolks ab.

Gottes Rückzug hinter die menschliche Haut, seine „Herablassung" ins Leben des einfachen Soldaten hinein, bringt zwangsläufig mit sich, dass wir alle gelegentlich zweifeln und viele ihn ablehnen. Dieser Plan bewirkt zudem notwendigerweise, dass das Reich Gottes nur ermüdend langsam vorankommt, was Gott mit bemerkenswerter Zurückhaltung hinnimmt. Die Kirche brauchte 18 Jahrhunderte, um sich gegen die Sklaverei zu erheben, und selbst dann gab es noch viel Widerstand. Auch Armut gibt es immer noch reichlich, dazu Krieg und Diskriminierung und an manchen Orten tut die Kirche wenig zur Abhilfe.

Folgendes schrieb Etty Hillesum in ein Tagebuch, das nach ihrem Tod in einem Konzentrationslager der Nazis entdeckt wurde:

„Eines wird mir immer klarer: dass du uns nicht helfen kannst; also müssen wir dir helfen, um uns selbst zu helfen. Und das ist alles, was wir heutzutage schaffen können und auch alles, was wirklich zählt: dass wir dieses kleine Stück von dir, Gott, in uns bewahren. Und vielleicht auch in anderen. [...] Du kannst uns nicht helfen, aber wir müssen dir helfen und deine Wohnstatt in uns bis zuletzt verteidigen."[10]

Es wird manchmal so aussehen, als ob Gott uns nicht helfen könnte, es zumindest nicht tut. Es wird so aussehen, als hätte er uns hier unten uns selbst überlassen, allein unter den bösen Mächten.

Wenn wir ehrlich sind, wollen wir alle einen göttlichen Problemlöser. Wir als Christen können angesichts des langsamen, unspektakulären Wirkens des Heiligen Geistes genauso ungeduldig werden wie die Juden angesichts des Messias, der ihnen nicht die Art triumphaler Rettung brachte, die sie sich wünschten.

Oft gibt Gott uns die Fragen zurück, die wir an ihn richten. Wir bitten Gott „herabzusteigen" und erkennen nur widerwillig an, dass Gott bereits hier ist, nämlich in uns, und dass das, was Gott auf der Erde tut, sehr viel mit dem zu tun hat, was die Kirche unternimmt. Kurz gesagt: Der hauptsächliche „Nachteil", Gott als Heiligen Geist zu kennen, ist die Kirchengeschichte – und die geistliche Biografie meines und Ihres Lebens.

> *„Christus selbst war nur einer und er lebte und starb nur einmal; aber der Heilige Geist macht aus jedem Christen einen anderen Christus, einen Nach-Christus; er lebt in jedem Zeitalter eine Million Leben..."*
> GERARD MANLEY HOPKINS[11]

Teil IV

Einheit

*Ungleiche
Partnerschaft*

Kapitel 13

Das Vermächtnis

Jetzt werde ich, mit Gottes Hilfe, ich selbst.
SÖREN KIERKEGAARD[1]

Als ich noch zur Highschool ging, versuchte ich, meine bestehende Identität abzulegen und dann neu zu gestalten. Vor allem hasste ich es, Südstaatler zu sein. Fernsehserien wie „The Beverly Hillbillies" (etwa: „Die Hinterwäldler") und „HeeHaw" („Iaah") waren mir peinlich und ich zuckte jedes Mal zusammen, wenn Präsident Lyndon Johnson seinen Mund auftat: „Mah fella Amuricuns . . ." („Liebe Mitamerikaner . . ."). Da im übrigen Amerika der sechziger Jahre die Südstaatler als rückständig, dumm und rassistisch abgestempelt wurden, wollte ich mich von meiner Herkunft lösen.

Vokal für Vokal arbeitete ich an einer Veränderung meiner Aussprache. Das gelang so gut, dass die Leute seit damals immer überrascht sind, wenn sie hörten, dass ich im tiefsten Süden groß geworden bin. Ich machte es mir zur Aufgabe, die wichtigen Werke der Literatur zu lesen, um die provinziellen Scheuklappen ablegen zu können. Ich mied jedes gewohnheitsmäßige „Yes ma'am, no sir", das einfach zu einer echten Südstaatentradition hinzugehört. Ich beschäftigte mich nacheinander mit allen meinen Ängsten und versuchte, sie zu überwinden. Ich kämpfte darum, meine Gefühle unter Kontrolle zu bekommen, damit sie mich nicht beherrschten, sondern mir nützten. Sogar meine Handschrift habe ich neu gestaltet und jeden Buchstaben geübt, bis er stromlinienförmiger aussah als vorher.

Im Großen und Ganzen gelang mein Vorhaben. Seither passte meine Persönlichkeit bequem in die folgenden Jahrzehnte. Ich wurde weniger verwundbar, dafür aufgeschlossener und flexibler – Merkmale, die mir nicht in die Wiege gelegt waren, aber in meinem Beruf als Journalist nützten. Die Geister der Kindheit verschwanden. Ich dachte, ich sei meiner Vergangenheit entkommen.

Die Probleme zeigten sich Jahre später, als ich allmählich an die Grenzen einer selbst konstruierten Persönlichkeit stieß. In vieler

Hinsicht und in Gottes Augen hatte ich jämmerlich versagt. Ich war selbstsüchtig, unfroh, lieblos und ohne Mitleid. Mit der bemerkenswerten Ausnahme der *Selbstbeherrschung* fehlten mir alle neun Früchte des Heiligen Geistes, die im 5. Kapitel des Galater-Briefs aufgezählt werden. Wie ich einsehen musste, konnte ich *diese* Eigenschaften nicht selbst gestalten. Sie mussten unter der Pflege von Gottes Gegenwart in mir wachsen. Ich stimme J. Heinrich Arnold zu, dass die christliche Nachfolge „keine Frage unseres eigenen Handelns ist; sie hängt davon ab, inwieweit wir Gott Raum lassen, damit er in uns leben kann".[2]

Ich habe es mir seither zur Angewohnheit gemacht, diese Aufzählung im Galater-Brief regelmäßig im Gebet durchzugehen: Liebe, Freude, Friede, Geduld, Freundlichkeit, Güte, Treue, Nachsicht und Selbstbeherrschung. Übe ich Liebe aus? Erfahre ich Freude und Frieden? Bin ich geduldig? Ich stoße immer noch an meine Grenzen, denn obwohl ich beim Zweifeln und in der ehrlichen Selbsteinschätzung Glanzleistungen erziele, stelle ich einen enttäuschenden Mangel an Fortschritt bei Eigenschaften wie Freude und Liebe fest. Wenn ich gerade glaube, ich werde geduldiger und nachsichtiger, bricht eine Telefonverbindung zusammen, nachdem ich schon 20 Minuten gewartet habe, und ich misshandle meinen Schreibtisch mit Fäusten. Wie mir demütig bewusst wird, ergibt sich in diesen Bereichen Fortschritt nur als Ergebnis von Gottes Wirken.

Schließlich sah ich ein, dass mein ganzes Projekt einer Umgestaltung meiner Persönlichkeit fehlgeleitet war. Gott wollte nicht mit einer völlig anderen Person arbeiten. Gott hat *mich* erwählt. Das erkannte ich in aller Klarheit während einer begleiteten Meditation auf einer geistlichen Freizeit. Der Leiter forderte mich auf, mich in die Geschichte der Auferstehung des Lazarus in Johannes 11 zu versenken. „Versetze dich beim Lesen in die Situation von Lazarus", sagte er. „Er lebt wieder, ist aber in die Leichentücher gewickelt. Er braucht Hilfe, sich davon zu befreien. Ich möchte, dass du feststellst, in welche Leichentücher du gewickelt bist, was dich abhält, die ganz und gar lebendige Person zu sein, als die Gott dich geschaffen hat."

Ich schrieb eine lange Liste, auf der Punkte standen wie die Schuldgefühle, die alle meine schönen Erlebnisse belasten; eine persönliche Reserviertheit, die mich daran hindert, Freude auszudrücken oder zu erleben; alte Wunden, deren Heilung ich Gott nicht zutraue; das „Beobachtungssyndrom" des Autoren, das mich auf Armeslänge vom Leben fernhält; ein stures Festhalten an meinem Image als Ketzer; dass ich auf Menschen und auf Gott zugehe und sie dann wieder von mir stoße . . .

Ich würde gern berichten können, dass Gott im Laufe der Freizeitwoche all diese Leichentücher abgewickelt hat. Nein, geistliche Heilungen gibt es nach meiner Erfahrung selten so schnell oder einfach. Mir wurde ein kleiner Einblick gewährt, wie die Heilung aussehen könnte, eine Vorschau auf meine von Gott, *nicht* von mir umgestaltete Identität – ein Umbau, der mein wahres Ich befreien und nicht leugnen wird.

Mark van Doren, der Literaturprofessor, bei dem Thomas Merton studiert hatte, besuchte seinen früheren Studenten 13 Jahren später in einem Kloster in Kentucky. Van Doren und andere Freunde von Merton konnten nach wie vor nicht verstehen, wie aus diesem einstigen Partylöwen ein Mönch werden konnte, der Einsamkeit und Stille vorzog. Van Doren berichtet:

> *„Natürlich sah er etwas älter aus; aber als wir uns hinsetzten und miteinander sprachen, konnte ich keinen bedeutsamen Unterschied an ihm erkennen und einmal, als er in Erinnerungen schwelgte, unterbrach ich ihn lachend. ‚Tom', sagte ich, ‚du hast dich überhaupt nicht verändert.'*
> *‚Warum sollte ich?', entgegnete er, ‚hier haben wir die Pflicht, mehr wir selbst zu sein, nicht weniger.' Das war eine tief schürfende Aussage und ich hatte mich eines Besseren belehren lassen."*[3]

Ich glaube, dass Gott für uns alle ein ähnliches Ziel hat: Wir sollen mehr wir selbst werden, indem wir erkennen, welches „Selbst" uns Gott ursprünglich zugedacht hat. Rabbi Zusya kam zu folgendem Schluss: „In der künftigen Welt werde ich nicht gefragt: ‚Warum warst du nicht Mose?' Ich werde gefragt: ‚Warum warst du nicht Zusya?'"[4] Leise und beständig lockt mich der Heilige Geist, weder Mose noch Zusya zu werden, sondern Philip Yancey, ein fehlbarer Mensch, in dem zu wohnen Gott selbst sich entschieden hat. Kraft unbegrenzter Mittel kann Gott jedem Menschen auf der Erde bei diesem maßgeschneiderten Vorgang helfen, wenn dieser dazu bereit ist. Der Vorgang beginnt mit dem Vertrauen auf Gott, darauf, dass er für mich nur das Beste im Sinn hat, und mit der Zuversicht, dass Gott mein wahres Ich befreien, nicht fesseln wird.

„Niemand hasst doch seinen Körper; im Gegenteil, er nährt und pflegt ihn. So tut es auch Christus mit der Gemeinde. Wir alle sind ja zusammen sein Leib", schrieb Paulus an die Epheser (Eph 5,29–30). Er fährt fort: „In diesem Wort liegt ein tiefes Geheimnis" (Eph 5,32), als ob es auch ihm schwer fällt zu glauben, wie vertraut Gott mit seinem Volk umgehen will. Ich denke an alles, was ich für meinen Körper tue: Ich nehme Vitamintabletten, ich jogge und trainiere, schneide Haar, Fuß- und Fingernägel, schlafe, gehe zum Arzt und Zahnarzt; ich esse, klebe Pflaster auf meine Kratzer und creme die trockene Haut ein; um es gemütlich zu haben, halte ich die Wohnung warm. Nie bin ich mir meines Körpers *nicht* bewusst: Gerade jetzt beim Schreiben spüre ich den Druck auf meinen Fingerspitzen. So vertraut geht Gott mit seinem Volk auf der Erde um, denn er hat unseren Leib als seinen eigenen erwählt.

„Seht doch, wie sehr uns der Vater geliebt hat! Seine Liebe ist so groß, dass er uns seine Kinder nennt. Und wir sind es wirklich!", ruft uns der Apostel Johannes in seinem ersten Brief zu (1 Joh 3,1). In unserer Umwelt murmelt alles und jeder das Gegenteil: *Du bist es nicht wert, du hast versagt, es reicht nicht.* Als ob er diesen Widerspruch vorwegnimmt, fährt Johannes fort: „Ihr Lieben, wir sind schon Kinder Gottes. Was wir einmal sein werden, ist jetzt noch nicht sichtbar. Aber wir wissen, wenn es offenbar wird, werden wir Gott ähnlich sein" (1 Joh 3,2). Ein Teil von uns bleibt zur Zeit verborgen und unterentwickelt wie ein Organ, dessen Funktionsweise wir noch nicht verstehen. Doch das Wirken des Heiligen Geistes schreitet fort, unsichtbar und ohne Ende, um unser wahres Ich zu gestalten. Wir selbst können nicht die Persönlichkeit gestalten, die Gott gefällt, aber Gott kann es und verspricht, genau das zu tun.

Gott macht deutlich, dass er uns annimmt – mehr noch, dass er sich an uns freut –, weil jeder Einzelne von uns sein Bild in sich trägt. Natürlich verspüren wir diese göttliche Liebe nicht immer. Selbstzweifel und Verzweiflung schleichen sich ein. Das war auch in der Gemeinde geschehen, an die der Apostel Johannes schreibt. Aber „wenn [unser Herz] uns anklagt", was Johannes einräumt, können wir sicher sein: „Gott ist größer als unser Herz" (1 Joh

3,20). Als J. B. Phillips, Übersetzer des Neuen Testaments, zu diesem Text im 1. Johannes-Brief kam, sprang er ihm regelrecht ins Auge. Phillips erzählt: „Wie viele andere ertappe auch ich mich, ein Perfektionist zu sein, und wenn wir nicht auf uns Acht geben, dann kann diese Sucht nach Perfektion uns zu arroganten Kritikern machen; in bestimmten Stimmungslagen sind wir auch destruktiv selbstkritisch."[5] Phillips litt an einer klinischen Depression. Wenn er wieder einmal in ein dunkles Loch fiel, beklagte er seine Untauglichkeit und verlor die Gnade aus dem Blick. Seit er aber diesen Vers aus dem 1. Brief des Johannes gelesen hatte, klammerte er sich an die Worte: „Mir scheint fast, Johannes sagt hier: ‚Wenn Gott uns liebt, wie erhaben und mächtig wollen wir dann sein, uns selbst Liebe zu verweigern?'"

Auch ich mache oft die Erfahrung, dass ich Mühe habe, die Liebe Gottes anzunehmen, weil mir immer wieder Stimmen einflüstern wollen, dass ich es nicht wert bin. *Du hast schon wieder versagt. Wie könnte Gott dich da lieben?* Mein Gewissen wurde von Predigten geprägt, in denen mir ein strafender, autoritärer, alttestamentarischer Gott ausgemalt wurde. Deshalb kann ich kaum glauben, dass Gott sich herabgelassen hat, um in mir zu leben, dass er mich jetzt von innen heraus liebt. Ich muss diesen Gott, der „größer ist als unser Herz", darum bitten, diesen unbarmherzigen Kreislauf der Verurteilung zu durchbrechen und mich an die vielleicht unbegreiflichste Wahrheit zu erinnern: Gott sehnt sich nach mir, er liebt mich.

Warum liebt er mich? In der Bibel wird diese grundlegende Frage mit einem unvergleichlichen Begriff beantwortet: Gnade. Gott liebt, weil er Gott ist, nicht, weil ich etwas getan habe, um mir die Liebe zu verdienen. Gott kann nicht anders als lieben, denn diese Liebe entspricht seinem Wesen.

Ich kann mich nur noch an wenige Predigten erinnern, die ich in meinem Leben gehört habe. Eine Ausnahme ist die einzige Predigt, die ich von Ian Pitt-Watson gehört habe, einem Professor am Fuller-Seminar. Seine Predigt beschäftigte sich nur mit einer Sache, nicht wie üblich mit dreien, was eine Erklärung dafür bieten mag, warum ich mich immer noch daran erinnere: „Manches wird geliebt, weil es wertvoll genug ist; manches ist wertvoll, weil es geliebt wird."

Pitt-Watson begann seine Predigt mit Beispielen von Objekten, die wir wegen des Wertes lieben: Supermodels, talentierte Sportler, brillante Wissenschaftler, unschätzbare Kunstwerke. Dann sprach er von einem Objekt, das keinen eigentlichen Wert hatte, trotzdem aber sehr geliebt wurde. Er erzählte von der Stoffpuppe seiner Tochter Rosemary, die schmutzig, fadenscheinig, aber die wertvollste aller ihrer Besitztümer war. Wie Linus von den „Peanuts" mit seiner Schmusedecke ertrug Rosemary das Leben nicht ohne ihre Stoffpuppe. Als die Pitt-Watsons von Schottland über den Ozean nach Amerika umziehen wollten, suchte sich jeder in der Familie sorgfältig aus, was er mitnehmen wollte. Rosemary brauchte nur einen Gegenstand: ihre Stoffpuppe. Als Rosemary sie im Flughafen verlegte, war sie so verzweifelt, dass die Familie schon daran dachte, den Flug zu verschieben. Als die Puppe sich endlich fand, übte sie ihre magische Macht aus, um das kleine Mädchen zu beruhigen. Das Ding hatte an sich wenig Wert, war aber in ihren Augen unschätzbar.

Diese Erkenntnisse wandte Pitt-Watson auf die Bibel an: Gottes Liebe ist nicht auf unseren eigentlichen Wert gegründet – wofür wir dankbar sein können. Sie hat mit Gnade zu tun, einem unschätzbar wertvollen Geschenk, das uns aber nichts kostet und auch dem unliebsamsten Gegenstand Wert verleiht. Manches wird geliebt, weil es wertvoll genug ist; manches ist wertvoll, weil es geliebt wird – theologisch gesehen gehören wir in letztgenannte Kategorie. Augustinus prägte dafür die Worte: „Weil du das nicht Liebenswerte liebst, machst du mich liebenswert."

Wenn ich jemanden liebe, dann freue ich mich an diesem Menschen. Wenn uns Freunde in Colorado besuchen kommen, kaufen wir etwas zu essen ein, das ihnen schmeckt, machen einen Hausputz, stellen frische Blumen ins Gästezimmer und planen Ausflüge, um ihnen möglichst viel Freude zu bereiten. Wenn ihre Ankunft bevorsteht, muss ich einfach immer wieder aus dem Fenster schauen, als kämen sie dadurch schneller zu uns. So sehr freut sich auch Gott über jeden Einzelnen von uns.

Gegen Ende seines Lebens sagte Henri Nouwen, das Gebet sei ihm in erster Linie zu einer Zeit des „Hörens auf den Segen" geworden. „Die eigentliche ‚Arbeit' des Gebets", erklärte er, „besteht darin, zu schweigen und auf die Stimme zu hören, die Gutes über mich sagt."[6] Das könnte sich selbstgefällig anhören, gab er zu, sei es aber nicht, wenn damit gemeint sei, sich selbst als den von Gott Geliebten zu sehen, einen Menschen, in dem Gott wohnen möchte. Je mehr er auf diese Stimme höre, desto weniger werde er wahrscheinlich seinen Wert daran messen, wie andere ihn sähen oder wie viel er leisten könne. Er betete darum, dass sich Gottes Gegenwart in seinem Alltag zeige, und zwar beim Essen und Trinken, beim Reden und Lieben, beim Spielen und Arbeiten. Er strebte nach der radikalen Freiheit einer Identität, die „jenseits allen menschlichen Lobes und Tadels" verankert sei.

Auch ich habe festgestellt, dass Gebet weit mehr bedeutet, als Gott zu sagen, was ich von ihm möchte. In erster Linie bedeutet es, mich an einen Ort zu begeben, wo Gott „meinen Sinn erneuern" kann, wo ich meine neue Identität als von Gott Geliebter annehmen kann, die Gott mir, dem Glaubenden, zugedacht hat.

Mit einer gewagten Metapher stellt Kathleen Norris die Sichtweise auf den Kopf, die Gott unserer Ansicht nach hat:

„Eines Morgens im letzten Frühling fiel mir am Abflugschalter des Flughafens ein junges Paar mit Kind auf. Das Baby betrachtete ganz intensiv andere Menschen, und sobald es ein menschliches Gesicht erkannte, egal, wer es war, ob jung oder alt, hübsch oder hässlich, gelangweilt oder glücklich oder mit sorgenvollem Blick, reagierte es ungemein fröhlich.
Es war ein schöner Anblick. Der düstere Abflugschalter war zum Tor des Himmels geworden. Beim Anblick des Babys, das mit jedem Erwachsenen spielte, der sich darauf einließ, überkam mich eine Ehrfurcht, weil ich verspürte, dass Gott uns genauso betrachtet. Er schaut uns ins Gesicht, um Freude zu empfinden, um die Geschöpfe zu sehen, die er wie die ganze übrige Schöpfung gemacht und gutgeheißen hat. Außerdem heißt es in Psalm 139, dass Dunkelheit für Gott nichts bedeutet, da er durch alles Böse, das wir in unserem Leben getan haben, hindurch und auf das Geschöpf schauen kann, das er nach dem göttlichen Bild gemacht hat.
Ich vermute, dass nur Gott und Kinder, die geliebt werden, solch einen Blick haben."[7]

Morgens wache ich selten voller Glauben auf. Eher fühle ich mich ein wenig wie ein tropischer Fisch, der in meinem Salzwasseraquarium schwamm. Jeder kleine Fisch hat seine ganz eigene Methode, sich nachts zu schützen: der eine versteckt sich in Muscheln, der andere hat spitze und scharfe Flossen, manche vergraben sich im Kies. Mein Fisch bildete mit seinem Exkret einen giftigen Schutzmantel um seinen Körper und schlief dann friedlich, ohne von den Mitfischen belästigt zu werden. Jeden Morgen aber wachte der Fisch in einer milchigen Giftwolke auf. Wie oft ist doch mein Glaube, der mir tags zuvor so sicher schien, über Nacht verschwunden und ich erwache in einer Wolke giftiger Zweifel!

„Wisst ihr nicht, dass ihr als Gemeinde der Tempel Gottes seid und dass der Geist Gottes in euch wohnt?", fragte Paulus die Korinther, die nach außen hin kaum Zeichen dieses Wissens erkennen ließen (1 Kor 3,16). Es erschreckt mich, wie oft auch ich mir diese Tatsache in Erinnerung rufen muss. Wenn Gott selbst in mir wohnt, sollte ich dann nicht mit diesem Wissen wach werden und es den ganzen Tag in meinem Bewusstsein bewahren? Leider ist es nicht so.

Paulus sagt an anderer Stelle, Gott habe „uns sein Siegel aufgedrückt. Er hat seinen Geist in unser Herz gegeben als Anzahlung auf das ewige Leben, das er uns schenken will" (2 Kor 1,22). Nach einer Organtransplantation müssen die Ärzte dem Patienten Medikamente verabreichen, um das Immunsystem zu schwächen, damit der Körper das neu eingepflanzte Organ nicht abstößt. Ich denke, dass der Heilige Geist so wie dieses Medikament wirkt, um mich davon abzuhalten, dass ich meine von Gott eingepflanzte neue Identität abschüttele. Mein geistliches Immunsystem muss täglich daran erinnert werden, dass Gottes Gegenwart zu mir *gehört* und kein Fremdkörper ist.

Ich halte mir vor Augen, was ich im Innersten schon weiß: Mein Wert kommt von Gott, der mich mit Liebe und Gnade überhäuft hat. Aber wenn ich mir nicht besondere Mühe gebe und entschlossen bin, schweifen meine Gedanken beim Umgang mit dem unsichtbaren Gott immer wieder ab. Anrufe, Ablenkungen, flüchtige Bilder im Fernsehen oder im Internet verdrängen das Bewusstsein von Gott. Wie kann ich mich gegen das Vergessen wehren? Wie soll ich den Glauben pflegen, dass Gott selbst in mir wohnt, da ich diese Gegenwart doch regelmäßig vergesse?

Als John V. Taylor in Afrika lebte, fiel ihm auf, wie die Afrikaner die Gegenwart von Menschen empfinden. Im Westen, sagt er, sind wir beim Umgang mit Freunden in Gedanken teilweise woanders und die Freunde merken das bald. Während er in Afrika war, kam es vor, dass, wenn er arbeitete, ein Freund den Raum betrat, ihn kurz begrüßte und sich hinhockte. Nach ein paar Worten, mit denen er auf ihn einging, widmete sich der Missionar wieder seinen Aufgaben, während der Besucher einfach sitzen blieb. So konnte eine halbe Stunde vergehen. Dann erhob sich der Besucher, sagte: „Ich habe dich gesehen", und ging wieder. Er hatte keine Information, nicht einmal ein Gespräch gewollt; das erlebte Miteinander war genug.

Taylor stellte fest, dass der Schlüssel zu diesem Gespür für die Gegenwart eines Menschen *Aufmerksamkeit* heiße:

„Jeder gute Lehrer weiß, dass es vertane Mühe ist, ans Pult zu klopfen und ‚Bitte aufpassen!' zu rufen. Echte Aufmerksamkeit ist die unwillkürliche Hingabe an den Gegenstand, mit dem man sich beschäftigt. Ein beschäftigtes Kind ist völlig entspannt. Auch der Verstand des Erwachsenen muss entkrampft, aufnahmefähig und erwartungsvoll sein, bevor sich kreative Einsichten ergeben können.

Immer wieder ist dies der Sinneszustand, in dem uns neue Wahrheiten dämmern. Wir erarbeiten sie uns nicht, wir denken sie uns nicht aus; vielmehr haben wir das Gefühl, auf die Eröffnung von etwas zu warten, das schon existiert. Aufmerksamkeit heißt, geistig anwesend sein. [...] ‚Im Geist' zu sein bedeutet, sich lebhaft alles bewusst zu machen, was der Augenblick in sich birgt, die Zweige des Dornbuschs ebenso wie die Gegenwart Gottes."[8]

Mönche praktizieren eine Übung, die sie *statio* nennen und deren Bedeutung ganz einfach darin liegt, dass nach einer Arbeit innegehalten wird, bevor man eine andere beginnt. Statt von einer Aufgabe zur nächsten zu eilen, sollte man einen Augenblick innehalten und sich die Zeit zwischen den Zeiten bewusst machen. Bevor man eine Telefonnummer wählt, sollte man ruhig werden und an das Gespräch und den Menschen am anderen Ende denken. Hat man ein Buch gelesen, macht man eine Pause und denkt an das zurück, was man dadurch gelernt hat und inwiefern man bewegt wurde. Nach einer Fernsehsendung sollte man abwarten und sich fragen, was sie zum eigenen Leben beigetragen hat. Bevor man die Bibel liest, sollte man innehalten und um einen aufmerksamen Geist bitten. Macht man das oft genug, vollziehen sich für uns sogar mechanische Handlungen bewusst und sinnvoll. Ich habe festgestellt, dass es sich lohnt, vor dem Schreiben eines Briefes für den Empfänger oder vor einem Anruf für den Gesprächspartner zu beten. Dann ist das Gespräch weniger eine lästige Aufgabe als vielmehr eine Gelegenheit, die Gnade Gottes zu empfangen oder zum Ausdruck zu bringen.

Wenn ich nicht bewusst daran arbeite, aufmerksam zu bleiben, lasse ich notwendigerweise zu, dass ich mich an meine Umgebung anpasse, an eine Welt, in der es hauptsächlich auf Leistung und Wettbewerb ankommt. Als Korrektiv empfiehlt der Apostel Paulus einen Vorgang der geistigen Reinigung, eine *statio*: „Richtet eure Gedanken nach oben", rät er den Empfängern des Kolosserbriefes. Im Philipper-Brief führt er aus: „Richtet eure Gedanken auf das, was [...] rechtschaffen, ehrbar und gerecht gilt, was rein, liebenswert und ansprechend ist" (Phil 4,8). Wenn man in einer neuen Identität aufgehen will, muss man willentlich darauf hinarbeiten. „Legt euer altes Wesen ab und zieht das neue Wesen an", rät Paulus an anderer Stelle, als „bekleideten wir unseren Sinn" auf die gleiche Art, wie wir täglich unsere Garderobe auswählen.

„Was erwarten wir von unserer Meditation?", diese Frage stellte sich auch Dietrich Bonhoeffer. „Wir wollen uns aus der Meditation in einen anderen als den Zustand erheben, in dem wir uns hingesetzt haben."[9]

Die sichtbare Welt drängt sich mir auf, ohne eingeladen zu sein. Das Unsichtbare hingegen muss ich bewusst pflegen. Ich wünschte, das sei ein spontaner und natürlicher Vorgang, doch leider habe ich bisher andere Erfahrungen gemacht. Tatsächlich habe ich festgestellt, dass ein solcher Vorgang Disziplin erfordert, wie alles, was mir wichtig ist. „Wenn ich einen Tag mit dem Üben aussetze, merke ich es. Bei zwei Tagen merken es die Kritiker, bei drei Tagen merkt es das Publikum", sagte der Pianist Arthur Rubinstein. Zum christlichen Leben gehören tägliche Willensanstrengungen und eine bewusste Neuorientierung in Richtung einer neuen – und in mancherlei Hinsicht unnatürlichen – persönlichen Identität einfach hinzu.

Zur Gemeinschaft mit Gott gehören auch die entspannteren Meditationen. Der Vater des Cellisten Yo-Yo Ma hielt sich während des Zweiten Weltkriegs in Paris auf, wo er während der deutschen Besatzung allein in einer Mansarde wohnte. Um sich in dieser Welt die geistige Gesundheit zu bewahren, übte er Tag und Nacht Violinenstücke von Bach. Während der Verdunkelung spielte er sie ganz allein im Dunkeln. Sein Sohn Yo-Yo hielt sich an den väterlichen Rat, jeden Abend vor dem Schlafengehen eine Bach-Suite aus dem Gedächtnis zu spielen. Yo-Yo Ma sagt: „Das kann man nicht Üben nennen. Das ist Kontemplation. Man ist mit seiner Seele allein."

Ich habe festgestellt, dass zur Spiritualität ein wenig von beidem gehört: Rubinsteins willentliches Üben und Yo-Yo Mas ruhige Meditation. Am Ende des Tages frage ich mich: „Habe ich heute irgendetwas getan, womit ich Gott Freude gemacht habe? Gott möchte sich ja an mir freuen. Habe ich ihm Gelegenheit dazu gegeben?"

Egal, welche Antwort ich auf diese Frage geben kann, ich entspanne auf jeden Fall in Gottes Liebe und bitte ihn, mich in Gnade und Vergebung einzuhüllen. Ich versuche, den Lärm in mir zu beruhigen, und schaffe Raum, damit die Ruhe Gottes einziehen kann. Ich bin davon überzeugt, dass für Gott an meinem Gebet die Tatsache am wichtigsten ist, dass ich mich danach sehne, ihn kennen zu lernen.

Roberta Bondi erzählt die Geschichte eines Mönchs, der im 6. Jahrhundert lebt und die Aufsicht über eine zerstrittene Gemeinschaft hat. „Unsere reizbaren Brüder stellen sich der rechten Liebe zu Gott in den Weg", beschweren sich einige der Mönche. „Ihr irrt euch", teilt Dorotheos ihnen mit. „Stellt euch die Welt als großen Kreis mit Gott im Zentrum vor und die Menschen befinden sich draußen am Rand. Stellt euch jetzt vor, dass gerade Linien vom Äußeren des Kreises alles menschliche Leben mit Gott im Zentrum verbinden. Seht ihr nicht ein, dass es unmöglich ist, Gott näher zu kommen, ohne sich auch den anderen Menschen zu nähern, und dass es unmöglich ist, sich anderen zu nähern, ohne Gott näher zu kommen?"[10]

In dem Maße, in dem sich meine Identität von innen heraus ändert, erhebe ich meinen Blick und bemerke andere, die auf Gottes Liebe und Gnade angewiesen sind. Paulus ergänzt seinen Rat im Römer-Brief – „Ändert euch durch Erneuerung eures Sinnes" (Röm 12,2, Luther) – mit der ersten ausführlichen Erwähnung der Metapher des Leibes Christi. Dann folgt eine Reihe knapper Anordnungen, zum Beispiel: „Nehmt euch der Nöte der Heiligen an" und: „Habt mit allen Menschen Frieden" (Luther). In anderen Briefen bittet er die Leser, die Hungrigen zu speisen, den umherreisenden Predigern Gastfreundschaft zu gewähren und sich liebevoll um die Ungläubigen in der Nachbarschaft zu kümmern. Der erneuerte Sinn bekundet sich also in der Beziehung zu anderen Menschen. „Der Weg zur Heiligkeit", macht auch Dag Hammarskjöld deutlich, „führt notwendigerweise durch die Welt der Taten."[11]

Ich denke oft an eine Begebenheit, als ein Mann nach einem meiner Vorträge auf mich zukam und ausgesprochen überheblich erklärte: „Sie haben ein Buch mit dem Titel geschrieben ‚Wo ist Gott, wenn es wehtut', oder?" Als ich nickte, fuhr er fort: „Ich habe keine Zeit, Ihr Buch zu lesen. Können Sie mir in ein paar Sätzen sagen, worum es da geht?" (Wie Sie sich denken können, weiß ein Autor solche Bitten zu schätzen, nachdem er viele Monate an einem Buch geschrieben hatte.)

Ich dachte kurz nach und erwiderte: „Gut, ich glaube, dass ich mit einer Gegenfrage antworten sollte: ‚Wo ist die Kirche, wenn es wehtut?'" Sie verstehen: Ich hatte erklärt, dass die Kirche Gottes Gegenwart auf der Erde darstellt, seinen Leib. Und wenn die Kirche ihre Arbeit richtig macht – wenn sie sich am Ort von Katastrophen zeigt, die Kranken besucht, in Aids-Stationen Helfer stellt, Vergewaltigungsopfern beisteht, die Hungrigen speist und den Obdachlosen Wohnraum stellt –, dann wird die Welt die oben genannte Frage nicht mehr mit der gleichen Vehemenz stellen. Man wird wissen, wo Gott ist, wenn es wehtut: Er wird durch sein Volk verkörpert, das einer gefallenen Welt Beistand leistet. Eigentlich ergibt sich unser Bewusstsein von Gottes Gegenwart oft als Nebenprodukt der Gegenwart anderer Menschen.

Ein paar Jahre lang begleitete ich einen Freund durch seine dunkelste Zeit. Er kämpfte mit starken Depressionen und diese Kämpfe liefen letzten Endes auf eine Scheidung und den Verlust seines Arbeitsplatzes hinaus. Eine Zeit lang wohnte er in einem Heim und überlebte mindestens drei Selbstmordversuche. Ich traf mich mit ihm, betete mit ihm und verbrachte manche Stunde am Telefon. Die meiste Zeit fühlte ich mich hilf- und nutzlos. Die Antworten, die ich für ihn hatte, bewirkten kaum etwas und nach einer Weile kam ich zu dem Schluss, dass er auf meine Liebe angewiesen war, nicht auf meinen Rat. Ich stellte mich ihm einfach zur Verfügung, so gut ich konnte.

Nach und nach wurde mein Freund geheilt und erhielt auch

seine geistige Gesundheit zurück. Er sagte mir: „Du bist für mich Gott gewesen. Ich hatte keinen Kontakt zu Gott, dem Vater – er war für mich ein Begriff ohne Bedeutung, ganz weit weg. Aber wegen dir habe ich weiter an Gott geglaubt." Ich wollte es von mir weisen, ihn widerlegen, denn ich weiß, wer ich bin und wie weit das von Gott entfernt ist. Beim Zuhören aber erkannte ich die tiefe Bedeutung hinter dem paulinischen „Leib Christi". Aus welchem Grund auch immer: Gott hatte mich und ein paar andere als „irdene Gefäße" erwählt, durch die er seine Gegenwart verbreiten konnte. Wir gehen diesen Weg nicht allein, vielmehr sind wir miteinander verbunden.

> *„Hier sind nur Andeutungen und Vermutungen,*
> *Andeutungen, von Vermutungen gefolgt;*
> *und der Rest ist Gebet, Befolgung der Gebote,*
> *Disziplin, Nachdenken und Handeln."*
> T. S. Eliot[12]

Kapitel 14

Unbeherrschbar

Jede religiöse Erfahrung ist im Kern eine Erfahrung von bedingungsloser und schrankenloser Verliebtheit.
BERNARD LONERGAN[1]

Das *Chicago Cultural Center* lud im Rahmen einer Woche der musikalischen Vielfalt einen Gospel-Chor ein, der das *Christ Bible Center* in unserer Stadt repräsentierte. Das auch von mir besuchte Abendkonzert hatte vorwiegend ein Publikum gut gekleideter Geschäftsleute und Passanten der schicken Michigan Avenue angelockt.

„Kann man sich vorstellen, wie Gott wirkt?", krähte der Chorleiter und blickte hoch zur eleganten Tiffany-Kuppel der Konzerthalle. „Wer hätte gedacht, dass der Heilige Geist mal in die alte Stadtbibliothek eingeladen wird!" Die meisten Zuhörer lächelten nachsichtig, applaudierten und lehnten sich dann zurück, um eine erhebende Stunde mit frischen Stimmen und tanzenden Sängerinnen zu genießen.

Mit dem, was kam, hatten wir nicht gerechnet. Die begeisterten Sänger hatten das Publikum schon um den Finger gewickelt, als plötzlich, nach etwa 20 Minuten Konzert, einer der Sänger in Ekstase geriet. Er sprang aus der letzten Reihe hervor und fing an, rückwärts auf einem Bein über die Bühne zu hüpfen. Dabei rief er: „Halleluja! Halleluja!", und redete in Zungen.

Der Chor sang weiter, als passiere so etwas andauernd. Im Publikum aber machte sich eine offensichtliche Unruhe breit. Zwei silberhaarige Damen in Pelzmänteln nahmen sich ihre Taschen und huschten nach draußen. Männer und Frauen in Geschäftskleidung schauten auf ihre Uhr und wurden nervös. Hier und da waren Hustenanfälle zu hören.

Als ein paar Chorsänger „vom Geist niedergestreckt" wurden und wie in Leichenstarre auf dem Boden herumlagen, ging dem Chor die Aufmerksamkeit des Publikums gänzlich verloren. Der Chorleiter schien sich am Schluss fast zu entschuldigen, als er sich an die wenigen Getreuen wandte, die sitzen geblieben waren. Er sagte: „Sie wissen ja wohl, wie es ist. Man kann den Heiligen Geist einfach nicht einengen."

Am Vorabend seines 28. Geburtstags stand Martin Luther King jr. auf der Kanzel einer Kirche in Montgomery, Alabama. Sein Haus war niedergebrannt worden und er hatte wegen der Todesdrohungen gegen seine Familie wenig geschlafen. Um die Zukunft der Bürgerrechtsbewegung von Montgomery stand es schlecht. King fing an, laut auf der Kanzel zu beten, und zum ersten Mal seit seinem öffentlichen Auftreten kam ein Ausbruch geistlicher Ekstase über ihn.

„Herr, ich hoffe, dass niemand sterben muss, weil wir hier in Montgomery um unsere Freiheit kämpfen", betete er. „Auf jeden Fall will ich nicht sterben. Aber wenn jemand sterben muss, dann lass es mich sein." Sein Mund blieb offen, aber Worte waren nicht mehr zu hören. Er fiel in Ohnmacht und andere Pastoren sprangen auf, um ihn zu seinem Platz zu bringen. Anders als die Leute in Chicago schrien seine Zuhörer vor Begeisterung. Der Heilige Geist war auf den jungen Gelehrten der Boston University gefallen! „Amen, halleluja! Danke, Jesus!"

Später war King dieser Vorfall immer peinlich gewesen.[2]

Wenn ein unsichtbarer Geist und ein menschliches Wesen in Verbindung treten, können seltsame Dinge passieren. Diese Vorstellung erschreckt so manchen, ist anderen peinlich und fasziniert wieder andere. Als Randall Balmer bei einer Serie zum Thema Religion für das öffentlich rechtliche Fernsehen Regie führte (*My Eyes Have Seen the Glory* – „Ich habe die Herrlichkeit gesehen"), hatte er ein paar spektakuläre Szenen mit geistgewirkten Aktivitäten auf Film gebannt, vor allem aus Kirchen im Süden, die von Schwarzen besucht werden. Wie er mir später erzählte, fragte er sich, warum wir bei der Vorführung geistlicher Ekstase im Fernsehen so sehr zurückschrecken. Immerhin bietet uns dieses Medium Abend für Abend Nahaufnahmen von körperlicher Ekstase.

Als Journalist neige ich dazu, mich selbst aus der Distanz zu betrachten, meine Umgebung so zu beobachten, als sei ich ein Unsichtbarer, der nicht zum Geschehen dazugehört, sondern sich hinein- und hinausbegibt, um Notizen zu machen. Diese Haltung hilft vielleicht, wenn man über Politik aus Washington, aus einem Krieg oder vom Sport berichtet, aber auf keinen Fall, wenn man eine geistliche Realität verstehen will. „Am Fuße des Leuchtturms ist es dunkel", lautet ein deutsches Sprichwort.

Ich sitze also in einem charismatischen Gottesdienst und schaue mich um. Die Musik – ein paar eindringlich wiederholte Textstellen zu einer mittelmäßigen Komposition – nervt mich, scheint aber auf andere eine hypnotische Wirkung zu haben. Sie erheben ihre Hände, die Handflächen öffnen sich nach oben, die Augen schließen sich, der Körper schwingt hin und her. Es kommt mir so vor, als befänden sich die anderen auf einer mir unzugänglichen emotionalen Ebene und mit irgendetwas in Verbindung, das ich nicht spüre. Vorsichtig spreche ich die Gottesdienstbesucher hinterher an. „Was ist vorhin eigentlich geschehen?", frage ich. „Ich würde es gern verstehen. Können Sie es mir erklären?"

Als Antwort auf meine Fragen bekomme ich verständnislose Blicke, ein paar gemurmelte Phrasen, etwas Gereiztheit, Mitleid oder Gönnerhaftigkeit zu spüren. Ich begreife, dass diese Art von Journalismus genauso aufdringlich ist wie eine Fernsehkamera, die in Großaufnahme auf eine Frau gerichtet ist, obwohl sie gerade bei einem Wohnungsbrand ihre Tochter verloren hat. Aus diesem Grund versuche ich nicht mehr, Spiritualität auf ihre Bestandteile zu reduzieren. Wenn man den Scheinwerfer auf das Wirken des Geistes richtet, flieht er.

Um die ganze Wahrheit zu sagen, muss ich auch gestehen, dass ich wenig persönliche Erfahrung mit den dramatischen Manifestationen von Gottes Gegenwart gemacht habe.[3] Ich habe in Gebetsversammlungen gesessen, in denen alle Teilnehmer dies als bedauerlichen Mangel empfanden und den Heiligen Geist baten, auf mich herabzukommen und mich zu erfüllen. Meist fühlte ich mich dabei ausgesprochen unwohl. Ich habe auch zusehen müssen, wie ein paar eifrige Studenten in einem Klavierübungsraum versuchten, aus meinem Bruder Dämonen auszutreiben. Solche Begegnungen waren allerdings selten. Wenn ich jetzt Berichte von Kirchen höre, in denen man Tierlaute macht und in Lachanfälle ausbricht, erinnere ich mich an mein Unbehagen im *Chicago Cultural Center* und im Übungsraum, der angeblich von Dämonen heimgesucht wurde.

Ich habe noch nie „in Zungen" gesprochen oder in der Kirche gebellt und kein einziges Mal bin ich wie Martin Luther King öffentlich in eine geistliche Ekstase verfallen. Das kann mit misslichen Erfahrungen in der Vergangenheit zusammenhängen, mit meiner Angst, die Kontrolle über mich zu verlieren, mit dem Gefühl geistlicher Unzulänglichkeit oder mit einem übermächtigen Rationalismus. Ich weiß es nicht. Ich weiß aber wohl, dass die Autoren des Neuen Testamentes beharrlich vom „Geist Christi" reden und die Redewendungen „im Geist" oder „in Christus" fast austauschbar sind. Wenn ich mir deshalb den Geist Gottes vor Augen halten will – ein Widerspruch in sich, wie ich merke –, dann wende ich mich an Jesus, in dem das Unsichtbare ein Gesicht bekommt.

Jesus sagte beim Abendmahl zu seinen Jüngern:

„Der Vater wird euch in meinem Namen den Helfer senden, der an meine Stelle tritt, den Heiligen Geist. Der wird euch alles weitere lehren und euch an alles erinnern, was ich euch selbst schon gesagt habe" (Joh 14,26).

Weil Jesus auf der Erde gelebt hat, haben wir eine wahrhafte und lebendige Darstellung davon, wie ein Mensch aussehen sollte, der mit Gott verbunden ist. Die „Früchte des Geistes" sind tatsächlich die Eigenschaften, die auch Jesus hatte, als er auf der Erde lebte. Und er hat versprochen, in uns zu bleiben, um in uns die gleichen Eigenschaften hervorzubringen.

Wenn ich mich frage, *wie* oder auf welche Art Gottes Geist in mir wirkt, dann brauche ich auch hier nicht weiter zu schauen als auf Jesus, um Antwort darauf zu bekommen.

Vor einer Weile las ich eine psychologische Studie über 25 Personen, darunter 13 Missionare, die in der Anfangsphase des maoistischen Regimes von chinesischen Kommunisten inhaftiert und einer Gehirnwäsche unterzogen worden waren. Die kommunistischen Gefängnisbeamten hatten es sich zur Aufgabe gemacht, die Inhaftierten von allen „falschen imperialistischen und kapitalistischen Gedanken" zu reinigen. Zu diesem Zweck setzten sie auch die Folter ein. Die westlichen Gefangenen mussten stehen bleiben, wobei ihre Hände hinter dem Rücken gefesselt und die Beine mit Ketten beschwert wurden. Sie durften tage- oder sogar wochenlang nicht schlafen, während ihre Mithäftlinge sie mit „korrektem Gedankengut" überhäuften. Eine falsche Antwort zog Prügel nach sich. Bei Gefangenen mit einem starken Willen dauerte es bis zu drei Jahren, um sie zu brechen, aber nach und nach gestand jeder Einzelne seine „Schuld" und unterschrieb Geständnisse. Die meisten beteiligten sich danach an der Gehirnwäsche neuer Gefangener. Als sie in den Westen abgeschoben wurden, waren die 25 ehemaligen Häftlinge zunächst verwirrt und litten unter Verfolgungswahn. Sie wussten nicht mehr, was sie glauben sollten. Doch alle bis auf wenige schworen der Propaganda ihrer Gefangenschaft ab, die zu glauben man sie gezwungen hatte.

Jesus hat niemals Gehirnwäsche praktiziert. Im Gegenteil, er malte die Kosten der Nachfolge in denkbar realistischen Begriffen aus („nimm dein Kreuz auf dich und folge mir nach"). Er drängte sich niemandem auf, sondern ließ immer Raum für eine freie Entscheidung und sogar Ablehnung. Ebenso ergeben sich alle Veränderungen, die Gott in einem Menschen bewirkt, nicht als Produkt äußeren Zwangs, sondern durch einen Geist, der von innen wirkt, neues Leben hervorruft und umgestaltet. Die Worte, mit denen Gottes Geist beschrieben wird – Tröster, Helfer, Stellvertreter –, deuten darauf hin, dass der Wandel als langsamer, innerer Vorgang ablaufen kann, vielleicht auch stoßweise.

Nach Betrachtung der verschiedenen griechischen Begriffe, mit denen der Heilige Geist benannt wird, hat James Houston sie mit dem einen Wort zusammengefasst: „Freund". Ein echter Freund hat immer meine Interessen im Sinn. Manchmal muss der Heilige Geist mich wie ein guter Freund etwas härter anfassen, um mir klarzumachen, was verändert werden muss. Weil Gott mich durch und durch kennt, kann er mich auf Unzulänglichkeiten hinweisen, die ich lieber übersehen würde. Doch wenn ich mich leer, missverstanden und einsam fühle, dann bietet mir der Geist Trost und lässt meine Ängste und Befürchtungen schwinden. Vor allem erinnert der Heilige Geist mich an Gottes Liebe. Seine Gegenwart selbst verweist auf die Tatsache, dass ich von Gott in seiner Gnade als Kind angenommen wurde.

Der Autor Larry Crabb sagt, dass wir Christen einander bei Schwierigkeiten oft einen der beiden folgenden Ratschläge geben: „Tu das Richtige" oder: „Bring in Ordnung, was verkehrt ist." Im Neuen Testament wird eine bessere Methode empfohlen: „Lass das Gute in dir frei." Das Gute ist der Heilige Geist, der schon in uns wohnt und über alle göttlichen Ressourcen verfügt.

Wenn ich daran denke, wie unwohl ich mich früher fühlte, wenn jemand erwähnte, dass der Heilige Geist in mir wohne, muss ich lachen. Was für ein Witz, im Tröster das Spukgespenst zu sehen! Manchmal ersehne ich mir insgeheim etwas Spektakuläres – den Ausbruch einer Ekstase, Wunder als Antwort auf ein Gebet, Auferstehungen, Heilungen –, während der Heilige Geist in erster Linie einen langsamen, stetigen Fortschritt auf das Ziel hin bietet, das Gott sich die ganze Zeit wünscht: die allmähliche Wiederherstellung meines gefallenen Ichs.

Als das neue Jahrtausend nahte und ich an diesem Buch schrieb, nahm ich an einer geistlichen Freizeit teil. Der Leiter teilte mir mit, er führe solche Freizeiten mehrmals jährlich durch und nicht ein einziges Mal sei es passiert, dass ein Teilnehmer in diesen vier Tagen Gott nicht reden gehört habe. Wir würden in der Stille bleiben, nur lesen, was er uns vorgäbe, und mindestens vier Stunden am Tag beten.

Ich traf mit reichlich Skepsis ein. Immerhin hatte ich Monate mit einem Buch zugebracht, das sich mit dem Zweifel und dem Schweigen Gottes befasst. Ich stellte mich auf einen ganzen Tag voller Ruhelosigkeit und Langeweile ein und vielleicht einen zweiten Tag des Widerwillens, bevor ich schließlich irgendetwas hören würde – vielleicht die Stimme Gottes, wie auch immer sich diese anhörte. Dennoch beschloss ich, mich auf das Programm einzulassen und möglichst aufmerksam mitzumachen.

Zu meiner großen Überraschung fing Gott gleich an zu reden. Am ersten Nachmittag saß ich auf einem moosbedeckten Felsen im Wald und hatte geplant, in ein Tagebuch zu schreiben, was Gott mir zu sagen hätte, wenn er mir einen geistlichen „Aktionsplan" für den Rest meines Lebens diktieren würde. Je aufmerksamer ich hinhörte, desto länger wurde die Liste. Hier nur ein paar Beispiele:

- *Stelle deine Zweifel genauso in Frage wie deinen Glauben.* Auf Grund meiner Persönlichkeit, vielleicht auch als Reaktion auf meinen fundamentalistischen Hintergrund, brüte ich über meinen Zweifeln und erlebe den Glauben in gelegentlichen Schüben. Wäre es nicht an der Zeit, dieses Verhaltensmuster umzukehren?
- *Mache dich nicht allein auf den Weg. Suche dir Weggefährten, die dich als Pilger oder gar als Nachzügler sehen, nicht als Anführer.* Wie so viele andere habe ich das Gefühl, ich müsse allein

vor Gott stehen. Ich erkannte, dass diese Haltung im Grunde unbiblisch ist. Wir finden in der Bibel nur wenige Hinweise, wie man die Nachfolge allein bewältigen kann, weil Gott es sich so nicht vorgestellt hat.
- *Lasse das Gute – Naturschönheiten, deine Gesundheit, aufmunternde Worte – genauso tief auf dich einwirken wie das Schlechte.* Warum brauche ich etwa 17 ermutigende Briefe von meinen Lesern, um die Wirkung nur eines vernichtend kritischen aufzuwiegen? Wenn ich jeden Morgen mit einem Gefühl von Dankbarkeit aufwachen und abends mit dem gleichen Gefühl einschlafen würde, nicht mit Selbstzweifel, dann würde die Zeit dazwischen zweifellos unter einem anderen Vorzeichen stehen.
- *Übe dich um deiner selbst willen in Vereinfachung. Schließe alles aus, was dich von Gott ablenkt.* Unter anderem bedeutet dies, bei der Post rücksichtslos die Spreu vom Weizen zu trennen und Katalogen, Werbesendungen und Bücherclubs nicht mehr Zeit zu widmen, als der Wurf in den Papierkorb kostet. Wenn ich je genug Mut dazu haben sollte, müsste wahrscheinlich auch der Fernseher dort landen.
- *Finde heraus, was dich die Freude Gottes verspüren lässt.* Der Sprinter Eric Liddell erklärte seiner Schwester: „Gott hat mich als schneller Mensch geschaffen. Und wenn ich laufe, dann empfinde ich seine Freude darüber."[5] Was lässt mich Gottes Freude empfinden? Das muss ich herausfinden und dann *laufen*.
- *Schäme dich nicht.* „Denn ich schäme mich des Evangeliums nicht" (Röm 1,16; Luther), schrieb Paulus den Römern. Warum drücke ich mich so allgemein aus, wenn Fremde mich nach meinem Lebensunterhalt fragen und anschließend wissen wollen, welche Art Bücher ich schreibe? Warum erwähne ich mein Studium vor den christlichen Schulen, die ich besucht habe?
- *Denk daran, Gott hat auch die Christen erwählt, die dich so sehr nerven.* Aus irgendwelchen Gründen fällt es mir einfacher, „unmoralischen" Ungläubigen mit Freundlichkeit und Annahme zu begegnen als engstirnigen Christen, die immer gleich ihr Urteil parat haben. Was natürlich auch aus mir eine Sonderform des engstirnigen, gesetzlichen Christen macht.
- *Vergebe täglich denen, die dich durch ihr verletzendes Verhalten daran hindern, heil zu werden.* Ich stelle fest, dass gerade unsere Wunden von Gott in seinem Dienst an uns gebraucht werden

können. Wenn ich den Verursachern ihre Schuld nicht vergebe, verhindere ich den Erlösungsakt, der diesen Wunden Sinn und Wert verleiht, und letzten Endes die Heilung.

„Wie hat Gott eigentlich zu Ihnen geredet?", fragen Sie vielleicht. Eine hörbare Stimme oder eine Vision habe ich noch nie erlebt. Zugegeben, diese Einsichten sind nicht aus dem Weltall gekommen; sie waren die ganze Zeit schon als eine Art geistliches Selbst-Bewusstsein vorhanden. Hier geht es aber um Folgendes: Bevor ich mir die Zeit nahm, mich dem Alltag zu entziehen und eine längere Zeit des Schweigens zu praktizieren, konnte ich diese innere Stimme nicht hören. Obwohl Gott vielleicht schon die ganze Zeit geredet hatte, konnte ich ihn erst dann hören, als ich meine Ohren dafür öffnete.

Einmal joggte ich in Arizona einen Weg entlang, der sich durch Beifuß und Kakteen schlängelte, und stieß auf eine Klinik, in der reiche Patienten mit Ess-Störungen behandelt werden. Ich bog von meinem staubigen Wüstenpfad auf einen gepflegten Weg ab, der, wie ich bald entdeckte, ein Lehrpfad aus „Zwölf Schritten" war. Den Wegesrand säumten Schilder mit motivierenden Slogans wie „Erwarte ein Wunder!". Während ich weiterlief, kam ich wie bei einer Rehabilitation nach dem Vorbild der Anonymen Alkoholiker ein Schritt nach dem nächsten voran. Die Plakate verlangten von mir das Bekenntnis, dass mein Körper nicht in Ordnung sei, dass ich nicht die Kraft habe, meine Essgewohnheiten in den Griff zu bekommen. Auf einer Länge von mehr als einer Meile wand sich der Pfad die nächsten Schritte entlang. Zuletzt sollte man die Notwendigkeit bekennen, sich auf Freunde und eine höhere Macht zu verlassen. An jedem der zwölf Schritte gab es Bänke mit dem Hinweis an die Teilnehmer, sich auszuruhen und über ihren Fortschritt nachzudenken.

Der Pfad endete an einem Friedhof mit winzigen eingravierten Grabmarkierungen. Ich blieb stehen, um die Aufschriften zu lesen. Die Wüstenhitze hatte mich zum Schwitzen gebracht und ich keuchte. „Hier liegt meine Angst vor Nähe", hatte jemand namens Donna am 15. September aufgeschrieben, erst vor drei Tagen. Sie hatte den Grabstein mit gelber, roter und blauer Farbe verziert. Andere hatten Dinge wie „Zigaretten", „Schokoladensucht", „Diätpillen", den „Mangel an Selbstdisziplin", ihr „kontrollierendes Verhalten" und das „gewohnheitsmäßige Lügen" begraben.

Auf diesem Friedhof war ein Nachhall von christlichen Kategorien spürbar: das Sterben des alten Ichs, die Kreuzigung des Fleisches. Mir war auch bewusst, dass Donnas vor drei Tagen begrabene Angst vor Nähe eines Tages wieder auferstehen würde. Geistige Mächte, die einen Menschen im Griff haben, verschwinden nicht so einfach und bleiben auch nicht tot.

Was müsste ich begraben?, fragte ich mich. Wie viele Grabsteine würde ich am Wegesrand aufstellen, wenn ich eine Klinik für *geistliche* Störungen aufsuchen und täglich diesen Weg entlanglaufen müsste? Was würde sich bei mir ändern, wenn ich wirklich verstanden hätte, dass die höhere Macht im Grunde eine innere Kraft ist, die in diesem Augenblick in mir wohnt? Könnte diese Macht, Gottes eigener Geist, dafür sorgen, dass Stolz, Zweifel, Selbstsucht, Gleichgültigkeit bei Ungerechtigkeit, Begierde etc. dauerhaft verschwinden, Dinge, die ich so oft schon zu kreuzigen und beerdigen versucht habe?

Richard Mouw vom Fuller-Seminar erinnert sich an eine Konferenz, an der auch der Soziologe Peter Berger teilnahm. In seiner Rede sagte Mouw, wie man es vom Präsidenten einer christlichen Hochschule erwartet, dass jeder Christ berufen sei, Gott radikal zu gehorchen und für Gerechtigkeit und Frieden einzustehen.

„Berger antwortete mit der Beobachtung, dass ich einen sehr weitläufigen Begriff von radikalem Gehorsam verwende. Irgendwo in einem Altenheim, sagte er, gäbe es eine Christin, die sich vor nichts mehr fürchte als davor, beim Schlangestehen an der Cafeteria nicht mehr ihre Blase beherrschen zu können und sich so zu blamieren. Für diese Frau gelte es, Jesus Christus darin radikal zu gehorchen, dass sie jedes Mal vor dem Weg zum Essen ihr Schicksal in die Hände eines liebevollen Gottes legt.
Berger hatte etwas sehr Wichtiges gesagt. Gott beruft uns zur Auseinandersetzung mit den Aufgaben, die uns gestellt sind, und oft sind unsere ‚radikalsten' Veränderungen ganz minimal. Die Berufung zu radikalem Mikro-Gehorsam kann bedeuten, einem Langweiler oder Störer geduldig zuzuhören, liebevoll auf einen Mitsünder einzugehen, was durchaus nicht leicht fällt, oder jemanden ausführlich in einer Sache zu beraten, die für jeden anderen außer dem Rat Suchenden ganz einfach ist."[6]

C. S. Lewis war von der Erfahrung überrascht, dass er nach seiner Lebenswende überwiegend dasselbe machte wie zuvor, wenn auch in einem neuen Geist. Allmählich kam er zu dem Schluss, als praktizierender Christ zu leben, „heißt, dass jede einzelne Tat, jedes Gefühl, jede Erfahrung, ob angenehm oder unangenehm, sich auf Gott beziehen muss".[7] Es ging darum zu lernen, nicht mehr für sich selbst, sondern für einen anderen zu leben, ähnlich, wie ein Sportler sein Spiel einem an Krebs sterbenden Trainer widmet – oder der Frau seines Herzens.

In einem Theaterstück oder Film kann ein ganz gewöhnliches Ereignis – der Gang zum Kiosk, das Einsteigen ins Auto, der Griff zum Telefon – sehr viel in Bewegung setzen. Die Handlung hängt von solchen Details ab und die Zuschauer sehen genau hin, weil sie nicht wissen, was sich davon als bedeutsam erweisen oder einen wichtigen Hinweis bieten wird. Im Leben mit Gott geht es auch so zu, denn Gottes Gegenwart verleiht jedem einzelnen Ereignis neues Potenzial.

Ob ich mit einer Blasenschwäche, einer Ess-Störung, der Angst vor zwischenmenschlicher Nähe, mit sexueller Gier und Seitensprüngen oder mit Verbitterung und Schuldzuweisungen zu kämpfen habe – die gute Nachricht lautet, dass ich mich nicht „am Riemen reißen muss", bevor ich auf Gott zugehe. Ganz im Gegenteil: Gott ist diesen ersten Schritt auf mich zugegangen. Durch den Heiligen Geist hat Gott die Möglichkeit, in mir zu wohnen und mir von innen heraus zu helfen. Gott hat keinen Zustand ewiger Seligkeit oder problemfreier Existenz versprochen, sondern seine Gegenwart, selbst wenn es still und dunkel ist. Er lebt bei uns, in uns und für uns.

In der evangelikalen Subkultur, in der ich aufgewachsen bin, wird Gottes Macht stark betont. Als Kind hatte ich Angst vor einem Gott, der mich – ganz der Jahwe aus dem Alten Testament – mit Blitzen, Krankheiten oder anderen Waffen aus seinem Arsenal für meine Sünden bestrafen würde. Später betrachtete ich das christliche Leben als Spielfeld für Gottes gütigere Kräfte. Mein Bruder frömmelte nach seinem ersten Platz bei einem Klavierwettbewerb: „Das war nicht ich, das war der Herr." (Ich, der ich genauso hart geübt hatte, aber leider nur mit halber Begabung gesegnet war, wunderte mich, warum Gott meine Finger nicht mit besserem Geschick über die Tasten gleiten ließ.) Manchmal hörte ich bei Gebetsstunden Anliegen wie: „Mögen wir doch keine eigenen Gedanken haben und nichts aus eigener Kraft tun. Mögest du alles durch uns wirken." (Ein zynischer Freund von mir stellte fest, dass diese Gebete oft erhört wurden – diese Leute hatten anscheinend wirklich keine eigenen Ideen.)

Letzten Endes begriff ich, dass die ständige Betonung von Gottes Macht zu einem Fatalismus wie bei extremen Moslems oder Hindus führen kann, die zur Auffassung gelangt sind, dass wir Menschen nichts tun müssen, weil sowieso der Wille Gottes geschieht. Viel eindrucksvoller ist das Wunder der Menschwerdung, seine demütige Bereitschaft, die Macht mit uns zu teilen und uns bei der Aufgabe, die Welt umzugestalten, die volle Partnerschaft anzubieten.

Ich habe mich immer geistlich minderwertig gefühlt, weil ich die außergewöhnlichen Gaben des Geistes nicht erfahren habe und in meinem Leben keine echten „Wunder" vorweisen konnte. Aber ich habe erkannt, dass meine Wertmaßstäbe sich von Gottes Einschätzung sehr stark unterscheiden können. Jesus, der sich mit Wundern oft zurückhielt, betrachtete es als Fortschritt, als er die Erde verließ und seine Mission den fehlbaren Jüngern anvertraute. Wie ein stolzer Vater scheint Gott sich als Zuschauer mehr an den Errungenschaften seiner halbflüggen Kinder zu freuen als am Zur-Schau-Stellen seiner Allmacht.

Wenn ich einmal spekulieren darf, dann ist aus Gottes Perspektive mit den Pfingstereignissen ein großer Fortschritt eingetreten. Dort wurde der direkte Kontakt des Heiligen Geistes zum menschlichen Geist wieder hergestellt, der in Eden verloren gegangen war. *Ich* möchte, dass Gott auf direkte, eindrucksvolle und unbestreitbare Art handelt. *Er* aber möchte seine Macht mit Menschen wie mir teilen und sein Werk *durch* die Menschen schaffen, nicht gegen sie.

„Nimm mich ernst! Behandle mich wie einen Erwachsenen, nicht wie ein Kind!", fordern alle Teenager. Gott geht auf diese Bitte ein. Er macht mich bei seiner Arbeit in mir und durch mich zum Partner. Er gewährt mir vollste Freiheit, obwohl er weiß, dass ich diese auch missbrauchen könnte. Er verzichtet in einem solchen Ausmaß auf Macht, dass er mich bittet, seinen Heiligen Geist nicht zu „bekümmern" oder zu „unterdrücken". Das alles tut Gott, weil er als Partner reife, liebesfähige Persönlichkeiten will, keine schwärmerischen Heranwachsenden.

Ich bin an anderer Stelle bereits auf die Metapher der Ehe zu sprechen gekommen, die „erwachsenste" Beziehung, die die meisten Menschen führen können. (Tiefe Freundschaften sind von gleicher Qualität.) In der Ehe können die beiden Partner zu einer Einheit gelangen, während sie sich gleichzeitig ihre Freiheit und Unabhängigkeit bewahren. Etwas Neues nimmt Form an, eine gemeinsame Identität, an der Mann und Frau teilhaben. Wenn meine Frau und ich einen Ausflug planen, übernimmt sie andere Vorbereitungen als ich; wir kommen uns dabei selten ins Gehege, weil wir wissen, dass unsere Leistungen auf etwas gerichtet sind, von dem wir beide etwas haben.

Auf jeden Fall wird jedes Ehepaar feststellen, dass die Verbindung zweier Geschlechter in einer Ehe Schwierigkeiten mit sich bringt, an denen man ein Leben lang arbeiten muss. Die Verbindung eines Menschen mit Gott zieht eine ganz neue Kategorie der „Unvereinbarkeit" nach sich. Der eine Partner ist unsichtbar, überwältigend groß und vollkommen; der andere ist sichtbar, schwach und fehlbar. Wie können diese beiden zurechtkommen?

In mancher Hinsicht spielt der Heilige Geist in der Beziehung zwischen mir und Gott die Rolle eines „Eheberaters". Die Analogie ist weit hergeholt, aber man denke an die neutestamentlichen Begriffe, mit denen der Geist beschrieben wird: Tröster, Helfer, Stellvertreter. Der Geist tröstet mich, wenn ich Kummer habe, beruhigt mich, wenn alles in mir in Aufruhr ist, und überwindet meine Ängste. In der Bibel wird der Geist übereinstimmend als die unsichtbare innere Kraft beschrieben, als Mittler, der uns in der Beziehung mit dem transzendenten Vater beisteht.

Wie alle blauäugigen Jungvermählten mussten auch Janet und ich erfahren, dass die Hochzeitsfeier erst der Anfang der Liebesmühen ist. Unsere Ehe war nie wirklich ein Ort heiterer Glückseligkeit ohne negative Gefühle. Ganz im Gegenteil: Wir werden hier wahrscheinlich eher als bei anderen auch Ärger und Enttäuschung los, selbst dann, wenn äußere Gründe daran schuld sind und nicht der Partner. Eine gesunde Ehe ist kein Problem-freier Raum, kann aber doch Sicherheit bieten. Wir wissen, dass wir einander noch am nächsten und übernächsten Tag lieben werden und dass unsere Liebe trotz aller Spannungen die Wunden heilen kann, von denen die negativen Gefühle ursprünglich ausgingen.

Wenn ich die Psalmen, Ijob und Jeremia lese, dann erahne ich dort das gleiche Muster. Was an diesen Büchern auffällt, sind die Beschwerden, die wüsten Anklagen gegen Gott. Gott bietet einen „sicheren Hafen", an dem wir uns zeigen können, wie wir sind – und das schließt auch unsere schlechten Seiten mit ein. In der Kirche, in der ich groß geworden bin, habe ich wenig von dieser unverblümten Ehrlichkeit gehört, die uns Gott ermöglicht. Dies empfinde ich heute als geistlichen Makel und nicht als Stärke, denn mir ist aufgefallen, dass auch Christen gegen Umstände nicht immun sind, die bei Ijob und in den Psalmen solche Ausbrüche ausgelöst haben. Warum sollten wir also versuchen, die tiefsten Gefühle vor einem Gott zu verstecken, der doch in uns wohnt, oder vor dem Heiligen Geist, der uns versprochen hat, für uns „Seufzer" auszustoßen, wenn Worte nicht mehr ausreichen?

Natürlich wird es mir nicht gelingen, den Erfolg für ein Leben mit Gott oder den Erfolg einer Ehe auf eine Formel zu reduzieren. Es geht um eine lebendige, wachsende Beziehung mit einem anderen freien Wesen, das ganz anders als ich ist und doch viel mit mir gemeinsam hat. Keine Beziehung birgt mehr Herausforderungen als die Ehe. Manchmal wünsche ich mir eine „altmodische" Ehe, in der Rollen und Erwartungen klarer definiert waren und nicht immer wieder neu verhandelt werden müssen. Manchmal sehne ich mich nach einem Eingreifen von außen, damit jene Charakterzüge entscheidend verändert werden, die meiner Frau und mir Kummer bereiten. Bisher ist das aber nicht passiert. Wir wachen jeden Tag auf und setzen unseren Weg fort. Die Basis dazu erweist sich mit jedem Schritt als zunehmend tragfähiger.

Der Grund dafür ist die Liebe, sei der Partner sichtbar oder unsichtbar.

> „Wer sagt, er glaube an Gott, liebt und fürchtet ihn aber nicht, der glaubt nicht wirklich an ihn, sondern an die Menschen, die ihn gelehrt haben, dass Gott existiert. Wer glaubt, dass er an Gott glaube, aber ohne jede Leidenschaft im Herzen, ohne Seelenqual, ohne Ungewissheit, ohne Zweifel, ohne ein Element der Verzweiflung selbst im Trost, glaubt nur an die Idee von Gott, nicht an Gott."
> MIGUEL DE UNAMUNO[8]

Kapitel 15

Die Leidenschaft und die Wüste

*Denn der Gott, der den menschlichen Hunger stillt,
ist gleichzeitig der Unbekannte, der Fremde.
Nur seine Abwesenheit in der Gegenwart erlaubt dem Menschen, er selbst zu sein.*
Jean Sullivan[1]

Ich versuche, eine ehrliche Darstellung zu geben. Ich will die Wahrheit darüber sagen, was es bedeutet, ein Christ zu sein, und niemandem den Glauben aufdrängen. Deshalb muss ich hier einmal Halt machen, mich von der großartigen Aussicht auf ein Leben Gottes in uns lösen und eine andere Perspektive bedenken. Der Teufel Screwtape in C. S. Lewis' boshaft-witzigem Roman „Dienstanweisung für einen Unterteufel" riet dem Dämonen Wormwood, er solle seinem Opfer einreden, „Vergleiche [zu ziehen] zwischen dem Ausdruck ‚ihr seid der Leib Christi' und den Gesichtern, wie er sie in der nächsten Kirchenbank sieht". Wenn wir diese Gesichter sowie unser eigenes inspizieren, können die strahlenden Bilder des Neuen Testamentes ihre Anziehungskraft verlieren.

Dazu die Erfahrungen eines Mannes, den viele als geistliche Galionsfigur verehren:

„Wie also steht es um mein Gebetsleben? Bete ich gern? Will ich beten? Opfere ich dafür meine Zeit? Offen gesagt, auf alle drei Fragen lautet die Antwort nein. Nach 63 Lebensjahren und 38 Jahren als Priester kommt mir mein Gebet wie toter Stein vor. [...] Ich habe dem Gebet viel Aufmerksamkeit gewidmet, darüber gelesen und geschrieben, Klöster und Gebetshäuser aufgesucht und viele Menschen auf ihrer geistlichen Reise begleitet. Mittlerweile sollte ich geistlich voller Feuer sein, vom Gebet regelrecht verzehrt. Viele Menschen glauben, das sei tatsächlich so. Sie reden mit mir, als sei das Gebet meine größte Begabung und meine tiefste Sehnsucht.
In Wahrheit empfinde ich nicht viel – wenn überhaupt etwas –,

wenn ich bete. Es gibt keine warmen Gefühle, keine körperlichen Empfindungen oder geistige Visionen. Von meinen fünf Sinnen ist keiner berührt – kein besonderer Geruch, kein Klang, keine besonderen Anblicke oder Tastempfindungen, keine besonderen Bewegungen. Wenn auch der Heilige Geist lange Zeit so deutlich durch meinen Körper gehandelt hat, fühle ich jetzt gar nichts mehr. Ich habe in der Erwartung gelebt, dass das Gebet mir immer leichter fallen würde, je älter ich werde, je näher ich dem Tod komme. Scheinbar aber geschieht das Gegenteil. Die Worte Dunkelheit und Trockenheit beschreiben heute mein Gebetsleben am besten. [...]
Sind die Dunkelheit und Trockenheit meines Gebets Zeichen der Abwesenheit Gottes oder sind sie Zeichen einer tieferen Gegenwart, größer, als ich es mit meinen Sinnen erfassen kann? Ist der Tod meines Gebets das Ende der Vertrautheit mit Gott oder der Anfang einer neuen Gemeinschaft jenseits von Worten, Emotionen und körperlichen Empfindungen?"[2]

Henri Nouwen schrieb diese Worte im letzten Jahr seines Lebens. Da Nouwen früh gestorben ist, haben wir keine Antwort auf seine letzte Frage, die im Rückblick seltsam prophetisch erscheint. Weil ich Nouwen kannte und eine Vorstellung davon habe, wie viel Zeit und Energie er dem Gebet gewidmet hat – mehr als jeder andere, den ich kenne –, kann ich diese Aussage nicht einfach so vom Tisch wischen, als handle es sich um einen vorübergehenden Fehltritt oder eine Phase, die er irgendwann hinter sich gelassen hätte. Hier wird die ehrliche Realität seiner geistlichen Erfahrung beschrieben. Ich vermute, die Beliebtheit der Schriften dieses katholischen Priesters bei evangelikalen Protestanten hat mit der brennenden Ehrlichkeit gerade solcher Texte zu tun. „Genau dann, wenn die Menschen mir danken, dass ich sie Gott näher gebracht habe, kam mir das Gefühl, Gott habe mich verlassen", schrieb er. „Mir war, als habe das Haus, das ich endlich fand, keinen Boden."[3]

Nouwen hätte dunkle Bestätigung beim berühmten Mystiker Thomas von Kempen gefunden, dem Autor der *Imitatio Christi*, als dieser klagte: „Und ich unglücklicher und armseligster aller Menschen, wie soll ich dich in meinem Haus empfangen, ich, der ich kaum weiß, wie eine halbe Stunde andächtig zu verbringen sei? Ich wünschte, einmal wenigstens eine halbe Stunde würdig zuzubringen!"[4]

Nouwen hätte auch aus den Erkenntnissen von Thomas Green, eines Spezialisten für Gebet, Ermutigung schöpfen können. Green ist geistlicher Leiter eines theologischen Seminars auf den Philippinen. Die geistliche Dürre ist laut Green die normale Folge eines im Gebet verbrachten Lebens. Mit einer Parallele zur menschlichen Liebe arbeitet Green drei Stadien eines gesunden Gebetslebens heraus. Die Phase des Umwerbung vergleicht er dem Kennenlernen Gottes; in der Zeit der „Flitterwochen" vertieft sich das Kennenlernen zur Liebe; in den langen, alltäglichen Ehejahren bewährt sich die Liebe und wird echter. Wie man von jedem Verheirateten erfahren kann, gehört zu dieser letzten Phase der reifen Liebe mehr Langeweile als Romantik und das Gleiche gilt für eine Beziehung zu Gott. Daher kann eine Dürreperiode beim Beten ein Kennzeichen von Wachstum und nicht von Versagen sein, sagt Green.

Da ich in der zuversichtlichen evangelikalen Tradition aufgewachsen bin, fand ich solche Gedanken zunächst leicht häretisch. Vielleicht werden vor allem Katholiken von Dürre und Dunkelheit befallen, sinnierte ich. Wenn Mönche und Nonnen den ganzen Tag beten, ist es ja kein Wunder, dass ihnen langweilig wird. Allerdings fand ich auch in der Bibel selbst ein ähnliches Muster, besonders im Alten Testament. In vielen Psalmen wird von Dürrephasen und Dunkelheit berichtet. Jesus selbst hat aus einem besonders düsteren Psalm zitiert. Paulus und die anderen Briefautoren des Neuen Testaments beschreiben das Leben des Christen zwar in den leuchtendsten Farben, aber wenn man zwischen den Zeilen liest, dann merkt man, dass etliche der Leser alles andere als den Sieg erlebt haben mussten, den zu erlangen sie ermahnt wurden.

Thérèse von Lisieux, ebenfalls eine katholische Heilige, hat eingestanden, dass „das Gebet aus der Unfähigkeit entsteht, wenn überhaupt, denn sonst gäbe es kein Bedürfnis danach".[5] Heute sehe ich ein, dass es unsere Bedürftigkeit und unser Gefühl der Unzulänglichkeit sind, die uns in die Arme Gottes treiben. Die Gnade ist ein Geschenk und wird nur von denen empfangen, deren Hände offen sind. Oft ist es gerade die Niederlage, die uns die Hände öffnen lässt.

Wenn wir Gottes Gnade empfangen und das geistliche Leben beginnt, steigen auch die Spannungen. Weder ein vollkommener Heiliger noch ein von Schuldgefühlen ungetrübter Sünder würden Spannungen empfinden. Wir Übrigen müssen irgendwo zwischen diesen Extremen leben, was das Leben eher komplizierter als einfacher macht.

„Niemand ist glücklicher als der Christ", schrieb der Heilige Hieronymus, „denn ihm ist das Himmelreich versprochen. Niemand ist abgehärmter, denn jeden Tag begibt er sich in Lebensgefahr. Niemand ist stärker als er, denn er triumphiert über den Teufel. Niemand ist schwächer, denn er wird vom Fleisch überwunden. [...] Der Pfad, auf dem du gehst, ist schlüpfrig, und die Herrlichkeit des Gelingens ist weniger als die erbarmungslose Niederlage."[6]

Als Dwight L. Moody gefragt wurde, ob er mit dem Heiligen Geist erfüllt sei, antwortete er: „Ja. Aber ich bin undicht."

Was ist es also, Fülle oder Dürre, Licht oder Dunkelheit, Sieg oder Niederlage? Wenn ich unbedingt antworten muss, würde ich sagen: „Beides." Wenn man sich auf einen Kurs begibt, der ein erfolgreiches Gebetsleben, die aktive Gegenwart Gottes und beständigen Sieg über die Versuchung verspricht, wird man wahrscheinlich auf Grund laufen. Die Beziehung zu dem unsichtbaren Gott wird immer Ungewissheit und Veränderungen mit sich bringen.

Ich würde mich jedoch lieber um die Antwort drücken, weil ich glaube, dass die Frage falsch gestellt wurde. Wenn ich auf die Glaubenshelden zurückschaue, dann hatten sie alle eines gemeinsam, und zwar weder Sieg noch Niederlage, sondern *Leidenschaft*. Wenn wir betonen, wie wichtig gewisse geistliche Techniken sind, könnte uns das bald von der leidenschaftlichen Beziehung abbringen, die Gott mehr als alles andere am Herzen liegt. Mehr als jedes Lehrsystem, mehr als jede mystische Erfahrung wird in der Bibel die Beziehung zu einer Person betont und persönliche Beziehungen sind niemals statisch.

Bei manchen simplen Predigten in Radio und Fernsehen zucke ich zusammen, muss mich aber über den Anklang wundern, den sie finden, besonders bei einfachen Menschen. Vielleicht kommen sie deshalb so gut an, weil hier ein Gott vorgestellt wird, den man kennen und lieben kann. Jesus sagte, wir sollten wie kleine Kinder ins Reich Gottes kommen. Kinder verstehen nichts von Beziehungen; sie leben sie ganz einfach.

„Ich habe immer geglaubt, dass die Vorstellung von einem Gott, der vor Wut schnaubt, eifersüchtig ist, in Liebe entbrennt und enttäuscht sein kann, etwas Kindisches, Menschliches, leider allzu

Menschliches sei", schreibt der Theologe Jürgen Moltmann. „Der abstrakte Gott der Philosophen, von allen menschlichen Bildern gereinigt, schien mir der Wahrheit näher zu kommen. Je mehr ich aber erfahren musste, wie das Leben von zu viel Abstraktion vernichtet werden kann, desto besser verstand ich die alttestamentliche Leidenschaft Gottes und den Schmerz, der das Herz dieses Gottes zerriss."[7]

Gottes Lieblinge antworteten ihm mit einer ähnlichen Leidenschaft. Mose stritt so heftig mit Gott, dass er ihn mehrmals überredete, seine Meinung zu ändern. Jakob rang die ganze Nacht und wandte Tricks an, um sich Gottes Segen zu erzwingen. Ijob machte Gott sarkastische, zornige Vorwürfe. David übertrat mindestens die Hälfte der zehn Gebote. Und doch gaben sie den Umgang mit Gott niemals ganz auf und Gott gab sie niemals auf. Gott kann mit Zorn, Vorwürfen und sogar willentlichem Ungehorsam umgehen. Eines aber verhindert die Beziehung: Gleichgültigkeit. „Sie wandten sich völlig von mir ab", sagte Gott in einer vernichtenden Anklage gegen Israel zu Jeremia (Jer 32,33).

Bei *Adult Children of Alcoholics*, einer Organisation, die mit von Alkoholismus zerrütteten Familien zusammenarbeitet, werden drei Bewältigungsstrategien beschrieben, die Kinder zum Überleben in solch dysfunktionalen Umgebungen lernen: nicht reden, nicht vertrauen, nichts empfinden. Später, als Erwachsene, stellen sie fest, dass sie unfähig sind, eine von Vertrauen geprägte Beziehung einzugehen. Sie müssen die erlernte Gleichgültigkeit wieder verlernen. Von christlichen Therapeuten habe ich erfahren, dass Christen, die sich in ihrer Vergangenheit Wunden zugezogen haben, die Beziehung zu Gott nach dem gleichen Muster führen. Als Reaktion auf eine strenge Erziehung oder auf das Gefühl, von Gott verraten worden zu sein, unterdrücken sie jede Leidenschaft und ziehen sich auf einen formalen, weniger persönlichen Glauben zurück.

In einer gesunden Beziehung dagegen bleibt die Leidenschaft in traurigen oder frohen Zeiten, in Sieg oder Niederlage und selbst bei räumlicher Trennung erhalten. In der Abwesenheit wird genauso viel Leidenschaft empfunden wie in der Gegenwart des Partners. Wenn ein Soldat in seiner Dienstzeit den Wohnort verlässt oder ein Teenager nach der Schulzeit mit dem Studium beginnt, verflüchtigen sich ihre Gefühle nicht; sie können sich sogar steigern. Auch dann, wenn man sich entfremdet, kann Leidenschaft im Spiel sein, wie so manche Familie bezeugen kann, die eine Scheidung durchlebt.

Von den „geistlichen Riesen" der Bibel habe ich ein entscheidendes Merkmal der Beziehung zum unsichtbaren Gott gelernt: *Verliere Gott nie aus den Augen, was du auch unternimmst. Schließe Gott aus keinem Bereich deines Lebens aus.* Für manche Christen stellt eine Krise, wie Ijob sie erlebt hat, die größte Gefahr dar. Wie soll man sich im Glauben an einen Gott klammern, der sich unbeteiligt und sogar feindlich gibt? Andere, zu denen auch ich mich zähle, sehen sich einer anderen, unterschwelligen Gefahr ausgesetzt. Eine Häufung von Ablenkungen – ein schlecht funktionierender Computer, unbezahlte Rechnungen, eine bevorstehende Reise, die Hochzeit eines Freundes, die allgemeine Hektik des Lebens – vertreiben Gott allmählich aus der Mitte meines Lebens. An manchen Tagen lerne ich Menschen kennen, esse, arbeite und treffe Entscheidungen, ohne auch nur einen Gedanken an Gott zu verschwenden. Und diese Leere ist viel ernster zu nehmen als das, was Ijob erlebte, denn Ijob hörte kein einziges Mal auf, an Gott zu denken.

Bei einem Bibelgespräch, an dem ich teilnahm, machte ein Freund folgende Bemerkung über das Leben von König David: „Wenn Saulus bewiesen hat, dass ‚Gehorsam besser als Opfer' ist, dann beweist David, dass eine Beziehung noch besser ist als Gehorsam." Selbst dann, wenn man mit den Begriffen nicht einverstanden ist, zeigt Davids Geschichte doch immerhin, dass eine Beziehung zu Gott auch den fürchterlichsten Ungehorsam überleben kann. Ich komme immer wieder auf Davids Geschichte zurück, weil ich kein besseres Vorbild für eine leidenschaftliche Beziehung zu Gott kenne als diesen König namens David. Sogar sein Name passt dazu. Er bedeutet „geliebt".

Beim Bericht über Davids Leben drängt sich eine Frage auf: Wie kam es, dass ein Mensch nach so offensichtlichen Fehltritten – immerhin hat er Ehebruch und indirekt einen Mord begangen – den Ruf bekam, „ein Mann nach dem Herzen Gottes" zu sein (Apg 13,23)? Aus der Antwort auf diese Frage können wir so manchen Schluss ziehen, denn keinem anderen Menschen in der Bibel einschließlich Jesus gewähren die David gewidmeten Kapitel eine so ausführliche Schilderung. Scheinbar ist Gott der Ansicht, dass wir etwas von diesem bemerkenswerten Mann lernen können.

Wenn ich Davids Geschichte auf der Suche nach seinem geistlichen Geheimnis durchforste, dann fallen mir zwei Szenen auf. Die erste gibt eine Antwort auf jene drängende Frage. Bei einer seiner ersten offiziellen Amtshandlungen als König ließ David die heilige Bundeslade holen, um sie als Symbol der Gegenwart Gottes in Jerusalem aufzustellen, der neuen Hauptstadt, an der er baute. Als die Lade schließlich in Begleitung von Posaunenbläsern und den Jubelrufen einer riesigen Menschenmenge eintraf, konnte König David sich überhaupt nicht mehr beherrschen. Vor lauter Freude hüpfte er auf der Straße umher wie ein Olympiasieger, der die Goldmedaille gewonnen hat und stolz seinen Gewinn herzeigt. Beim Anblick des Königs, der knapp geschürzt Purzelbäume schlug, nahm seine Frau Anstoß, bis David sie zurechtwies. „Deshalb will ich auch künftig zu seiner [Gottes] Ehre tanzen und springen", sagte er zu ihr, „und mich noch tiefer erniedrigen als diesmal" (2 Sam 6,21–22). David kümmerte sich nicht im Geringsten um seinen königlichen Ruf, solange der einzige Zuschauer, der wirklich zählte, seinen Jubel spüren konnte.

Als leidenschaftlicher Mensch empfand David mehr für Gott als für alles andere in der Welt und während seiner Herrschaft wurde diese Einstellung im Volk bekannt. Dazu schreibt Frederick Buechner:

„Er hatte schmutzige Füße wie wir alle, wenn nicht sogar noch stärker – er war egoistisch und betrügerisch, gierig und eitel –, aber allein wegen seines Tanzes kann man erkennen, warum Israel sein Herz mehr als an jeden anderen an David verlor und warum die Menge, als Jesus von Nazareth tausend Jahre später auf seinem verlausten Maultier in Jerusalem einritt, ihm als dem Sohn Davids zujubelte."[8]

Die zweite Szene spielte sich Jahre später ab, auf dem Höhepunkt von Davids Macht. Hier zeigt sich die Größe des Königs besonders eindrucksvoll. David hatte gerade eine der ältesten Geschichten der Welt erlebt: Ein Mann sieht eine Frau, verliebt sich in sie, schläft mit ihr, die Frau wird schwanger. So weit nichts Ungewöhnliches. Man setze einen Politiker, einen Schauspieler, einen Millionär – oder Evangelisten – statt des Königs ein, für Batseba eine Schönheitskönigin und man kann die gleiche Geschichte in jedem modernen Skandalblatt nachlesen. Aber was ist daran neu?

Die Episode mit Batseba offenbart den Machiavelli in David. Als sein Plan zur Vertuschung seines Ehebruchs versagte, half er sich mit einem Plan zur Ermordung des Ehemanns und dem sinnlosen Opfer von Menschenleben auf dem Schlachtfeld. Ein klassisches Beispiel dafür, wie ein Verbrechen das nächste nach sich zieht. David, der geistliche Führer der Nation, brach kurz nacheinander das sechste, siebte, neunte und zehnte Gebot. Als Batseba in den Palast einzog und David heiratete, schien es, als sei er ungeschoren davongekommen. Niemand erhob seine Stimme zum Protest – außer dem Propheten Nathan.

Mir gefällt die Szene in 2. Samuel 12, weil sich hier die Dynamik der Geschichte zeigt. Nathan kam zu David und begann, diesem die Geschichte eines abgestumpften, gierigen Mannes zu erzählen. Ein reicher Mann, der viele Schafe besaß, stahl dem armen Nachbarn sein einziges Lieblingslamm. Schon nach zwei Absätzen hatte er David um seinen „erzählerischen Finger" gewickelt. Dann setzte Nathan sein Leben aufs Spiel, indem er das Beispiel direkt auf den in Sünde verstrickten König anwandte. Was jetzt geschah, wirft ein Licht auf Davids eigentliche Größe. Er hätte Nathan töten lassen können. Er hätte ihn auslachen und aus dem Palast werfen lassen können. Er hätte eine ganze Kette von Lügen erfinden können – was konnte Nathan denn schon beweisen? Sollten sich die Diener als Zeugen gegen ihren König stellen?

Jeder, der die schäbigen *Watergate*- und *„Monicagate"*-Affären miterlebt hat, kann sich vorstellen, was David getan haben *könnte*. Der Republikaner Richard Nixon log und bewilligte Schweigegelder, um seine Vergehen zu vertuschen; eine Bandaufnahme, nicht etwa ein Geständnis, brachte ihn zu Fall. Der Demokrat Bill Clinton schaute feierlich in die Kamera und belog ein ganzes Volk; kein Geständnis, sondern der Fleck auf einem Kleid war dafür verantwortlich, dass er beinahe hätte zurücktreten müssen. Nixon konnte sich kaum die Worte abringen: „Man hat Fehler gemacht"; Clinton gab nur zu, was schon bewiesen und als Nachricht um die ganze Welt gegangen war.

Der Gegensatz zu Davids sofortiger Reaktion könnte nicht größer sein: „Ich bekenne mich schuldig vor dem Herrn" (2 Sam 12,13). Nicht der betrogene Ehemann Uria, nicht die Geliebte Batseba, nicht der Ränkeschmied Joab kamen ihm in den Sinn – er dachte an Gott. Wie er vor seinem himmlischen Zuschauer getanzt hatte, so hatte David auch vor diesem einen Zeugen gesündigt.

Das nachdenkliche Gedicht in Psalm 51, das er danach schrieb, könnte als eindrucksvollstes Ergebnis von Davids schmutziger Affäre gelten. Es ist eine Sache, wenn ein König sein moralisches Versagen vor einem Propheten in den eigenen vier Wänden bekennt, aber etwas ganz anderes, wenn er die Einzelheiten dieses Geständnisses als Komposition veröffentlicht, damit es im ganzen Land und letzten Endes in der ganzen Welt gesungen wird. Dieser Psalm offenbart, was diese Sünde im Grunde war: die zerbrochene Beziehung zu Gott. „Nicht nur an Menschen bin ich schuldig geworden, gegen dich selbst habe ich gesündigt", schrie er zu Gott (Ps 51,6). Er sah ein, dass er vor Gott seine Unzulänglichkeiten bekennen musste, um diese Beziehung wieder in Ordnung zu bringen.

Wenn sich das Volk Israel seither an seinen größten König erinnert, dann mehr an seine Gottesverehrung als an seine großen Errungenschaften. Bei aller Gier und Rachsucht hatte sich König David doch seinen Ruf als „Mann nach dem Herzen Gottes" mehr als verdient. Er liebte Gott von ganzem Herzen, und was sonst zählt denn schon?

Aber was war Davids Geheimnis? Die beiden Szenen, himmelhoch die eine, vernichtend niedrig die andere, legen eine Antwort nahe. Ob er nun hinter der Bundeslade her tanzte oder sechs Nächte hintereinander zerknirscht auf dem Boden lag, Davids stärkster Antrieb war immer seine Verbindung mit Gott gewesen. Im Vergleich dazu spielte alles andere überhaupt keine Rolle. Wie aus seiner Lyrik hervorgeht, war sein Leben von Gott geradezu durchdrungen. „Gott! Du bist mein Gott, dich suche ich!", schrieb er einmal in der trockenen Wüste. „Ich sehne mich nach dir mit Leib und Seele; ich dürste nach dir wie ausgedörrtes, wasserloses Land. [...] Deine Liebe bedeutet mir mehr als das Leben, darum will ich dich preisen" (Ps 63,1–4).

Auch Gott lag viel an der Beziehung. Als viele Jahre später die assyrische Armee kurz vor der Eroberung Jerusalems stand, vollbrachte Gott ein Wunder zur Rettung der Stadt: „Um meiner Ehre willen und meinem Diener David zuliebe werde ich Jerusalem beschützen!" (2 Kön 20,6). Und später versicherte Gott den Juden, seine Liebe zu ihnen werde nie aufhören: „Ich will mit euch einen unauflöslichen Bund schließen. Die Zusagen, die ich David gegeben habe, sind nicht ungültig geworden: An euch werde ich sie erfüllen" (Jes 55,3).

Wenn ich nun darüber nachdenke, wie ich mir eine Beziehung zu Gott vorstelle, erkenne ich, dass meine Vorstellungen in die Irre führen und zu stark vereinfacht sind. In der Kindheit war Gott für mich ein strenger Lehrer, der Noten vergibt. Ich verfolgte das gleiche Ziel wie alle anderen: ein perfektes Zeugnis zu bekommen und mir den Beifall des Lehrers zu verdienen. Wer in der Klasse getadelt wird, muss in die Ecke oder wird vor die Tür geschickt.

Doch dieses Bild widerspricht meiner Erfahrung nach den Aussagen der Bibel und zerstört im Grunde die Beziehung. Vor allem hängt Gottes Beifall nicht von meinem „guten Betragen" ab, sondern von seiner Gnade. Ich könnte nie die Noten bekommen, die dem vollkommenen Maßstab des Lehrers genügen – und ich bin dankbar, dass es so nicht sein muss.

Darüber hinaus hängt es nicht von meinem Benehmen ab, ob Gott die Beziehung aufkündigt oder wieder aufnimmt. Gott schickt mich nicht vor die Tür, wenn ich ungehorsam war. Ganz im Gegenteil! In Situationen, in denen ich mich besonders weit von ihm entfernt habe, kann eine solche Verzweiflung aufkommen, dass sie mit seiner Gnade einen neuen Anfang bildet. Als Elija auf der Flucht vor Gott in einer Höhle schmollte, hörte er ein sanftes Flüstern, das ihn tröstete, nicht etwa niedermachte. Jona wollte unbedingt vor Gott fliehen, aber es gelang ihm nicht. Bei Petrus war es gerade in der dunkelsten Stunde, als Jesus ihn liebevoll wieder aufnahm.

Meist versuche ich, mein Verständnis von menschlichen Beziehungen auf Gott zu projizieren. Dazu gehört die Annahme, dass ein Verrat die Beziehung auf Dauer zerstört. Gott lässt sich aber durch Verrat nicht beirren (oder er hat sich daran gewöhnt): „Auf diesen *Felsen*", sagte Jesus zu Petrus, „will ich meine Kirche bauen." Luther hat einmal gesagt, wir seien immer gleichzeitig Sünder, Gerechte und Büßer. Unsere stockenden, gestotterten Liebesschwüre reichen nicht an das heran, was Gott sich wünscht, aber wie unsere Eltern nimmt auch er an, was die Kinder zu bieten haben.

Vor einiger Zeit besuchte ich zwei Freunde, die in einer Innenstadtmission arbeiten, und stellte beiden die gleiche Frage. „Üblicherweise hören wir doch von typischen Kirchgängern, dass wir die Beziehung zu Gott zerstören, wenn wir sündigen oder ‚abfallen'. Ihr habt mit Leuten zu tun, die jeden Tag versagen. Habt ihr festgestellt, dass sie sich durch ihr Fehlverhalten von Gott entfernen oder bringt es sie näher zu Gott?"

Budd, der mit Drogenabhängigen zu tun hat, hatte sofort eine Antwort parat. „Keine Frage, es bringt sie Gott näher. Ich könnte dir eine Geschichte nach der anderen erzählen, wo die Abhängigen wieder in die Sucht zurückfallen. Sie wissen, was sie sich und ihren Familien damit antun. Wenn ich sie beobachte, wird mir klar, wie stark das Böse in dieser Welt ist. Vor allem diesem Bösen wollen sie widerstehen, schaffen es aber nicht. Trotzdem sind diese Phasen der Schwäche genau der Augenblick, in dem sie mit großer Wahrscheinlichkeit zu Gott zurückkehren und sich verzweifelt ausweinen. Sie haben versagt. Und jetzt? Können sie wieder aufstehen und weitergehen oder bleiben sie wie gelähmt am Boden liegen? Durch Gottes Gnade stehen manche wieder auf. Tatsächlich habe ich festgestellt, dass es einen entscheidenden Faktor gibt, ob der einzelne Abhängige sich heilen lässt: Es geht darum zu glauben, dass ihnen als Kind Gottes *vergeben* wird. Kinder Gottes können versagen, aber ihnen wird vergeben."

David, der ein Hospiz für Aids-Patienten leitet, sieht dies auch so. „Ich habe selten Menschen erlebt, die geistlicher waren wie die Männer in diesem Haus, die dem Tod ins Auge sehen und wissen, dass sie in mancher Hinsicht selbst für die Krankheit verantwortlich sind. Die meisten haben das Virus durch die Drogen und ihre Promiskuität bekommen. Ein solches Leben ist vom Scheitern gezeichnet. Ich kann es mir nicht erklären, aber diese Männer haben eine Spiritualität, eine Verbindung zu Gott, die ich nirgends sonst erlebt habe."

Franz von Sales hat geschrieben: „Je mehr wir unser Elend erkennen, desto tiefer ist unsere Zuversicht auf die Güte und Gnade Gottes, denn Gnade und Elend sind so eng miteinander verknüpft, dass das eine ohne das andere nicht besteht."[9] Von Sales bemitleidet jene, die gefallen sind und nun in ihrem Unglück jammern: „Wie elend ich bin! Zu nichts tauge ich!" Der wahre Nachfolger Gottes demütigt sich in der Stille und steht mutig wieder auf.

Ich hörte einmal eine bemerkenswerte Predigt über Hananias und Saphira aus der erschreckenden Geschichte in Apostelgeschichte 5. Die meisten Prediger meiden diesen Text geflissentlich. In der Geschichte geht es um ein Ehepaar, das tot zu Boden fiel, nachdem beide über ihr Geschenk an die Gemeinde gelogen hatten.

Der Text mache deutlich, sagte John Claypool, dass dieses Paar nur einen Fehler begangen und damit die Todesstrafe verdient habe. Einen Teil des Geldes behalten zu haben war nicht falsch – Petrus hatte sie in diesem Recht bestätigt. Das Paar stellte sich allerdings geistlich in einem falschen Licht dar. Gott kann jede Sünde vergeben. Wir gehen zu Boden und stehen wieder auf. Dieses Verhaltensmuster kommt in der Bibel immer wieder vor, zum Beispiel bei David und Petrus. Gott verlangt aber, dass wir ehrlich sind. Wir dürfen Gott nichts vormachen, denn damit verschließen wir uns der Gnade.

In meiner Kindheit hätte ich auf Evangelisten, Konferenzredner und Autoren frommer Bücher gezeigt und gesagt, dass sie Gott am nächsten seien. Leider habe ich manche von diesen „Profis" kennen gelernt, darunter auch mich. Heute würde ich dasselbe von einigen meiner Freunde sagen, die Probleme mit ihrer Sexualität oder mit Alkoholismus haben. Tatsächlich war es in diesem Jahr ein ehemaliger Priester, der mir in der Beziehung zu Gott weitergeholfen hat. Er hat Suchtprobleme mit Alkohol und Zigaretten. Der mühselige Kampf dagegen treibt ihn täglich zu Gott, denn er kennt nicht den Luxus, sich beim Aufwachen gerecht zu fühlen. „Ich bin nur ein Sünder, der mit einem anderen Sünder redet", sagt er, wenn wir uns treffen. Er hat schon lange jeden falschen Perfektionismus abgelegt, der ihn von der Gnade abbringen könnte.

Aber natürlich wendet sich nicht jeder Gott zu, wenn er in Not gerät. Wenn ich aber einen gewissen *Durst* verspüre, eine Ruhelosigkeit, dann habe ich Hoffnung auf neues, verändertes Leben, was eine Spezialität des Schöpfers ist. Solange wir nicht gegen das Leid unserer Mitmenschen und den eigenen Schmerz abstumpfen und dem gefallenen Zustand der Welt gleichgültig gegenüber stehen werden, solange wir uns hier nicht allzu sehr zu Hause fühlen, lassen wir Gott Raum in uns.

Henri Nouwen schrieb vom ständigen Ringen um den Unterschied zwischen der Stimme des verletzten Ich, die nie verstummt, und der Stimme Gottes. Seine Leser und Zuhörer erwarteten aus seinem Mund die autoritative Stimme Gottes; in der Zwischenzeit schaute er jedoch nach innen und entdeckte das verwundete Ich. Allmählich sah er ein, dass die Stimme Gottes *nur* durch das verwundete Ich spricht. Auf Grund seiner Bedürftigkeit hielt er sich weiterhin eng bei Gott, ohne dass es ihm auf sichtbare Ergebnisse angekommen wäre:

„[Es ist] nicht die Zeit, in der ich eine besondere Nähe zu Gott verspüre; es ist keine Phase ernsthafter Aufmerksamkeit für die göttlichen Mysterien. Ich wünschte, es wäre so! Im Gegenteil, ich bin sehr abgelenkt, innerlich unruhig, schläfrig, verwirrt und gelangweilt. Selten, wenn überhaupt, wird meinen Sinnen geschmeichelt. Doch die einfache Tatsache, eine Stunde lang in der Gegenwart des Herrn zu sein und ihm alles zu zeigen, was ich fühle, denke, empfinde und erfahre, ohne etwas zu verbergen, muss ihm gefallen. Irgendwie, irgendwo weiß ich, dass er mich liebt, auch wenn ich diese Liebe nicht so empfinden kann wie eine menschliche Umarmung, auch wenn ich keine Stimme höre, wie ich menschliche Worte des Trostes höre, auch wenn ich kein Lächeln sehe, wie ich es im menschlichen Gesicht sehen kann. Und doch spricht Gott zu mir, schaut mich an und umarmt mich dort, wo ich noch nicht dazu fähig bin, es zu bemerken."[10]

Gott erwählt sich irdene Gefäße, um darin zu wohnen. In diesem Buch vernehmen Sie vielleicht schwache Anklänge der Stimme Gottes – das wünsche ich mir sehr, danach strebe ich mein Leben lang. Wie Nouwen höre ich aber vorwiegend die Stimme eines verletzten Ich, das die Stimme Gottes deutlich zu machen versucht. Ich mache mir jeden Tag bewusst, wie viel einfacher es ist, ein Buch zu überarbeiten als ein Leben.

> *„Mein Herr und Gott, ich habe keine Ahnung, wohin ich gehe. Die Straße vor mir sehe ich nicht. Ich kann keine Gewissheit erlangen, wo sie enden wird. Auch kenne ich mich selbst nicht wirklich, und wenn ich meine, dass ich mich nach deinem Willen richte, so heißt das nicht, dass ich es wirklich tue. Aber ich glaube, dass der Wunsch, dir zu gefallen, dir tatsächlich gefällt."*
> THOMAS MERTON[11]

Kapitel 16

Geistliche Amnesie

*Ein kleines Strohfeuer mag genügen,
um die Sterne zu verdunkeln,
aber die Sterne überdauern den Rauch.*
VOLTAIRE[1]

Bei einem Besuch im Yellowstone-Nationalpark ging mir die große Digitaluhr neben dem Geysir Old Faithful auf die Nerven, auf der die Zeit bis zur nächsten Eruption angezeigt wird. Ich fand, dass dieser Ausbruch etwas Natürliches bleiben sollte, kein Bühnenereignis, obwohl ich zugeben musste, dass durch die Uhr die Erwartung gesteigert wurde. Japanische und deutsche Touristen umringten die Stelle. Sie hielten ihre Videokameras (als seien diese Waffen) auf das berühmte Loch im Boden gerichtet, als der große Augenblick bevorstand, in dem wieder Dampf und Schwefel austraten. Die Minuten wurden rückwärts gezählt, 10, 9, 8, 7, und ich musste unwillkürlich an einen Raketenstart in Cape Canaveral denken.

Nachdem wir eine Eruption aus der Nähe beobachtet hatten, erlebten wir den zweiten Countdown im Restaurant „Old Faithful Inn", das einen guten Blick auf den Geysir bot. Als der Countdown bei einer Minute angekommen war, verließen wir und alle anderen Gäste unseren Tisch und eilten an die Fenster, um das große Fontänenereignis zu beobachten.

Sofort, wie auf ein Signal, kam die Schar von Kellnern und Kellnerinnen an die Tische, um Wassergläser neu aufzufüllen und schmutziges Geschirr abzuräumen. Als der Geysir hoch schoss, machten wir Touristen unsere „Ohs" und „Ahs" und drückten auf den Auslöser; ein paar applaudierten ganz spontan. Beim Blick über die Schulter sah ich aber, dass kein einziger Angestellter – nicht mal die, deren Aufgaben erledigt waren – aus den großen Fenstern schaute. Old Faithful war ihnen viel zu vertraut und hatte die Macht verloren, sie zu beeindrucken.

Mit dem Glauben ist es oftmals dasselbe. Im Frankreich des 19. Jahrhunderts gab es unter den Juden ein Sprichwort, das den Verfall der geistlichen Inbrunst im Lauf der Generationen beschrieb: „Die Großväter haben in Hebräisch gebetet, die Väter lesen die Gebete auf Französisch, der Sohn betet überhaupt nicht mehr." Beim Individuum kann dies ähnlich sein. Die geistliche Leidenschaft bricht in der ersten Zeit nach der Umkehr wie ein Geysir aus, verwandelt sich dann in einen lauwarmen Teich und verdunstet schließlich aus Mangel an Interesse oder Enttäuschung.

In seinem Gedicht „Pascal" beschreibt W. H. Auden den „geistlichen Geysir" des berühmten Mathematikers. Eine intensive geistliche Suche hatte, so Auden, „durch alle Zweifel / das zerfallene Schloss des Glaubens wieder aufgebaut; / bis schließlich dann im Herbst alles vollendet war: / Und in der Nacht kam dann das Unerwartete." Auden bezieht sich auf Pascals mystische Offenbarung, die er nicht in Worte fassen konnte. Das Erlebnis kam erst nach seinem Tod ans Licht, als seine Angehörigen das Wort „Feuer!" samt einigen kryptischen Notizen auf einem Blatt Papier fanden, das in seinen Mantel eingenäht war. Auden fügt im Gedicht die beunruhigenden Zeilen hinzu: „Dann war's vorbei, kalt morgens sein Gemüt / Die Fähigkeit zur Sünde wieder hergestellt."[2]

Im Leben des Christen gibt es Zeiten, in denen wir uns Gott ganz nah fühlen, aber meiner Erfahrung nach handelt es sich dabei nicht um einen Normalzustand, auf den wir uns verlassen können. Die Evangelikalen, die das Versprechen „Gute Nachricht" ja schon im Namen tragen, sind gute Marketingstrategen – viel bessere als zum Beispiel Jesus, wenn er seine Jünger ermahnt, oder Johannes bei seiner unheilvollen Diagnose der sieben Gemeinden in der Offenbarung. Wir singen feierliche Lieder – „O, die reine Freude einer einzigen Stunde, die ich vor deinem Thron verbringe" – und verehren Heilige, die den Mystizismus auf die Spitze treiben.

Wir Evangelikalen erzählen uns gern Geschichten von geistlichen Urahnen wie dem Baptistenpastor Charles Spurgeon, der von sich sagte, er habe im wachen Zustand keine einzige Viertelstunde verstreichen lassen, ohne sich der Gegenwart des Herrn deutlich bewusst zu sein. Der Brite George Müller setzte sich jeden Morgen das Ziel „Meine Seele möge sich am Herrn erfreuen".[3] Nach einer Erweckungsveranstaltung ihres Mannes erlebte Jonathan Edwards Frau eine 17-tägige Ohnmacht. Sie verharrte in der Gegenwart des Herrn und nahm ihre Umgebung fast überhaupt nicht wahr.

Ich will keinen dieser Glaubenshelden in Zweifel ziehen; ich will lediglich deutlich machen, dass solche Anekdoten die Frage beantworten, warum sie sich ihren Ruf als Glaubenshelden erwarben. Aber sie als Norm hochzuhalten, damit man ihnen als Christ nacheifere, könnte die anderen unter uns in die Verzweiflung treiben wie die Sonne ein Glühwürmchen. Charles Spurgeon verspürte alle 15 Minuten Gottes Gegenwart; zu meiner Schande muss ich gestehen, dass ich ganz leicht einen Tag hinter mich bringen kann, ohne auch nur an Gott gedacht zu haben.

C. S. Lewis verglich einmal zwei Erfahrungen: einen Strandspaziergang, bei dem man manchmal den Blick auf den Ozean richtet, und eine Seereise quer über den Atlantik. Mystische Gotteserfahrungen, sagte er, seien real, aber fragmentarisch wie ein Strandspaziergang. Die Überquerung des atlantischen Ozeans erfordert ganz andere Fähigkeiten und Disziplin. Vor allem aber braucht man eine Karte, die auf der Erfahrung anderer Seeleute basiert. Ich selbst habe, wie ich gern bestätige, Zeiten einer Ganzheit erlebt, eines Friedens ohne Schuldgefühle, eine wunderbare Gemeinschaft, den heiligsten Segen. Diese Zeiten sind aber so selten, dass ich zur Beschreibung nur ein einziges Kapitel bräuchte. Ich habe gelernt, nicht nach Wiederholung zu streben, sondern mir lieber in meiner Vorstellung Räume zu schaffen, wo ich davon heimgesucht, „begnadet" werden kann. Ich kann mir die gemütlichen Cottages in England vorstellen; auch die erregende Verheißung auf ein Neuland in Amerika ist eine solche Vorstellung; aber vor allem schleppe ich mich täglich an Deck, damit ich die Weite des Atlantischen Ozeans vor Augen habe.

Ich war immer der Meinung, dass die geistliche Reife ähnlich fortschreitet wie ein körperlicher Reifeprozess. Ein Baby lernt krabbeln, dann torkelt es wie ein Betrunkener, schließlich läuft es. Sollte es auf unserem Weg mit Gott nicht ähnlich vorwärts gehen, so dass wir allmählich kräftig werden, unsere ehemals schwankenden Bewegungen in den Griff bekommen und uns schließlich der Heiligkeit immer mehr annähern? Hören wir uns aber an, was Jesaja in einem bekannten Text zu sagen hat:

„Aber alle, die auf den Herrn vertrauen,
bekommen immer wieder neue Kraft,
es wachsen ihnen Flügel wie dem Adler.

Sie gehen und werden nicht müde,
sie laufen und brechen nicht zusammen"
(Jes 40,31).

John Claypool, der über diesen Text nachgedacht hat, stellte fest, dass die Reihenfolge hier umgekehrt abläuft, als man gemeinhin denkt. Als wolle er unsere Vorurteile über einen Haufen werfen, beginnt Jesaja mit dem Schweben und schließt mit dem Laufen. Alle Christen erleben in ihrem Glaubensleben unterschiedliche Phasen. Manchmal – bei vielen schon kurz nach dem Aufbruch – schweben wir in einem Zustand geistlicher Ekstase; manchmal laufen wir und leben unseren Glauben aktiv mit grenzenloser Energie aus; manchmal können wir kaum einen Fuß vor den anderen setzen, ohne ohnmächtig zu werden.

Claypool machte diese Beobachtung, als er am Krankenhausbett seiner zehnjährigen Tochter saß. Als prominenter Pastor, den man überall in unserem Land kennt, war ihm das Gefühl des Schwebens sicherlich vertraut. 18 Monate lang war er gelaufen und hatte von Gebet bis Heilungstechniken alles versucht, was seiner Tochter in ihrem Kampf gegen Leukämie helfen konnte. Jetzt aber, als das Leben aus ihr wich, konnte er nichts tun, als an ihrer Seite zu sitzen, ihre Hand zu halten, ihr die Lippen anzufeuchten und zu weinen. Er brauchte jedes Gramm geistlicher Energie, um nicht ohnmächtig zu werden.

„Nun bin ich mir sicher, dass diese Beobachtung dann unwichtig erscheinen mag, wenn man auf das Spektakuläre aus ist. Wer will schon zum Gehen verurteilt sein, Schritt für Schritt vorwärts kriechen und es gerade so über die Schwelle des Wachbleibens schaffen, ohne zusammenzubrechen? Das klingt nicht gerade nach einer religiösen Erfahrung. Aber glauben Sie mir, in einer Dunkelheit, wie ich sie erlebt habe, ist das die einzige Art Verheißung, die der Situation angemessen ist. Wenn es nicht möglich ist zu schweben, wenn es keinen Raum zum Laufen gibt, wenn man nur Schritt für Schritt vorwärts stapfen kann, dann ist die Nachricht, dass jemand uns hilft, damit wir laufen und nicht zusammenbrechen, tatsächlich eine frohe Botschaft."[4]

Ich habe von Ablenkungen gesprochen, die Gott aus dem Mittelpunkt unseres Lebens verdrängen können – doch wenn ich ehrlich bin, muss ich gestehen, dass sie eigentlich Gott völlig aus meinem Gesichtskreis verdrängen. Ich arbeite wie jeder andere Autor auch allein, kann also die Schuld daran, dass ich Gott vergesse, nicht auf andere Menschen schieben. Noch peinlicher ist mir, dass ich bei alledem meinen Lebensunterhalt mit Büchern über Gott verdiene! Ich lese fromme und theologische Bücher, hake erledigte Aufgaben auf meiner To-do-Liste ab, schreibe ein Kapitel oder einen Artikel und notiere mir alle Gedanken, die ich eines Tages veröffentlichen könnte. Ich staune, wie ich es angesichts dieser täglichen Praxis schaffe, den Gedanken an Gott auszuklammern oder das Geschriebene anzuwenden.

Ich könnte ein schönes Kapitel über inneren Frieden und Gelassenheit schreiben, aber wenn irgendein Softwarefehler dafür sorgt, dass dieses Kapitel verloren geht, dann schwinden innerer Friede und Gelassenheit schneller als die Elektronen auf dem Monitor. Selbst John Donne, der in der vorindustriellen Ära lebte, musste bekennen: „Ich vergesse Gott beim Summen einer Fliege, beim Rattern einer Kutsche, beim Knarren einer Tür."[5]

Wie kommt das? Wie kann aus der andächtigen Praxis, Gott für das Essen zu danken, ein hastiges „DankefürdasEssenAmen – Reich mir doch mal die Butter" werden? Wenn mein Auto eine Panne hat, konzentriert sich mein Verstand auf das Problem und schiebt jeden Gedanken an Gott beiseite. An den meisten Tagen nehme ich mir natürlich „Zeit für Gott", oft aber nur als Punkt auf meiner Arbeitsliste und stark abgekürzt, wenn Termine drängen. Wenn ich auf Reisen bin und nicht meinem üblichen Alltag unterliege, dann fällt mir plötzlich auf, dass ich außer beim obligatorischen Gebet vor dem Essen den ganzen Tag über nicht an Gott gedacht habe. Kann man das Wichtigste des ganzen Universums, den Mittelpunkt des ganzen Lebens vergessen? Ja, ich kann es.

„Gott beherrscht mein Leben durchaus nicht", bekannte Romano Guardini, ein tief gläubiger deutscher Theologe. „Jeder Baum auf meinem Weg hat mehr Macht als er, wenn auch nur darum, weil er mich zwingt, ihn zu umgehen!" Guardini fragt sich weiterhin:

„Wie kommt es, dass wir, wenn Gott das Universum durchdringt, wenn alles, was ist, aus seiner Hand kommt, wenn alle unsere

Gedanken und Gefühle nur durch ihn Bedeutung erhalten, dennoch durch die Realität seiner Gegenwart weder erschüttert noch begeistert sind, sondern leben können, als existiere er nicht? Wie ist dieser wahrhaft satanische Betrug möglich?"[6]

Ich staune über einen Gott, der sich sozusagen unserer Gnade preisgibt und zulässt, dass er unterdrückt und betrübt, ja sogar vergessen wird. Beim Lesen des Alten Testaments komme ich zu der Überzeugung, dass diese menschliche Neigung – eine Gleichgültigkeit bis ins tödliche Extrem – Gott mehr als alles andere erzürnt. Während er dem Zweifler gnädig ist und dem bewusst Ungläubigen nachgeht, fühlt er sich von denen, die ihn einfach übergehen, in seinem Vorhaben gehindert. Das erregt sogar seinen Zorn. Gott reagiert wie ein verschmähter Liebhaber, bei dessen Anrufen man nicht ans Telefon geht, dessen Geschenke ungeöffnet beiseite gelegt werden.

„Aber gebt Acht, dass ihr nie vergesst, was ihr mit eigenen Augen gesehen habt", mahnt Mose die Israeliten und ruft ihnen die sichtbaren Zeichen des Bundes in Erinnerung (Dtn 4,9). Kurz darauf wird er aber noch deutlicher: „Vergesst dann nicht den Herrn, euren Gott! Er hat euch aus Ägypten, wo ihr Sklaven gewesen seid, herausgeführt" (Dtn 8,14). Doch das Erinnerungsvermögen der Israeliten ließ genauso nach, wie Mose befürchtet hatte; und so lautet Gottes Klage:

„Kann ein Mädchen seinen Schmuck vergessen oder die Braut den prächtigen Gürtel ihres Hochzeitskleides? Aber du hast mich vergessen, schon seit vielen, vielen Jahren! [...]
Kommt es jemals vor, dass der Schnee auf den Gipfeln des Libanons schmilzt oder große Ströme versiegen? Mein Volk aber hat mich vergessen" (Jer 2,32; 18,14).

Mit so scharfen Worten, wie man sie nur in der Bibel finden kann, zieht Gott den Schlussstrich: „Ich, der Herr, bin für Efraim wie ein Eitergeschwür und für Juda wie eine schwärende Wunde" (Hos 5,12). Ich kann mir vorstellen, dass einige von denen, die diese Worte hörten, Gewissensbisse verspürten, vielleicht sogar große Schuldgefühle hatten. Vielleicht gingen sie aber dann mit dieser Schuld so um, wie ich dies manchmal tue: Sie mieden Gott noch mehr; sie beteten nicht mehr, verschlossen sich gegen ihn und pflegten ihre vermeintlich geistliche Routine als Ersatz für eine echte Beziehung.

Ich kenne eine Frau, deren Eltern taub waren. Wenn sie keine Lust mehr hatte, mit ihnen zu kommunizieren, dann schloss sie einfach die Augen. Das machte die Eltern wütend, denn sie hatten keine andere Kommunikationsmöglichkeit als die Zeichensprache. Wenn ich mir diese junge Frau vorstelle, die ihre Augen fest geschlossen hält, während ihre Eltern wild gestikulieren, dann bekomme ich eine Vorstellung davon, wie Gott sich fühlen muss, wenn wir uns vor ihm verschließen.

Wie schützen wir uns vor der „geistlichen Amnesie", die auch die Israeliten befiel? Im Laufe der Jahre habe ich verschiedene Methoden ausprobiert, wie man sich an Gott „erinnern" kann, und mich zum einen für die tägliche Übung der Neuorientierung, zum anderen für die bewusste Erinnerung entschieden.

Neuorientierung bedeutet für mich, den Tag mit einem „Gottesbewusstsein" zu beginnen, damit sich mein Denken allmählich vom Ich zu Gott bewegt. Früher sprang ich nach dem Aufwachen gleich aus dem Bett. Jetzt bleibe ich in der Stille liegen und lade Gott in meinen Tag ein, weniger als Teilnehmer meines Lebens oder als etwas, das ich auf einer Liste abhaken kann, sondern als Angelpunkt von allem, was an diesem Tag geschehen wird. Ich möchte, dass Gott zur zentralen Realität wird, damit ich für ihn genauso offen bin wie für meine eigenen Stimmungen und Wünsche.

„Was zwar konkret, aber immateriell ist, kann man nur durch mühselige Anstrengung im Blick behalten", schrieb C. S. Lewis. Er fuhr fort:

„Deshalb zeichnet sich das eigentliche Problem des Lebens als Christ dort ab, wo man es normalerweise nicht vermutet. Es stellt sich genau dann ein, wenn man morgens aufwacht. Alle Wünsche und Hoffnungen für den Tag springen uns wie wilde Tiere an. Jeden Morgen besteht die erste Aufgabe darin, sie alle beiseite zu schieben. Das geschieht dadurch, dass man dieser anderen Stimme zuhört, diese andere Perspektive einnimmt, dieses andere größere, stärkere, ruhigere Leben hineinströmen lässt. So geht es den ganzen Tag. [...]

Anfangs kann man damit nur Augenblicke zubringen. Aber von diesen Augenblicken her wird sich eine neue Lebensart in allen unseren Systemen ausbreiten, weil wir ihn jetzt vom richtigen Ausgangspunkt her in uns wirken lassen."[7]

Das erste große Gebot verlangt von uns, Gott zu lieben, was am besten geschieht, wenn wir uns seine große Liebe zu uns bewusst machen. Thomas Merton stellte fest: „Das ‚Erinnern' an Gott, von dem wir in den Psalmen singen, ist die einfache, von tiefer Reue begleitete Entdeckung, dass Gott sich an uns erinnert."[8] Wir erinnern uns am besten an Gott, wenn wir glauben, dass wir für ihn ganz persönlich und unendlich *zählen*. Ich muss immer wieder um das Vertrauen bitten, dass Gott sich an mir freut, und mich daran erinnern, dass er sich eine Beziehung zu mir ersehnt. Vor allem aus diesem Grund lese ich in der Bibel, nicht nur, um mir ein großes Stück Literatur anzueignen oder mich theologisch weiterzubilden, sondern um eine Botschaft in mir aufzunehmen, der ich nicht entgehen kann: Gott liebt mich und kümmert sich persönlich um mich.

Manchen hilft es, sich hinzuknien oder eine andere Körperhaltung einzunehmen. Weil ich mir immer der Schranke bewusst bin, die Gottes Unsichtbarkeit mit sich bringt, denke ich darüber nach, wie ich Gottes Realität betonen kann. Oft trinke ich beim Beten eine Tasse Kaffee, denn es kommt mir irgendwie natürlich vor, mit dem unsichtbaren Gott genauso zu reden wie mit meinen Freunden, die ich sehen kann. Oder ich gehe spazieren. Die Umgebung allein ist Grund genug für mein Lob: Der Frühling lockt aus toten Zweigen verschwenderisches Leben oder der Winter bedeckt schlammige Wege mit einem glitzernd weißen Mantel. Und wenn ich an den Häusern der Nachbarn vorbeikomme, fallen mir sofort ihre Bedürfnisse und die von anderen Menschen ein.

Den ganzen Tag über brauche ich Hilfen für das bewusste Erinnern. Eine Zeit lang habe ich meine Uhr so gestellt, dass sie zur vollen Stunde klingelte. Dann hielt ich mit meiner Tätigkeit inne, dachte über die gerade verstrichene Stunde nach und versuchte, in der nächsten Stunde die Gegenwart Gottes „einzuüben". Später erfuhr ich, dass ich zufällig auf eine alte Technik der Benediktiner gestoßen war, die bei jedem Glockenschlag innehielten und das Stundengebet sprachen. Dank solcher Anhaltspunkte kann das Erinnern an Gott allmählich zur Gewohnheit werden.[9]

Die *Confessiones* von Augustinus bieten gute Ansätze, wie man Gott in alle Bereiche des Lebens einbinden kann. Das Buch ist einmalig. Wer hätte daran gedacht, Gott eine Biografie zu widmen, ein langes Buch in Form eines Gebetes zu schreiben? Genau das hat Augustinus getan. Er hat das Bekenntnis seiner Sünden, seinen Hang zu Häresien und seine intellektuellen Streifzüge zu einem Werk verknüpft. Sein wohl überlegter Rückblick auf Begebenheiten seines Lebens und die persönliche Seelenschau bieten jedem Christen eine Anleitung, der Gott zum Mittelpunkt seines Lebens machen will.

Auch von Bruder Lorenz, im 17. Jahrhundert Koch in einem Kloster, habe ich etwas über das bewusste Erinnern gelernt. Er hat das Andachtsbuch „Allzeit in Gottes Gegenwart" geschrieben, einen Klassiker. Für Bruder Lorenz bedeutet der Ausdruck „Einüben der Gegenwart Gottes" etwas Ähnliches wie angewandte Medizin oder Jura. Für Neulinge ist es mit Klavierüben zu vergleichen: Wenn ich lange genug übe, besonders die Läufe und Fingerübungen, schaffe ich es vielleicht, ein guter Pianist zu werden.

Bruder Lorenz betont, wie sehr wir auf Gottes Hilfe angewiesen sind, und fragt dann sehr direkt: „Wie aber können wir ihn bitten, ohne bei ihm zu sein? Und wie können wir bei ihm sein, ohne oft an ihn zu denken? Und wie können wir oft an ihn denken, ohne dies zu einer heiligen Gewohnheit zu machen?" Bruder Lorenz versucht dann, eine Antwort zu geben:

„Er verlangt nicht viel von uns – ein gelegentliches Erinnern, einen kleinen Akt der Anbetung, manchmal die Bitte um seine Gnade, manchmal das Bekennen unserer Traurigkeit, dann wiederum die Danksagung für die Gunst, die er erwiesen hat und die er inmitten unserer Mühen spendet, damit wir Trost bei ihm finden, so oft wir können. Bei Tisch und während eines Gesprächs erheben wir unser Herz manchmal zu ihm. Der kleinste Gedanke an ihn wird ihn immer erfreuen. Es ist nicht notwendig, dabei laut zu rufen. Er ist uns näher, als wir denken."[10]

Bruder Lorenz kommt auf praktische Methoden zu sprechen, wie man „Gott im Laufe des Tages das Herz ausschüttet", selbst während der Arbeit, „um ihn zu schmecken, und sei es nur im Vorübergehen, sei es ganz verstohlen". Die Tiefe der Spiritualität, sagt Lawrence, hänge nicht vom Wechsel der Methoden ab, vielmehr davon, dass man für Gott tut, was man sonst für sich selbst tue. Lorenz scheute die geistliche Abgeschiedenheit, weil er erfahren hatte, dass man Gott genauso einfach im Tagewerk anbeten kann wie in der Wüste.

Offensichtlich praktizierte er auch, was er predigte. In einer Lobrede schrieb sein Abt, dass „der gute Bruder Gott überall fand, beim Schuhflicken genauso wie beim Gebet in der Gemeinschaft. [...] Es war Gott, nicht die Aufgabe, die er im Blick hatte. Er wusste, dass er die Arbeiten umso lieber Gott darbot, je mehr sie seiner natürlichen Neigung widerstrebten".

Diese letzte Bemerkung hat meine Frau tief beeindruckt. Sie las das Buch, während sie unter älteren Mitbürgern in der Innenstadt von Chicago tätig war, und manchmal brachte ihre Arbeit Aufgaben mit sich, die niemand gerne erledigt. Wenn sie dann die Spuren eines inkontinenten alten Menschen beseitigte oder die unaufgeräumte Wohnung putzte, wenn jemand gestorben war, erinnerte sie sich an Bruder Lorenz' Methode. Mit einiger Mühe kann sogar das Putzen der Toiletten als Gabe für Gott dargebracht werden.

Ein Christ, der im 20. Jahrhundert lebte, rang sein ganzes Leben lang darum, Bruder Lorenz' Prinzipien umzusetzen. Frank Laubach wurde auf der ganzen Welt als Gründer der modernen Anti-Analphabetismus-Bewegung bekannt. Er hat wahrscheinlich mehr als jeder andere dazu beigetragen, dass Menschen lesen und schreiben gelernt haben. Seine Tagebücher aber belegen, dass er ein Leben lang ein anderes Zeichen setzen wollte: nämlich im ständigen Bewusstsein der Gegenwart Gottes zu leben.

Laubach fing damit an, dass er versuchte, sich vor dem Aufstehen auf Gott auszurichten und andere Gedanken und Ablenkungen zu verbannen. „Es ist ein Willensakt. Ich zwinge meinen Verstand, sich geradewegs für Gott zu öffnen. [...] Ich lenke meine Aufmerksamkeit auf ihn, und manchmal dauert es frühmorgens lange, bis ich diesen geistigen Zustand erlange." Erst rang er darum und er musste zugeben:

„Ich bin wie ein Ruderer, der gegen den Strom rudert. Mein Willensdruck muss sanft, aber beständig bleiben, damit ich auf Gott höre, unablässig für andere bete, um die Menschen als Seele und nicht als Kleidung, Leib oder gar Verstand zu sehen. Wenn der

Druck auf das Ruder nachlässt, treibe ich zurück. [...] *‚Lass los, lass Gott ans Ruder' – das entspricht nicht meiner Erfahrung. ‚Pack an und halte an Gott fest' – das ist mein Empfinden. Es ist ein Willensakt und ich spüre, wie die geistlichen Muskeln vom Rudern wachsen!"*[11]

Nach einem Jahr konnte er berichten: „Bei dieser einfachen Übung ist nur eine sanfte Willensanstrengung nötig, nicht mehr, als ein Mensch leicht schaffen kann. Es wird leichter, wenn es zur Gewohnheit geworden ist. Dennoch wandelt sich das Leben in Richtung Himmel."

Später machte sich Laubach eine andere Übung zur Aufgabe: Gott immer wieder in die Gedankenwelt zu holen, damit das Bewusstsein von Gott in seinem eigenen stets als eine Art „Nachbild" vorhanden sei. Um dieses Ziel zu erreichen, erfand er ein „Minutenspiel" und „versuchte, mein Handeln etwa alle 15 Minuten oder jede halbe Stunde mit dem Willen Gottes in Einklang zu bringen. [...] Ich habe angefangen, alle meine wachen Momente mit dem bewussten Hören auf die innere Stimme zu erleben und mich unablässig zu fragen: ‚Was, Vater, soll nach deinem Wunsch gesagt werden? Was, Vater, soll in dieser Minute nach deinem Willen getan werden?'"

Es gelang Laubach, mindestens einmal in der Minute an Gott zu denken, und allmählich steigerte er sich. In einigen seiner Tagebücher schätzt er tatsächlich die Prozentzahlen in seinem Erleben des Tages: „Zu 50 Prozent an Gott gedacht, ein wenig absichtliche Verweigerung." Manchmal erreichte er 75 Prozent, seltener 90 Prozent. Er räumt auch viele Niederlagen ein, wenn ihm durch Ablenkungen Gott ganz aus dem Sinn verschwunden war. Allmählich aber stellte er fest, dass die tägliche Übung ihn geistlich veränderte. Jedes Mal, wenn er einem Menschen begegnete, betete er innerlich für ihn. Vor jedem Telefonat flüsterte er sich zu: „Ein Kind Gottes wird jetzt mit mir reden." Ging er die Straße entlang oder stand er an der Bushaltestelle, betete er leise für die Menschen, die neben ihm standen.

Laubach beweist, dass man ein geschäftiges, modernes Leben mit Mystik verbinden kann; wir brauchen uns nicht in ein Kloster oder Konvent einzusperren. Er war an einer Universität Dekan für Pädagogik, trug zur Gründung eines theologischen Seminars bei, arbeitete unter Indianern, diente den Armen und reiste um die ganze Welt, um seine Unterrichtsmethoden zu fördern.

Am Morgen, nachdem ich Laubachs Buch gelesen hatte, war ich laut Terminkalender um halb acht mit einem Freund zum Frühstück verabredet. Ich wartete 10, 15, 20 Minuten und kam schließlich zu der Erkenntnis, dass er den Termin vergessen hatte. Ich kenne meine übliche Reaktion: das gereizte Gefühl, versetzt worden zu sein, Enttäuschung über die verschwendete Zeit, Ärger über mich selbst, nichts zu lesen mitgenommen zu haben, um die Zeit zu nutzen. Diesmal aber erinnerte ich mich an einiges, was Laubach entdeckt hatte. Ich bete für meinen Freund – vielleicht hatte er Probleme, einen Notfall in der Familie? Ich bete für die Kellnerin, die anderen Mitarbeiter, die Gäste im Restaurant. Ich bat Gott, mir Ruhe zu schenken und mir zu helfen, die freie Stunde am Anfang des Tages – etwas, das ich selten hatte – zu genießen. Obwohl mein Freund nicht mehr kam, ging ich in besserer Stimmung aus dem Restaurant, als ich gekommen war – mit einer kleinen Dosis der Kraft, die Laubach beständig anzuzapfen gelernt hatte.

Man wird weder Bruder Lorenz noch Frank Laubach gerecht, wenn man nur Ausschnitte aus einem lebenslangen Prozess betrachtet. Wenn man den Eindruck hat, dass ihre geistlichen Übungen harte Arbeit waren, die lediglich auf Grund eines Pflichtgefühls geleistet wird, dann sollte man ihre Berichte ganz lesen. Für sie war die auferlegte Disziplin Vergnügen und Freude. Sie stellten einfach fest, dass die seltsame persönliche Beziehung zwischen einem unendlichen, unsichtbaren Wesen und dem endlichen und sichtbaren Menschen bestimmte Anpassungen nötig macht.

Wie Laubach berichtet, wird die Mühe vollständig belohnt: „Nach Monaten und Jahren eingeübter Gegenwart Gottes spürt man, dass Gott näher ist; der Antrieb, den er gibt, wird stärker und regelmäßiger verspürt, und sein Ziehen scheint auch stärker zu werden. [...] Gott ist dann so nahe, dass er nicht nur überall um uns herum lebt, sondern auch *durch* uns."

Für mich hat der Ausdruck „Einüben der Gegenwart Gottes" mittlerweile eine ganz andere Bedeutung. Früher habe ich in diesen Zeiten die emotionale Bestätigung gesucht, dass Gott tatsächlich existiert. Manchmal erhielt ich diese Bestätigung, manchmal nicht. Jetzt bringe ich mich selbst in Gottes Gegenwart. Ich gehe davon aus, dass Gott um mich herum gegenwärtig ist, wenn ich ihn auch nicht mit meinen Sinnen erfahren kann. Ich kämpfe damit, meinen Alltag so zu führen, dass er zu Gottes Gegenwart passt. Kann ich mich auf Gott beziehen, ihm alles, was passiert, als eine Art Geschenk darreichen?

Bei einer Konferenz zum Thema Evangelisation in Manila fesselte ein Kambodschaner das Publikum mit seinem Bericht über tägliche Meditation. Unter dem Pol-Pot-Regime wurde er in eines der Konzentrationslager gesperrt, die durch den Film *The Killing Fields* bekannt wurden. Da er glaubte, er habe nicht mehr lange zu leben, wollte er so oft wie möglich nahe bei Gott sein und sich auf den Tod vorbereiten. „Mehr noch als der Mangel an Nahrung, mehr noch als die Folterungen litt ich darunter, keine Zeit für Gott zu haben. Ständig schrien die Wachen uns an und zwangen uns zu arbeiten, arbeiten, arbeiten." Schließlich fiel ihm auf, dass die Wachen niemanden dazu bewegen konnten, die Toilettengruben zu entleeren. Er meldete sich freiwillig für die ekelhafte Arbeit. „Man hat mich nie gestört und ich konnte ganz entspannt meine Arbeit leisten. Selbst in diesen stinkenden Gruben konnte ich aufschauen und den blauen Himmel sehen. Ich konnte Gott preisen, dass ich wieder einen Tag überlebt hatte. Ich konnte ungestört meine Beziehung zu Gott pflegen und für Freunde und Verwandte im Lager beten. Die Arbeit wurde für mich zur herrlichen Zeit der Gemeinschaft mit Gott."

> *„Die Seele muss sich nach Gott sehnen,*
> *um von der Liebe Gottes entflammt zu werden;*
> *doch wenn die Seele diese Sehnsucht nicht verspürt,*
> *dann muss sie sich nach der Sehnsucht sehnen.*
> *Das Sehnen nach der Sehnsucht*
> *kommt auch von Gott."*
> MEISTER ECKHART

Teil V

Wachstum

Die Entwicklungsstufen

Kapitel 17

Das Kind

Lieber lassen wir uns zerstören als verändern.
W. H. AUDEN[1]

Ich habe in meinem Leben Gottes Gegenwart und seine Abwesenheit, die Fülle und die Leere, die geistliche Nähe und das dunkle Nichts kennen gelernt. Die Reihenfolge und die Unterschiedlichkeit dieser Stufen auf meiner Pilgerschaft haben mich überrascht, und als ich mich auf die Suche nach Wegweisern mit Anhaltspunkten machte, was man erwarten könne, stieß ich auf verwirrende Vielfalt.

Einige christliche Gruppen setzen geistliche Reife mit Askese gleich: Wer sich an die strengsten Regeln hält, kommt schließlich zu einem vertrauten Umgang mit Gott. Das kann meines Wissens nicht stimmen, denn Jesus selbst hatte in dieser Hinsicht im Vergleich zu Johannes dem Täufer und den Pharisäern einen schlechten Ruf.

Andere Christen lehnen diese Vorgehensweise bei dem Streben nach einer solchen Nähe ab. Ich habe Freunde, die ganz vorn an der Front um Gerechtigkeit kämpfen. Sie verachten solche geistlichen Disziplinen als „zu mystisch". Obwohl ich ihr Engagement bewundere und mich ihren Anliegen teilweise anschließen kann, darf ich die zahlreichen biblischen Texte über die Einheit mit Gott und das heilige Leben einfach nicht außer Acht lassen. Was also ist unter einem reifen Christen zu verstehen? Wie wirkt sich mein Verhalten auf eine Beziehung zu Gott aus?

Mit diesen Fragen im Kopf las ich langsam das ganze Neue Testament durch und notierte mir auf einem gelben Notizblock jede Stelle, in der die Gläubigen zu geistlichem Wachstum aufgefordert werden. Ich habe versucht, hinter den direkten Geboten – „Du sollst nicht stehlen, nicht schlecht über andere reden, den Armen helfen" – das zu Grunde liegende Motiv zu erkennen. Woran appellierten Jesus, Paulus und die anderen? Ich habe viele Seiten meines Blocks mit Notizen gefüllt, die ich dann auf einen Trend hin durchsuchte.

Im Neuen Testament wird das Leben mit Gott als Weg dargestellt, auf dem die Nachfolger Christi schon unterschiedlich weit vorangekommen sind. Der Einfachheit halber habe ich mich auf drei grob eingeteilte Gruppen beschränkt – Kinder, Erwachsene und Eltern –, wobei ich am Seitenrand notierte, welches Entwicklungsstadium der Autor wahrscheinlich im Blick hatte. In diesen drei Kategorien werden meiner Meinung nach drei allgemeine Phasen des geistlichen Lebens zusammengefasst. Zunächst einmal schaute ich mir alle Texte an, die an Christen gerichtet werden, die sich noch am Anfang ihres Weges befinden – oder an solche, die in der Phase der Kindheit stecken geblieben sind.

Wer schon versucht hat, ein Kind zu erziehen, weiß, dass der Appell an höhere Motive nicht besonders gut wirkt. Ich kenne Eltern, die ihren Sohn zur „Selbstverwirklichung" erziehen wollten und ihm jede Entscheidung überließen. Sie erklärten ihm die möglichen Konsequenzen seines Verhaltens und ließen dem Kleinen dann die Wahl. Ich wurde an einem Wintertag in Chicago Zeuge einer solche Szene. Die Temperatur lag unter dem Gefrierpunkt und alles war dick mit Schnee bedeckt. Drew, damals vier Jahre alt, hatte Lust, zum Spielen nach draußen zu gehen, und zwar in kurzer Hose und T-Shirt. Die Eltern erklärten dem Jungen, dass der Körper in der Kälte keine hohe Widerstandskraft gegen Infektionen hat und längeres Verweilen zu bösen Folgen wie Frostbeulen und Auskühlung führen könne. Drew stampfte mit dem Fuß auf und erklärte: „Ich will aber *jetzt* nach draußen!" Kein Appell an höhere Motive zeigte Wirkung, und schließlich ließen die Eltern ihn in der Hoffnung nach draußen, dass die Gewalt der Elemente ihn bald wieder nach innen treiben werde.

Eine ganz andere Szene beobachtete ich im Sommer am Ufer des Michigansees. Dort saß ein Kind am Rand einer Betonmole, baumelte mit den Beinen und schaute nach unten in das kühle, wogende Wasser. „Nein, nein, nein!", sagte der Kleine und wiederholte offensichtlich die Ermahnung, die seine Eltern ihm eingetrichtert hatten. Er konnte vielleicht nicht erklären, warum ihm das Baden im Michigansee verboten war, aber das Gebot hatte er verstanden. Kein Zweifel: Seine Eltern hatten an einige niedere Motive appelliert, zum Beispiel an die Angst vor Strafe.

Als ich das Neue Testament durchlas, stellte ich anhand dieses Ansatzes eine ganze Reihe von Stellen fest, die an das „Kind" gerichtet sind. Jesus selbst schreckte nicht davor zurück, den Ungehorsamen düstere Strafen anzudrohen und den Gehorsamen Belohnungen zu versprechen. Manche Verhaltensweisen schaden so sehr, dass man sie einfach abstellen muss. Ein Therapeut würde dem Alkoholiker niemals den Rat geben, etwas weniger zu trinken oder nur abends. Ein Richter würde dem Gewohnheitsdieb nicht sagen: „Versuch mal, die Sache in den Griff zu kriegen – wie wär's, wenn du deine Einbrüche nur am Wochenende durchführst?" Angemessen ist hier nur das, was Paulus dazu sagt: „Wer stiehlt, hört damit auf!" (vgl. Eph 4,28).

Wenn der Apostel Paulus etwas zum Thema Moral sagt, dann meist ausgesprochen empört: „Wisst ihr denn nicht . . . Seht ihr denn nicht ein . . .?", zischt er die Leute an und regt sich darüber auf, dass sie, die von Gott als Heilige berufen sind, stattdessen darüber streiten, ob sie Fleisch essen dürfen oder sich beschneiden lassen sollen. Er findet aufmunternde Worte ganz wie der Vater, der sein Kind anhält, Gemüse zu essen, „weil das für dich am besten ist".

Die Autoren des Neuen Testaments können nicht verstehen, warum manche Gläubige immer noch in den Flegeljahren stecken, obwohl sie sich wie Erwachsene verhalten sollten. Sie würden vielleicht lieber an „höhere Motive" appellieren, fassen sich aber ein Herz und tragen vor, welch erschreckende Konsequenzen das falsche Verhalten nach sich zieht. Sie wissen, dass eine kluge Entscheidung aus unreifen Motiven besser ist als jede falsche Entscheidung. Wenn Teenager nur deshalb auf wechselnde sexuelle Bekanntschaften und das Rauchen verzichten, weil sie Krankheiten fürchten, dann berührt das vielleicht nicht die Seele, aber es nützt dem Körper.

Bisher habe ich es vermieden, über eine äußerst schwierige Phase meines Lebens zu schreiben, eine Zeit, in der ich so stark behindert war, dass ich weder sprechen noch laufen konnte. Ich lag den ganzen Tag im Bett und war kaum in der Lage, Arme und Beine zu bewegen. Ich konnte nicht deutlich sehen. Ich konnte nicht selbständig essen und nicht zur Toilette gehen. Ich bekam kaum mit, was in meiner Umgebung vor sich ging. Ich war der Situation ausgeliefert und konnte mir nicht vorstellen, dass sie sich jemals ändern würde.

Ich wuchs jedoch aus diesem Zustand hinaus und schaue jetzt darauf zurück. Es war eine notwendige Übergangszeit in meinem

Leben: die Kindheit. Niemand kann erwachsen werden, ohne diese Phase der Unreife durchzumachen. Und ebenso kann kein gesunder Mensch ernsthaft die Absicht haben, darin zu verharren. Ich kann mir nichts Traurigeres vorstellen als einen Bruch im Reifeprozess: eine Raupe, die nie zum Schmetterling wird, eine Kaulquappe, die keine Metamorphose erlebt, ein hirngeschädigtes Baby, das 30 Jahre lang in der Wiege liegt.[2]

Ein neugeborenes Baby hat alle Körperteile, die es braucht, aber es muss wachsen und lernen, um sie der Anlage entsprechend nutzen zu können. Das gleiche Prinzip gilt im Geistlichen, im Bereich des Glaubens. „Zu euch, Brüder und Schwestern, konnte ich bisher nicht reden wie zu Menschen, die vom Geist erfüllt sind. Ich musste euch behandeln wie Menschen, die sich von ihrer selbstsüchtigen Natur leiten lassen und im Glauben noch Kinder sind", schalt Paulus die Korinther. „Darum gab ich euch Milch, keine feste Nahrung, weil ihr die noch nicht vertragen konntet" (1 Kor 3,1). Wie so manche Neulinge im Glauben schreckten die Korinther davor zurück, Kindheit und Unreife hinter sich zu lassen und ein fortgeschritteneres Stadium anzustreben.

Andererseits hat Jesus klipp und klar festgestellt: „Ich versichere euch, wenn ihr euch nicht ändert und den Kindern gleich werdet, dann könnt ihr in Gottes neue Welt überhaupt nicht hineinkommen" (Mt 18,3). Irgendwie müssen wir lernen, zwischen dem angemessenen *kindlichen* Verhalten, einer Voraussetzung für das Reich Gottes, und dem falschen *kindischen* Verhalten zu unterscheiden. Letzteres ist ein Kennzeichen für eine gehemmte Entwicklung.

Psalm 131, einer der kürzesten Psalmen, gibt einen Hinweis auf den Unterschied zwischen kindischem Benehmen und kindlichem Vertrauen auf Gott:

„Herr! Ich denke nicht zu hoch von mir,
ich schaue auf niemand herab.
Ich frage nicht nach weit gesteckten Zielen,
die unerreichbar für mich sind.
Nein, still und ruhig ist mein Herz,
so wie ein sattes Kind im Arm der Mutter –
still wie ein solches Kind bin ich geworden."

Artur Weiser stellt fest, dass der Christ

> *„nicht wie ein Kind laut nach der Mutterbrust schreit, sondern wie ein gestilltes Kind ist, das bei seiner Mutter ruht und glücklich ist, bei ihr zu sein. [...] Und wie ein Kind, das allmählich davon abkommt, die Mutter nur als Mittel zur Befriedigung der eigenen Bedürfnisse zu betrachten und lernt, sie um ihretwillen zu lieben, so hat der Verehrer Gottes nach seinem Ringen eine Einstellung erlangt, in der er sich nach Gott an sich sehnt und nicht als Mittel zur Erfüllung seiner eigenen Wünsche. Der Schwerpunkt seines Lebens hat sich verlagert."*[3]

Manchmal sehne ich mich nach der herrlichen Ungebundenheit der Kindheit, in der sich die ganze Welt um mich drehte, als ich nur wimmern oder schreien musste, um auf mich aufmerksam zu machen und andere sich ohne mein Zutun um meine Bedürfnisse kümmerten. Manchmal schaue ich auch auf die Frühzeit meines geistlichen Wegs zurück, als Gott mir nahe und der Glaube einfach und unwiderlegbar schien – eine Phase, die den Prüfungen und Enttäuschungen – der Entwöhnung – vorangeht. Wenn ich dann in der Kirche oder im Supermarkt auf ein Baby in all seiner Hilflosigkeit, Unbeweglichkeit und Verständnislosigkeit stoße, erkenne ich wieder neu die Weisheit der Schöpfung, die uns zur Reife drängt und uns durch feste Speise und nicht Milch wachsen lässt.

Obwohl ich immer noch die Narben des Wachstums in mir trage, lerne ich, die Versuchungen des kindischen Glaubens zu erkennen und zu vermeiden: unrealistische Erwartungen, Gesetzlichkeit und eine ungesunde Abhängigkeit.

Mehrmals habe ich mich der Gefahr unrealistischer Erwartungen hingegeben. Ab einer gewissen Zeit muss das Kind lernen, die Welt so hinzunehmen, wie sie ist, statt sie sich anders zu wünschen. „Das ist ungerecht!", jammert das Kind und stampft mit dem Fuß auf. „Im Leben geht es nun mal nicht gerecht zu", lautet die gemilderte Weisheit des Erwachsenen. Die Menschen sind nicht alle gleich schön, sie leben nicht in den gleichen Familienverhältnissen, sind nicht gleich sportlich, intelligent, gesund und reich, und jeder, der in dieser Welt vollkommene Gerechtigkeit erwartet, wird bitter enttäuscht. Entsprechend hat es eher mit kindischem Denken als mit einem reifen Glauben zu tun, wenn man als Christ erwartet, dass Gott alle familiären Probleme löst, alle Krankheiten heilt und dafür sorgt, dass man weder eine Glatze noch graues Haar und Falten bekommt, nicht weitsichtig wird und nicht an Osteoporose, Senilität und den anderen „Nebenwirkungen" des Alters leidet.

J. I. Packer erklärt:

„Gott [...] geht mit Christen, die ganz am Anfang stehen, so freundlich um wie eine Mutter mit ihrem Baby. Oft ist der Anfang der christlichen Laufbahn von großer Freude, besonderer Vorsehung, bemerkenswerten Gebetserhörungen und sofortigen Erfolgen gekrönt, wenn man das erste Mal seinen Glauben bekennt. So ermutigt Gott sie und verschafft ihnen einen Platz ‚im Leben'. Wenn sie aber stärker werden und mehr ertragen können, unterweist er sie in einer härteren Schule. Er lässt durch den Druck widriger und enttäuschender Verhältnisse so viele Prüfungen zu, wie er ihnen zumuten kann – nicht mehr (siehe das Versprechen im 1. Korinther-Brief, Kapitel 10, Vers 13), aber auch nicht weniger (siehe die Ermahnung in Apostelgeschichte 14, Vers 22). Er bildet damit unseren Charakter, stärkt den Glauben und bereitet uns darauf vor, anderen zu helfen."[4]

Bei der Arbeit an diesem Buch hätte ich mir oft gewünscht, ich könnte mehr versprechen. Ich wünschte, ich könnte wie manch andere meine Mitchristen dazu anspornen, „den Fuß auf das verheißene Land zu setzen". Ich wünschte, ich dürfte die Hoffnung wecken, dass Gott um unsretwillen die Regeln ändert und uns das Leben leichter und nicht schwerer macht. Immer, wenn ich mir das wünsche, werde ich mit der Versuchung des kindischen Glaubens konfrontiert – genau die Versuchung, der Jesus in der Wüste widerstand.

Wenn man Jesus und Paulus Glauben schenken will, dann muss auch die Gesetzlichkeit als Symptom des kindischen Glaubens gelten. Wie Paulus erklärt hat, ging es bei der Strenge des alttestamentlichen Gesetzes nicht um eine Alternativroute zu Gott. Vielmehr liegt hier der Beweis, dass keine noch so strenge Gesetzestreue das leisten kann, was Gott sich wünscht. Gott will die Vollkommenheit, und deshalb brauchen wir einen anderen Weg, den Weg der Gnade.

„Den Treuen, Herr, hältst du die Treue; für vollen Gehorsam gibst du volle Güte; den Reinen zeigst du dich in reiner Klarheit", schrieb David in einem seiner Psalmen (Ps 18,26–27) und gab damit den

Vertragsglauben des Alten Testamentes wieder. Ich frage mich, wie David den Psalm nach seinem monumentalen Fehltritt mit Batseba und den Skandalen formuliert hätte, die dann folgten. Dem Untreuen erweist sich Gott als treu, dem Schuldigen rechnete er die Schuld nicht zu. Davids Glaube, der sich die Leistung anrechnete, war auf Gerechtigkeit, nicht auf Gnade eingestellt.

Die Gesetzlichkeit hat im geistlichen Reifeprozess genauso ihren Platz wie bei der kindlichen Entwicklung, gefährdet aber auf Dauer das Wachstum. „Du darfst nie allein über die Straße gehen!", „Geh nicht ins Wasser!", „Spiel nicht mit Messern!" Alle diese Befehle habe ich in der Kindheit gehört und ihnen meist auch gehorcht. Jetzt, als Erwachsener, jogge ich im städtischen Verkehr, fahre Floß im Wildwasser und gehe mit Messern und sogar Kettensägen um. Obwohl ich heute einsehe, dass die Strenge in der Kindheit dazu diente, mich auf die verantwortliche Freiheit des Erwachsenen vorzubereiten, schaue ich nicht nostalgisch und traurig auf die Reglementierungen zurück.

Paulus, der besonders streng in der jüdischen Tradition erzogen wurde, kannte aus erster Hand die Gefahren eines Glaubens, der auf dem Einhalten der Gesetze basierte. Er wies jedenfalls auf eine seltsame Ironie des menschlichen Verhaltens hin: Die Gesetzlichkeit nährt oft den Ungehorsam, wie uns im Alten Testament vielfältig vorgeführt wird. Den Kolossern schrieb er: „Es sieht nur so aus, als ob diese selbst gewählte Verehrung, die Demutsübungen und die Kasteiung des Körpers Zeichen besonderer Weisheit seien. In Wirklichkeit bringt das alles uns Gott nicht näher, sondern dient nur der Befriedigung menschlicher Selbstsucht und Eitelkeit" (Kol 2,23). Der „Apostel der Gnade" konnte sich nicht vorstellen, warum man in eine Form der Gottesbeziehung zurückfallen sollte, die so viel Empfindlichkeit und Misserfolg mit sich brachte. Er wies auf eine Freiheit hin, die nicht auf Gesetzen, sondern auf der Liebe beruhte. „Das ganze Gesetz ist erfüllt", sagte er, „wenn dieses eine Gebot befolgt wird: ‚Liebe deinen Mitmenschen wie dich selbst'" (Gal 5,14).

Wenn Paulus auf die Zeiten des Alten Testaments zurückblickte, erkannte er auch ein Verhaltensmuster ungesunder Abhängigkeit. Wie Kinder berühmter Eltern, die für alles Nötige sorgen, fanden die Israeliten durch die Auflehnung gegen die vermeintliche Abhängigkeit von Gott zu ihrer Identität. Sie verharrten in einem Zustand kindischer Rebellion, während Gott wollte, dass sie sich stetig zu Erwachsenen weiterentwickelten.

Ich kenne einen Mann, der mit 70 immer noch bei seiner Mutter wohnt, sie um Erlaubnis bittet, wenn er das Haus verlassen will, und ihr jede Woche sein Geld gibt. Seit sie vor vielen Jahren für die Auflösung seiner Verlobung gesorgt hatte, lebt er unter ihrer „Fuchtel". Ich kenne andere Erwachsene, die sich immer noch wie Kinder benehmen, weil ihre Eltern sie verwöhnen und nicht loslassen können. Sie trotzen einer Grundregel der Natur: Das Ziel der Elternschaft besteht darin, gesunde Erwachsene in die Welt zu entlassen, nicht abhängige Kinder. Das Krokodilweibchen hilft ihren Jungen beim Ausschlüpfen, indem sie die Eier vorsichtig zerbricht; der Adler rüttelt am Nest und zwingt damit seine Jungen zu fliegen; der Vater lässt seinen Sohn stolpern und fallen, denn wie sonst sollte dieser laufen lernen? Erwachsenwerden ergibt sich aus Geburt, natürlichen Schmerzen und einer wachsenden Eigenverantwortlichkeit.

Ein kindischer Glaube, der auf unrealistischen Erwartungen, auf Gesetzlichkeit und ungesunder Abhängigkeit beruht, kann eine Zeit lang gut funktionieren – bis man kopfüber auf die Realität stößt.

Als Jesus sagte: „Ich versichere euch: Wenn ihr euch nicht ändert und den Kindern gleich werdet, dann könnt ihr in Gottes neue Welt überhaupt nicht hineinkommen" (Mt 18,3), da sprach er nicht, wie oben beschrieben, von einem unreifen Glauben. Er meinte auch nicht das, was für Kinder typisch ist und sich allzu oft auf dem Spielplatz zeigt: tyrannisches Verhalten, Wettspiele, Jammern, Plappern. Was hat er sonst gemeint? Frederick Buechner hat drei Merkmale der Kindheit geschickt in einer Predigt verpackt.[5] Hier kann man gut erkennen, was kindlicher Glaube im Unterschied zum kindischen Glauben bedeutet.

Nach Buechner haben Kinder keine festgefahrenen Vorstellungen von der Realität. Mehrere Kinder, denen man beim Zubettgehen die „Narnia"-Geschichten von C. S. Lewis vorlas, verschafften sich ein Beil und hackten auf der Suche nach dem geheimen Eingang die Rückwand von Kleiderschränken auf. Weitaus mehr Kinder haben ängstlich in den Schornstein hineingeschaut und sich gefragt, wie der Weihnachtsmann es durch eine so enge Stelle schaffen kann.

Bezeichnenderweise waren es in Spielbergs Film die Kinder, nicht die Erwachsenen, die E.T. aufnahmen und zu sich nach Hause einluden.

„Sie wissen es nicht besser", sagen wir von Kindern, die an Zauberei und unsichtbare Spielkameraden glauben. Manchmal wissen sie es doch besser. Ein Hauptmann brauchte den Glauben eines Kindes, um mit der Bitte um die Heilung seines Dieners zu Jesus zu kommen; Petrus, um aus dem Boot auszusteigen und auf dem See zu gehen; die Jünger, um den Mann in ihrer Mitte als den gleichen Jesus zu erkennen, den sie sterben sahen. In der Zwischenzeit trieben die Erwachsenen dieser Ära, die es „besser wussten", Zeugen auf, um einem zuvor blinden Mann einzureden, dass er unmöglich sehen konnte. Sie verschworen sich, um den armen Lazarus wieder zum Tode zu befördern, und sie zahlten Schweigegeld an römische Wachen, die Zeugen der Auferstehung Jesu geworden waren.

Der Glaube, über den sogar Jesus staunte, war von beunruhigend kindlicher Art, und wenn ich die Evangelien lese, wird mir mein eigener Mangel an kindlichem Glauben vor Augen geführt. Viel zu leicht gebe ich mich mit geringeren Erwartungen zufrieden, lasse die Hoffnung fallen, dass sich etwas ändern wird, und glaube nicht, dass Gott die Wunden in meinem Inneren heilen kann, mit denen zu leben ich gelernt habe. Der Balanceakt zwischen kindlichem und kindischem Glauben kann gefährlich sein, aber wir dürfen uns nicht zu sehr zum einen neigen, um den anderen zu vermeiden.

Zweitens können Kinder, wie Buechner sagt, noch Geschenke annehmen. Da sie abhängig geboren sind, empfangen sie die Gabe fröhlich und ohne Verlegenheit. Sie diskutieren nicht, ob sie das Geschenk verdient haben, und machen sich keine Gedanken über die Pflicht zu einer Gegenleistung. Sie reißen das Geschenkpapier fröhlich auf und freuen sich ganz direkt. Meine Großmutter, eine kluge Frau, machte auch mir ein kleineres Geschenk, wenn mein Bruder Geburtstag hatte und umgekehrt. Kein einziges Mal kam ich auf die Idee, sie zu korrigieren und sie darauf hinzuweisen, dass mein Bruder an diesem Tag die ganze Aufmerksamkeit bekommen solle. Ich habe ihre Gaben als natürliches Geburtsrecht hingenommen.

Gott muss auch etwas von dieser „kindlichen" Art haben, denn Gott fällt es nicht schwer, Geschenke anzunehmen: teure Geschenke von weisen Männern, als er ein Baby war, ein Parfüm von einer Frau, die es ihm über die Füße goss, die Geschenke von Zeit und Hingabe von seinen Jüngern, das Geschenk der Verehrung von Lazarus' Schwester Maria.

Sehr viel von dem, was ich über Lob und Danksagung an Gott weiß, habe ich von Kindern gelernt. Sie haben kein Problem damit, jeden Tag für den Familienhund und die Eichhörnchen zu danken, die draußen spielen. „Gib uns unser *tägliches* Brot", lehrte Jesus uns beten (Mt 6,11). Nur mit kindlichem Wesen kann ich jeden Tag Gottes einfache Geschenke empfangen, ohne sie als gewöhnlich und selbstverständlich zu empfinden. Das gleiche kindliche Wesen hilft mir, die Hand für Gottes Gnade zu öffnen, die mich nichts kostet und keine Gegenleistung erwartet.

Drittens wissen Kinder, wie man vertraut. Eine belebte Straße birgt keinen Schrecken, wenn das Kind sich an der Hand eines Erwachsenen festhalten kann. Vielmehr müssen Kinder ernstlich ermahnt werden, *keinem* Fremden zu vertrauen, denn das Misstrauen widerspricht ihrer Natur.

Als Jesus im Garten von Gethsemane betete, verwendete er das jüdische Wort für „Papa". „Abba, lieber Vater", sagte er, „alles ist dir möglich! Erspare es mir, diesen Kelch trinken zu müssen! Aber es soll geschehen, was *du* willst, nicht was ich will" (Mk 14,36). Er entschied sich bewusst, Gott zu vertrauen, ohne Rücksicht auf die Folgen. Diesem kindlichen Vertrauen blieb er auch am Kreuz treu, wo er betete: „Vater, ich gebe mein Leben in deine Hände!" (Lk 23,46).

Kathleen Norris erzählt von ihrer intellektuellen Auseinandersetzung mit dem Glauben ihrer Kindheit.[6] Es war ihr lange nicht möglich gewesen, die christlichen Lehren zu glauben. Als sie später persönliche Probleme hatte, fühlte sie sich zu einem Benediktinerkloster hingezogen, in dem sich die Mönche zu ihrer Überraschung keine Gedanken über ihre gewichtigen Zweifel und intellektuellen Bedenken machten. „Ich war ein wenig enttäuscht", schreibt sie. „Ich hatte gedacht, meine Zweifel seien unübersehbare Glaubenshindernisse. Ich war verlegen, fühlte mich aber auch angesprochen, als ein alter Mönch fröhlich behauptete, dass der Zweifel nur die Saat des Glaubens sei, ein Zeichen, dass der Glaube lebendig sei und wachsen möchte." Statt ihr einen Zweifel nach dem anderen auszureden, unterwiesen die Mönche sie in Anbetung und Liturgie.

Kathleen Norris erfuhr, dass der griechische Begriff für „glauben" einfach „das Herz hergeben" bedeutet, und sie stellte fest, dass eine Handlung wie die Anbetung ein konkreter Ausdruck des Glaubens werden kann. Sie fand es gar nicht seltsam, Glaubensbekenntnisse zu sprechen, die sie nicht verstand. Das begründet sie so: „Als Dichterin bin ich daran gewöhnt, etwas zu sagen, dass ich nicht völlig verstehe."[7] Allmählich begriff sie, dass eine Beziehung zu Gott wie jede andere Beziehung von ihr verlangte, dass sie sich einfach darauf einließ, ohne zu wissen, was daraus werden würde. Sie fing an zu vertrauen und von da an entwickelte sich ein reifer Glaube.

Unrealistische Erwartungen hier, vorurteilsloser Glaube dort, Gesetzlichkeit hier, Gnade dort, ungesunde Abhängigkeit hier, kindliches Vertrauen dort – oft habe ich das Gefühl, einen Seiltanz zwischen kindischem und kindlichem Glauben zu veranstalten. Der Unterschied ist aber entscheidend: Die eine Art Glauben hält mich in dauerhafter Unreife, während die andere mich in eine reife Beziehung zu Gott führt.

In seinem bemerkenswerten kleinen Buch *He leadeth me* zeigt Walter Ciszek[8], wie kindlicher Glaube unter den schwierigsten Umständen gelebt werden kann. Ciszek stammt aus einer frommen katholischen Familie in Pennsylvania, schloss sich einer Jesuitenmission an und meldete sich freiwillig zum Dienst in der Sowjetunion, als dort der christliche Glaube verfolgt wurde. Ciszek war jedoch bestürzt, als er stattdessen von seinem Orden in die Mission nach Polen geschickt wurde. Ein paar Jahre später brach der Krieg aus und Hitlers Armee marschierte in Polen ein. Als die Massen nach Russland flohen, sah Ciszek darin eine von der Vorsehung gebotene Chance. Er verkleidete sich als Arbeiter, schloss sich den Flüchtlingen an und gelangte heimlich nach Russland, wo er schon immer hatte dienen wollen. Er glaubte, dass seine Gebete beantwortet seien.

Nicht lange danach verhaftete ihn die sowjetische Geheimpolizei. Die folgenden fünf Jahre wurde er im berüchtigten Moskauer Ljubjanka-Gefängnis festgehalten und unablässig gefoltert und verhört. In der Einsamkeit von Ljubjanka stellte Ciszek Tag und Nacht seine Fragen an Gott. Was hatte er falsch gemacht? Er hatte eine Berufung als Priester verspürt, aber wie sollte er den Menschen dienen, wenn er in Einzelhaft saß? Schließlich gab er den Forderungen des KGB nach und unterschrieb das vorgefertigte Geständnis, dass er ein Spion sei. Als er sich weigerte, mit dem russischen Geheimdienst zusammenzuarbeiten, wurde er zu 15 Jahren Arbeitslager in Sibirien verurteilt.

Unter den viel härteren Bedingungen des sibirischen Gulags mit bitterem Frost und 14 Arbeitsstunden pro Tag bekam Ciszek endlich die Chance, als Priester zu wirken, nachdem er allmählich das Vertrauen von ukrainischen Katholiken gewonnen hatte. Er hatte viel riskiert, die Strafe erduldet und bei alledem nach Gott gefragt. Sein kindischer Glaube veränderte sich und es entstand ein gereifter und doch kindlicher Glaube, wie Frederick Buechner ihn sich vorstellt.

Zunächst musste Ciszek sich auf neue Tatsachen einstellen. Während der Ausbildung zum Priester hatte er nicht ein einziges Mal an eine Laufbahn gedacht, wie sie ihm in Russland bevorstand. Erst in Polen, dann in Ljubjanka, danach im sibirischen Arbeitslager und schließlich im Exil, wo er auf einem Bauernhof arbeitete – er wurde mit Bedingungen konfrontiert, die er sich nie ausgesucht hätte. Er hatte keine theologischen oder andere christliche Bücher, in die er sich vertiefen konnte; christliche Gemeinschaft gab es selten. Er musste heimlich Brot und Wein für die Eucharistie besorgen. Der kommunistische Staat hatte Evangelisation verboten. Eine Zeit lang fühlte Ciszek sich betrogen, weil seine Berufung zum Priester sich nicht nach seinen Vorstellungen entwickelte.

Doch dann lernte er, Gottes Willen „nicht im Einklang mit unseren Wünschen oder Gedanken, entsprechend unserer armseligen menschlichen Weisheit" hinzunehmen, sondern als „die 24 Stunden an jedem Tag: die Menschen, die Orte und die Umstände, die er uns in diesem Zeitraum vorsetzt". Er erkannte, dass er immer in der Überzeugung gelebt hatte, Gottes Wille müsse seinen Wünschen entsprechen und Gott werde ihm bei der Erfüllung helfen. Stattdessen musste er seinen Alltag als Gottes Willen akzeptieren lernen und darauf hatte er meist keinen Einfluss. Ciszeks Perspektive verengte sich auf den jeweils nächsten Tag.

Zweitens stellte Ciszek fest, dass Gott ihm neue Geschenke gab. Als er betete: „Unser *tägliches* Brot gib uns heute", konnte er die Geschenke annehmen, die ihm geboten wurden:

„Für mich sollte jeder Tag mehr sein als ein Hindernis, das überwunden werden musste, mehr als eine Zeitspanne, die ertragen, eine Folge von Stunden, die überlebt werden wollte. Für mich

kam jeder Tag aus der Hand Gottes, neu geschaffene, lebendige Möglichkeiten, seinen Willen zu tun. [...] Was uns angeht, so können wir das nur annehmen und Gott wiederum jedes Gebet, jede Arbeit und das Leiden des Tages anbieten, ganz gleich, wie unbedeutend oder unansehnlich es uns vorkommt. [...] Zwischen Gott und der individuellen Seele aber gibt es keinen unbedeutenden Moment; das ist das Geheimnis der göttlichen Vorsehung."

Letztlich und vor allem lernte Ciszek zu vertrauen. Sein Buch gibt die Qual wieder, mit der er den Zweifel überwand und Gott vertraute, als sich alles in seinem Leben gegen ihn zu wenden schien. Wie das zu geschehen hatte, lernte er durch Beobachtung seiner Mitgefangenen, die ihren überlieferten bäuerlichen Glauben lebten. „Für sie war Gott genauso wirklich wie der eigene Vater, Bruder oder der beste Freund." Wahrscheinlich hätten sie nicht über ihren Glauben reden können, aber im Grunde ihres Wesens verließen sie sich auf Gottes Treue. Sie vertrauten auf Gott, wandten sich in schweren Zeiten an ihn und dankten ihm für die seltenen freudigen Ereignisse. Sie waren eher bereit, alles in der Welt aufzugeben, als sich gegen Gott zu stellen. Sie waren völlig darauf eingestellt, in aller Ewigkeit bei Gott zu sein. (Die Figur des Aljoscha in Solschenizyns Roman „Ein Tag des Iwan Denissowitsch" verkörpert vollkommen den einfachen, kindlichen Glauben, auf den Ciszek in Sibirien stieß.)

Ciszek hatte oft darüber nachgedacht, wie er die Gegenwart Gottes spüren könne. An einem ganz unwahrscheinlichen Ort, im sibirischen Arbeitslager, stieß er auf die Wahrheit:

„Durch den Glauben wissen wir, dass Gott überall gegenwärtig ist und damit auch für uns, wenn wir uns denn an ihn wenden. Also sind wir es, die uns in Gottes Gegenwart versetzen müssen. Wir müssen uns im Glauben an ihn wenden, wir müssen über die bildliche Vorstellung hinweg zum Glauben gelangen. Eigentlich geht es um die Erkenntnis, dass wir uns in der Gegenwart eines liebenden Vaters befinden, der immer bereit ist, sich unsere kindischen Geschichten anzuhören und auf unser kindliches Vertrauen einzugehen."

Als er beschloss, sich in Gottes Willen fallen zu lassen, wusste Ciszek, dass er eine Grenze des Vertrauens überschritt, die er immer gefürchtet hatte. Als er sie aber endlich durchbrach, „ergab sich nicht das Gefühl der Angst, sondern der Befreiung".

Wenn ich auf meinen eigenen Lebensweg zurückschaue, erkenne ich die großen Gefahren einer kindischen Glaubensweise. Ich musste lernen, dass es im Leben nicht gerecht zugeht und dass Gott mir nicht auf magische Weise den „Spielplatz" ebnet. Ich musste lernen, dass aus Gesetzlichkeit nicht notwendigerweise Tugenden oder Reife entsteht, sondern dass sie in die entgegengesetzte Richtung führen kann. Ich habe gelernt, dass eine ungesunde Abhängigkeit die Entwicklung hemmen kann.

Ich strebe immer noch einen reifen, kindlichen Glauben an. Wenn ich mich mit dem Leben von Menschen wie Walter Ciszek beschäftige, bekomme ich zumindest eine Ahnung, wie er aussehen könnte. Obwohl unsere Lebensumstände sehr unterschiedlich sind, sind wir mit der gleichen Herausforderung konfrontiert: darauf zu vertrauen, dass Gottes Weg uneingeschränkt der beste ist. Eine kindliche Haltung ist der angemessene Zustand im Umgang mit Gott, denn ich gehöre zur gefallenen Schöpfung und strebe nach einer Beziehung zum vollkommenen Schöpfer.

> *„Wer ist der Größte im Reich Gottes?'*
> *Die Jünger stellten diese Frage, weil sie sehr danach trachteten, und Jesus zeigte ihnen ein Kind, das aller Wahrscheinlichkeit nach weder wusste noch sich besonders darum kümmerte, was das Reich Gottes sei oder was sich hinter einer solchen Frage verbergen mochte.*
> *Und dann legte er ihnen nahe, so wie dieses kleine Kind zu werden – weder alles verstehen zu müssen noch sich Sorgen zu machen und ängstlich zu sein."*
> FREDERICK BUECHNER[9]

Kapitel 18

Der Erwachsene

*Welche Strafe bekommen jene, fragst du,
die in diesem Geist nichts annehmen wollen?
Ihre Strafe wird sein, dass sie bleiben, wie sie sind.*
EPIKTET[1]

Kluge Eltern helfen ihren Kindern dabei, sich aus der Abhängigkeit zu lösen und selbständig zu werden, denn aus dem Kind soll ein unabhängiger Erwachsener werden. Wenn sich aber zwei Menschen lieben, lassen sie sich auf eine neue Form von freiwilliger Abhängigkeit ein: Obwohl sie die Freiheit kennen, geben sie sie fröhlich auf. In einer gesunden Ehe richten beide sich nach den Wünschen des anderen, und zwar nicht aus Zwang, sondern aus Liebe. Ich glaube, dass diese Beziehung von Erwachsenen uns offenbart, was Gott sich immer vom Menschen gewünscht hat: nicht die klammernde, hilflose Liebe eines Kindes, das eigentlich keine Wahl hat, sondern die reifere, freiwillig gewährte Hingabe eines Geliebten.

Ich komme immer wieder auf die Ehe als Bild für diese voll entwickelte Beziehung zurück, weil ich selbst seit 30 Jahren täglich darin lebe und sich auch biblische Texte darauf beziehen. (Die enge Freundschaft zwischen zwei Einzelnen könnte Ähnliches wie dieses Bild leisten.) Wie geschieht es, dass ich mich in der Ehe „auf eine neue Art freiwilliger Abhängigkeit" einlasse? Ich denke da an zwei größere Entscheidungen bei Janet und mir, die uns jeweils aus der alten Umgebung in ein neues Zuhause umziehen ließen.

Das erste Mal zogen wir aus einem entlegenen Vorort von Chicago in einen innerstädtischen Bezirk um. Damals war das ein riskantes Unternehmen, denn wie so mancher Vorortbewohner glaubten wir, man würde in der City mindestens einmal pro Woche ausgeraubt oder überfallen. Hatten wir uns vorher mit dem Löwenzahn auf dem Rasen beschäftigt, ging es jetzt um knappe Parkplätze und die Einkaufstüten, die drei Etagen hochgeschleppt werden mussten. Auf der Straße hörte man andere Sprachen genauso oft wie Englisch und nach und nach freuten wir uns an den unterschiedlichen Rassen und Kulturen in unserer Umgebung. In den 13 Jahren in der Stadt wurden wir kein einziges Mal überfallen.

Nach diesen wertvollen Jahren in der Stadt zogen wir auf ein abgelegenes Stück Land in Colorado, das in jeder Hinsicht das Gegenteil von Chicago war. Wir kannten niemanden und mussten mit der schwierigen Aufgabe, Gemeinschaft, eine Kirche und Freunde zu finden, ganz von vorn anfangen. Durch mein Bürofenster blicke ich jetzt nicht mehr auf das Flachdach der Donut-Bäckerei, sondern auf ein Pappelwäldchen. In der Ferne glitzert der Schnee auf 4000 Meter hohen Bergen.

Rückblickend ist uns klar, dass wir hauptsächlich wegen Janet nach Chicago und wegen mir nach Colorado umgezogen sind. Janet blühte in der Stadt auf und stellte eine großartige Gemeindearbeit auf die Beine, bei der es um Hilfe für die meist armen älteren, manchmal auch obdachlosen Mitbürger ging. Allmählich aber saugte mir das Stadtleben mit seinen Zwängen, ständigen Sirenen und der Hektik die kreative Energie aus und wir entschieden uns auf der Suche nach einer besseren Umgebung für meine meditative Schreibmethode für Colorado.

Beide Umzüge brachten deutliche Veränderungen und sogar Opfer mit sich. Wie aber jeder weiß, der in einer stabilen Ehe lebt, kann man als Paar solche Unternehmungen nur durchführen, wenn beide hinter einer Entscheidung stehen. Weil ich zu Hause arbeite, haben wir eine größere Freiheit zu solchen Entscheidungen als mancher andere. Machtkämpfe aber („Ich brauche einen Tapetenwechsel und ziehe um, ob es dir passt oder nicht") oder Racheakte („Du hast deinen Spaß gehabt, jetzt will ich meinen") säen nur Verderben. Keiner von uns beiden würde es wagen, dem anderen eine solche Entscheidung aufzuzwingen.

Die Ehe hat dem Missbrauch der Freiheit nur eines entgegenzusetzen: die Liebe. Im Grunde werden in jeder reifen Beziehung die Schranken durch Liebe gesetzt. Ich könnte auf viele Male verweisen, wo Janet ihre Vorlieben meinetwegen zurückgestellt hat und ich habe das Gleiche für sie getan. Keiner von uns beiden „gewinnt" andauernd. Weil wir füreinander da sind, passen wir uns um des Friedens willen im Kleinen und im Großen aneinander an. Die eigene Macht, die eigene Freiheit werden nur innerhalb der Grenzen ausgeübt, die von der Liebe gesetzt sind.

30 Jahre Ehe haben Janet und mich verändert. Wir haben nur

noch sehr wenig mit den Verliebten von damals zu tun, die sich, gerade den Kinderschuhen entwachsen, das Jawort gegeben hatten. Sie hat mir den Umgang mit Menschen, die Liebe zu Pflanzen und Mitleid für die Armen, die „kleinen Leute", nahe gebracht. Ich habe ihr die klassische Musik, einen Blick für die Schönheit der Natur, die Liebe zum Reisen und zum Sport eröffnet. Wo wir einander nachgegeben haben, hat es uns innerlich wachsen und nicht ärmer werden lassen.

Als Liebende haben wir begriffen, dass zu einer dauerhaften Beziehung Vertrauen, Gnade und Vergebung gehören, nicht die Berufung auf Gesetze. Liebende wissen, dass man Liebe nicht befehlen und erzwingen kann. Von Natur aus will der Liebende das, was der andere auch will. Wenn die Liebe ein persönliches Opfer erfordert, dann empfindet man es eher als Geschenk: „Aber dein Wille soll geschehen, nicht der meine" (Lk 22,42). Liebende loben einander: Wenn ich anderen von meiner Frau erzähle, dann prahle ich mit ihren Leistungen, nicht, weil ich mich dazu verpflichtet fühle, sondern weil ich möchte, dass die anderen sie so kennen lernen wie ich. In vielerlei Hinsicht habe ich von meiner Ehe gelernt, wie eine reife Beziehung zu Gott aussehen könnte. Augustinus hat ein gutes geistliches Leben ganz einfach als „wohl geordnete Liebe" bezeichnet.

Der Entwicklungsstand, in den Gott uns bringen möchte, ergibt sich nur durch eine von Treue geprägte Beziehung zu ihm. Wir wollen Gott gefallen, sehen es als das Höchste an, ihn zu kennen und zu lieben und die nötigen Opfer zu bringen – und dabei verändern wir uns. Durch beständigen Umgang mit Gott entsteht ganz beiläufig eine persönliche Spiritualität. Schließlich stellen wir fest, dass unser Handeln nicht nur das ist, was Gott gefällt. Es gefällt uns selbst.

Man könnte einen Menschen, der keinen Bezug zum christlichen Glauben hat, fragen, was ihm am Verhalten von engagierten Christen auffällt. Warum unterlassen sie, was dem Körper schadet, wehren sich gegen die Versuchungen von Gier und Unmoral? Warum treten sie eher für andere als für sich selbst ein, bestehen auf Ehrlichkeit und Gerechtigkeit, kümmern sich um die weniger Liebenswerten und Ausgestoßenen? Vielleicht bekommt man die folgenden Antworten: „Sie haben Angst, in die Hölle zu kommen. Gott könnte ja sonst wütend auf sie werden" oder: „Religion ist eine Krücke – sie halten sich an die Regeln, weil sie keine eigenen Ideen entwickeln können" oder: „Nichts als gesellschaftlicher Druck – sie kommen zusammen und bestärken sich in ihren Vorstellungen." Obwohl alle diese Urteile ein Stück Realität enthalten können, werden sie den Verhaltensmotiven nicht gerecht, die wir aus der Bibel kennen.

Jesus erzählte einmal von einem Kaufmann, der eine so unvergleichliche Perle fand, dass er seinen ganzen Besitz verkaufte, um sie erwerben zu können. Die Freude an dem, was er gewann, überdeckte jedes Bedauern über das, was er aufgab. Hier haben wir das Merkmal des „erwachsenen" christlichen Glaubens: keine verbissene Selbstdisziplin, sondern überströmendes neues Leben, das alle Opfer mühelos aufwiegt, die nötig werden könnten.

Natürlich kann es Zeit und Übung kosten, dieses Ziel zu erreichen. Dazu C. S. Lewis: „Ich muss heute meine Gebete sprechen, ob ich andächtige Empfindungen habe oder nicht, aber man muss ja auch die Grammatik lernen, wenn man Gedichte lesen will."[2] So wie Lewis die griechische Grammatik nicht studiert hat, um Verbformen zu bestimmen, sondern um Gedichte zu lesen, spiele ich Läufe am Klavier nur wegen der Stücke, für die ich diese Fähigkeit brauche. Die Belohnung stellt sich nach dem Üben ein und bleibt aus, wenn man nicht übt. Um Lewis noch einmal zu zitieren: „Wir handeln aus Pflicht in der Hoffnung, dass das gleiche Tun eines Tages frei und genussvoll sein wird."

Warum sollen wir gut sein? Warum sich um die ganzen Gebote im Neuen Testament kümmern? Als ich in der Bibel las, habe ich viele Stellen angestrichen, in denen die „erwachsene" Beziehung beschrieben wird, an der Gott so sehr liegt. Anhand von drei Begebenheiten möchte ich die Merkmale eines „erwachsenen" Glaubens veranschaulichen und Parallelen zur Bibel hervorheben.

Die erste Geschichte hörte ich von Arun Gandhi, dem Enkel von Mahatma Gandhi, der heute in den USA lebt. Arun wohnte als Teenager in Südafrika, wo sein Vater sich an der Kampagne für Bürgerrechte beteiligte, die sein Großvater Mohandas (oder „Mahatma") vor Jahren begonnen hatte. Arun hatte gerade Auto fahren gelernt, als sein Vater fragte, ob er ihn in die Stadt zu einer Strategiebesprechung beim Rechtsanwalt bringen könne. Anschließend solle er das Auto zur Werkstatt fahren. „Du kannst dann tun, was du willst,

Hauptsache, du holst mich genau um sechs Uhr wieder ab", sagte er. Wie jeder Teenager ergriff Arun diese Gelegenheit beim Schopf.

Nachdem Arun das Auto in der Werkstatt abgeliefert hatte, ging er ins Kino. Der erste Film, ein amerikanischer Western, erwies sich als so spannend, dass er sich gleich einen zweiten ansah und völlig die Zeit vergaß. Als er aus dem Kino in die Abenddämmerung hinaustrat, bekam er einen panischen Schrecken, weil die Werkstatt schon hätte geschlossen sein können. Er rannte hin, sie war noch geöffnet, und holte den Wagen ab. Mit quietschenden Reifen bremste er um halb sieben vor der Anwaltspraxis, wo sein Vater am Straßenrand wartete.

Weil Arun wusste, wie sehr sein Vater Pünktlichkeit schätzte, erzählte er von angeblichen Problemen, die die Werkstatt bei der Autoreparatur hatte. „Wir können froh sein, dass sie es geschafft haben", sagte er. „Ich musste fast eine Stunde warten. Deshalb bin ich zu spät gekommen."

Aruns Vater hatte aber um fünf Uhr in der Werkstatt angerufen, um sich nach dem Stand der Dinge zu erkundigen. Zu diesem Zeitpunkt war das Auto schon fertig gewesen. Als sie die Stadtgrenze erreicht hatten, bat er Arun, am Straßenrand anzuhalten. Er erklärte, dass er die Werkstatt angerufen habe und wisse, dass Arun lüge. „Ich mache mir große Sorgen", sagte er. „Warum sollte mein Sohn mich anlügen? Wo habe ich als Vater versagt, dass mein Sohn mir nicht die Wahrheit anvertrauen kann? Darüber muss ich nachdenken."

Nachdem er Arun gebeten hatte, hinter ihm her zu fahren, damit die Scheinwerfer die wenig befahrene Landstraße beleuchteten, ging der Vater den Rest des Weges zu Fuß. Weil sie weit von der Stadt entfernt wohnten, brauchte er sechs Stunden für den Weg. Er ging mit gesenktem Kopf und war tief in Gedanken versunken. Arun fuhr den ganzen Weg im Schneckentempo hinter seinem Vater her.

Als ich Arun diese Geschichte erzählen hörte, fragte ich mich, ob sie als Beispiel dafür dienen solle, wie ein Vater seinem Sohn Gewissensbisse machen kann. Arun sah dies jedoch anders. Schon als Junge hatte er seinen Vater als Führungspersönlichkeit, als Vorbild für Ehrlichkeit und Gerechtigkeit respektiert. Als dieser nun sagte, er müsse darüber nachdenken, wo er als Vater versagt habe, meinte er das wörtlich, und Arun war bis ins Mark getroffen. Mehr als alles andere wollte er seinem Vater gefallen und seinem Vorbild gerecht werden; die Lüge bewies ihm, wie weit er noch davon entfernt war. „Nach diesem Vorfall", sagte Arun, „habe ich nie wieder gelogen."

Die zweite Begebenheit stammt aus dem Film „Der Soldat James Ryan". Eine Gruppe von Soldaten unternimmt unter der Führung eines Offiziers – gespielt von Tom Hanks – eine gewagte Mission zur Suche nach dem Soldaten Ryan, dessen drei Brüder im Verlauf des Zweiten Weltkriegs schon gefallen waren. Die Retter beschweren sich über diese Aufgabe, beleidigen den General, der sie angeordnet hat, und liefern sich hinter der Front Gefechte mit den Nazis. Einige sterben bei dieser Mission. Ganz am Ende des Films sitzt der Soldat Ryan, das Objekt der ganzen Mühe, neben dem tödlich verwundeten Captain (Tom Hanks). Beim Blick auf die Verluste, die die Suche nach James Ryan gekostet hatte, sagt der Captain sterbend die folgenden Worte, die letzten des Films: „Das musst du dir verdienen."

„Das musst du dir verdienen. Dir galten Mut und Opfer, dir zuliebe ließen Menschen ihr Leben und starben, damit du leben kannst. Sie können nichts mehr geben, aber du. Du kannst so leben, dass es das Opfer wert gewesen ist. Kein schlechtes Gewissen, sondern Dankbarkeit soll dein Motiv sein, damit ihre Tat gewürdigt werde."

Die dritte Begebenheit stammt von Edward Langerak, einem Philosophieprofessor am St.-Olaf-College in Minnesota. In einer Ansprache vor der Gemeinde erzählte er:

„Ich kannte einmal einen kleinen Jungen. Als er sieben Jahre alt war, beging er einen Fehler, der sich tief in sein Gedächtnis einprägte. Er ging in ein Geschäft und versuchte, ein paar Bonbons zu stehlen. Der Junge wurde dabei erwischt, aber statt ihn der Polizei zu übergeben, verlangte der Besitzer, er solle nach Hause gehen und seinen Eltern erzählen, was er getan hatte. So schwer wie dieser Auftrag war ihm noch nie etwas gefallen. Die Gedanken schwirrten ihm durch den Kopf: er könnte sich absichtlich den Arm brechen, vor ein Auto laufen, irgendetwas tun, das ihm das furchtbare Gespräch mit den Eltern ersparte. Es fand trotzdem statt. Der Vater des Jungen reagierte spontan: ‚Mein Sohn ist ein Krimineller.' Diese Worte brachen ihm das Herz. Es war schrecklich, aber wahr: sieben Jahre alt – ein Krimineller. Die weinende Mutter aber brauchte nur ein paar Sekunden, um die

Antwort auf dieses Urteil zu finden: ‚Mein Sohn ist kein Krimineller; er soll Prediger werden.'
Ich war dieser Junge, und was meine Mutter gesagt hatte, zeigte mir, was Liebe bedeutet. Mein Vater hat mich auch geliebt, nämlich so sehr, dass er die Wahrheit aussprach. Ich hatte etwas getan, das mich in diesem Augenblick als Dieb kennzeichnete. Aber er hatte mir nicht die ganze Wahrheit gesagt; meine Mutter sah die Möglichkeiten in mir, sah, was aus mir werden konnte, und nicht nur das, was ich getan hatte. Jetzt stellt sich heraus, dass beide nicht Recht hatten (ich bin weder Prediger noch Verbrecher, sondern Professor geworden), aber die Liebe meiner Mutter hat mir sehr geholfen zu lernen, wie ich mich selbst lieben kann. [...]
Stellen wir uns vor, dass es jemanden gibt, der jederzeit die Möglichkeiten in uns sieht, der uns immer verzeiht und uns beständig und sensibel Anreize dazu gibt, zu dem Menschen zu werden, der wir eigentlich sein sollten. Stellen wir uns vor, dass diese Person nicht irgendjemand ist, sondern der, dem wir und jeder andere letzten Endes verantwortlich sind. Würde er uns nicht die Macht der Liebe entdecken und erkennen lassen, dass nur der lieben kann, der selbst geliebt wird? Würde er nicht immer dann geliebt werden, wenn wir uns selbst und andere lieben? Wenn das stimmt, dann würden wir uns und unseren Nächsten wie uns selbst aus Hingabe an ihn lieben. Und das könnte uns wirklich lehren, was Ehrfurcht bedeutet."[3]

Der Wunsch, jemandem zu gefallen, den man – wie Arun Gandhi – respektiert, die Dankbarkeit, die der Soldat Ryan für ein außergewöhnliches Opfer empfand, sind Beispiele für einen Gehorsam, zu dem sich nur ein Erwachsener motivieren lassen kann. Beide Motive gelten auch für die Beziehung zu Gott. Der Philosophie-Professor hat aber vielleicht das wichtigste, übergeordnete Motiv hervorgehoben: Als Menschen, die von Gott geliebt werden, finden wir zu unserer wahren Identität. Wir lieben die anderen, sagt der Apostel Johannes, weil Gott uns zuerst geliebt hat. Wir machen ihm Freude, wie Liebende einander Freude machen, nicht weil wir dies müssen, sondern weil wir uns danach sehnen.

Denken wir darüber nach: Kann jemand das größte Gebot – nämlich Gott zu lieben – aus Angst vor Strafe erfüllen? Liebe lässt sich nicht erzwingen. Sie ergibt sich aus der Fülle, nicht aus Angst. Jesus hat den nächsten Schritt vorgezeichnet: „Wer mich liebt, wird sich nach meinem Wort richten" (Joh 14,23).

Wenn ich das Neue Testament lese, fällt mir auf, wie nachhaltig die Autoren an meine neue Identität als Motiv für positives Verhalten appellieren. Was fällt mir ein, als „Tempel des lebendigen Gottes" in Dingen herumzuwühlen, von denen ich weiß, dass sie Gott nicht gefallen? Henri Nouwen hat diese neue Identität „die innere Stimme der Liebe"[4] genannt, eine uns innewohnende Erinnerung, die uns dazu befreit, als Mensch zu handeln, der von Gott geliebt wird. Menschliches Lob oder Tadel können diesem Zustand nichts anhaben. Güte oder „Heiligkeit" sind keine neuen Ausnahmefähigkeiten, die ich wie Sack und Asche anlegen muss. Sie sind Auswirkungen einer inneren Verwandlung, die allmähliche, aber notwendige Reaktion eines Menschen, in dem Gott lebt.

„Auf der Erde sind wir Pilger, immer unterwegs", sagte Augustinus. „Das heißt, dass wir uns vorwärts bewegen müssen. Daher sei immer unzufrieden damit, wo du stehst, wenn du etwas erreichen willst, wo du nicht bist. Wenn du mit deinem Zustand zufrieden bist, dann bist du schon stehen geblieben. Wenn du sagst: ‚Es ist genug', dann bist du verloren. Gehe weiter, geh vorwärts, strebe nach dem Ziel."[5]

Ich kann mich noch sehr lebhaft an das Praktizieren einer geistlichen Übung erinnern. Als ich nach meinem Abschluss an einer Bibelschule, wo die Schulregeln 66 Seiten umfassten, auf eine Universität wechselte, schwelgte ich in meiner Freiheit. Ich ließ alles bleiben, was nach Gesetzlichkeit oder geistlicher Disziplin aussah. In einem Winter nahmen wir einen Besucher auf. Er hieß Joe, war an der Bibelschule mein Mitschüler gewesen und nahm geistliche Dinge viel ernster als ich, so ernst, dass er aus Versehen um fünf Uhr morgens das ganze Haus aufweckte.

Ich muss noch erwähnen, dass wir einen winzigen Schnauzer hatten, der Sportlern seltsam feindlich gesinnt war. Er jagte Läufern hinterher und schnappte nach Radfahrern, und wenn meine Frau bei ihren Aerobic-Übungen Seil sprang, wurde sie manchmal zu Boden gerissen, wobei sich ein Knäuel aus Gliedmaßen, Seil und dem Schnauzer ergab. Eines Tages hörten wir um fünf Uhr morgens ein lautes, wütendes Bellen aus dem Wohnzimmer. Aus Angst vor einem Einbrecher bewaffnete ich mich mit dem Tennisschläger, machte mutig die Tür auf und knipste das Licht an. Da sah ich Joe, der nur seine Boxershorts trug und die Augen vor Schreck aufgerissen hatte, starr in einer Liegestütz. Ein kleiner, grauer Hund stand auf seinem bloßen Rücken, knurrte und biss in Joes Haare.

Nachdem wir den Hund beruhigt hatten, erklärte Joe, dass er vor seiner zweistündigen Stillen Zeit am Morgen immer ein paar Übungen machte, um wirklich wach zu sein. Damals kam mir Joe gesetzlich vor, weil er sich an Gewohnheiten klammerte, die ihm von der Bibelschule aufgedrückt worden waren. Dieses vorschnelle Urteil verriet nur meine eigene geistliche Unreife, denn wenn ich betrachte, wie sein Leben in den folgenden Jahren verlief, erkenne ich, dass er sich nicht aus egoistischen Gründen oder schlechtem Gewissen zu geistlicher Disziplin zwang. Er handelte um seiner selbst willen wie ein Sportler beim Training. Obwohl niemand wirklich gern in einem kalten und dunklen Haus zum Beten und Bibellesen aufsteht, hatte Joe festgestellt, dass er in jeder Hinsicht besser zurechtkam, wenn er den Tag mit diesen Übungen begann. Ein reifer Christ handelt nicht aus Pflichtgefühl. Sein Antrieb ist die Sehnsucht, denn was Gott gefällt, mag er selbst auch.

Ich fühle mich heute immer noch nicht qualifiziert genug, um besondere Ratschläge zur geistlichen Disziplin zu erteilen. Vielmehr empfehle ich die zuletzt veröffentlichten Werke von Eugene Peterson, Dallas Willard und Richard Foster, Thomas Mertons Hinweise an die vorige Generation und die detaillierten Pläne von Benedikt von Nursia und Ignatius von Loyola aus vergangenen Jahrhunderten. Einfachheit, Einsamkeit, Unterordnung, Dienst, Bekenntnis, Anbetung, Meditation, Gebet, Fasten, Studium, geistliche Wegweisung, Sonntagsruhe, Pilgerfahrten, Kleingruppen, Übernahme von Verantwortung, das Führen eines Tagebuchs, Reinheit, Freundschaft, Andachten, Arbeit, Führungsrollen und das Bezeugen des Glaubens – das alles kann bei der geistlichen Reife eine Rolle spielen. Dazu gehört eine Hingabe, die sich aus der altmodischen Idee der Disziplin speist.

In der Kirchengeschichte gibt es viele Beispiele von Menschen, die diese geistlichen Übungen bis in ungesunde Extreme trieben. Sie geißelten ihren Körper und verachteten jedes Vergnügen. Von solchen Auswüchsen halten wir uns zu Recht fern. Wenn ich aber heute ihre Berichte lese, stelle ich fest, dass diese „geistlichen Athleten" ganz freiwillig handelten. Nur wenige schauten mit Bedauern auf ihre Erfahrungen zurück. Wir leben in einer Gesellschaft, die kein Verständnis aufbringt, wenn jemand fastet oder sich zwei Stunden für eine Zeit der Stille ausspart. Profisportler aber, die fünf Stunden am Tag mit Hanteln trainieren und wegen ihres Sports schon Dutzende von Knie- und Schulteroperationen hinter sich haben, werden verehrt. Unsere Abneigung gegen geistliche Disziplin verrät wohl mehr über uns selbst als über die „Heiligen", die wir kritisieren.

Thomas Merton hat auf eine Parallele zwischen der Freiheit und dem Vermögen hingewiesen, das ein Reicher genießt. Wenn er dies will, kann ein Reicher seine Zigaretten mit Geldscheinen anzünden. Vor seiner Umkehr hat Merton nach eigener Aussage seine Freiheit fast genauso verschwendet. Er lebte als Lebemann in New York und verbrachte seine Zeit hauptsächlich mit Partys und Trinken.

Ein Kluger erkennt die Möglichkeiten, das Geld zu investieren und für gute Zwecke auszugeben, damit er später etwas vom Nutzen hat. Merton hat sich letzten Endes entschlossen, seine Freiheit in den Klostereintritt zu investieren, wo er mehrere Stunden täglich betete und in Stille und Einsamkeit lebte. Kaum jemand, der ihn kennt, würde behaupten, er habe sein Leben verschwendet.

Wenn ich über Menschen wie Merton, Benedikt von Nursia, Franz von Assisi, John Wesley, Charles de Foucauld und Mutter Teresa nachdenke, erkenne ich an diesen disziplinierten Seelen keine verkniffene Entschlossenheit, sondern eher Spontanität und Freude. Als sie ihre Freiheit in die Disziplin investierten, haben sie sich eine tiefere Freiheit gesichert, die anders nicht zu erlangen ist.

Benedikt von Nursia riet zu „ein wenig Strenge, um Fehler zu berichtigen und die Liebe zu wahren"[6], und vielleicht birgt dieser Rat den Wegweiser zu einer Disziplin ohne Abrutschen ins Extrem.[7] Es ist ja Liebe, die Gott durch eine Beziehung zu uns ersehnt, doch wir Menschen neigen dazu, die Liebe wie jedes andere Gefühl zu erleben: sprunghaft, zunehmend und abnehmend. Durch Disziplin ziehen wir in uns eine dauerhafte geistliche Kraft heran – die Art von Liebe, die ein Ehepaar erst bei der goldenen Hochzeit füreinander hat, nicht schon bei der Eheschließung. Jonathan Edwards zählt 70 „Entschlüsse" als Teil seiner geistlichen Übung auf, die regelmäßig überprüft werden sollen. Der 25. lautet: „Ich untersuche sorgsam und beständig, was dazu führt, dass ich auch nur im Mindesten die Liebe Gottes anzweifle; dagegen richte ich alle meine Kräfte."[8]

Autoren, die sich in ihren Werken mit der christlichen Lebensführung beschäftigen, berichten oft davon, dass diese ihnen mit den Jahren schwerer, nicht etwa leichter fällt. In solchen Situationen schafft die geistliche Disziplin die einzig wirksame Abhilfe. Wer den Mount Everest besteigen will, muss sich auf jahrelange Praxis verlassen können; ein Schnellkurs vor dem Aufstieg wird dazu nicht reichen.

Ich jogge nun schon 20 Jahre, fahre Rad oder übe mich mindestens drei Mal pro Woche in irgendeiner anderen sportlichen Disziplin. Das mache ich nicht, weil mich jemand dazu zwingt, und ganz bestimmt nicht, weil es so viel Spaß macht – leider zu selten –, sondern wegen der Aktivitäten, zu denen mich dieses Training befähigt. Ich kann Berge besteigen und in den Rocky Mountains Ski fahren, ohne um Luft zu ringen oder Muskelkater zu bekommen. Das ist der Lohn für meine körperliche Disziplin. (Der Apostel Paulus weist auf die offensichtliche Parallele hin: „Sich in körperlichen Entbehrungen zu üben, bringt nur wenig Nutzen. Aber sich im Gehorsam gegen Gott zu üben, ist für alles gut; denn es bringt Gottes Segen für dieses und für das zukünftige Leben" [1 Tim 4,8].)

Ich bin manches Mittelstreckenrennen gelaufen, aber nur einen Marathon. Zumindest für mich als Amateur war der Marathon eine ganz andere Art von Sportereignis. Ich brauchte so lange – dreieinhalb Stunden im Vergleich zu den 40 Minuten für zehn Kilometer –, dass ich mit mentalen Problemen zu kämpfen hatte. Bei den kürzeren Strecken habe ich es immer geschafft, meine Leistung und die Strecke vor mir einzuschätzen und zu beurteilen, ob ich es schaffte, in der gewünschten Zeit zu bleiben. Beim Marathon hatte ich den Eindruck, ich trüge Scheuklappen. Ich konnte mich nicht auf das Rennen als Ganzes konzentrieren. Ich war auf den Schmerz in meinem linken großen Zeh fixiert, auf meine volle Blase oder auf die zitternden Muskeln meiner rechten Wade. Das Rennen fand an einem kalten Regentag in Chicago statt und ich spürte die Reibung der nassen Socken an den wachsenden Blasen meiner Füße. Ich zog mir die Windjacke erst an, dann wieder aus. Meine Stimmung schwankte grundlos von Jubel zu Verzweiflung. *Mach weiter*, sagte ich mir. *Irgendwann ist Schluss. Du schaffst es nur dann bis ins Ziel, wenn du weitermachst.*

Ein Freund von mir wollte mich an der Stelle treffen, an der die Läufer 15 Kilometer hinter sich hatten, und als er nicht dort war, war ich die nächsten knapp 10 Kilometer deprimiert. Ich zwang mich, die anderen Läufer und die Szenerie von Chicago zu beobachten und den Bands zuzuhören, die an der Strecke postiert waren. Dabei verlor ich wieder das Gefühl für das Rennen und meine Position. Als ich fast 30 Kilometer geschafft hatte, ging ein Aufschrei durch die Menge. Gerade hatte man im Radio bekannt gegeben, dass der erste Läufer das Ziel erreicht hatte. Ich musste noch 12 Kilometer laufen.

Nach 32 Kilometern war ich am berüchtigten Nullpunkt angekommen und wollte schon ins Schritt-Tempo fallen. Dann erschien endlich mein Freund und zum ersten Mal hatte ich jemanden, mit dem ich reden konnte. In Chicago waren so viele Straßen gesperrt worden, dass er es nicht bis an die verabredete Stelle geschafft hatte. Das erzählte er, während er neben mir joggte. Mit einer unvergesslichen Geste der Freundschaft lief Dave, der spürte, dass ich mich in einem Tief befand, in Straßenkleidung die letzten 10 Kilometer neben mir her und machte mir damit neuen Mut.

An fünf Stellen im Neuen Testament wird das christliche Leben mit einem Lauf verglichen und ich habe kaum Zweifel, dass Paulus in der heutigen Zeit präziser vom *Marathonlauf* reden würde. Während der 42 Kilometer durchlebte ich das ganze Spektrum der menschlichen Gefühle. Manche, wie extreme Begeisterung oder Verzweiflung, hielten nur vorübergehend an und verschwanden schnell wieder. Was mich antrieb und durchhalten ließ, waren Geduld, Ausdauer und letzten Endes die Ermutigung durch meinen Freund. Als ich später rückblickend den Marathon noch einmal durchging, stellte ich fest, dass das Wechselbad meiner Stimmungen zu einem vorhersagbaren Muster passte, das in den Sportzeitschriften als normal beschrieben wird. Während des Rennens hatte ich keine Kenntnis dieser Abläufe gehabt und traf nur die Entscheidung, bis zum Schluss einfach einen Schritt nach dem anderen zu tun.

„Wenn du nicht fliegen kannst, laufe. Wenn du nicht laufen kannst, gehe. Wenn du nicht gehen kannst, krieche, aber strebe unter allen Umständen vorwärts", sagte Martin Luther King zu den Mitarbeitern der Bürgerrechtsbewegung. Sein Rat gilt gleichermaßen Marathonläufern wie Christen auf ihrem Weg. Das Leben mit

Gott entwickelt sich wie jede andere Beziehung: unstetig, geprägt von Missverständnissen und langen Phasen der Stille, von Siegen und Niederlagen, Prüfungen und Triumphen. Wenn wir zur angestrebten Vollkommenheit gelangen wollen, dann müssen wir durchhalten, bis das Rennen mit dem Tod zu Ende ist, und das Warten selbst ist bereits ein Akt von außerordentlichem Glauben und Mut.

> *„Die meisten Christen werden mir beipflichten,*
> *wenn ich sage: Obwohl sich das Christentum*
> *auf den ersten Blick nur mit der Sittenlehre,*
> *mit Pflichten und Regeln, Schuld und Tugend*
> *zu befassen scheint, führt es uns doch aus all dem*
> *hinaus, zu etwas Höherem.*
> *Man hat eine leise Ahnung von einem Land, in dem*
> *die Bewohner nicht mehr über die Fragen reden,*
> *es sei denn im Scherz. Jeder ist dort voll christlicher*
> *Güte, so wie ein Spiegel voller Licht ist.*
> *Aber sie nennen es dort nicht Güte.*
> *Sie haben überhaupt keinen Namen dafür,*
> *denn sie denken nicht darüber nach.*
> *Sie sind viel zu sehr damit beschäftigt,*
> *auf die Quelle zu sehen, von der diese Güte kommt."*
> C. S. LEWIS[9]

Kapitel 19

Die Eltern

*Liebe fließt meiner Meinung nach hinab.
Eltern lieben ihre Kinder mehr,
als Kinder ihre Eltern lieben können,
so dass Kinder nur in den Genuss der Fülle
der elterlichen Liebe kommen können,
wenn sie selbst Eltern werden.*
BISHOP KING[1]

Ich habe keine Kinder, empfinde aber dennoch Ehrfurcht vor Menschen, die beschließen, Eltern zu werden. Unsere Freunde sparen jahrelang, damit sie mit ihren Kindern nach Colorado reisen können, geben Tausende von Dollar für einen unvergesslichen Urlaub aus und bekommen für ihre Investition kaum sichtbare Gegenleistungen zurück. Der Zehnjährige will den ganzen Tag lang am Computer spielen. Der junge Mann schmollt auf der Rückbank des Wagens, hat Kopfhörer auf und hört CDs, blättert in einer Sportzeitschrift und weigert sich, auch nur einen Blick auf die majestätischen Berge zu werfen. Die jüngeren Kinder streiten um die Sitzplätze, tun bei jeder Kurve so, als würden sie reisekrank, und jammern, weil sie so lange im Auto sitzen müssen. Für ein Picknick ist es zu kalt – oder zu heiß. „Warum müssen wir diesen blöden Weg entlanggehen? Ich dachte, wir würden hier wilde Tiere sehen – wo sind sie denn? Können wir nicht zu Hause bleiben und uns einen Film angucken?"

Ist es nicht seltsam, dass Eltern sich von diesem Verhalten gar nicht beirren lassen? Sie sind hervorragend darauf eingestellt, Geld auszuspucken, ihre Kinder zum Anziehen zu drängen, Essensreste vom Teller zu kratzen, hinter den Kindern herzuräumen und mit lustlosen bis mürrischen Reaktionen belohnt zu werden. Als Eltern erwarten sie nichts anderes.

Wie wir als Menschen die Lebensphasen des Kindes, des Erwachsenen und der Eltern durchschreiten, so bewegen wir uns auch entsprechend durch Phasen des geistlichen Lebens, wenn auch nicht in so ordentlicher Reihenfolge.

Jeder Mensch kennt drei große „Herzensschreie", behauptet Jean Vanier[2], der Heime für geistig Behinderte gegründet hat. Erstens der Schrei nach der Liebe von Vater und Mutter, die uns in unserer Schwäche umarmen können. Jeder fängt sein Leben als hilfloses Kind an und selbst als Erwachsene verlieren wir nie das Bedürfnis nach elterlicher Liebe und Trost. Diese Sehnsucht kann uns letzten Endes zu Gott bringen, denn wir sind Kinder, die den himmlischen Vater dringend benötigen.

Als Nächstes, sagt Vanier, empfinden wir als Erwachsene den Schrei nach Freundschaft, nach jemandem, mit dem wir unsere tiefsten Geheimnisse teilen können, dem wir ohne Furcht vertrauen, den wir lieben können. Auch dieser Schrei kann bewirken, dass wir uns an Gott wenden, der die Hürde der Unsichtbarkeit überwunden hat, indem er erst uns Menschen gleich wurde und dann versprach, in uns zu wohnen. „Ich nenne euch nicht mehr Diener [...] Vielmehr nenne ich euch Freunde", sagte Jesus (Joh 15,15).

Drittens gibt es noch den Schrei danach, anderen zu dienen, die schwächer als wir sind. Bei vielen Menschen stillt die natürliche Elternschaft dieses Bedürfnis. Andere – wie der Priester Vanier oder Jesus selbst – trachten danach, den Armen, Einsamen, Vergessenen, Kranken oder Behinderten zu dienen, um auf diesen Herzensschrei einzugehen.

Wie die biologischen Eltern lebt auch der reife Christ nicht für sich selbst, sondern für andere Menschen. Johannes hat dieses Prinzip am deutlichsten dargelegt:

„Christus gab sein Leben für uns hin; daran haben wir erkannt, was Liebe ist. Auch wir müssen deshalb unser Leben für unsere Brüder und Schwestern einsetzen. Angenommen, jemand hat alles, was er in der Welt braucht. Nun sieht er seinen Bruder oder seine Schwester Not leiden, verschließt aber sein Herz vor ihnen. Wie kann da die Liebe Gottes in ihm bleiben und er in ihr? Meine Kinder, unsere Liebe darf nicht nur aus schönen Worten bestehen. Sie muss sich in Taten zeigen, die der Wahrheit entsprechen" (1 Joh 3,16–18).

Als ich das Neue Testament durchblätterte und am Rand neben jeden Appell die Anmerkungen „Kind", „Erwachsener" oder „Eltern" notierte, stieß ich auf zahlreiche Stellen, die sich an den „elterlichen" Instinkt richten. Nach und nach und mit sanftem Druck bringen die Autoren ihre Leser dazu, über die Selbstverwirklichung hinauszuwachsen. In einigen Stellen werden zum Beispiel die Christen aufgefordert, auf Rechtsstreit und damit auf gesetzliche Ansprüche zu verzichten, damit vielleicht durch ein so vorbildliches Handeln Außenstehende vom Glauben angezogen werden. Und obwohl der Apostel Paulus selbst keine Bedenken gegen gewisse kontroverse Praktiken hatte, unterließ er sie um der schwachen und unreifen Christen willen. „Obwohl ich also frei und von niemand abhängig bin, habe ich mich zum Sklaven aller gemacht, um möglichst viele für Christus zu gewinnen", schrieb er (1 Kor 9,19).

Im Neuen Testament werden wir ständig weitergeführt, hin zu höheren Motiven für unser Verhalten. Ein Kind will wissen, womit es gerade noch durchkommt; ein Erwachsener hat verstanden, dass die Grenzen zu seinem Besten dienen; Eltern opfern freiwillig ihre Freiheiten um des anderen willen. „Seit jeher war die Liebe so, im Erheben beugt sie sich nieder", schrieb Robert Browning.[3]

Seltsam, aber wahr: Wenn meine Freunde ihre Koffer packen und sich im Auto oder Flugzeug nach Hause begeben, bedauert keiner von ihnen, was er gerade durchgemacht hat. Das Staunen in den Kinderaugen, wenn sie zuschauen, wie die Fuchsjungen aus ihrem Bau in die Außenwelt lugen, der Augenblick, wenn der Teenager sich auf den Gipfel gekämpft hat und, gar nicht mehr verdrossen, die Hände wie ein Filmheld in die Höhe reißt, das Gefühl, wenn sich der Kleine am Ende eines anstrengenden Tages an die Eltern kuschelt – diese Erinnerungen verjagen die Enttäuschung. Die Eltern haben einen Reifeprozess erlebt, das Werden von Selbstvertrauen und Unabhängigkeit. Was sonst ist die Belohnung für Elternschaft?

Gott weiß, dass wir nichts als Kinder sind; aus diesem Grund findet sich dieser Vergleich so oft in der Bibel. Gleichzeitig sehnt Gott sich danach, dass wir in die Phase der Elternschaft, der aufopfernden Liebe hineinwachsen, die Gottes eigenes Wesen am besten widerspiegelt. Wir werden Gott ähnlicher, wenn wir unser Selbst aufgeben. Wie Jean Vanier behauptet, *müssen* wir dieses fortgeschrittene Stadium als notwendigen Teil unserer geistlichen Entwicklung erreichen, weil wir hier Erfahrungen machen, die anders nicht erlernt werden können.

Eltern erfahren zum Beispiel etwas über die bedingungslose Liebe, die Gottes Liebe am nächsten kommt. Ronald Rolheiser merkt dazu an:

> *„Vielleicht gibt es nichts auf dieser Welt, das den Egoismus so machtvoll zerbrechen kann wie der bloße Blick auf die eigenen Kinder. In unserer Liebe zu ihnen wird uns Zugang zu Gottes Gefühlen gewährt – ein wahrer Ausbruch an Selbstlosigkeit, Freude, Entzücken und der Sehnsucht, das Leben eines anderen möge wirklicher und wichtiger als das eigene Leben werden."*[4]

Von fast jeder anderen menschlichen Beziehung profitieren wir selbst. Der Chef beurteilt uns nach Fähigkeiten und Intelligenz; Banken und Einzelhandel behandeln uns entsprechend unserer Kreditwürdigkeit; sogar die Freunde haben uns wegen gemeinsamer Interessen ausgesucht. In einer Familie aber spielt nur eines eine Rolle: die Geburt. Stellen Sie sich einmal Eltern vor, die ihren Sohn eintauschen möchten, weil er nur einen IQ von 90 erreicht, oder ihre Tochter verstoßen, weil sie nicht in das Handballteam der Schule aufgenommen wird. Wenn auch die ganze übrige Welt so handelt, in der Familie läuft es anders. Ist die Familie gesund, das heißt, funktioniert sie so, wie sie es sollte, werden keinerlei Bedingungen an die Liebe geknüpft. Ein Sohn mit Geburtsschaden oder eine Tochter mit Down-Syndrom verdienen die gleiche Liebe und Zärtlichkeit wie der potenzielle Starathlet oder zukünftige Professor.

Auch ohne eigene Kinder können wir in einem gewissen Maße erfahren, wie diese bedingungslose, göttliche Liebe aussieht. Als meine Frau in Chicago ihre Arbeit mit Senioren aufnahm, gab ich auf die Frage, wie viele Kinder wir hätten, die folgende Antwort: „Dutzende, aber die meisten sind doppelt so alt wie wir." Für viele Senioren, die in Heimen und Notunterkünften lebten, übernahm Janet die Rolle einer Mutter. Sie focht für sie die Kämpfe mit dem Sozialamt, mit Krankenkassen, Krankenhausverwaltungen und Wohnungsämtern aus. Sie wurde für sie zur „Advokatin", ein lateinisches Wort mit der Bedeutung: denen eine Stimme verleihen, die keine haben.

Als Sarah auf Grund von Missverständnissen Strom, Gas und Telefon gesperrt wurden, wurde Janet ihre engagierte Anwältin. Sie streckte Zahlungen vor und sorgte dafür, dass die Verwaltung sich schämte, auf Kosten einer verwirrten alten Dame so rücksichtslos gehandelt zu haben. Als dem Diabetiker Hank das nicht mehr durchblutete Bein amputiert wurde, blieb Janet an seiner Seite, erklärte ihm, warum er „Phantomschmerzen" verspürte, und half ihm, an Krücken zu laufen. Als sich die Venen in Zeldas Fuß entzündeten, setzte Janet sich zu ihr ans Krankenbett, massierte ihr den Fuß und entwarf einen Plan, damit die nachlässigen Krankenschwestern sie oft genug im Bett drehten, um ein Wundliegen zu verhindern.

Janet hat den Senioren nicht deshalb geholfen, weil diese ihre Fürsorge irgendwie verdient hätten, sondern weil sie daran glaubte, dass jeder vernachlässigte alte Mensch in Chicago von Gott geliebt ist, diese Liebe aber vielleicht nur durch die Hand einer Dienerin Gottes empfinden kann. Eines Tages prägte Janet folgenden Ausspruch: „Die Armen zeigen ihre Dankbarkeit nicht durch ein ausdrückliches Danke, sondern dadurch, dass sie noch mehr wollen." Sie hatte gerade einen anstrengenden Tag hinter sich und fühlte sich vom ständigen Gejammer um mehr Hilfe bedrängt. Was sie gesagt hatte, gab ihr auf seltsame Art Trost.

Während meine Frau auf der Seniorenstation arbeitete, ging etwas Merkwürdiges mit ihr vor. Mir fiel auf, dass sie und die anderen bei der Arbeit für die Armen ein ganz persönliches Opfer brachten. Sozialarbeiter bekommen für die zahlreichen Arbeitsstunden wenig Geld und erfahren kaum Bestätigung von ihren Vorgesetzten. Es hat mich allerdings überrascht, dass Janet trotz der persönlichen Belastung genauso von der Arbeit profitierte wie die Senioren. Der Missionar und Märtyrer Jim Elliott machte einmal die Beobachtung, dass viele Christen so darauf brennen, irgendetwas für Gott zu tun, dass sie das Hauptanliegen Gottes vergessen: Er will etwas aus ihnen selbst machen. Diesen Vorgang konnte ich an meiner Frau erleben. Indem sie ihre eigenen Fähigkeiten und ihr Mitleid an Menschen verströmte, die nach dem mehrheitlichen Urteil der Gesellschaft so etwas nicht verdient haben, gewann sie neue Kräfte.

Im menschlichen Leben gilt das fundamentale Paradox, dass

man um so mehr Bereicherung und Erfüllung erfährt, je mehr man über die eigenen Belange hinauswächst. Zudem wird der Mensch dabei Gott ähnlicher. Andererseits verliert man an Menschlichkeit, je mehr man sich um sich selbst kümmert. Unser Bedürfnis zu geben ist ebenso groß wie das Bedürfnis der anderen, etwas zu empfangen.

Dr. Paul Brand hat mir von einem unvergesslichen Besuch in seiner Leprastation in Vellore in Indien erzählt. Eines Tages erschien ein französischer Bettelmönch namens Pierre, ein einfacher Mann mit großer Nase, der in einer einzigen Reisetasche seine gesamten Habseligkeiten bei sich trug. Die folgenden Wochen blieb er bei den Brands und erzählte ihnen seine Lebensgeschichte. Als Kind adliger Eltern war er später französischer Parlamentsabgeordneter gewesen, bis ihm der langsame Wandel der Politik alle Illusionen raubte. Nach dem Zweiten Weltkrieg erholte Paris sich gerade von der Besatzung durch die Nationalsozialisten, während Tausende von heimatlosen Bettlern auf der Straße lebten. Pierre konnte die endlosen Debatten von Adligen und Politikern nicht ertragen, während denen verhungerten viele Obdachlose.

Und dann erfroren in einem ungewöhnlich kalten Winter auch noch viele Bettler. Aus Verzweiflung gab Pierre sein Amt auf und wurde katholischer Mönch, um unter ihnen tätig zu werden. Da es unmöglich war, die Politiker oder die Stadtverwaltung für die Anliegen der Bettler zu interessieren, sah er nur noch eine einzige Möglichkeit: Er half den Obdachlosen, sich selbst zu helfen. Er zeigte ihnen, wie man mit den einfachsten Aufgaben besser zurechtkommt. Statt nur sporadisch Flaschen und Lumpen zu sammeln, teilte er Teams ein, die die Stadt durchkämmten. Als Nächstes leitete er sie an, aus herumliegenden Ziegelsteinen ein Lager zu erbauen und dann ein Geschäft aufzumachen, in dem riesige Mengen von Flaschen aus Hotels und anderen Unternehmen sortiert und gereinigt wurden. Schließlich inspirierte Pierre sie alle dadurch, dass er ihnen Verantwortung für noch ärmere Bettler übertrug. Das Unternehmen gedieh und in ein paar Jahren entstand so die Organisation „Emmaus" und Pierres Arbeit wurde auf weitere Länder ausgeweitet.

Jetzt aber sei er nach Vellore gekommen, sagte Pierre den Brands, weil die Organisation in einer Krise stecke. Nach jahrelanger Tätigkeit gebe es in Paris keine Bettler mehr. „Ich muss Menschen finden, denen meine Leute helfen können!", erklärte er. „Wenn es niemanden mehr gibt, der ärmer dran ist als meine Bettler, dann besteht die Gefahr, dass diese Bewegung sich nur noch um sich selbst dreht. Dann entsteht eine starke und reiche Organisation und der ganze geistliche Schwung geht verloren. Es wird sonst niemanden geben, dem sie dienen können."

Bei einer Leprakolonie in Indien, 8 000 Kilometer von Paris entfernt, fand Abbé Pierre schließlich die Lösung für die Krise. Er begegnete Hunderten von Leprapatienten, darunter vielen aus der Kaste der Unberührbaren, denen es in jeder Hinsicht schlechter ging als seinen ehemaligen Bettlern. Als er sie kennen lernte, verzog sein Gesicht sich zu einem breiten Lachen. Nach der Rückkehr machte er die französischen Bettler mobil, im Krankenhaus in Vellore eine neue Station aufzubauen. „Nein, nein, ihr seid es, die uns gerettet haben", sagte er zu den dankbaren Empfängern seiner Gabe in Indien. „Wir müssen dienen, wenn wir nicht sterben wollen."

Abbé Pierre war ein Meister der dienenden Leiterschaft geworden, die ganz wesentlich zur geistlichen Rolle der Elternschaft gehört. „Auch der Menschensohn ist nicht gekommen, um sich bedienen zu lassen, sondern um zu dienen und sein Leben als Lösegeld für alle Menschen hinzugeben", sagte Jesus über sich selbst (Mk 10,45). Ich kenne keine Botschaft, auf die die reichen westlichen Länder dringender angewiesen wären. Auf unserer Erde leben drei Milliarden Menschen, die weniger als fünf Mark am Tag verdienen. Auf dieser Erde sterben täglich 40 000 Kinder an Unterernährung und Krankheiten, die leicht zu verhindern wären. Wie Abbé Pierre selbst gesagt hat, liegt die Lösung solcher Probleme nicht in den massiven Programmen internationaler Hilfsorganisationen, so nützlich sie auch sein mögen. Entscheidend ist, dass viele Einzelne sich bereitwillig im Geist dienender Liebe engagieren.

Die Phase der Elternschaft ist ein Zustand fortgeschrittener Reife. Früher oder später sind die Eltern wieder allein und stehen vor einer ernsthaften Prüfung, in der ihnen kaum jemand raten kann, wie es weitergehen soll. Auch zu diesem „Lebensproblem" gibt es eine Parallele in der geistlichen Elternschaft. Ich habe Christen getroffen, die ihr Christsein an schwierigen Orten lebten (z. B. im Libanon, Russland und Somalia), aber auf diese Phase überhaupt nicht eingestellt waren. Sie hatten anderen freiwillig im Geist des Idealismus gedient. Angesichts wachsender Schwierigkeiten hatten sie erwartet, Gottes Gegenwart, seine Hilfe und Unterstützung noch deutlicher zu spüren. Das Gegenteil ist jedoch passiert.

Der Teufel Screwtape aus C. S. Lewis' Erzählung „Dienstanweisung für einen Unterteufel" hat diese Entwicklung im Glaubensleben hervorragend erfasst. Er vertraute seinem Unterteufel an, dass der Gläubige zu Beginn seines geistlichen Lebens Gottes Nähe und Gegenwart spüren könne, ein gefährlicher Zustand, dem die Dämonen kaum etwas entgegenzusetzen hätten. Später aber könne sich manche Chance ergeben, gegen den Feind (Gott) anzukommen:

> „Während solcher Perioden der Mühe, und nicht in der Begeisterung, wächst er zu einem Geschöpf heran, wie Er es haben will. Darum erfreuen Ihn die Gebete, die Ihm aus diesem Zustand geistlicher Dürre heraus dargebracht werden, am meisten. [...]
> Weil Er will, dass sie selbständig gehen lernen, muss Er Seine Hand von ihnen abziehen. Und wenn nur der Wille zum Gehen wirklich da ist, so freut Er sich auch über ihr Stolpern. Täusche dich nicht, Wormwood! Unsere Sache steht nie so sehr in Gefahr wie dann, wenn ein Mensch, der zwar nicht mehr das Verlangen, aber doch noch den Vorsatz hat, dem Feind zu dienen, hinausblickt auf ein Weltall, aus dem auch der letzte Schatten Seiner Gegenwart gewichen zu sein scheint, wenn er fragt, warum er verlassen sei, und . . . trotzdem gehorcht."[5]

Einer meiner Freunde hat sich mit den Schriften zahlreicher Heiliger beschäftigt, um 365 Textausschnitte für ein Andachtsbuch zusammenzustellen. Er sagte mir, dass sie fast alle auf ihrer geistlichen Reise irgendwann auf Schwierigkeiten gestoßen seien. Wenn Gott uns mehr Verantwortung anvertraut, kann sich auch das Ausmaß dieser Probleme steigern. Man verspürt Verlassenheit viel stärker, jedes Gefühl der Gegenwart Gottes schwindet und die Versuchungen und Zweifel vervielfachen sich.

Henri Nouwen hat den gewagten Ausdruck „Dienst der Abwesenheit" geprägt und dazu die Mahnung ausgesprochen, dass wir uns einen schlechten Dienst erweisen, wenn wir nur Gottes Gegenwart erwähnen, aber unsere Mitmenschen nicht auf Situationen vorbereiten, in denen Gott abwesend zu sein scheint. Der Gottesdienst selbst, sagt Nouwen, drückt schon die Tatsache aus, dass Gott abwesend ist:

> *„Wir essen Brot, aber nicht genug, um den Hunger zu stillen; wir trinken Wein, aber nicht genug, um den Durst zu stillen; wir lesen aus einem Buch, aber nicht genug, um unsere Unwissenheit zu wenden. Anhand dieser ‚armseligen Zeichen' kommen wir zusammen und feiern. Was feiern wir denn? Die einfachen Zeichen, die nicht alle unsere Bedürfnisse stillen können, erzählen vor allem von Gottes Abwesenheit. Er ist noch nicht zurückgekehrt; wir sind immer noch unterwegs, warten, hoffen, hegen immer noch Erwartung und Sehnsucht. [...] Der Pastor ist nicht dazu berufen, die Menschen aufzumuntern, sondern sie bescheiden daran zu erinnern, dass sich inmitten von Leid und Versuchung die ersten Anzeichen neuen Lebens finden und eine Freude erfahren werden kann, die inmitten der Traurigkeit verborgen ist."*[6]

Wir brauchen nur in die Bibel zu schauen, um Beispiele dafür zu finden, dass Menschen das Gefühl hatten, Gott sei abwesend. „Denn du selber hattest dich von uns abgewandt", sagte Jesaja (Jes 64,6). „Warum tust du, als sei dir unser Land gleichgültig – als wärst du ein Reisender, der nur für eine Nacht absteigt?", fragte Jeremia (Jer 14,8). Zu jeder Beziehung gehören Zeiten der Nähe *und* der Distanz, und auch in einer Beziehung zu Gott, wie intensiv sie auch sein mag, wird das Pendel von einer Seite zur anderen schwingen.

Ich habe dieses Gefühl der Verlassenheit gespürt, als ich gerade geistliche Fortschritte machte und im kindischen Glauben an einen Punkt gelangte, wo ich meinte, anderen helfen zu können. Plötzlich fiel ich in ein tiefes Loch. Ein ganzes Jahr lang stiegen meine Gebete ins Nichts auf; ich war mir nicht sicher, dass Gott mir zuhörte. Niemand hatte mich auf einen „Dienst der Abwesenheit" vorbereitet. Ich wandte mich in meiner Suche nach Trost an Dichter wie George Herbert, der sehr offen über seine geistliche Verzweiflung spricht, und auch an Gerard Manley Hopkins, der die folgenden Verse schrieb:

„Gott, auch wenn wir dir Psalmen singen,
kommt keine Antwort aus dem Himmel;
zitternd spricht der Sünder sein Gebet,
doch hört er keine Stimme der Vergebung:
Unser Gebet scheint sich in Wüsten zu verlieren,
unsere Hymne erstirbt in weitem Schweigen."[7]

Auch meine Gebete verloren sich im Nichts, meine Lieder erstarben in dem ungeheuren Schweigen. Als mir keine „Techniken" oder geistlichen Übungen helfen konnten, kaufte ich mir in meiner Verzweiflung ein Stundenbuch, das in der Liturgie der anglikanischen Kirche verwendet wird. Ein ganzes Jahr lang las ich nur diese Gebete und Bibeltexte und bot sie Gott als Gebet dar. „Ich weiß nicht mehr, was ich dir sagen soll", gestand ich Gott. „Vielleicht habe ich keinen Glauben. Bitte nimm diese Gebete von anderen als die einzigen an, die ich dir jetzt bringen kann. Nimm ihre Worte statt meiner eigenen an."

Heute schaue ich auf diese Phase der Abwesenheit als wichtige Zeit des Wachstums zurück, denn in gewisser Hinsicht suchte ich Gott in dieser Zeit ernsthafter als je zuvor. Ich ging mit einem erneuerten Glauben aus dieser Phase hervor und wusste Gottes Gegenwart als Geschenk zu schätzen, nicht als etwas, worauf ich Anspruch hätte.

Ich habe gelernt, die Zeiten der Abwesenheit Gottes als eine Art „abwesende Gegenwart" zu betrachten. Wenn ein Student sein Zuhause verlässt, um auf die Universität oder auch nur auf einen kurzfristigen Missionseinsatz zu gehen, spüren die Eltern seine Abwesenheit tagtäglich. Trotzdem ist es keine bloße Leere, denn sie hat eine Gestalt, die Gestalt seiner früheren Anwesenheit. Im ganzen Haus finden sich Erinnerungen an ihn. Sie stoßen dutzende Male am Tag auf irgendein Zeichen, das die Gedanken auf ihn lenkt. Außerdem hoffen sie, dass er zurückkommt. So empfinde ich auch die Art von Abwesenheit, die durch Gottes Rückzug entstanden ist.

Seit diesem Jahr habe ich einige Zeiten der Dürre erlebt, aber nichts, was der damaligen Unfruchtbarkeit, ja Verlassenheit gleichgekommen wäre. In der Bibel finde ich den Hinweis, dass Gottes Abwesenheit auch als Prüfung gemeint sein kann, von der selbst Jesus nicht ausgenommen war. („Mein Gott, mein Gott, warum hast du mich verlassen?" [Mt 27,46].) Andererseits kann sie lediglich eine

Phase in der Beziehung sein, ohne dass es dafür eine tiefer gehende Begründung gibt. Ich bin nicht der Erste, der diese Dunkelheit erlebt hat, und ich werde auch nicht der Letzte sein. Wenn ich jedoch auf eine solche Phase falsch reagiere und Gott aus meinem Leben ausgrenze und aufgebe, dann entgeht mir dadurch höchstwahrscheinlich eine notwendige Phase des Wachstums auf dem Weg zu einer reiferen Beziehung. Wenn Gott uns die Freiheit gewährt, dass wir uns verschließen und uns zurückziehen, warum sollte er dann nicht die gleiche Freiheit haben?

In einem Gedicht über seinen selbständig gewordenen Sohn schrieb C. Day Lewis:

„Es gab schlimmere Abschiede, aber keinen, der so
noch in mir nagt. Vielleicht ist es ungefähr das,
was Gott allein vollkommen zeigen konnte –
wie Selbständigkeit beginnt, wenn jemand fortgeht,
und Liebe sich im Loslassen beweist."[8]

Obwohl ich selbst kein Vater bin, habe ich mit vielen Eltern zusammengesessen und mir ihr Leid angehört. *Wir haben alles getan, was wir konnten. Wir haben ihr alles gegeben, was sie wollte, und sie auf jede Art geliebt, die wir kannten – und jetzt das. Sie wünscht sich, dass sie nie geboren worden wäre. Sie gibt uns die Schuld für alle ihre Probleme. Sie sagt, sie hofft, dass sie uns nie wieder zu sehen braucht.*

Eltern lernen, ihre Macht einzusetzen, machen aber auch Erfahrungen mit ihren Grenzen. Sie können auf bestimmten Verhaltensweisen bestehen, nicht aber die innere Haltung verändern. Sie können Gehorsam erzwingen, aber nicht Güte und ganz bestimmt keine Liebe. Wie soll man dann den Charakter eines Kindes formen? Wie soll man Eigenschaften wie Geduld, Freundlichkeit, Sanftmut und Mitleid hervorbringen? Wie soll man falsches Verhalten vergeben, ohne es zu bestrafen?

Es läuft darauf hinaus, dass die menschlichen Eltern mit den gleichen heiklen Themen zu tun haben, die auch Gottes Beziehung zu uns kennzeichnen: das Problem von Macht und Selbstbegrenzung. Durch die Elternschaft bekommen wir einen Eindruck von den „Problemen", die Gott in Kauf nahm, als er menschlichen

Wesen die Freiheit gab, sich gegen ihn aufzulehnen. Als ich vor kurzem das Buch Jeremia las, hörte ich in Gottes Worten das Echo des Leids, das auch menschliche Eltern empfinden. *Wie kannst du mich so behandeln, nach allem, was ich für dich getan habe, bei all der Liebe, die ich dir entgegengebracht habe? Warum kehrst du mir den Rücken zu? Ich habe dich zur Welt gebracht.*

Man muss keine Mutter sein, um solche Erfahrungen zu machen. Man braucht nur einen Pastor zu fragen, ob die Erfahrung mit der Gemeinde den Idealen entspricht, die ihn anfangs in den Dienst geführt haben. Wir brauchen nur Paulus' Briefe an die Korinther zu lesen und zu hören, wie enttäuscht er sich über seinen pubertären geistlichen Nachwuchs äußert. Liebe verzichtet auf die Herrschaft über andere, lässt los und trägt die Konsequenzen.

„Wer sein Leben festhalten will, wird es verlieren. Wer es aber um meinetwillen verliert, wird es gewinnen", sagte Jesus (Mt 10,39) mit Worten, die in den Evangelien noch sechs weitere Male vorkommen.[9] In seinem eigenen Leben hat Jesus diesen Grundsatz verwirklicht, und zwar gleich nach Antritt seines öffentlichen Dienstes. Die Mengen bedrängten ihn mit immer größeren Forderungen. Gegner traten auf. Letzten Endes verlor er sein Leben.

Bernhard von Clairvaux hat das geistliche Wachstum in vier Phasen gegliedert: 1. Eigenliebe um unserer selbst willen; 2. Gottesliebe um unserer selbst willen im Hinblick auf das, was Gott für uns tut; 3. selbstlose Gottesliebe um Gottes willen und 4. Eigenliebe um Gottes Willen im Hinblick auf Gottes große Liebe für uns. Ich würde eine weitere Phase hinzufügen, nämlich die Phase der elterlichen geistlichen Reife: Liebe zu anderen um Gottes willen.

Als Christ übt man vor allem durch hingebungsvolle Liebe Einfluss auf die Welt aus – als die wirksamste Methode überhaupt, um echte Veränderungen zu schaffen. Eltern beweisen ihre Liebe, wenn sie die ganze Nacht an der Seite ihrer kranken Kinder wachen, einen Nebenjob annehmen, um ihnen die Ausbildung zu bezahlen, und die eigenen Wünsche um der Kinder willen zurückstellen. Jeder, der Jesus nachfolgt, lernt nach dem gleichen Vorbild. Gottes Reich verschenkt sich aus Liebe, denn genau das hat Gott für uns getan.

Da heutzutage Selbsterfüllung und Selbstverwirklichung zu zentralen Werten geworden sind, wird nicht jeder dem Gebot Jesu zustimmen, wir müssten uns in der Nachfolge selbst verleugnen.

Gloria Steinem schreibt in *Revolution from Within*: „Im Ergebnis muss gesagt werden, dass die Selbstbestimmung als einzige radikale Idee bestehen bleibt." Da bin ich anderer Meinung. Sich einer höheren Autorität zu unterstellen und im Dienst dieser Autorität sich selbst zu verleugnen, ist viel radikaler.

Verstehen Sie mich nicht falsch: Jesus hat nicht gesagt, dass Eigenliebe grundsätzlich falsch ist: „Liebe deinen Nächsten *wie dich selbst*", hat er geboten. Vielmehr stellte er fest, dass nicht der Narzissmus die höchste Erfüllung bringt, sondern der Dienst am Nächsten. Wir entwickeln oder „verwirklichen" uns selbst, damit wir unsere Begabungen denen zukommen lassen, die damit weniger ausgestattet sind.

So mancher Student begibt sich auf einen „Selbsterfahrungstrip" in die Wildnis oder versenkt sich in die Meditation. Jesus behauptet jedoch, dass wir dieses Selbst nicht durch den Blick nach innen, sondern nach außen, nicht durch Nabelschau, sondern durch Handeln aus Liebe erfahren. Niemand kann das Wesen der Elternschaft erfassen, indem er Bücher darüber liest. Man lernt diese Rolle durch Tausende von profanen Handlungen: den Arzt anrufen, wenn das Kind krank ist, es auf den ersten Schultag vorbereiten, im Garten mit ihm Fangen spielen, bei Traurigkeiten trösten und bei Wutanfällen beruhigen. Geistliche Eltern machen den gleichen Prozess durch. Schließlich erweist sich als wahr, was Jesus voraussagt: „Wer [sein Leben] um meinetwillen verliert, wird es gewinnen" (Mt 10,39). Der Verzicht auf Egoismus führt auf den Weg nach oben.

„Früher stand auf dem Merkblatt zur Autoinspektion:
‚Fahren Sie vorsichtig – das Leben,
das Sie dadurch retten, könnte Ihr eigenes sein.'
So klingt menschliche Weisheit in Kurzform.
Gott hingegen sagt Folgendes:
‚Das Leben, das du dir bewahrst, geht dir verloren.'
Mit anderen Worten:
Wenn man sich an das Leben klammert, es hortet,

*beschützt und in Sicherheit bringt,
ist es am Ende niemandem etwas wert,
auch uns selbst nicht. Nur ein Leben,
das um der Liebe willen verschenkt wird,
hat sich gelohnt. Um das begreiflich zu machen,
weist Gott auf einen Mann hin, der sein Leben so sehr
hingab, dass er einen schändlichen Tod starb,
ohne einen Pfennig gespart oder Anhänger
gesammelt zu haben. Nach menschlicher Weisheit
war er ein vollkommener Narr, und jeder, der glaubt,
er könne ihm nachfolgen, ohne sich selbst
auf ähnliche Art zum Narren zu machen,
müht sich nicht für das Kreuz,
sondern für eine Illusion ab."*
FREDERICK BUECHNER[10]

Teil VI

Erneuerung

Das Ziel der Beziehung

Kapitel 20

Das verlorene Paradies

*Jedes menschliche Wesen hegt
von der frühesten Kindheit bis zum Grab
im tiefsten Grunde des Herzens die unwiderlegbare Erwartung,
trotz aller Erfahrungen mit begangenen,
selbst erlittenen und bezeugten Verbrechen
werde das Gute, nicht das Böse geschehen. [...]
Es ist vor allem anderen dies,
das jedem menschlichen Wesen heilig ist.*
SIMONE WEIL

Am gleichen Tag, als Bill Clinton zum ersten Mal zum Präsidenten der Vereinigten Staaten gewählt wurde, zog ich ins Paradies um. Meine Frau und ich hatten die Unterlagen zur Briefwahl gestanzt und dabei die Autositze mit Konfetti übersät. Nun kämpfte sich unser Toyota samt Anhänger durch Iowa und Nebraska bis zu unserem neuen Zuhause in Colorado. In der Abenddämmerung des zweiten Tages kamen wir an, schafften kaum die steile Zufahrt und luden Matratze, Computer, zwei Teller und Bestecke und ein paar andere Utensilien ab, mit denen wir bis zur Ankunft des Umzugswagens auskommen mussten. Am nächsten Morgen erblickten wir beim Aufwachen zehn Zentimeter frischen Schnee auf den Pinien. Das Gebirgspanorama glänzte in der Morgensonne in einem rosigen Licht. Ach, das musste das Paradies sein!

In den nächsten Wochen besorgte ich mir Bücher, richtete das Arbeitszimmer ein und nahm wieder die Arbeit an einem Buch auf, das ich in Chicago zu schreiben angefangen hatte. Wie sehr sich doch die Aussicht hier von der in Chicago unterschied! Dort hatte ich im Kellergeschoss gearbeitet. Eine schmale Fensteröffnung hatte mir den Blick auf die Knie der Passanten erlaubt. Es hatte dort auch Tiere in freier Wildbahn gegeben, aber nur Tauben, Eichhörnchen und den Nachbarshund mit Hinterlassenschaften, die wir wegwischen mussten. In Colorado gab es fast täglich Besuch von Hirschen und Füchsen, dazu eine exotische Vielfalt von Vögeln, die mich ganz schnell zum Vogelfreund bekehrten. Als ich eines Morgens ein seltsames Geräusch hörte, sprang ich auf und flitzte in der Unterwäsche nach draußen, wo ein herrlicher Elchbulle seinen Harem von 60 Elchkühen anröhrte. In manchen Nächten hörten wir das unheimliche Fauchen eines Pumas auf der Jagd.

Jede Jahreszeit brachte neue Freuden. Im Winter stapfte ich durch den Schnee hinter dem Haus, versuchte, die Tierfährten zu identifizieren und ihnen bis in ihre Zufluchtsorte zwischen Felsen und Bäumen nachzusteigen. Im Frühling und Sommer standen die Hügel in üppigem Schmuck von Wildblumen: Glockenblumen, Leinkraut, Akelei, rote Wucherblumen und die seltenen Calypsoorchideen. Im Herbst huschten die kleinen Tiere umher und legten sich für den Winter ein Vorratslager an. Die Zitterpappeln verfärbten sich leuchtend golden, wenn die letzten Sonnenstrahlen auf die Blätter schienen.

Es dauerte aber nicht lange, bis wir auch die Kehrseite des Paradieses entdeckten. Bei der Rückkehr von einer Fahrt nach Wyoming zur Hochzeit eines Freundes fanden wir 15 Löcher in der Seitenwand unseres Hauses vor. Manche waren groß genug, dass eine Faust hineinpasste. Die Löcher gingen durch Holzverkleidung, Isolierung und Innenwände hindurch. Als wir im Haus standen, konnten wir bis zum Himmel blicken. Auf Nachfrage sagten die Nachbarn, ihnen sei nichts Ungewöhnliches aufgefallen. Sie hätten aber hämmernde Geräusche gehört und sich gefragt, ob wir einen Anbau machten. Das Geheimnis löste sich am nächsten Morgen um fünf Uhr, als wir Spechte (genauer gesagt große Buntspechte) bei der Arbeit an unserem Haus erwischten.

Im ersten Frühling pflanzten wir einen kleinen Hain von Pappeln: Wir gruben den Boden um, düngten ihn und wässerten ihn fleißig. Sie gediehen, bis eine Elchherde in unsere Zufahrt einfiel und sich an den frischen jungen Pappelzweigen labte.

Die Eichhörnchen stiegen durch unsere Schornsteine und Abwasserrohre ins Haus ein, die Waschbären rissen unser Schindeldach auf, die Streifenhörnchen fraßen die Blumen, die wir gepflanzt hatten, Maulwürfe und Ziesel fraßen die unterirdischen Wurzeln und Triebe. Unsere paradiesische Gegend erwies sich als genauso verdorben wie die ganze übrige Welt. Ich stelle mir vor, dass die Tiere sich versammelt hatten, als die Bauarbeiter unser Haus im Wald errichteten. „He, da kommen Menschen! Eichhörnchen und

Waschbären, ihr kümmert euch um das Dach; Spechte, euch gehören die Seitenwände; und jetzt zu den Pflanzen ..."

In Colorado entdeckte ich die Geschichte des Universums. Die Welt ist gut. Die Welt ist in Sünde gefallen. Die Welt kann befreit werden. Das erste Lernziel wurde mir schon bei unserem Einzug vermittelt, als ich aus dem Fenster schaute. Das zweite bekam ich allmählich mit, als das Paradies sich gegen die menschlichen Bewohner verschwor. Seit damals habe ich daran gearbeitet, meine Umgebung zu erlösen: Ich habe Gummischlangen drapiert, Keramikeulen aufgestellt, mit Müllsäcken die Spechte erschreckt, Schornsteine und Abflüsse vergittert, um Eichhörnchen abzuhalten, für Maulwürfe und Ziesel Fallen aufgestellt und gegen das Wild zur Abschreckung Spray auf Blumen, Pflanzen und Bäume versprüht (was aber keine Wirkung zeigte).

Der gleiche Kreislauf von Güte, Sündenfall und Erlösung lässt sich auf alle Lebensverhältnisse dieses Planeten anwenden. Sex, Familie, Kirche, Wirtschaft, Regierung, Vereine – eigentlich alles, womit wir Menschen uns beschäftigen, verströmt gleichermaßen den ursprünglichen Duft des Guten und den Fäulnisgeruch des Sündenfalls und ist auf ein langwieriges Erlösungswirken angewiesen. Im Grunde geht es in der Bibel und überhaupt in Gottes Geschichte mit uns genau darum.

Die Welt ist gut. Für diese Behauptung können wir uns auf keine geringere Autorität als Gott selbst stützen. Nach jedem Schöpfungsakt wird im 1. Kapitel des Buchs Genesis immer wieder der ermutigende Kommentar verzeichnet: „Und Gott sah, daß es gut war" (Gen 1,10; Luther). Als die Arbeit beendet war, sagte er: „Gott betrachtete alles, was er geschaffen hatte, und er hatte Freude daran: Alles war sehr gut" (Gen 1,30).

Von meinem derzeitigen Aussichtspunkt aus (ich sitze in einem Raum mit verglaster Fensterfront, hier im Vorgebirge der Rocky Mountains, dazu läuft leise Hintergrundmusik) habe ich kaum Schwierigkeiten, daran zu glauben, dass diese Welt gut ist. In der letzten Stunde hat ein roter Fuchs in prachtvollem Winterpelz einen halbherzigen Angriff auf ein schwarzes Eichhörnchen gewagt, das immer noch im Baum sitzt und indigniert keckert. Vögel flitzen von den Nadelbäumen zum Vogelhäuschen und kehren dann zu den Zweigen zurück, um die Samen zu knacken. Ich könnte das

Buch der Psalmen aufschlagen und Lobeshymnen aussuchen, die in ähnlicher Umgebung inmitten von Naturschönheiten geschrieben worden sind und einen Widerhall des Gotteslobes bringen.

Vergangenes Wochenende besuchte ich auf einer Reise nach Chicago ein Konzert, in dem das Orchester zwei Messen aufführte, die eine von Mozart und die andere von Anton Bruckner. Ein italienischer Sopran stand neben einem deutschen Mezzosopran, einem holländischen Tenor und einem Bariton aus Island. Daniel Barenboim, ein argentinischer Jude, dirigierte diese Solisten in einer inspirierten Aufführung, wobei sie vom *Chicago Symphony Orchestra* und einem Chor begleitet wurden. Der Chor sang in Latein das „Ehre sei Gott in der Höhe" und bot dem das Lob dar, der vom Himmel herabgestiegen war – dem Lamm Gottes, das die Sünden der Welt auf sich nahm. Als ich dem Gesang und der Musik zuhörte, hatte ich das Gefühl, als öffneten sich die Himmelspforten. In dieser eleganten Konzerthalle, beim Klang klassischer und romantischer Versionen der großen Themen, die über Jahrhunderte hinweg Komponisten und Interpreten inspiriert hatten, gab es für mich gar keinen Zweifel, dass diese Welt gut sei.

Kaum hatte ich die Symphoniehalle zehn Sekunden verlassen, waren meine latenten Zweifel wieder da. Am Straßenrand standen die Bettler und hofften, die gut situierten Konzertbesucher ausnehmen zu können. Der Schnee vom vergangenen Abend hatte sich in graubraunen Matsch verwandelt. Die Taxifahrer hupten und fuchtelten beim Kampf um die Kunden ärgerlich herum. Willkommen in der Realität! Wenn ich plötzlich angefangen hätte zu singen: „Heilig, heilig, heilig, allmächtig ist der Herr", dann wäre ich von einem Polizisten in Gewahrsam genommen worden.

Ich darf nicht vergessen, dass es die menschliche Bosheit ist, die das Gute in der Welt verdirbt. In Chicago wird man nicht aus Mangel an Ressourcen obdachlos, sondern aus Mangel an Mitleid. Die Welt produziert genügend Lebensmittel, um ihre Bewohner zu ernähren; wenn Menschen verhungern, dann hat das mit Gier und Ungerechtigkeit zu tun.

Seit den Zeiten des Augustinus hat die christliche Theologie dargelegt, dass das so genannte Böse eigentlich aus dem Guten entsteht, indem nämlich dieses pervertiert wird. Eine Lüge verfälscht die Wahrheit; sexuelle Unmoral trübt die Schönheit der körperlichen Liebe; Gier treibt Missbrauch mit Essen und Trinken. Als Parasit muss sich das Böse vom Guten nähren. Es ist nicht in der Lage, Neues zu schaffen. Screwtape, der Teufel aus dem Buch von C. S. Lewis, drückt es folgendermaßen aus: „Trotzdem, die Freude ist Seine Erfindung, und nicht die unsrige. Er hat sie geschaffen; trotz unserer ganzen so weit entwickelten Forschung ist es uns bisher nicht gelungen, eine einzige wahre Freude hervorzubringen."[1]

Vieles in dieser Welt hat natürlich den *Anschein*, als sei es nicht gut. Ich habe es trotzdem geschafft, hinter das scheinbar Negative zu schauen, um das eigentlich Gute zu erkennen, angefangen beim menschlichen Körper. Von Dr. Paul Brand, meinem Mitautor bei drei Büchern, habe ich gelernt, mich mit vielen körperlichen Vorgängen „anzufreunden", die normalerweise als feindlich betrachtet werden. Fast jede Aktivität unseres Körpers, die uns stört oder abstößt – Blasen, Schwielen, Schwellungen, Fieber, Niesen, Husten, Übergeben und vor allem Schmerzen –, lässt sich als Abwehrreaktion darstellen. Ohne diese Warnsignale und maßgeblichen Stufen beim Heilungsprozess würden wir in großer Gefahr schweben.

Auch meine emotionalen Leiden verweisen auf das Gute, das dahinter steht. Was ist denn an der Angst gut? Ich versuche mir vorzustellen, wie ich ohne den Leibwächter Angst Berge besteige oder Ski fahre. Angst bewahrt mich vor zu waghalsigen Manövern. Oder ich denke an eine Welt ohne Einsamkeit, eine Form von Schmerz, den Adam sogar vor dem Sündenfall verspürt hatte. Würde es ohne dieses innewohnende Bedürfnis überhaupt Freundschaft oder Liebe geben? Ist die Einsamkeit nicht der Anstoß, der uns davor bewahrt, als Einsiedler zu leben? Wir müssen ihren Druck verspüren, um auf andere Menschen zuzugehen.

Negative Gefühle können sich als positiv und wertvoll erweisen, wenn man richtig darauf reagiert. Der Psychiater Gerald May bemerkt dazu: „In Wirklichkeit ist unser Mangel an Erfüllung die wertvollste Begabung, die wir haben. Hier liegt die Quelle unserer Leidenschaft, unserer Kreativität, unserer Suche nach Gott. Das Beste in unserem Leben entsteht aus *unserer menschlichen Sehnsucht, unserer Unzufriedenheit*."[2] Wir leiden am meisten, wenn wir am stärksten lieben. Wir schrecken vor dem Tod zurück, weil wir weiterleben wollen.

Ich habe das Gute in der Welt nachhaltig schätzen gelernt und erkannt, dass es sich sogar da erblicken lässt, wo sich das Schlechte breit macht. Wenn etwas Schlechtes geschieht – ein Streit mit meiner Frau, ein böses Missverständnis unter Freunden, das schlechte Gewissen, wenn ich eine Pflicht vernachlässigt habe –, dann versuche ich es so einzustufen wie einen körperlichen Schmerz, als Signal, das mich auf eine notwendige Veränderung aufmerksam macht. Ich gebe mir Mühe, nicht für den Schmerz selbst dankbar zu sein, sondern für die Chance, darauf zu reagieren. Dem scheinbar Schlechten kann ich das Gute abgewinnen.

Die Welt ist in Sünde gefallen. Der Film *„Grand Canyon"* bringt den gefallenen Zustand der Welt mit Worten zum Ausdruck, die von Augustinus entlehnt sein könnten. Ein Sattelschlepperfahrer (gespielt von Danny Glover) wird von fünf Schlägertypen bedroht, als er versucht, einen eingeschüchterten Autofahrer zu retten. Er sagt: „Mann, so sollte es in der Welt nicht laufen. Vielleicht wisst ihr das nicht, aber so geht es auf keinen Fall. Ich müsste meinen Job machen können, ohne euch zu fragen, ob ich es darf. Und dieser Typ müsste bei seinem Auto warten können, ohne dass ihr ihn gleich ausnehmt. Einfach alles sollte anders laufen als das, was hier abgeht."

Was wir Menschen auch anfangen, alles geht schief. In optimistischeren Zeiten mussten die Christen mühselig darlegen, dass die Welt verdorben ist. Das ist nicht mehr nötig. Wer sich ein besonders optimistisches Bild vom menschlichen Wesen gemacht hatte, wer den stetigen Fortschritt hin zum „neuen sozialistischen Menschen" im Blick hatte, tat den tiefsten Fall. Vielleicht hundert Millionen Leichen in der sibirischen Tundra und den chinesischen Ebenen zeugen davon. Und heute sind die Vereinigten Staaten, einst die strahlende Hoffnung eines verblassten Europa, führend in der Welt, wenn es um Gewalt und soziales Chaos geht.

Was dem Lastwagenfahrer auffiel, ist das Grundprinzip der christlichen Lehre vom Sündenfall: „Mann, so sollte es in der Welt nicht laufen . . ." Wenn tatsächlich ein guter Gott eine gute Welt geschaffen hat, dann ist hier etwas aus dem Ruder gelaufen. Der Begriff *Sündenfall* kommt in der Bibel als Beschreibung für das, was mit Adam und Eva geschehen ist, eigentlich nicht vor. Aber er hat seine zentrale Stellung in der Theologie erlangt, weil er sich so gut auf das anwenden lässt, was geschah: Das erste Menschenpaar der Welt wollte zu hoch hinaus, verlor das Gleichgewicht und stürzte mit lautem Aufprall zu Boden.

In der griechischen Mythologie gibt es ähnliche Geschichten. Eine berichtet von einem Mann namens Prometheus, der den Göttern das Feuer stahl; die andere vom Jungen Ikarus, der auf seinen Federschwingen der Sonne zu nah kam und auf die Erde stürzte; schließlich gibt es die Geschichte von Pandora, die ein geheimnisvoll verpacktes Geschenk der Götter öffnete. In allen diesen Geschichten kamen die Beteiligten in gewisser Hinsicht voran, fielen aber umso tiefer. Adam und Eva taten den tiefsten Sturz. Indem sie das Böse in die Welt ließen, lernten sie den Unterschied zwischen Gut und Böse kennen und verloren die Chance auf ein Leben, wie Gott es ihnen zugedacht hatte.

In unserer Epoche wiederholt sich der Zyklus von Adam und Eva, Prometheus, Ikarus und Pandora durch die Technologie. Wir beherrschen das Atom und löschen uns doch fast selbst aus. Wir lernen die Geheimnisse des Lebens kennen und entwickeln damit Techniken, um das Ungeborene und die Alten zu beseitigen. Wir entschlüsseln den genetischen Code und öffnen wiederum Pandoras Büchse mit ethischen Problemen. Wir verwandeln die weiten Ebenen in Äcker und bekommen Sandstürme, schlagen die Bäume des Regenwalds und schaffen Überschwemmungen, machen uns die fossilen Brennstoffe nutzbar und schmelzen die Eiskappen an den Polen. Wir schaffen durch das Internet weltweite Verbindungen und müssen feststellen, dass die am meisten frequentierten Seiten pornographischer Natur sind. Jeder Fortschritt zieht einen neuen Sündenfall nach sich.

„Es ist dem Menschen nicht gegeben, ungetrübte Freude zu erleben", schrieb Primo Levi, ein Überlebender der Konzentrationslager.[3] Das trifft zu. Außerdem erleben wir weder ungetrübte Liebe noch Güte. Nichts ist ungetrübt. Wegen des Sündenfalls ist die gesamte Erde in Mitleidenschaft geraten. Alle Entscheidungen bergen etwas Verkehrtes, und bestenfalls entscheiden wir uns für das geringere Übel.

„Und dennoch . . ." – diese Worte treffen nach Elie Wiesel immer zu –, selbst in einer zutiefst gefallenen Welt leuchtet das ursprünglich Gute auf. Der Künstler Vincent van Gogh schrieb in einem Brief an seinen Bruder Theo: „Ich habe mehr und mehr das Gefühl, dass wir Gott nicht auf Grund dieser Welt beurteilen dürfen; sie ist nur eine Studie, die nicht aufgegangen ist. Was soll man mit einer misslungenen Studie machen? Wenn man den Künstler gern hat, findet man nicht viel zu kritisieren. Man zähmt die Zunge. Man hat aber das Recht, sich etwas Besseres zu wünschen."[4]

Später fuhr van Gogh fort: „Die Studie ist nach Strich und Faden verdorben. Nur ein Meister kann solchen Pfusch machen, und das ist vielleicht der beste Trost, den wir darin finden können, denn in diesem Fall haben wir das Recht auf die Hoffnung, dieselbe kreative Hand mit sich ins Reine kommen zu sehen." Die Fehler und Unvollkommenheiten in der Welt und in ihm selbst dienten van Gogh als Ansporn zur Hoffnung.

Die Welt kann erlöst werden. „Für Christenheit und Menschheit gleichermaßen trifft zu, dass der Sündenfall ihrer Erschaffung so bald auf dem Fuße folgte, dass die beiden Ereignisse uns wie ein einziges erscheinen", stellt die Romanautorin Marilynne Robinson fest. „‚Rettung' heißt das große, immer wiederkehrende Thema der biblischen Geschichte, ob sie von Noah und seiner Familie handelt, ob vom Volk Israel oder von der Erlösung durch Christus. Die Vorstellung, ein zu wertvolles Überbleibsel dürfe nicht verloren gehen, weil damit in gewisser Hinsicht die Menschlichkeit überleben werde, ist immer als edle und fromme Hoffnung hochgehalten worden."[5]

Ich habe das Wort *erlöst* mit Bedacht erwählt. Mir ist bewusst, dass es im Laufe der Zeit eine Abwertung erfahren hat. In einer Sklavenhaltergesellschaft bedienten sich die Bibelübersetzer ganz zu Recht des Wortes „Erlösung". Es war der aussagekräftigste Begriff dafür, was Gott mit Individuen und der gesamten Schöpfung im Sinn hat. Gibt es ein treffenderes sprachliches Bild für Gottes Gnade als das vom Sklaven, der gekauft wird, um freigelassen zu werden? Heutzutage lösen wir nur noch Gegenstände ein oder aus. Das Wort ist in seiner Bedeutung verarmt.

Trotzdem passt so recht kein anderer Begriff. Den Worten „wiederherstellen", „zurückgewinnen" oder „neu erschaffen", die auf das ursprünglich Gute verweisen, das nach Gottes Versprechen wieder erstehen soll, fehlen einige Bedeutungsebenen. Ein befreiter Sklave ist nicht gänzlich „wiederhergestellt": Er trägt immer noch die Narben der Peitsche und leidet unter dem Trauma, von Heim, Familie und Heimat fortgeschleppt und in Ketten an einen neuen Herrn verkauft worden zu sein. Genau wegen dieses Traumas bedeutet dem erlösten Sklaven die Freiheit mehr als je zuvor. Trotz allem, was er durchmachen musste, vielleicht sogar gerade deswegen, hat sich etwas bewegt, ist er weitergekommen. Die Einblicke in die Ewigkeit, die uns die Bibel gewährt, deuten insgesamt darauf hin, dass unser Dasein in der Ewigkeit mit dem zu tun haben wird, was wir jetzt auf der Erde erleiden und wie wir darauf reagieren. Alles das trägt zu unserer Ewigkeit bei und wird dort als Erinnerung aufbewahrt sein. Selbst der auferstandene Jesus behielt seine Narben.

Erlösung hat nichts mit Ersatz zu tun – es wird keine völlig neue Schöpfung an die Stelle der alten treten –, sondern mit einer Umwandlung, die das Vorherige irgendwie verwendet. Wir werden am wiedergewonnenen Original Gottes Handschrift erkennen, ähnlich, wie man ein unschätzbares Ölgemälde erkennt, das nach einem Brand restauriert, oder eine Kathedrale, die nach Bombenangriffen wieder aufgebaut wurde. Zur Erlösung gehört eine Art Alchemie, der Stein der Weisen, mit dem aus unedlen Metallen Gold werden kann. Letzten Endes wird das Böse selbst als Werkzeug des Guten dienen.

Juden und Christen teilen diese Sicht der Geschichte. Es gibt aber einen wichtigen Unterschied. Die Juden nehmen als gegeben an, dass eine gute Schöpfung in Sünde gefallen ist. Wie bei den Christen strebt die Geschichte für sie auf ein Ziel hin, das so ähnlich sein wird wie der Anfang. Wenn im Buch der Offenbarung ein Bild von jener befreiten Welt gemalt wird, dann sind die Szenen einfach von den israelitischen Propheten entlehnt. Am Ende erkennen wir die gleiche Landschaft wie in der Genesis: ein Garten, Bäume, ein Fluss, *Schalom*, die ungetrübte Gegenwart Gottes. Der Unterschied liegt natürlich darin, dass die Juden im Laufe der Jahrtausende angesichts unerträglicher Leiden, die ihre Geschichte verdunkelten, noch nach dem Erlösung bringenden Messias schreien. Die Christen glauben daran, dass der Messias bereits gekommen ist und die Erlösung Fakt ist, auch wenn wir sie in dieser Welt noch nicht sehen – das Paradies ist noch nicht angebrochen.

In seinem Buch *The Creators* stellt Daniel Boorstin, ein ehemaliger Kongressbibliothekar, diese jüdisch-christliche Sicht den Betrachtungsweisen anderer Religionen gegenüber. Die Buddhisten haben kein besonderes Interesse an Anfängen und Zielen und streben eher danach, den Problemen dieser Welt zu entkommen. Hindus und Moslems dagegen sind schicksalsergeben. Boorstin meint, dass Wissenschaft und Kunst deshalb auf jüdischem und christlichem Boden gediehen, weil wir instinktiv den Kampf mit dieser deformierten Welt aufnehmen und aus unserem Glauben ableiten, dass wir zu ihrer Erlösung beitragen müssen. Die Zeit, die Geschichte und jedes Individuum zählen. Alles bewegt sich in eine Richtung, hin zur Erlösung.

Selbst Bewegungen, die diese christliche Sicht ablehnen, haben Elemente daraus entlehnt. Die Aufklärung hat durch Überwindung der Unwissenheit eine erlösende Entwicklung zu einem neuen Bewusstsein versprochen; die Naturromantik wollte zurück zur ursprünglichen Unschuld; der Kommunismus stellte eine Methode in Aussicht, wie der Sündenfall ohne Notwendigkeit der Erlösung rückgängig gemacht werden könne. Frauen, Minderheiten, Behinderte, Umwelt- und Bürgerrechtsbewegte – sie alle beziehen ihre moralische Stärke aus der Dynamik der christlichen Lehre, in der den Unterdrückten und Versklavten Erlösung versprochen wird.

Die christliche Lehre aber bedarf zu ihrer Vollständigkeit aller Elemente. Wird eines entfernt, reißt die Kette. Heutzutage streiten viele ab, dass die Welt von einem guten Gott geschaffen wurde und die Menschen dabei eine zentrale Rolle spielen. Folglich haben sie große Schwierigkeiten, zwischen gut und böse, sinnvoll und sinnlos zu unterscheiden. (Die Aktivisten der Tierschutzbewegung behaupten, ein Mensch sei nicht mehr wert als ein Schwein; ein prominenter Ethik-Professor aus Princeton meint, ein gesunder Schimpanse habe mehr Rechte als ein Baby mit Down-Syndrom.) Ironischerweise tragen gerade die Optimisten, die den Sündenfall abstreiten und das menschliche Potenzial in den rosigsten Farben malen, zu den größten Tragödien der Menschheitsgeschichte bei. Wer aber keine Hoffnung auf Erlösung hat, dem bleibt kein anderes Geschichtsbild als das von Macbeth: „Ein Narr hat es erzählt, dies Stück aus Lärm und Wut. Es hat nichts zu bedeuten."

Die christliche Lehre besteht hingegen darauf, dass die Geschichte sich trotz aller Umwege auf eine Lösung hin bewegt. Jeder Funke von Schönheit, Wert und Sinn, den wir in dieser seltsamen Existenz wahrnehmen, schimmert als Rest einer guten Welt, die immer noch die Kennzeichen ihrer ursprünglichen Wesensart trägt. Jeder Schmerz, jede Angst, Grausamkeit und Ungerechtigkeit ist Merkmal des Verfalls der ursprünglichen Gestalt. Jedes Mal, wenn Liebe, Gerechtigkeit, Friede und Mitleid gezeigt werden, erkennen wir eine Bewegung zur endgültigen Erlösung hin. Es kommt der Tag, von dem Paulus sagt, „dass [seine Geschöpfe] eines Tages von der Versklavung an die Vergänglichkeit befreit werden und teilhaben an der unvergänglichen Herrlichkeit, die Gott seinen Kindern schenkt" (Röm 8,21).

> „Das Herz selbst ist nur ein kleines Gefäß, und doch birgt es Drachen und auch Löwen. Es gibt giftige Tiere darin und alle Schätze des Bösen. Doch auch Gott ist darin, die Engel, das Leben und das Königreich, das Licht und die Apostel, die himmlische Stadt und die Schätze der Gnade – alles ist darin."
> MACARIUS[6]

Kapitel 21

Göttliche Ironie

*Das Feld musste umgepflügt,
das Eisen geschmolzen, der Obstgarten beschnitten,
der Weizen gedroschen, der Fluss
oberhalb der Mühle begradigt werden.
Vielleicht gilt das Gleiche für den Menschen.
Aus der Niederlage muss neues Streben geboren werden,
aus Tränen ein neues Ziel, aus der Verzweiflung Hoffnung.
Warum sollte der Mensch zu Fall kommen, wenn nicht dazu,
dass er sich wieder erhebt, warum sterben,
wenn nicht zu neuem Leben?*
GEORGE DELL[1]

Beim Bergsteigen verschiebt sich ständig der Blickwinkel. Anfangs habe ich nur die Granitwand vor mir, mehr als tausend Meter hoch. *Das schaffe ich nie*, denke ich. Wenn ich aber näher komme, sehe ich einen schmalen Pfad, der den Fugen im Gestein folgt. Wenn ich diesen Pfad nehme, wandere ich bequem in Höhen, die zuvor wie unüberwindbare Klippen erschienen. Durch das Zickzack des Pfades ändert sich auch der Blick nach unten. Zuerst steige ich durch Pappelgestrüpp. Komme ich höher, stelle ich fest, dass die Pappeln eigentlich einen Bergsee umgeben, der vorher versteckt dalag, obwohl er gar nicht weit vom Ausgangspunkt entfernt war. Später merke ich, dass Wäldchen und See in ein grünes Tal eingebettet sind, in dem weitere Seen, Wiesen und andere Wäldchen verteilt sind. Noch später erkenne ich, dass dieses Tal sich in einen Einschnitt im Gebirge schmiegt und dass die Gewässer, die den Seen entströmen, viele hundert Meter nach unten fließen, wo sie in einen Fluss münden. Dieser wiederum fließt durch einen Canyon, gerade 30 Kilometer von meinem Wohnort entfernt. Erst wenn ich den Gipfel erreiche, passt alles in der Landschaft zusammen. Bis dahin erweisen sich alle meine Rückschlüsse zwangsläufig als Irrtum.

Die Welt ist gut. Die Welt ist in Sünde gefallen. Die Welt kann erlöst werden. Wenn diese Reihenfolge eine Beschreibung der Weltgeschichte ist, dann muss ich lernen, meine Welt und mich selbst durch diese Linse zu betrachten. Glauben heißt, dass ich die Fähigkeit entwickle, mich auf eine Sichtweise einzulassen, die erst vom Gipfel aus voll verstanden werden kann. Es spielt keine Rolle, welche Eindrücke ich vom Pfad aus sammle. Ich lerne, darauf zu vertrauen, dass Gottes geheimnisvolles Wirken an diesem Planeten und seine Beziehung zu uns, seinen Geschöpfen, sich eines Tages in ein sinnvolles Muster einfügen werden.

Der Philosoph Nikolaus Rescher vergleicht die Kommunikation mit Gott mit dem Gespräch über eine veraltete Telefonleitung. Andere Gespräche werden eingeblendet, statisches Knistern übertönt die Stimme, die Verbindung bricht abrupt ab – und trotzdem rufen wir andauernd: „Hallo! Hallo! Bist du noch da?" Nach Aussage des Apostels Paulus sind diese Schwierigkeiten in der Beziehung zu Gott allerdings nur vorübergehend: „Jetzt sehen wir nur ein unklares Bild wie in einem trüben Spiegel; dann aber schauen wir Gott von Angesicht. Jetzt kennen wir Gott nur unvollkommen; dann aber werden wir Gott völlig kennen, so wie *er* uns jetzt schon kennt" (1 Kor 13,12). Wenn Gott schließlich die Schöpfung so wieder herstellt, wie sie ursprünglich gedacht war, wird jede Trennung zwischen der sichtbaren und der unsichtbaren Welt verschwinden. Das Ziel der Geschichte, ein Ziel, für das Gott sein Dasein eingesetzt hat, ist die Wiedervereinigung der beiden Welten und ihre Versöhnung.

Vom Anfang der ersten Kapitel des Buchs Genesis bis zu den letzten Kapiteln der Offenbarung entdecke ich in der Geschichte dieses Planeten zwei bestimmende Kräfte. Als Erstes greift sich das Böse alles Gute und verdirbt es. Seit dem Sündenfall leben wir in einer Welt, die von moralisch keineswegs neutralen, sondern dem Bösen zugeneigten Kräften beherrscht wird. Jedes Geschichtsbuch, jede Tageszeitung bietet den Beweis dafür. Gewalt und Ungerechtigkeit sollten uns nicht überraschen, denn wir leben in einem Zeitalter, in dem das Böse regiert.

Im Gegensatz dazu entfesselt Gott einen Kraftstrom, der erlöst, was das Böse verdorben hat. Vorläufig hat Gott sich entschlossen, seine Macht durch höchst ungeeignete Fußsoldaten durchzusetzen: die fehlbaren menschlichen Wesen. Wegen dieser Taktik scheint es uns manchmal, als verliere Gott die Schlacht. Der endgültige Sieg wird erst dann gewonnen, wenn Gott in Macht und Herrlichkeit der Herrschaft des Bösen auf ewig ein Ende setzt.

Ich glaube, dass der Tag kommen wird, an dem die eine Macht die Oberhand über die andere gewinnt; wir haben die Auferstehung Jesu als strahlendes Versprechen auf diesen Tag. Bis dahin mache ich täglich und pausenlos meine Erfahrungen mit diesen widerstreitenden Mächten. Sie wirken unterschwellig und unsichtbar. Immer wieder gerate ich in diese beiden großen Ströme der Geschichte, von denen der eine das Gute verunstaltet und der andere danach trachtet, das Verdorbene wieder zu retten.

Ich empfinde Gottes Stil als „ironisch". Bei einer direkteren Methode würde auf jedes neue Problem sofort eine Lösung erfolgen. Eine Frau wird krank – Gott heilt sie. Ein Mann wird zu Unrecht inhaftiert – Gott befreit ihn. So handelt Gott jedoch selten. Als Autor von großer Raffinesse lässt er eine gefahrvolle Steigerung der Handlung zu und fügt dann offensichtliche Umwege in jene Route ein, die auf den Weg nach Hause führt. Daher ist Paulus dankbar für seinen „Stachel im Fleisch" (2 Kor 12,7), weil dieser das Werk Gottes durch ihn eher fördert als hindert. Josef kann auf sein dramatisches Leben zurückschauen und zu den grausamen Brüdern sagen: „Ihr hattet Böses mit mir vor, aber er hat es zum Guten gewendet" (Gen 50,20). Obwohl Josef die Schrecken seiner Vergangenheit nie verdrängte oder das Trauma verharmloste, sah er beides doch letzten Endes als Teil eines sinnvollen Ganzen, das höheren Zielen diente, als er sich anfangs vorstellen konnte. Erst auf dem Gipfel offenbarte ihm die Landschaft seines Lebens ihren Sinn.

Es dürfte uns nicht überraschen, dass ein souveräner Gott Böses als Rohmaterial zur Gestaltung des Guten nutzt. Immerhin ist das Symbol unseres Glaubens, das wir heute in Gold prägen und um den Hals tragen oder in Stein meißeln und auf den Kirchturm setzen, die Kopie eines römischen Hinrichtungsgerätes. Gott hat Jesus nicht vom Kreuz gerettet, „ironischerweise" aber erlöst er durch seinen Tod am Kreuz viele andere. In der Fleischwerdung war insgeheim der Kraftstrom Gottes, das erlösende Gute, wirksam. Gott überwindet das Böse mit dem Guten, den Hass mit der Liebe, den Tod durch die Auferstehung.

„Die Erzähler", sagte Flannery O'Connor, die selbst zu den besten Autoren gehörte, „reden immer davon, was eine Geschichte ‚wirken' lässt:

Nach eigenen Versuchen, meine Geschichten ‚wirken' zu lassen, habe ich entdeckt, dass dazu eine Handlung gehört, die völlig unerwartet kommt, dabei aber völlig glaubwürdig ist. Bei meinen Erzählungen ist das immer eine Handlung, in der Gnade gewährt wird. Häufig sind es Taten, mit denen der Teufel zum unfreiwilligen Werkzeug der Gnade wird. Damit setze ich in der Geschichte nicht etwa bewusst meine Kenntnisse ein; ich spreche von einer Entdeckung, die ich darin mache."[2]

Im gleichen Maße, wie mein Glaube wächst, vertraue ich auch stärker darauf, dass mein persönliches Leben in kleinem Maßstab zu einer größeren Geschichte beiträgt. Zu meiner eigenen Geschichte gehören Details, die ich bedauere, über die ich mich vielleicht sogar ärgere: schmerzhafte Erinnerungen an die Kindheit, Krankheiten, Verletzungen, Armut, falsche Entscheidungen, zerbrochene Beziehungen, verpasste Chancen, die Enttäuschung über meine eigenen Misserfolge. Darf ich voll und ganz darauf vertrauen, dass Gott dies alles mit erlösender Wirkung als „unfreiwillige Werkzeuge der Gnade" in meine Gesamtgeschichte hineinweben kann?

Teilhard de Chardin geht noch über O'Connors Idee – Gott als Künstler – hinaus:

„Wie ein Künstler einen Fehler oder eine Unreinheit im Stein, den er bearbeitet, oder in der Bronze, die er gießt, nutzen kann, um weitere feine Linien oder einen schöneren Ton herauszuarbeiten, so auch Gott, der uns den Tod in Teilen oder im Ganzen nicht erspart, der im Wesentlichen zu unserem Leben dazugehört, indem er diese Ereignisse in einen besseren Plan einfügt – unser liebevolles Vertrauen auf ihn vorausgesetzt. Nicht nur unsere unvermeidbaren Mängel, sondern auch unsere Fehler, selbst die bewusst begangenen, können in diese Umformung eingefügt werden, immer vorausgesetzt, dass wir sie bereuen. Nicht alles wirkt sofort zum Besten für die, die Gott suchen; doch aus allem kann etwas Gutes werden."[3]

In der Highschool war ich stolz auf meine Schachkünste. Ich trat in den Schachclub ein und war während der Mittagspause an einem Tisch zu finden, wo ich neben anderen Strebern über Büchern brütete, die Titel trugen wie „Klassische Eröffnungen mit Königsbauern". Ich studierte die Techniken, gewann die meisten Spiele und legte das Spiel dann 20 Jahre lang beiseite. In Chicago lernte ich dann einen Schachspieler kennen, der sich lange nach seiner Schulzeit zur Perfektion gesteigert hatte. Nach ein paar Spielen war mir klar, was es heißt, gegen einen Meister anzutreten. Auf jeden klassischen Angriffszug, den ich probierte, konterte er mit einer klassischen Verteidigung. Wenn ich auf riskantere, unorthodoxe Techniken zurückgriff, baute er meine wilden Angriffe in seine Strategie ein und gewann. Selbst aus offensichtlichen Fehlern zog er seinen Nutzen. Schlug ich einen ungeschützten Springer, merkte ich bald, dass er diesen dort als verführerisches Opfer platziert hatte, das zu einem ausgefeilten Plan gehörte. Obwohl ich die völlige Freiheit besaß, jeden möglichen Zug zu spielen, kam ich bald zu dem Schluss, dass meine Strategien mir wenig nützten. Seine Überlegenheit garantierte ihm, dass meine Ziele schließlich und unvermeidlich seinen eigenen dienen mussten.

Vielleicht bindet Gott unser Universum, seine eigene Schöpfung, in ganz ähnlicher Weise in seine Pläne ein. Er gewährt uns die Freiheit, gegen seine ursprüngliche Absicht zu rebellieren. Doch gerade mit dieser Auflehnung dienen wir zuletzt und auf „ironische" Weise seinem Ziel der Wiederherstellung. Wenn ich auf diese Vorstellung eingehe – ein ungeheurer Akt des Glaubens, wie ich zugebe –, dann verändert sich mein Urteil über alle guten und schlechten Ereignisse. Das Gute, z. B. Gesundheit, Begabung und Geld, kann ich Gott darbieten, damit er es nutzen kann. Das Schlechte aber – meine Unfähigkeit, Armut, Erbkrankheiten, Misserfolge – kann auch dazu „befreit" werden, ein Werkzeug zu sein, das mich Gott näher bringt.

„Ich habe gelernt, in jeder Lage zurechtzukommen", schrieb der Apostel Paulus aus dem Gefängnis (Phil 4,11). Von Natur aus war ihm der Trost lieber als das Leid, die Gesundheit lieber als die Schwachheit (sein Gebet um die Entfernung des „Stachels im Fleisch" belegt das), und doch vertraute er darauf, dass Gott sowohl gute als auch schlechte Umstände zur Durchsetzung seines Willens einsetzen kann.

Wieder einmal könnte mich ein Skeptiker der schamlosen Rationalisierung bezichtigen und behaupten, ich argumentiere vom Ergebnis aus, um die Tatsachen meiner vorgefassten Meinung anzupassen. Das sieht er richtig. Ein Christ setzt erst einmal voraus, dass ein guter Gott die Schöpfung entsprechend seiner ursprünglichen Absicht wieder herstellen wird. Also betrachtet er die ganze Geschichte als Weg zu diesem Ziel. Wenn ein Großmeister gegen einen Schach-Amateur spielt, steht der Sieg schon fest, egal, wonach es während des Spiels auf dem Schachbrett aussehen mag.

In der Bibel selbst wird Gottes ironische Verwendung von Katastrophen zum Nutzen eines gewünschten Ziels gepriesen. Drei Viertel der Bibel befassen sich zum Beispiel mit dem spektakulären Fehlschlag von Gottes Bund mit den Israeliten. Am Ende des Alten Testamentes verfliegt der Traum, den Heiden das Licht zu bringen, weil die heidnischen Armeen die auserwählten Gefäße dieses Lichts fast vernichten. Doch wenn der Apostel Paulus auf diese Geschichte, nämlich die seines eigenen Volkes zurückblickt, dann erkennt er einen gewaltigen Schritt nach vorn. Ohne das „Nein" Israels wäre die christliche Kirche eine kleinere jüdische messianische Sekte geblieben; die Ablehnung hat dem Evangelium die Freiheit verliehen, sich über die ganze bekannte Welt zu verbreiten.

Paulus hat alles genutzt, was ihm zur Verfügung stand – Gutes, Schlechtes oder neutrale Umstände –, um seine Mission zu fördern. Auf römischen Straßen, die von den Römern zur Festigung der Herrschaft über unterworfene Völker gebaut worden waren, trug er die Botschaft der Liebe Gottes durch das Imperium. Er berief sich in entscheidenden Situationen zu seinem Schutz auf das römische Rechtswesen. Gottes ironische Methode setzte sich selbst dann noch durch, als Paulus so wie Jesus und wie die meisten der zwölf Jünger durch die Hand dieses „Rechtswesens" starb. Die Hinrichtung Jesu bewirkte die Erlösung der Welt. „Eure Trauer wird sich in Freude verwandeln", hatte er versprochen (Joh 16,20). Der Tod der ersten Märtyrer konnte das Wachstum der Kirche nur beschleunigen. „Das Blut der Märtyrer ist die Saat der Christenheit", kommentierte Tertullian diese Tatsache.[4] Seit dieser Zeit haben die Versuche, den Glauben auszulöschen, auf ironische Weise zu seiner größeren Verbreitung beigetragen.

Gottes Ironie trägt zur Erklärung von so manchem Paradox im christlichen Glauben bei. Die Seligpreisungen stellen Leiden und Armut als etwas Gutes dar: Jesus sagt, dass sich die Armen, die Verfolgten und die Trauernden „freuen sollen". Gleichzeitig sind wir aufgefordert, der Armut abzuhelfen, uns gegen Ungerechtigkeit einzusetzen und das Leid zu lindern. Heben diese Forderungen sich nicht gegenseitig auf? Warum fördert die Kirche nicht Armut und Leid, wenn die Armen und Verfolgten Grund haben, sich zu freuen?

Das Paradox lässt sich nur mit der Abfolge des Zustands der Welt erklären: gut, gefallen, befreit. Weil Gott uns eine gute Welt gegeben hat, möchte er, dass wir ihre Früchte genießen. „Der Gott allen Trostes" wünscht sich, dass wir in jeder Hinsicht im Sinne dieses Wortes getröstet werden. Doch weil wir in einer Welt leben, die dem Bösen und der Ungerechtigkeit in die Hand gefallen ist, geraten viele Menschen in Armut und Leiden. Aber selbst diese unerwünschten Umstände kann Gott für seine eigenen Ziele nutzen und aus dem Schlechten etwas Gutes entstehen lassen. Mutter Teresa hat behauptet, dass die armen Länder oft geistlich gesehen reich sind, die reichen Länder aber geistig verarmt. Sie und die Missionarinnen der Nächstenliebe haben sich für einen Weg entschieden, auf dem sie freiwillig persönliche Härten hinnehmen, um anderen zu helfen.

Durch ein Wunder der Gnade können auch unsere persönlichen Niederlagen zu Werkzeugen für Gott werden. Viele Menschen haben festgestellt, dass andauernde Versuchungen bis hin zum Suchtverhalten genau die Wunde, der Anlass sein können, sich verzweifelt an Gott zu wenden. Die Wunde also bildet den Ausgangspunkt einer neuen Schöpfung. Paul Tournier hat diesem Zusammenhang meisterlich Ausdruck verliehen:

„Das Wunderbarste in dieser Welt ist nicht das Gute, das wir leisten, sondern die Tatsache, dass selbst aus unseren bösen Taten noch Gutes entstehen kann. Mir ist beispielsweise aufgefallen, wie viele Menschen sich unter dem Einfluss einer ungünstigen Beziehung wieder Gott zugewandt haben. [...] Ich glaube, es gehört zu unserer Berufung, aus dem Bösen etwas Gutes zu schaffen. Denn wenn wir versuchen, etwas Gutes aus dem Guten aufzubauen, besteht die Gefahr, dass das Rohmaterial knapp wird."[5]

Obwohl es Tournier wohl lieber wäre, dass der Mensch sich gar nicht erst mit dem Bösen befasst, ist dieser Zustand in unserer gefallenen Welt nicht denkbar. Hier wirkt die Methode der Ironie am besten, denn das nötige „Rohmaterial" wird niemals knapp.

Ich habe immer wieder die uralte Frage „Warum stößt auch guten Menschen Böses zu?" gestellt, weil dieses Thema mehr Verwirrung stiftet als jedes andere und in der Beziehung zu Gott sogar das Gefühl aufkommen lässt, betrogen worden zu sein. Wie können wir an einen liebevollen Gott glauben, wenn er Schreckliches zulässt? Sind die zahlreichen furchtbaren Ereignisse auf der Erde etwa der Wille Gottes? Warum muss Gott sich eines „ironischen" Stils bedienen – warum verhindert er nicht gleich das Unglück?

Der britische Bischof Leslie Weatherhead hat den Ausdruck „Gottes Willen" in hilfreicher Weise differenziert.[6] Ein souveräner Gott, der mit freien Geschöpfen umgeht, kenne, wie er sagt, zumindest drei Arten eines „Willens". Erstens gibt es *Gottes Willen als Absicht*. Wir kennen Gottes Absichten, denn in den beiden ersten Kapiteln des Buchs Genesis wird von einer Welt vollkommener Güte gesprochen und die Offenbarung hört mit einer ähnlichen Beschreibung auf. Gott möchte, dass die Menschen gesund sind und mit ihren Gefährten in angenehmen Umständen und im Überfluss leben. Alles andere – Armut, Einsamkeit, Hass, Leid, Krankheit, Gewalt und Hunger – richtet sich gegen Gottes Absichten mit seiner Schöpfung.

Der Sündenfall hat aber die Regeln verändert, die auf der Erde gelten. Im Zuge eines maßgeblichen Sieges der Mächte des Bösen machten sich auf der Erde viele schlimme Dinge breit. Gott muss also einen *„umstandsbedingten Willen"* haben, mit dem er sich auf die bösen Umstände auf der Erde einstellt. Da das ursprünglich Gute auf diesem Planeten verdorben wurde, muss Gott nunmehr das Gute aus dem Schlechten bergen. Viele Faktoren trotzen Gottes eigentlichen Plänen und machen ihm viel Kummer. „Wollte" Gott, dass Josef, Daniel, Jeremia, Paulus und andere im Gefängnis sitzen? Sicherlich nicht im Sinne seiner eigenen Absichten. Doch böse Umstände, zum Beispiel eifersüchtige Brüder, tyrannische Herrscher und religiöse Führer, die sich bedroht fühlten, ließen sie alle eine Zeit lang im Gefängnis darben.

Weil dennoch jeder dieser Männer Gott vertraute, konnte dieser seinen Plan trotz widriger Umstände ausführen, wenn auch in ganz anderer Weise. Josef triumphierte und gewann an Macht, Daniel wurde auf übernatürliche Weise befreit, Jeremia hinterließ ein bleibendes Zeugnis als der „weinende Prophet" und Paulus formulierte wichtige Teile seiner Theologie hinter Gittern. Letzteres Vorgehen nennt Weatherhead Gottes *„endgültigen Willen"*. Wenn ein Mensch Gott vertraut, verspricht Gott, dass er alle Umstände nutzt, damit sie seinem „endgültigen Willen" dienen.

Nicholas Wolterstorff, ein christlicher Philosoph, der bei einem Bergunfall seinen Sohn Eric verlor, unternahm den Versuch, die einzelnen Fäden von Gottes Willen in irgendeine Ordnung zu bringen. „Wie können wir sein Licht schätzen lernen, wenn wir gegen das ankämpfen, was es uns eingebracht hat?", fragte er in seinem Buch *Lament for a Son*[7]. „Wie kann ich mein Leiden als Segen empfangen, mich dennoch aber gegen den obszönen Gedanken verwahren, Gott habe am Berg gerüttelt, um *mich* besser zu machen?" Er wirft in seinem Buch mehr Fragen als Antworten auf, und auch unsere eingeschränkte Perspektive bietet die Gewähr, dass es immer unbeantwortete Fragen geben wird. Wolterstorff hat einen schmalen Grat des Vertrauens darin gefunden, dass er erkannte: „Um uns mit unserer Zerrissenheit und Lieblosigkeit zu erlösen, hat Gott, der mit uns leidet, nicht mit aller Macht zugeschlagen, sondern seinen Sohn gesandt, damit er *wie wir* leidet und uns durch sein Leiden von unserem Leiden und dem Bösen befreit. Gott erklärt das Leid nicht, er nimmt daran teil." Gott kann an seinem eigenen Sohn den endgültigen Triumph vorhersehen, den er durch die „ironische" Methode der Erlösung erringt.

Mit einem Bild, das an mein Anfangsbeispiel des Bergsteigens erinnert, schlägt Leslie Weatherhead vor, dass wir uns einen Gebirgsbach vorstellen sollen, der die Flanke des Berges hinabströmt. Wir können den Bach eindämmen und damit verhindern, dass er das Tal überflutet, aber nur vorübergehend. Nach dem Gesetz der Schwerkraft kommt das Wasser, das hoch oben auf dem Berg ist, eines Tages ganz sicher nach unten. Gleichermaßen kann Gottes endgültiger Wille nicht vereitelt werden. Zwar hat die Menschheit in ihrer vom Bösen geprägten Geschichte viele Hindernisse errichtet, doch letzten Endes werden diese überwunden. Gott wird seine Familie wiederbekommen. Die Erde wird wieder hergestellt und an den ursprünglichen Zustand erinnern.

Auf diesem Planeten und in unserer Zeit lässt Gott zu, dass wir Gefahren ausgesetzt sind. Häuser können einstürzen, tektonische Platten verschieben sich, Viren verbreiten sich, böse Menschen greifen zur Gewalt. Nach allem, was wir von Gottes Charakter wissen können, passt kein solches Ereignis zu seinem ursprünglichen

Plan. Wenn wir an seine Verheißungen glauben, passen solche Ereignisse auch nicht zu seinem endgültigen Willen. Vorläufig aber stößt uns im Laufe unseres Lebens hier auf der Erde unvermeidlich Böses zu.

In der Schöpfung wirkt Gott durch die Materie. In der Erlösung handelt er durch Personen – durch uns selbst. Angesichts meines Unglücks kann ich entweder Gott die Schuld geben und mich gegen ihn wenden oder ich wende mich ihm zu und vertraue ihm, dass er aus dem Unglück etwas Gutes schafft. Die eine Entscheidung ist in die Vergangenheit gerichtet und verschließt die Augen vor der Zukunft. Die andere eröffnet mir den Blick für die Zukunft und gesteht einem kunstfertigen Meister zu, dass er jedes Geschehen als Rohmaterial für eine neue Handlung verwendet. Die Geschichte nimmt dann einen anderen Verlauf als den, der ohne das Unglück oder die Niederlage eingetreten wäre, doch in gewisser Hinsicht macht sie mich sogar reicher und befreit mich.

„Unsere Lebenszeit ist eine kleine Weile in Erwartung, eine Zeit, in der stets Trauer und Freude ineinander verwoben sind. Ein Grundzug der Trauer durchzieht alle Augenblicke unseres Lebens. Allem Anschein nach gibt es keine völlig ungetrübte, völlig reine Freude, sondern selbst in den glücklichsten Stunden unseres Lebens weht uns leise ein Hauch von Traurigkeit an. In jeder Erfüllung steckt zugleich das Empfinden, wiederum an Grenzen zu stoßen. Jeder Erfolg fühlt sich von der Eifersucht bedroht. Hinter jedem Lachen ist eine Träne verborgen. Jede Umarmung verbirgt ein Stück Einsamkeit. In jeder Freundschaft lebt das Empfinden, dennoch getrennt zu sein. Und was immer wir an Licht erfahren: Wir wissen zugleich, dass dieser helle Kern von Dunkelheit umgeben ist. […] Aber diese innerste Erfahrung, dass an ein jedes Stück Leben ein Stück Sterben geknüpft ist, kann unsere Blicke auf

einen Punkt jenseits der Grenzen unseres Daseins lenken. Sie kann es, indem sie in uns die Erwartung an den Tag weckt, an dem unsere Herzen mit vollkommener Freude erfüllt werden, mit einer Freude, die uns niemand mehr nehmen wird."
HENRI NOUWEN[8]

Kapitel 22

Eine arrangierte Ehe

*In allem Erstrebenswerten, sogar in jeder Freude
liegt ein Schmerz, eine Spannung,
die überwunden werden muss, so dass die Freude neu
aufleben und von Dauer sein kann.
Die Freude am Kampf entsteht nach der ersten Todesfurcht;
die Freude an der Lektüre Virgils nach der Langeweile
des Lernens; das Vergnügen am Bad im Meer stellt sich nach
dem eisigen Schock des Meerwassers ein und das Gelingen
der Ehe ergibt sich aus den missglückten Flitterwochen.*
G. K. CHESTERTON[1]

Man schalte irgendeinen Radiosender mit Popmusik oder den Fernsehsender MTV ein und versuche, einen Song zu finden, in dem es *nicht* um Romantik und Liebe geht. Wie ist es mit Fernsehserien – gibt es überhaupt eine ohne eine schwülstige Liebesgeschichte? Wenn es heißt: „Sie angelt sich einen Mann" oder: „Er geht auf Frauenjagd", dann kommt darin ein Grundgesetz des Lebens und der Liebe zur Sprache – solange wir uns nicht in andere Teile der Welt begeben. Bemerkenswert, dass die meisten Männer und Frauen auf der Welt sich in einer Ehe binden, ohne auch nur das leiseste Verliebtsein verspürt zu haben und gar nicht wüssten, wie ihnen geschieht, wenn sie sich verlieben würden. Für die jungen Afrikaner und Asiaten ist es genauso selbstverständlich, dass ihre Ehen von den Eltern arrangiert werden, wie wir die romantische Liebe als notwendige Tatsache betrachten.

Ein modernes indisches Paar, Vijay und Martha, haben mir erzählt, wie ihre Ehe zu Stande gekommen ist. Vijays Eltern haben alle jungen Mädchen im Dorf begutachtet, bevor sie sich entschlossen, dass ihr Sohn Martha heiraten solle. Vijay war damals 15 und Martha erst 13 Jahre. Obwohl die beiden Teenager sich erst einmal gesehen hatten, wurden die Eltern sich einig und legten ein Hochzeitsdatum fest: in acht Jahren. Erst danach informierten die Eltern die jungen Leute, wen sie heiraten sollten und wann. In den folgenden acht Jahren durften Vijay und Martha sich einmal im Monat schreiben und trafen sich zweimal unter Aufsicht. Obwohl sie einander praktisch fremd waren, als sie zusammenzogen, kommt mir ihre Ehe heute genauso stabil und liebevoll vor wie jede andere, in die ich Einblick habe.

Tatsächlich gibt es in Gesellschaften mit arrangierten Ehen eine viel niedrigere Scheidungsrate als dort, wo Liebe die Grundlage einer Ehe ist. Ich bezweifle sehr, dass der Westen die Idee der romantischen Liebe demnächst abschaffen wird, auch wenn sie als Basis stabiler Familienverhältnisse nicht sehr viel taugt. Durch meine Gespräche mit Christen aus anderen Kulturen aber sehe ich allmählich ein, dass die arrangierte Ehe sich als Modell für unsere Beziehung zu Gott durchaus eignet.

In den USA und anderen westlichen Ländern heiratet man, weil man sich von den reizvollen Eigenschaften des anderen angezogen fühlt: ansteckendes Lächeln, Schlagfertigkeit, gutes Aussehen, Sportlichkeit, Charme. Im Laufe der Zeit verändern sich diese Eigenschaften, wobei besonders die körperlichen Reize mit dem Alter verfallen. In der Zwischenzeit stellen sich unangenehme Überraschungen ein – schlampige Haushaltsführung, depressive Phasen, unterschiedliche sexuelle Bedürfnisse –, die der Romantik Abbruch tun. Anders bei der arrangierten Ehe, wo die Partner die Beziehung nicht auf der gegenseitig empfundenen Attraktivität aufbauen. Nach der elterlichen Entscheidung nimmt man hin, dass man viele Jahre lang mit jemandem zusammenleben wird, den man kaum kennt. Die vordringliche Frage lautet hier nicht: „Wen soll ich heiraten?", sondern vielmehr: „Was für eine Ehe kann ich gemeinsam mit diesem Partner aufbauen?"

Ähnlich geht es uns in der Beziehung zu Gott. Ich habe keinen Einfluss auf die Eigenschaften Gottes, beispielsweise auf seine Unsichtbarkeit. Gott ist frei und hat eine „Persönlichkeit" und Merkmale, die unabhängig von meiner Zustimmung existieren. Ich muss mich auch mit vielen Merkmalen abfinden, die ich selbst mitbringe: mein Gesicht, die kaum zu bezwingenden Locken, meine Behinderungen, meine Beschränktheit, andere Persönlichkeitsmerkmale und meine familiäre Herkunft. Gehe ich von der romantischen westlichen Einstellung aus, kann ich mich über die Eigenschaften Gottes ärgern und mir wünschen, er solle die Welt doch anders regieren. Ich könnte von Gott verlangen, dass er meine Lebensumstände verändert, bevor ich ihm mein Leben anvertraue. Ich kann mich aber auch auf einen ganz anderen Standpunkt stellen und mich demütig auf Gott, wie er sich in Jesus offenbart hat, einstellen. Auch mich selbst mit allen meinen Mängeln kann ich annehmen, weil Gott mich samt dieser Persönlichkeit erwählt hat. Ich komme nicht mit allen möglichen Änderungswünschen auf ihn zu, die er erfüllen muss, bevor ich einen Bund mit ihm schließe. Wie der Ehepartner in einer arrangierten Ehe gebe ich mich Gott ohne Vorbehalt hin.

Glauben heißt, „in guten wie in schlechten Zeiten, in Reichtum und Armut, in Krankheit und Gesundheit" zu versprechen, dass ich Gott liebe und auf jeden Fall an ihm festhalte. Das ist natürlich ein Wagnis, denn es könnte sich herausstellen, dass Gottes Forderungen an mich in Konflikt geraten mit meinen selbstsüchtigen Wünschen. Zum Glück wirkt sich die Idee der arrangierten Ehe auch umgekehrt aus: Auch Gott lässt sich auf mich ein und verspricht mir eine Zukunft und ein ewiges Leben, das alle meine gegenwärtigen Lebensprobleme lösen wird. Gott nimmt mich nicht unter Vorbehalt an, macht sein Versprechen nicht von meiner Leistung abhängig, sondern beschenkt mich trotz meines unablässigen Scheiterns großzügig mit seiner Liebe und Vergebung.

Manche Menschen erwarten, dass ein Leben mit Gott die Lösung ihrer Probleme garantiert. Sie entscheiden sich für Gott ganz ähnlich, wie man sich in einer von Romantik geprägten Kultur für einen Partner entscheidet: Man hat gewisse Hintergedanken und unausgesprochene Erwartungen. Sie erwarten, dass Gott ihnen Gutes tut; sie geben ihren Zehnten, weil sie glauben, dass dieses Geld zehnfach zu ihnen zurückfließt. Sie versuchen, „anständig" zu leben, weil sie hoffen, dass Gott ihnen Wohlstand bringt. Egal, um welches Problem es geht – Arbeitslosigkeit, ein zurückgebliebenes Kind, eine zerbröckelnde Ehe, ein amputiertes Bein, ein hässliches Gesicht –, sie erwarten, dass Gott zu ihren Gunsten eingreift und ihnen einen Job beschafft, die Ehe flickt, das behinderte Kind heilt, das Bein nachwachsen lässt und sie schöner macht. Wie wir aber alle wissen, geht es im Leben nicht immer so glatt. Tatsächlich kann man sich in manchen Ländern darauf verlassen, dass man die Arbeit verliert, von der Familie verstoßen wird, sich gesellschaftlich unbeliebt macht und sogar ins Gefängnis kommt, wenn man Christ wird.

In jeder menschlichen Ehe gibt es kritische Phasen und Augenblicke der Wahrheit, in denen einer der Partner (oder beide) kurz davor steht aufzugeben. Ehepaare, die lange verheiratet sind, werden sicher zugeben, dass man in solchen Zeiten die ganze Beziehung in Frage gestellt hat. Später aber lässt sich die Begebenheit mit Humor, sogar mit nostalgischen Gefühlen erzählen, denn die Krisen fügen sich in den gesamten Rahmen von Liebe und Vertrauen ein, haben vielleicht sogar dazu beigetragen. Wenn die beiden vom heutigen Stand aus auf die letzten Jahrzehnte zurückschauen, wird deutlich, dass die gemeinsame Reaktion des Paares auf die stürmischen Zeiten genau das war, was der Ehe Dauerhaftigkeit und Stärke verliehen hat. In einer Beziehung zu Gott kann dies genauso sein.

Der Apostel Paulus hat (als Kind seiner Zeit dem Geist der arrangierten Ehe verpflichtet) eine so extreme Vorstellung von seiner Beziehung zu Gott, dass man sie bei moderner Denkweise schon als pathologisch empfindet. Paulus schrieb den Philippern, dass er sich tatsächlich über seine Gefangenschaft freue, denn die Ketten seien ein Beitrag zur Verbreitung des Evangeliums. In einem Brief an die Korinther rühmt er sich seiner Niederlagen und der Härten, die er erduldet habe. Er berichtet, dass er ausgepeitscht und gesteinigt worden sei, Schiffbruch und andere Naturkatastrophen erlitten, gehungert, gedurstet und körperliches Ungemach erfahren habe. Auch seien seine Gebete nicht erhört worden. „Wenn schon geprahlt werden muss, will ich mit meiner Schwäche prahlen", erklärt er. „Jetzt trage ich meine Schwäche gern, ja, ich bin stolz darauf, weil dann Christus seine Kraft an mir erweisen kann. Darum freue ich mich über meine Schwächen, über Misshandlungen, Notlagen, Verfolgungen und Schwierigkeiten. Denn gerade wenn ich schwach bin, dann bin ich stark" (2 Kor 11,30; 12,9–10).

Ich lese solche Worte und gehe dann in meine christliche Buchhandlung, wo ganze Regale voller Titel stehen, die Ratschläge versprechen, wie man seine Ehe rettet, die Kinder zum Glauben an Gott erzieht, wie man den Segen Gottes verspürt, der Versuchung widersteht und glücklich wird. Jahr für Jahr erscheinen mehr „Ratgeber" und Jahr für Jahr wird das Bedürfnis danach stärker. Wenn ein Buch wirklich dazu beitragen könnte, dass eine Ehe gerettet wird, sollte es bei Christen, die solche Bücher kaufen, weniger Scheidungen geben. Auf diesen Trend warte ich noch. Entsprechend geht es bei der Beziehung zu Gott auch um viel mehr als eine bloße Methode zur Problemlösung.

Dorothy L. Sayers fiel noch ein weiterer Aspekt der Beziehung Gottes zu uns auf.[2] Sie bringt den Vergleich mit dem Künstler, der „im Leben kein Problem sieht, das gelöst werden müsse, sondern ein Mittel seines Schaffens". Vielleicht, sagt Sayers, hat Gott uns alle mit künstlerischer Freiheit ausgestattet, was uns die Arbeit mit verschiedenen Materialien ermöglicht. Ein Bildhauer kann mit Ton oder Metall, aber nicht sehr gut mit Farbe umgehen; ein Maler arbeitet mit Farben, aber nur in zwei Dimensionen. Obwohl die Rohmaterialien Begrenzungen bergen, kann der erfahrene Künstler aus allem ein großartiges Kunstwerk schaffen.

Als Individuen bringen wir alle einen unterschiedlichen Werkstoff mit. Manche von uns sind hässlich, manche schön, manche sind klug, manche weniger intelligent, manche haben viel Charme, andere sind schüchtern. Wir können diesem Ausgangspunkt, dem „Stoff" des Lebens, verhaftet bleiben. Wir können es Gott zum Beispiel ein Leben lang übel nehmen, dass er uns einen körperlichen Makel, ein unschönes Gesicht oder eben die Familie mitgab, in der wir erzogen wurden. Wir können fordern, dass Gott diese Probleme zu unseren Gunsten löst. (Wie eigentlich? Soll er den genetischen Code verändern oder eine neue Familie erfinden?) Dennoch könnte das gleiche Rohmaterial, das manche Menschen so sehr ärgert, genau der Werkstoff werden, der uns auf eine Weise formt, wie es Gott gefällt.

Merkwürdig, aber eigentlich sind wir Menschen eher darauf angewiesen, Probleme zu haben, als Lösungen zu bekommen. Die Probleme zerren und drängen uns in die Abhängigkeit von Gott. Wie in der Bibel immer wieder berichtet wird, stellt der Erfolg eine viel größere Gefahr dar. Simson, Saul, Salomo und viele andere bewiesen, dass Erfolg Stolz und Selbstzufriedenheit nach sich zieht, von der Abhängigkeit löst und oft das Vorspiel für den Sturz ist.

Gott verspricht nicht, dass er alle unsere Probleme löst, wenigstens nicht auf die Art, wie wir es gern hätten. (Ich finde in der ganzen Bibel keinen Menschen, der ein Leben frei von Schwierigkeiten führte.) Stattdessen fordert Gott uns auf, ihm zu vertrauen und zu gehorchen, ob wir in Überfluss und Erfolg schwelgen oder wie manche Christen im Gefängnis leiden. Was Gott am wichtigsten ist, ist das, was wir aus dem Rohmaterial erschaffen, das er uns mitgegeben hat.

Tatsächlich ist Dorothy L. Sayers mit ihrem Leben das beste Anschauungsmaterial für ihre Prinzipien. Sie war sehr intelligent, aber körperlich nicht besonders schön. Aus Enttäuschung wandte sie, die Oxford-Studentin, sich einem ungebildeten Mechaniker zu, der sie in ein Leben mit Rudern, Trinken, Rauchen, Tanzen und Sex einführte. Obwohl er sie eine Weile als Begleiterin für Partys akzeptierte, hatte er anders als Dorothy L. Sayers selbst nicht vor, sie zu heiraten. Er ließ sie sitzen, als sie einen Sohn zur Welt brachte, und nun bekam sie die Last der Verantwortung und das Stigma einer unverheirateten Mutter zu spüren. Später heiratete sie einen älteren, geschiedenen Mann, der sich als nicht besonders liebenswert erwies.

Rückblickend verdankte Dorothy L. Sayers es eben diesen Niederlagen und Demütigungen, sogar ihren Sünden und Fehlern, dass sie in Gottes Arme getrieben wurde. Wer heute ihre Bücher liest, seien es die Kriminalgeschichten über Lord Peter Wimsey oder die erfrischenden theologischen Werke, profitiert von dem Schaffensprozess, mit dem sie das Rohmaterial ihres schwierigen Lebens gestaltet hat. Ihre Probleme sind wohl nicht so gelöst worden, wie sie es gewollt hat, aber sie schuf daraus ein bleibendes Kunstwerk.

Bei dieser nicht leichten Aufgabe können wir uns Jesus selbst als Vorbild nehmen, der sich jedes mögliche „Rohmaterial" hätte aussuchen können, als er auf die Erde kam, sich aber freiwillig für Armut, familiäre Schande, Leiden und Ablehnung entschieden hat. Er hat sich von den Ärgernissen des Lebens auf diesem Planeten nicht fern gehalten, als habe er beweisen wollen, dass keiner dieser Umstände eine gesunde Beziehung zum Vater ausschließe. Vielleicht sollte man lieber sagen: „Jesus ist das Vorbild" statt: „Jesus ist die Antwort", denn mit seinem eigenen Leben hat Jesus nicht gerade die Antworten gegeben, nach denen sich die meisten Menschen sehnen. Nicht ein einziges Mal hat er übernatürliche Kräfte eingesetzt, um seine Familie zu Ansehen zu bringen, sich vor Gefahren zu schützen oder sich ein angenehmes Leben im Wohlstand zu verschaffen.

Die Eltern einer befreundeten Familie machten sich Sorgen über die schlechten Einflüsse, denen ihre Tochter in der Schule ausgesetzt war. Nachdem sie im Gebet über das Thema nachgedacht hatten und sich von anderen hatten beraten lassen, ließen sie die Tochter an die Highschool von Columbine wechseln. Dort wurde sie im Jahr darauf angeschossen und starb fast an der Verletzung. Ein anderer Bekannter, ein Mann in meinem Alter, war überzeugt, Gott habe ihm den Beruf seiner Träume verschafft; er war der Präsident eines theologischen Seminars. Er schmiedete große Pläne für die Zukunft dieser Einrichtung. Da bekam er einen Gehirntumor und starb noch im gleichen Jahr. Ich kenne eine Frau, die als Mutter am eigenen Leib das Drama des verlorenen Sohnes erlebte. Sie feierte die Rückkehr ihrer Tochter aus der Drogenabhängigkeit und der Prostitution, musste aber erleben, dass diese wieder von zu Hause fortging und in ihr altes Leben im „fernen Land" zurückkehrte.

Was ist der Sinn solcher Geschichten aus dem wirklichen Leben? Es gibt keine einfachen Rezepte zum Lösen von Problemen. Und auch das, was Paulus, Petrus oder Jesus selbst zugestoßen ist, lässt sich durch kein solches Rezept erklären. Das Leben ist kein Problem, das sich lösen ließe, eher ein Werk, das vollendet werden muss. Für dieses Werk muss manchmal durchaus Rohmaterial verwendet werden, auf das man lieber verzichtet hätte. Gott ist ein gütiger Gott, aber das bedeutet nicht, dass uns nichts zustößt, zumindest nicht in dieser fehlerhaften Welt. Seine Güte reicht tiefer als auf die Ebene von Freude und Leid und hebt beides in sich auf.

Als Paulus schrieb: „Wir wissen aber, daß denen, die Gott lieben, alle Dinge zum Besten dienen" (Röm 8,28; Luther), brachte er im gleichen Zusammenhang einige solcher „Dinge" zur Sprache, die Gott in seinem Leben nutzen konnte: Trübsal, Angst, Verfolgung, Hunger, Blöße, Gefahr und das Schwert. An allen drei Familien, von denen ich erzählt habe, kann ich erkennen, dass Gott sein Werk der Erlösung fortführt. Keiner der Beteiligten hätte sich ausgesucht, was geschehen ist, und doch geben sie nicht Gott die Schuld daran. Sie alle wären mit mir einer Meinung, dass Gott durch die traurigen Ereignisse etwas Gutes an ihrem Leben bewirkt hat.

Flannery O'Connor, die an einer entstellenden Hautkrankheit litt und schon mit 39 Jahren starb, schrieb an eine Freundin: „Ich kenne nichts anderes, als krank zu sein." Im gleichen Brief denkt sie über die beiden unwillkommenen Lehrer nach, die sich in ihrem Leben breit gemacht hatten: Krankheit und Erfolg. „In gewisser Hinsicht ist Krankheit ein Ort, viel lehrreicher als eine lange Reise nach Europa", schrieb sie. Dann macht sie eine Bemerkung, die jeden ehrfürchtig staunen lässt, der weiß, wie sehr sie litt: „Krankheit vor dem Tod ist ein sehr angemessener Zustand und ich glaube, wer sie nicht erlebt, dem entgeht eine der Gnaden Gottes." Erfolg hingegen betrachtete sie als fast absolut negativ: Er isoliert, macht eitel und lenkt von dem eigentlichen Werk ab, das ihn erst zu Wege gebracht hat.[3]

Im Vergleich zu Flannery O'Connor habe ich kaum gelitten. Was ich in der Kindheit an Leid erlebt habe, hat mich eher seelisch als körperlich verletzt: Mein Vater starb an Polio und wir gerieten in Armut; in der Kirche wurde mir mit einem zornigen Gott Angst gemacht – man hätte Gott besser kennen müssen, aber man wusste es wahrscheinlich nicht besser; meine Jugend war von Scham, Entfremdung und Minderwertigkeitsgefühlen geprägt. Heute lerne ich Teenager kennen, die mich mit ihrem schüchternen, unangepassten und unbeholfenen Verhalten an mein altes Ich erinnern und die ein so schwaches Selbstwertgefühl haben, dass es kaum existiert. Sie leben in einer Welt, in der nur Schönheit, sportliche Erfolge und Selbstvertrauen zählen. Wenn sie überhaupt beten, dann wahrscheinlich darum, dass Gott sie verändert und mehr wie das Model auf der Titelseite von *Glamour* oder wie die Sportler im Fernsehen aussehen lässt. Bei aller Ernsthaftigkeit werden solche Gebete wahrscheinlich nicht im erwünschten Sinne erhört.

Wenn sie doch nur erkennen könnten – wenn *ich* doch erkennen könnte –, dass Gott unsere Welt mit ganz anderen Augen betrachtet. Der Personenkreis, mit dem Jesus sich umgab, kann uns einen Hinweis darauf geben: Steuereintreiber, Frauen mit schlechtem Ruf, Leprakranke, Unreine, Halbjuden, Fischer. Auch Paulus musste zugeben: „Es gibt ja nicht viele unter euch, die nach menschlichen Maßstäben klug oder einflussreich sind oder aus einer angesehenen Familie stammen. Gott hat sich vielmehr in der Welt die Einfältigen und Machtlosen ausgesucht, um die Klugen und Mächtigen zu demütigen. Er hat sich die Geringen und Verachteten ausgesucht, die nichts gelten, denn er wollte die zunichte machen, die in der Welt etwas ‚sind'. Niemand soll sich vor Gott rühmen können" (1 Kor 1,26–29). Gott hat uns nie den Auftrag gegeben, die Welt vom Schlechten zu befreien und den Sündenfall rückgängig zu machen; Gott hat uns berufen, das Schlechte anzugehen und in etwas Gutes zu verwandeln.

Die Dichterin Kathleen Norris dachte über ihre schreckliche Kindheit nach, besonders über das religiös bedingte Leid: „Um die

Last des Leides in etwas Gutes zu verwandeln, müssen wir alles an Unterscheidungsvermögen aufbringen, das uns zur Verfügung steht, unser eigenes und das von Ratgebern. Was Menschen uns an schlimmsten Flüchen hinterlassen, dazu noch der ganze Missbrauch und Schrecken der Vergangenheit, kann weder vergessen noch ungeschehen gemacht werden. In einem neu begonnenen Leben aber lässt es sich im guten Sinne nutzen."[4] Vieles, das uns heute zu schaffen macht, wird uns auch morgen und übermorgen noch zu schaffen machen. Manches Leid, sei es der scharfe Schmerz eines Verlustes oder das weniger greifbare Leid unerfüllter Sehnsucht, lässt niemals nach. Die Wunde verheilt niemals ganz, das Problem lässt sich nie sauber lösen. Stattdessen wird uns die weniger erfüllende, aber realistischere Hoffnung geboten, dass Gott selbst für diese Wunde Heilung bringt.

Wer von uns versucht, Gott als Mittel zur Selbstverwirklichung zu gebrauchen, wird fast immer enttäuscht werden. Gott hat eher das Gegenteil im Sinn: Er gebraucht uns, die denkbar ungeeigneten Gefäße seiner Gnade, um sich selbst auf der Erde zu verwirklichen.

Der tschechische Autor Milan Kundera hat einmal geschrieben, dass ihm der Goethe'sche Gedanke, das Leben solle einem Kunstwerk gleichen, immer widerstrebt habe. Kundera fragte sich eher, ob der Gedanke an die Kunst deswegen aufgekommen sei, weil das Leben so formlos und unberechenbar sei und die Kunst daher dem Leben jene Struktur und Interpretation liefere, die ihm von Natur aus mangele. Er musste aber im Falle seines Freundes Václav Havel eine Ausnahme zugestehen. Dieser fing wie Kundera als Schriftsteller an und wurde später als eine der kraftvollen Stimmen unserer Zeit zum Staatspräsidenten der Tschechischen Republik. Für Kundera bewies Havel mit seinem Leben eine thematische Einheit, ein allmähliches, beständiges Fortschreiten auf ein Ziel hin.[5]

Da ich Bücher beider Autoren gelesen habe, frage ich mich, ob der Unterschied zwischen ihnen mit der Perspektive zu tun hat, die ihren Werken zu Grunde liegt. Für Kundera gibt es wie bei den meisten postmodernen Denkern keine „Meta-Erzählung", die hinter dem Leben steht, keine sinngebende Struktur, mit der das Woher und Wohin erklärt werden könne. Für Havel hingegen doch. Er klagt: „Ich komme zunehmend zur Überzeugung, dass die Krise der viel diskutierten globalen Verantwortung prinzipiell mit dem

Verlust der Gewissheit zu tun hat, dass das Universum, die Natur, unsere Existenz und unser Leben das Werk der Schöpfung ist und von einer klaren Absicht geleitet wird, dass es einen klaren Sinn und ein klares Ziel gibt."[6]

Als Christen – Havel hat sich übrigens nie deutlich als solcher bezeichnet – betrachten wir nicht nur das ganze Leben, sondern auch jedes Individuum als potenzielles Kunstwerk. Wir haben einen Anteil an Gottes Wirken, aus den Rohmaterialien dauerhafte Schönheit zu schaffen. Wir schreiben mit unserem Leben eine kurze Geschichte, die Teil einer größeren Geschichte ist, deren Handlung wir in knappster Zusammenfassung kennen. Sowohl die umfassende als auch die kurze Geschichte verlaufen nach bekanntem Muster: Sie haben Anfang und Ende, es gibt ein Ziel und Handlung, die dieser manchmal entgegenläuft. Es gibt unumgängliche Konsequenzen, Zufälle und unerwartete Unterbrechungen. Am Ende sind alle diese Details so in die Erzählung eingewebt, dass der Eindruck von Zufriedenheit und Fülle entsteht.

„Es hängt nicht von dir ab, ob das Werk vollendet wird, doch hast du auch nicht die Freiheit, es nicht zu beginnen", heißt es in einem alten Spruch aus dem Talmud. Das Werk ist Gottes Werk, der an einer Welt wirkt, die sehr zu Schaden gekommen ist, mit dem Ziel sie wieder herzustellen und zu erlösen. Für beide, Juden und Christen, bedeutet besagtes Werk, bei allem, was unsere Hände berühren, etwas mehr Frieden, Gerechtigkeit, Hoffnung und Heilung zu bewirken. Für den Christen bedeutet diese Tätigkeit, dadurch Jesus nachzufolgen, der die Erlösung ermöglicht hat, die wir auf eigene Faust nie hätten schaffen können.

Hoch oben in der englischen Kathedrale von Winchester gibt es ein buntes Glasfenster, das für seine Zeit einmalig ist. Es erzählt weder eine biblische Geschichte noch erinnert es an einen Heiligen. Seine farbige Vielfalt ist von seltsam moderner Prägung, als habe Marc Chagall eine Zeitreise in das 17. Jahrhundert unternommen. Das Fenster erinnert an eine gewalttätige Epoche, als Oliver Cromwells Armeen mit Eisenstangen die alten Fenster der Kathedralen samt der Statuen zerschmetterten. Die Truppen hinterließen einen von Glasscherben übersäten Boden, die die Bewohner der Stadt aufhoben und aufbewahrten, bis die Zeit des Aufruhrs vorüber war. Jahre danach machte sich ein Handwerker freiwillig an die schwierige Aufgabe, das Fenster neu zu verglasen. Hoch auf dem Gerüst über dem Kirchenschiff stellte der Handwerker die Scherben zu einem abstrakten farbigen Bild zusammen. Es gab damals in Europa nichts Ähnliches und selbst heute hat man den Eindruck, es sei fehl am Platz. Doch niemand kann leugnen, dass die rekonstruierten Glasscheiben ein Werk von großer Schönheit, ein wahres Kunstwerk, ergeben. Das Lichtspiel aus Sonne und Wolken schimmert durch das Fenster und erleuchtet die Kathedrale in ständig wechselnden Mosaiken.

Dieses Bild für die Erlösung und Wiederherstellung spricht mich als ganz persönliche Botschaft der Hoffnung an, weil viele meiner eigenen Wunden demselben religiösen Eifer zuzuschreiben sind wie dem der Cromwell'schen Soldaten. Oft zerstört die Kirche gerade dann am meisten, wenn sie erlösen will, und eine neue und bösartige Spielart des Sündenfalls muss neu erlöst werden. Dieser fortwährende Prozess wiederholt sich in der Welt, in der Kirche und in jedem Individuum, das sich der Geschichte Gottes auf Erden verpflichtet fühlt.

> „Und Gott, der einen Anfang gab,
> gibt auch das Ende. [...]
> *Die Ruhe für Zerbrochenes, zu sehr zerstört,*
> *um heil zu werden."*
> JOHN MASEFIELD[7]

Kapitel 23

Karfreitag und die Folgen

In allen Tragödien des Altertums,
ob im wahren Leben oder auf der Bühne,
erkennen wir das gleiche Schema:
Der Held, sei es Alexander oder Ödipus,
erreicht den Gipfel, aber nur, um dahingerafft zu werden.
Nur im Drama um Jesus geht es den umgekehrten Gang:
Der Held wird dahingerafft, um wieder aufzuerstehen.
THOMAS CAHILL[1]

Am Anfang dieses Buches habe ich einen Freund mit den Worten zitiert: „Es fällt mir nicht schwer zu glauben, dass Gott gut ist. Ich frage mich eher: Wozu ist er gut? Ich schreie zu Gott um Hilfe, aber es ist schwer zu erfahren, wie er antwortet. Womit können wir bei Gott tatsächlich rechnen?" Diese Frage lauerte im Hintergrund jedes Kapitels und war meine eigentliche Motivation, dieses Buch zu schreiben. In allen anderen persönlichen Beziehungen haben wir eine Vorstellung davon, was wir erwarten und womit wir rechnen können. Wie steht es mit Gott?

Ich finde in einem Satz von Dallas Willard wenigstens die Spur einer Antwort. In seinem Buch *The Divine Conspiracy*[2] stehen, gut versteckt in einer beiläufigen Aussage, die folgenden Worte: „Auf unserem Weg zum Ziel in Gottes vollkommener Welt ist uns oder kann uns nichts geschehen, das ‚unerlösbar' wäre." Die Welt ist gut, die Welt ist in Sünde gefallen, die Welt kann erlöst werden – tatsächlich bestätigt Willard, dass eben dieser Handlungsablauf sich nicht nur auf das Universum als Ganzes bezieht, sondern auch auf jeden einzelnen Nachfolger Christi. Nichts, was uns zustößt, liegt außerhalb der Reichweite von Gottes erlösender Macht.

Nach Gottes Methode der Ironie kann uns genau das zum Vorteil sein, was wir als Nachteil empfinden. Dies hat Jesus in fast allen seinen Gleichnissen und bei persönlichen Begegnungen betont. Er wählte als vorbildliches Beispiel für Barmherzigkeit den guten Samariter, nicht die privilegierten Geistlichen. Als seine erste Missionarin wählte er wiederum eine Samariterin, eine Frau, die auf fünf gescheiterte Ehen zurückblicken konnte. Er stellte einen heidnischen Soldaten als Vorbild des Glaubens dar und verwandelte den gierigen Steuereinnehmer Zachäus in ein Vorbild an Großzügigkeit. Als er die Erde verließ, übergab er seinen Auftrag an ein Häufchen zumeist ungebildeter Bauern weiter, deren Anführer der Verräter Petrus war. Jeder, der von ihm erwählt wurde, kann als Beweis für die Ironie der Erlösung dienen.

Nachdem Bill Wilson, der Begründer der Anonymen Alkoholiker, viele nutzlose Kuren ausprobiert hatte, begriff er endlich diese Ironie. Er kam zu der unerschütterlichen Überzeugung (heute der Kanon der Zwölf-Schritte-Gruppen), dass ein Alkoholiker bis auf den Grund absinken muss, um es wieder nach oben zu schaffen. Wilson schrieb an seine Mitstreiter: „Was für eine Ehre, das göttliche Paradox so gut begreifen zu dürfen, dass aus der Schwäche Kraft entsteht, dass erst nach der Demütigung die Auferstehung folgt, dass das Leiden nicht nur der Preis, sondern eben der Prüfstein für die geistliche Wiedergeburt ist."[3]

Diese Ironie zieht sich durch die gesamte Rehabilitation hindurch. Wohl betet mancher Alkoholiker verzweifelt um Abhilfe für seinen Zustand, doch nur wenige von ihnen oder von den anderen Suchtkranken können von plötzlichen Wunderheilungen berichten. Meist müssen sie jeden Tag ihres Lebens gegen die Versuchung ankämpfen. Sie erfahren die Gnade nicht als Zaubertrank, sondern als Balsam, dessen Wirksamkeit täglich neu durch die bewusste Abhängigkeit von Gott aktiviert wird.

Jeder Mensch auf dieser Welt erlebt seine ganz persönliche Geschichte der Not: trotz Ehewunsch ohne Partner zu bleiben, körperlich behindert zu sein, Opfer von Armut oder Kindesmissbrauch zu werden, an einer chronischen Krankheit zu leiden, aus einer gestörten Familie zu stammen, süchtig zu sein, geschieden zu werden. Wenn ich mir Gott als eine Art Zeus vorstelle, der Blitze nach den armseligen Menschenkindern schleudert, dann lasse ich meine ganze Wut und Frustration an Gott aus, der direkten Ursache meiner Not. Wenn ich aber feststelle, dass Gott von unten her und unterschwellig wirkt, dass er uns durch jede Schwäche und Begrenzung zu sich ruft, dann eröffnet sich mir die Möglichkeit einer Erlösung genau durch das, was mich an meinem Leben am meisten stört.

„Gutes und Böses im moralischen Sinne hat nichts mit äußeren Umständen, sondern immer mit Menschen zu tun", schrieb Paul Tournier. „Die Umstände und Ereignisse, ob glückbringend oder nicht, sind einfach gegeben und moralisch neutral. Es geht darum, wie wir darauf reagieren. Nur selten sind wir Herr der Lage, doch (gemeinsam mit anderen, die uns helfen) tragen wir Verantwortung für unsere Reaktionen. [...] Die Geschehnisse bringen uns Leid oder Freude, aber unser Wachstum hängt von unserem persönlichen Umgang mit beidem ab, von unserer inneren Einstellung."[4] Als Arzt kämpfte Tournier gegen Leiden und gab sein Bestes, um die Schmerzen seiner Patienten zu lindern. Als Seelsorger aber nutzte er das Leid gezielt und wies seine Patienten behutsam auf die Reaktion hin, durch die sie sich gerade durch ihre Bedrängnis weiterentwickeln konnten.

Tatsächlich hat Tournier das Buch „Vom Sinn unserer Krankheit" geschrieben, um ein Phänomen zu erkunden, das ihm immer wieder Rätsel aufgegeben hatte: Die erfolgreichsten Menschen sind oft ein Produkt von schwierigen und unglücklichen Familienverhältnissen. Ein Kollege hatte bei einer Untersuchung über führende Persönlichkeiten mit besonders großem Einfluss auf die Weltgeschichte entdeckt, dass fast alle – unter den 300 Personen finden sich Alexander der Große, Julius Cäsar, Ludwig XIV., George Washington, Napoleon und Königin Viktoria – eines gemeinsam hatten: Sie waren früh zu Waisen geworden. Tournier war verblüfft, dass bei all diesen Führungspersönlichkeiten der Ausgangspunkt ein emotionaler Verlust war, hatte er doch in seinen Vorlesungen betont, wie wichtig für die Schaffung einer funktionierenden Familie die gemeinsame Erziehung durch Vater und Mutter sei. Da Tournier selbst Waise war, bewertete er solche Notsituationen jetzt nicht mehr als etwas, das aus der Welt zu schaffen sei, sondern auch zur Erlösung genutzt werden könne.

In seinem Buch *Great Souls* durchforscht der Journalist David Aikman das 20. Jahrhundert auf der Suche nach Menschen mit hervorragenden geistlichen und moralischen Kräften. Zu den sechs Auserwählten gehören Mutter Teresa, die im Extrembereich menschlichen Leidens tätig war, Alexander Solschenizyn, der Chronist des „Archipel Gulag", Elie Wiesel, der Überlebende des Holocaust, Nelson Mandela, der 27 Jahre im Gefängnis saß, Papst Johannes Paul II., der während der Herrschaft der Nazis und der

Kommunisten aufwuchs, und der Evangelist Billy Graham. Von diesen sechs Genannten war nur Billy Graham unter den annähernd „normalen" Bedingungen einer Familie des Mittelstands aufgewachsen. Alle sechs aber entwickelten sich zu überragenden geistlichen Führern des Jahrhunderts.

Obwohl wir nicht das Recht haben, unsere Mitmenschen mit fröhlichen Phrasen über den Sinn des Leidens zu nerven, sollten wir berücksichtigen, dass es Menschen gibt, die erfahren, dass in dieser Aussage dennoch Wahrheit steckt. Als Journalist habe auch ich ganz aus der Nähe beobachtet, welches erlösende Potenzial die Not birgt. Ich erinnere mich, wie ich Joni Eareckson als Teenager, ein paar Monate nach ihrem Unfall, kennen gelernt habe, als sie immer noch wie in einer Wolke der Verzweiflung über ihre Zukunft nachdachte. Wie sollte sie Gott vom Rollstuhl aus nützen, wenn sie nicht einmal selbständig essen und sich anziehen konnte, ganz zu schweigen davon, einen einzigen Tag lang ohne Hilfe bei den intimsten Verrichtungen auszukommen? „Sie können sich nicht vorstellen, wie ich mich schäme und wie gedemütigt ich bin", sagte sie mir. Wie sollte aus einem solchen Unglück Gutes entstehen? Jetzt, 30 Jahre später, schaut Joni auf den Tag zurück, als sie sich beim Sprung in die Chesapeake Bay das Genick gebrochen hatte, und meint, es sei der beste Tag ihres Lebens gewesen. Sie hatte zugelassen, dass Gott gemeinsam mit ihr an der Erlösung der Tragödie wirkte, daran, dass aus dem Unglück etwas Gutes wurde.

Ich denke auch an den Besuch bei Sadan, einem von Dr. Paul Brands ehemaligen Leprapatienten in Indien. Er sah wie eine Miniaturausgabe von Gandhi aus: Mager und kahlköpfig hockte er mit verschränkten Beinen auf der Bettkante. Mit hoher singender Stimme erzählte er mir vom Schmerz, geächtet zu sein: Die Mitschüler hatten ihn gequält, ein Busfahrer hatte ihn buchstäblich mit Füßen aus dem Linienbus getreten, viele Unternehmen, bei denen er sich bewarb, lehnten ihn trotz seiner Ausbildung und Begabung ab, die Krankenhäuser nahmen ihn aus unbegründeten Ängsten nicht auf. Sadan berichtete dann in allen Einzelheiten von medizinischen Eingriffen – die Verpflanzung von Sehnen und Nervenfasern, die Amputationen seiner Zehen und eine Augenoperation wegen des grauen Stars –, allesamt durchgeführt von Dr. Brand und seiner Frau, einer Augenärztin. Er erzählte eine halbe Stunde lang von einem Leben voller Leiden. Doch als wir dort in seiner

Wohnung unsere letzte Tasse Tee tranken, kam eine verblüffende Bemerkung: „Trotzdem muss ich sagen, dass ich jetzt froh bin, dass ich diese Krankheit hatte."

„Froh?", fragte ich ungläubig.

„Ja", erwiderte Sadan. „Wäre die Lepra nicht gewesen, dann wäre ein normaler Mann mit normaler Familie aus mir geworden, dem es auf Wohlstand und mehr Anerkennung in der Gesellschaft angekommen wäre. Ich hätte nie so wunderbare Menschen wie Dr. Paul und Dr. Margaret und niemals den Gott kennen gelernt, der in ihnen lebt."

Ein letztes Beispiel. 1984 erkrankte Reynolds Price an Rückenmarkskrebs. Er war einer der führenden Autoren, Literaturkritiker und theologischen Denker der amerikanischen Südstaaten. Die Nachricht bestürzte mich und viele andere, die an seiner Laufbahn teilhatten. Zehn Jahre später las ich in seinen Memoiren den folgenden Absatz über Krankheit und Lähmung:

„Dann also das Verhängnis, ja, zeitweise sah ich das so – lange Phasen während der vier Jahre. Sicher, eine Katastrophe, ein buchstäblich umgeworfenes Leben, bei dem alles verstreut liegen blieb und Wichtiges für immer verloren ging, in mir und um mich herum. Doch wenn ich vor dem Hintergrund meiner Vergangenheit mein gegenwärtiges Leben ehrlich bewerten sollte – die Jahre von 1933 bis 1984 gegen die Jahre danach –, dann müsste ich sagen, dass diese letzten Jahre seit dem Einbruch der Katastrophe noch besser verlaufen sind, trotz eines angenehmen Vorlaufs von 50 Jahren. Sie haben mir mehr eingebracht und waren nach außen fruchtbarer – mehr Liebe und Fürsorge, mehr Wissen und Geduld, mehr Arbeit in weniger Zeit."[5]

Price verdankt das der „manchmal erschreckenden, manchmal erstaunlichen Gnade Gottes". Eine Beziehung zu Gott birgt nicht das Versprechen auf übernatürliche Befreiung von der Not, durchaus aber auf einen übernatürlichen Umgang mit der Not.

Bei den meisten Unternehmungen beurteilen wir Menschen den Wert unserer Mühen nach den Ergebnissen. Ein Wissenschaftler, der nach 30 Jahren Forschungstätigkeit das gesuchte Gen nicht gefunden hat, hat den Eindruck, er habe die Zeit verschwendet. Ein

Chemiker, der Medikamente entwickelt, hat kein echtes Erfolgserlebnis, bis jemand das Mittel erfolgreich anwenden kann. Ein Schriftsteller möchte vor allem, dass seine Bücher publiziert werden. Ein Goldsucher hat beim Graben nur eines im Sinn: Er will Gold finden.

Bei Beziehungen verfahren wir anders. Wenn ich an meine besten Freunde denke, habe ich in keinem einzigen Fall die Berechnung angestellt: „Ich glaube mit Tim, Scott und Reiner entwickelt sich eine Freundschaft. Mal sehen; ich brauche einen Plan, damit ich mein Ziel erreiche." Diese Freundschaften entwickelten sich fast unerwartet. Tim und Scott waren meine Kollegen und Reiner mein Zimmergenosse im College. In Beziehungen ist der Weg selbst das Ziel. Aus gemeinsamen Vorstellungen und Erlebnissen entwickelt sich Vertrautheit – und oft sind es gerade die schwierigen Zeiten, die einer Beziehung die größte Sicherheit verleihen.

„Ich bin der Weg, die Wahrheit und das Leben", hat Jesus gesagt (Joh 14,6). Wahrheit und Leben ergeben vielleicht die Motive für die Nachfolge, doch am Ende geht es in einer Beziehung zu Gott wie in jeder Beziehung um den „Weg", den Alltag, in dem Gott es mit den Details meiner Existenz zu tun bekommt. Sören Kierkegaard hat manche Christen mit Schuljungen verglichen, die auf den letzten Seiten des Buches nach der Lösung für ihre Mathematikaufgaben suchen. Nur durch Üben kann man in der Mathematik vorwärts kommen. Eine andere Metapher stammt von John Bunyan. Auch nach seiner Aussage kann der Pilger nur am Ziel ankommen, wenn er dem Weg folgt und seine Freuden, Nöte und scheinbaren Umwege abschreitet.

Ich habe einen unverheirateten Freund, der Gott ernsthaft bittet, seinen Sexualtrieb zu mildern oder ganz abzustellen, der ihn, wie er sagt, ständig in Versuchung bringt. Er lässt sich von Pornographie ablenken, in einen Kreislauf des Versagens drängen und muss dann feststellen, dass er nicht mehr ehrlich beten kann. In aller Freundlichkeit versuche ich ihm zu vermitteln, dass Gott sein Gebet wohl kaum in der gewünschten Weise, also durch eine Verminderung seines Testosteronspiegels, erhören wird. Wahrscheinlich wird er so wie jeder andere lernen müssen, was Treue heißt. Er muss Disziplin wahren, sich in die Gemeinschaft anderer Christen begeben und sich immer wieder von Gott abhängig machen.

Aus Gründen, die uns verschlossen sind, hat Gott diese gefallene

Welt schon sehr lange in ihrem Zustand ausharren lassen. An uns, die in dieser Zerstörung leben, schätzt Gott den Charakter. Ihm liegt nicht so sehr an unserer Bequemlichkeit. Oft nutzt er genau die Elemente als Werkzeug zu unserer Charakterbildung, die uns Unbehagen verursachen. Daraus entsteht eine Geschichte, deren Ende wir nur schwach erahnen können. Wir haben die Wahl, ob wir ihm als Autor unseren Lebensweg anvertrauen oder uns allein durchschlagen. Diese Entscheidung bleibt uns immer überlassen.

In meinem eigenen geistlichen Leben versuche ich, für neue Realitäten offen zu sein und nicht Gott die Schuld zu geben, wenn meine Erwartungen sich nicht erfüllen. Vielmehr will ich ihm vertrauen, dass er mich durch Niederlagen zu Erneuerung und Wachstum führt. Auch strebe ich das Vertrauen an, dass „der Vater am besten weiß", wie er diese Welt führt. Wenn ich über die Berichte des Alten Testaments nachdenke, erkenne ich, dass die offensichtlichere Methode des Handelns, die ich mir von Gott wünschen könnte, vielleicht nicht die erwarteten Ergebnisse bringt. Als Gott seinen eigenen Sohn gesandt hat, haben wir Menschen ihn getötet, ihn, der fehlerlos, voller Gnade und Heilung war. Gott selbst lässt zu, was er sich nicht gewünscht hätte, damit ein höheres Ziel erreicht werden kann.

In *Paradise Lost* schrieb John Milton[6], dass Adam die ganze zukünftige Geschichte voraussehen konnte. Am Schluss erhebt er das von Schuld und Verzweiflung gebeugte Haupt und stimmt die folgenden Verse an:

„O unendliche, ungeheuer große Güte,
die all dies Gute aus dem Bösen schaffen wird,
und Böses wendet sich zum Guten, wunderbarer noch
als was die erste Schöpfung hat hervorgebracht.
Licht aus der Dunkelheit! Unentschlossen steh ich hier,
ob jene Sünde ich bereuen soll,
die ich getan und zugelassen, oder mich doch freue,
umso mehr, da so viel Gutes daraus soll entspringen."

O felix culpa oder „glückselige Schuld" war ein Thema der mittelalterlichen Theologie, das in der Liturgie am Karsamstag immer noch gefeiert wird. Es besagt einfach, dass wir auf geheimnisvolle Weise einen besseren Stand haben als vor Adams „Glück verheißendem Sündenfall". Das letzte Kapitel der Geschichte, die Erlösung, nimmt einen höheren Rang ein als die Schöpfung, das erste Kapitel. Augustinus findet dafür die Worte: „Gott hat es für richtiger gehalten, Gutes aus dem Bösen entstehen zu lassen, als überhaupt kein Böses zu dulden."[7] Das Endergebnis wird zeigen, dass die Mühe sich gelohnt hat.

Auf jeden Fall geht es uns in einer Hinsicht besser: Wir haben Jesus, der mit seinem Leben und Sterben die Erlösung für den gesamten Kosmos erwirkt hat, ein geschichtliches Geschehen, das jedem Einzelnen von uns verheißen wird. Ich habe mich bei der Beziehung zu Gott auf die menschliche Perspektive beschränkt, die einzige, über die ich verfüge. Und doch ist mir bewusst, dass nicht nur wir uns ändern müssen, wenn wir Gott „persönlich kennen lernen" wollen – einen unsichtbaren Gott, der ganz anders ist als wir. Auch Gott muss sich eigens darauf einstellen, wenn er uns begegnen will. Und wirklich hat auch Gott sich in diese Handlung hineinbegeben. Die frühchristlichen Autoren sprachen von Jesus als einer „Rekapitulation" des Dramas der Menschheit.

Die Welt ist gut. Gott hat dies nach jedem kreativen Tagewerk gesagt. Selbst in ihrem gefallenen Zustand hat Gott die Welt für wertvoll genug erachtet – und damit auch uns –, um an ihrer Rettung zu wirken, sich den Begrenzungen von Zeit und Raum zu unterwerfen und für sie zu sterben.

Die Welt ist in Sünde gefallen. Gott hat versprochen, dem Leid, der Armut, dem Bösen und dem Tod ein Ende zu setzen. Dazu aber musste er eben diese Zustände in hohem Maße in sich aufnehmen. Gott kann zwar die Härten dieser freien und gefahrvollen Welt verhüten, bewahrt sich aber auch nicht durch einen Zustand der Immunität dagegen. Aus freien Stücken unterwarf sich Jesus, Gottes Sohn, den schlimmsten Auswüchsen dieser gefallenen Welt.

Schließlich *kann die Welt befreit werden*. Darum ging es, als Jesus auf die Erde kam. In feinster Ironie verwandelte Gott die äußerste Bosheit in einen Akt höchster Güte. Er schuf aus Gewalt und Hass des Menschen das Werkzeug, das unsere Erlösung bewirkt. Paulus schreibt dazu: „Die Mächte und Gewalten, die diesen Schuldschein gegen uns geltend machen wollten, hat er entwaffnet und vor aller Welt zur Schau gestellt, er hat sie in seinem Triumphzug mitgeführt – und das alles in und durch Christus" (Kol 2,15).

Die Geschichte hat unabänderlich einen anderen Kurs eingeschlagen, seit Jesus auf der Erde war. Gottes Gesamtplan für das Universum wird sich letzten Endes durchsetzen; die Geschichte liefert nur die Details dazu. Noch einmal Paulus: „Gott selbst ist *für* uns, wer will sich dann *gegen* uns stellen? Er hat seinen eigenen Sohn nicht verschont, sondern hat ihn für uns alle in den Tod gegeben. Wenn er uns aber den Sohn geschenkt hat, wird er uns dann noch irgendwas vorenthalten? [...] Kann uns noch irgendwas von Christus und seiner Liebe trennen?" (Röm 8,31–32.35).

Der Karfreitag, an dem Jesus starb, ist für uns kein „schwarzer Freitag". Schließlich verdanken wir es seinen Wunden, dass wir geheilt sind.

„Nach den Tränen kommt das Schweigen:
Lang dauert die Nacht, die stille Trauerzeit,
Nach Tränen Leere, salzig noch die Spuren,
Mattes Warten nur und hoffnungslos.
Nach der Nacht dann kommt das Lamm:
Der helle Morgenstern, lebend'ges Wasser,
Umsonst und frisch, des Freitags Mühen Lohn."[8]

Meine Frau leitet einen „christlichen Kreis" in einem Pflegeheim, der sich einmal wöchentlich trifft. Betsy, eine Patientin, die an Alzheimer erkrankt ist, ist eine treue Besucherin. Sie wird von einem Krankenpfleger gebracht und hält eine Stunde lang durch. Betsy ist schlank, hat schlohweißes Haar, blaue Augen und ein nettes Lächeln. Jede Woche stellt Janet sich vor und immer wieder reagiert Betsy, als ob sie sie nie gesehen hätte. Wenn andere Teilnehmer der Gruppe miteinander reden oder über einen Witz lachen, lächelt Betsy entrückt und entwaffnend. Meist bleibt sie ganz still mit leeren Augen sitzen und freut sich an der wechselnden Szenerie, bekommt aber nichts von den Gesprächen um sie herum mit.

Nach ein paar Wochen erfuhr Janet, dass Betsy trotz ihrer Krankheit immer noch lesen kann. Oft nimmt sie eine Postkarte mit, die ihre Tochter ihr vor ein paar Monaten geschickt hatte. Immer wieder entziffert sie die Zeilen, als seien sie erst gestern mit der Post gekommen. Sie hat keine Ahnung, was sie da liest, und wiederholt ständig die gleiche Zeile wie eine gesprungene Schallplatte, bis jemand ihr zeigt, wo sie weiterlesen kann. An guten Tagen aber kann sie einen

Text mit klarer, kräftiger Stimme ohne Stocken vorlesen. Janet hat damit angefangen, sie jede Woche ein Lied vorlesen zu lassen.

Eines Freitags suchten die Senioren, die ja gern die älteren Lieder aus ihrer Kindheit singen, für Betsy zum Vorlesen „Das altraue Kreuz". „Dort auf Golgatha stand einst ein altraues Kreuz, stets ein Sinnbild von Leiden und Weh", fing sie an, hielt aber inne. Plötzlich war sie ganz aufgeregt. „Ich kann nicht weiterlesen! Das ist mir zu traurig! Viel zu traurig!", rief sie. Einige von den Senioren schnappten nach Luft. Andere starrten sie sprachlos an. In all den Jahren im Heim hatte Betsy kein einziges Mal gezeigt, dass sie in sinnvollen Zusammenhängen reden und denken konnte. Jetzt aber hatte sie gezeigt, dass sie dazu ganz offensichtlich doch noch in der Lage war.

Janet beruhigte sie: „Schon gut, Betsy. Du brauchst nicht weiterzulesen, wenn du nicht willst."

Nach einer Weile fing sie aber wieder an und brach an der gleichen Stelle ab. Tränen flossen ihre Wangen hinunter. „Ich kann nicht weiterlesen! Das ist mir zu traurig!", sagte sie und wusste nicht mehr, dass sie dasselbe schon vor zwei Minuten gesagt hatte. Wieder setzte sie an und wieder reagierte sie mit dem gleichen Schreck des Erkennens, der Trauer und den gleichen Worten.

Da das Treffen fast beendet war, zogen sich die anderen Senioren allmählich in die Cafeteria oder auf ihre Zimmer zurück. Sie gingen leise, als seien sie in einer Kirche, und schauten sich dabei ehrfürchtig nach Betsy um. Die Mitarbeiter, die gekommen waren, um die Stühle umzustellen, blieben wie angewurzelt stehen und starrten sie an. Niemand hatte Betsy jemals im Zustand von annähernder geistiger Wachheit erlebt.

Als Betsy sich endlich beruhigt hatte, führte Janet sie zum Aufzug und brachte sie in ihr Zimmer. Zu ihrem Erstaunen fing Betsy an, das Lied auswendig zu singen. Die Worte kamen atemlos und abgehackt und sie konnte kaum die Melodie halten, aber jeder erkannte das Lied.

„Dort auf Golgatha stand einst ein altraues Kreuz,
stets ein Sinnbild von Leiden und Weh."

Wieder liefen die Tränen, aber diesmal sang Betsy weiter, immer noch auswendig, und beim Singen wurde die Stimme kräftiger.

„Doch ich liebe das Kreuz,
Denn dort hing einst der Herr,
Und in Ihm ich das Gotteslamm seh.

Schätzen will ich das altraue Kreuz,
Bis ich Jesus erblick auf dem Thron.
Ich will halten mich fest an das Kreuz,
Einst erhalt ich dafür eine Kron."[9]

Irgendwo in diesem verwirrten Verstand hatten sich beschädigte Neuronen an ein Netzwerk alter Verbindungen angeschlossen und ließen Betsy Sinnzusammenhänge erkennen. In ihrem verwirrten Zustand konnte sie nur mit den beiden Wörtern „Leiden" und „Weh" etwas anfangen. Diese beiden Worte fassen den Zustand des Menschen zusammen. In diesem Zustand befindet sie sich an jedem Tag ihres traurigen Lebens. Wer wüsste mehr über Leid und Schmerz als Betsy? Das Lied gab ihr die Antwort: Jesus.

Das Lied endet ebenso wie die Geschichte jedes Christen mit dem Versprechen, dass eines Tages die Erlösung in Vollendung sichtbar wird, dass Gott mit einem Ausbruch neu seine Ansprüche geltend machen wird. Dann werden wir Gott so gut kennen wie die vertrauteste Beziehung, die wir hier auf der Erde haben. „Jetzt sehen wir nur ein unklares Bild wie in einem trüben Spiegel; dann aber schauen wir Gott von Angesicht zu Angesicht. Jetzt kennen wir Gott nur unvollkommen; dann aber werden wir Gott völlig kennen, so wie *er* uns jetzt schon kennt" (1 Kor 13,12).

Die christliche Geschichte schließt mit dem Versprechen, dass Betsy eines Tages einen neuen Verstand bekommt, der „Leiden" und „Weh", wenn überhaupt, nur als fernen Anklang an eine vergangene Ära, als Erinnerung wahrt. Der Dichter Patrick Kavanaugh beschreibt das durch die Auferstehung Jesu in Umlauf gesetzte Versprechen als „ein Lachen, frei für alle Ewigkeit".[10]

Für manche, wie für Betsy, zieht sich der lange Weg des Karsamstags zu sehr hin. Die Last scheint viel zu schwer. Das Geschehen am Karfreitag bietet uns etwas Trost und Gemeinschaft. Doch für den, der in Leid und Schmerz gefangen ist, dessen Verstand zu umwölkt ist, um irgendetwas anderes zu begreifen, schwebt das Versprechen auf einen Sonntag zu vage und hoffnungslos unwirklich daher. Außer natürlich, wenn es wahr ist.

„Wir wissen von jenem Karfreitag, den die Christenheit als den Tag des Kreuzes begeht. Doch der Nichtchrist, der Atheist, weiß auch davon. Das soll heißen: Er weiß von der Ungerechtigkeit, vom unendlichen Leiden, von der Nutzlosigkeit, vom brutalen Rätsel jeden Endes. Das alles bestimmt nicht nur im Großen und Ganzen die historische Dimension des menschlichen Daseins, sondern auch den alltäglichen Stoff unseres persönlichen Lebens. Wir können dem Wissen vom Leid, vom Versagen der Liebe, von der Einsamkeit nicht entrinnen, denn das ist unsere Geschichte und unser persönliches Geschick.
Wir wissen auch vom Sonntag. Für den Christen birgt dieser Tag einen Hinweis, verbürgt und ungewiss, überzeugend und jenseits allen Verstehens zugleich, auf die Auferstehung, auf eine Gerechtigkeit und eine Liebe, die den Tod überwunden hat. [...]
Das Antlitz dieses Sonntags trägt den Namen der Hoffnung (es gibt kein Wort, das unzerstörbarer wäre). Doch noch ist der Weg durch den langen Samstag unser Schicksal."
GEORG STEINER[11]

Anmerkungen

Kapitel 1: Wieder geboren, aber taubstumm

1. John Updike: *A Month of Sundays*. New York 1975. S. 203.
2. Frederick Buechner: *Wishful Thinking*. New York 1973. S. 14.
3. Augustinus: *The Confessiones of St. Augustine*. New York 1960. S. 138.
4. Eugene Peterson: *The Wisdom of Each Other*. Grand Rapids 1998. S. 29.
5. C. S. Lewis: *The World's Last Night*. New York 1959. S. 77.
6. Zitiert nach: Jürgen Moltmann: *History and the Triune God*. New York 1992. S. 89.

Kapitel 2: Der Durstige am Brunnen

1. Eugene Ionesco: *Diaries*. Zitiert nach: Helmut Thielicke: *How to believe again*. Philadelphia 1972. S. 199.
2. Zitiert nach: Frederick Buechner: *Wishful Thinking*. A. a. O., S. 65.
3. C. S. Lewis: *Miracles*. New York 1947. S. 96.
4. Vom Philosophen William James stammt die scharfzüngige Bemerkung: „Hätten etwa die Märtyrer in den Flammen von einer bloßen Schlussfolgerung gesungen, wie unumgänglich auch immer sie sein mag?"
5. Martin Marty: *A Cry of Absence*. Grand Rapids 1997. S. 25.
6. Frederick Buechner: *The Alphabet of Grace*. New York 1970. S. 6.
7. Ebd.
8. Zitiert nach: Dan Wakefield: *Returning*. New York 1988. S. 152.

Kapitel 3: Raum für den Zweifel

[1] Aus einem Brief an Otis Lord, 30. April 1882. Aus: Thomas H. Johnson (Hrsg.): *The Letters of Emily Dickinson.* Cambridge 1958. S. 728.
[2] Peter De Vries: *The Blood of the Lamb.* New York 1961. S. 237.
[3] Sally Fitzgerald (Hrsg.): *Letters of Flannery O'Connor. The Habit of Being.* New York 1979. S. 476.
[4] Zitiert nach: Thomas G. Long/Cornelius Plantinga (Hrsg.): *A Chorus of Witnesses.* Grand Rapids 1994. S. 114.
[5] Ebd.
[6] Zitiert nach: Hugh T. Kerr & John M. Mulder (Hrsg.): *Conversions.* Grand Rapids 1983. S. 187.
[7] Frederick Buechner: *Alphabet of Grace.* A. a. O., S. 47.
[8] Mark Galli: „The Man Who Wouldn't Give Up". In: *Christian History*, Nr. 36 (Vol. XI, Nr. 4). S. 11.
[9] John Milton: *Paradise Lost.* New York 1961. S. 44.
[10] Zitiert nach: Kelly James Clark: *When Faith Is Not Enough.* Grand Rapids 1997. S. 38.
[11] Etwa: Am besten kann man in den Kirchen beten, in die am wenigsten Licht fällt. John Donne: „Hymn to Christ at the Author's Last Going into Germany". In: *The Complete English Poems.* London 1987. S. 346.
[12] Zitiert nach: Lockerbie: *Dismissing God.* Grand Rapids 1998. S. 89.
[13] Zitiert nach Clark: *When Faith Is Not Enough.* A. a. O., S. 94.

Kapitel 4: Angriff auf den Glauben

[1] Lesslie Newbigin: *The Household of God.* New York 1954. S. 29.
[2] Paulus beschreibt seine bedrängten Lebensumstände im 1. Korinther-Brief: „Bis zu diesem Augenblick leiden wir Hunger und Durst, wir gehen in Lumpen und werden geschlagen, heimatlos ziehen wir von Ort zu Ort. ... Es ist, als müssten wir den Schmutz der ganzen Welt auf uns nehmen. Wir sind der Auswurf der Menschheit – bis zu dieser Stunde." Im nächsten Brief berichtet er von seinen erfolglosen Gebeten um die Beseitigung eines „Pfahles im Fleisch" (1 Kor 4,11).

[3] Zitiert nach: Leonard I. Sweet: *Strong in the Broken Places*. Akron 1995. S. 109.
[4] Sören Kierkegaard: *Fear and Trembling/Repetition*. Princeton 1983. S. 18.
[5] Eine der Erzählfiguren von Doris Betts hat einen realistischeren Zugang: „Gott weiß, dass die Spatzen herunterfallen, aber sie fallen immer noch. Besteht die Schöpfung nicht aus einem toten Vogel nach dem andern?" Zitiert nach: W. Dale Brown: *Of Fiction and Faith*. Grand Rapids 1997. S. 21.
[6] Jacques Ellul: *What I Believe*. Grand Rapids 1986. S. 156.
[7] Robert Farrar Capon: *The Parables of Judgment*. Grand Rapids 1989. S. 92.
[8] C. A. Patrides (Hrsg.): *The English Poems of George Herbert*. Totowa 1974. S. 159.
[9] Madame Jeanne Guyon: *Spiritual Torrents*. Augusta 1984.

Kapitel 5: Der beidhändige Glaube

[1] Zitiert nach: Brennan Manning: *Lion and Lamb*. Old Tappan 1984. S. 123.
[2] William Safire: *The First Dissident*. New York 1992. XXII
[3] In einer mysteriösen Stelle in Daniel 10 wird eine biblische Szene beschrieben, die deutliche Parallelen dazu aufweist. Daniel kann nicht verstehen, warum eines seiner Gebete nicht erhört wurde. Da erscheint ein Engel, der erklärt, was in der unsichtbaren Welt geschehen ist: Drei Wochen lang habe der Engel versucht, den Widerstand des „Engelfürsten des persischen Reiches" zu überwinden, um Daniels Gebet zu beantworten, und erst jetzt sei Verstärkung einer himmlischen Macht namens Michael eingetroffen. Ich bezweifle, dass Daniel je wieder unbedacht gebetet hat.
[4] C. S. Lewis: „Die letzte Nacht der Welt". Gießen 1999. S. 25 f.
[5] C. S. Lewis/Don Giovanni Calabria: *Letters*. Ann Arbor 1988. S. 53.
[6] Jean-Pierre de Caussade: *The Sacrament of the Present Moment*. San Francisco 1989. S. 72.
[7] Ebd., S. 77.
[8] John Donne: *Devotions*. A. a. O., S. 41.

⁹ Leo Tolstoi: *A Confession*. Zitiert nach: John Bayley (Hrsg.): *The Portable Tolstoy*. New York 1978. S. 704.

Kapitel 6: Im Glauben leben

1. Walker Percy: *Lancelot*. New York 1977. S. 235.
2. Richard E. Byrd: *Alone*. New York 1938. S. 104; 280.
3. Jürgen Moltmann: *Experiences of God*. Philadelphia 1980. S. 7–8.
4. George Herbert: *English Poems*. A. a. O., S. 155.
5. Nelson Mandela: *Long Walk to Freedom*. New York. S. 495–496.
6. Leo Tolstoi: *Fables & Fairy Tales*. New York 1962. S. 87.
7. Ernest Kurtz: *Not God: A History of Alcoholics Anonymous*. Center City 1991. VII
8. Thomas Merton: *The Seven Story Mountain*. New York 1948. S. 370.
9. Zitiert nach: David Aikman: *Great Souls*. Nashville 1998. S. 233.
10. Zitiert nach: Alan Paton: *Instrument of Thy Peace*. New York 1968. S. 41.
11. Blaise Pascal: „Gedanken". Aphorismus 765. Basel.
12. John Donne: *Poems*, „Holy Sonnet XIV". New York 1931. S. 254.
13. William Blake: „Milton". Zitiert nach: David F. Ford: *The Shape of Living*. Grand Rapids 1997. S. 157.

Kapitel 7: Bewältigung des Alltags

1. T. S. Eliot: „Four Quartets". In: *The Complete Poems & Plays*. New York 1952. S. 127.
2. Bill W., einer der Gründer der Anonymen Alkoholiker, schrieb dem Psychiater Carl Jung einen anerkennenden Brief und bekam von Jung die Antwort, es sei vielleicht kein Zufall, dass wir von alkoholischen als „geistigen" Getränken redeten. Vielleicht, so Jung, haben Alkoholiker einen größeren Durst nach dem Geist als andere Menschen, einen geistlichen Durst, der allzu oft in die falsche Richtung lenken ließ. (M. Scott Peck: *Further Along the Road Less Traveled*. New York 1993. S. 138.)

³ Anne Lamott: *Traveling Mercis*. New York 1999. S. 82.
⁴ Wenn der Lyriker Mark Van Doren mit seinen Studenten den „Don Quichotte" besprach, sagte er: „In diesem Buch lernen wir unter anderem, dass man wie ein Ritter handeln muss, um zum Ritter zu werden." Später sagte er zu Thomas Merton: „Man muss wie ein Heiliger handeln, wenn man ein Heiliger werden will." (Interview mit Dan Wakefield, in: *Mars Hill Review*, Winter/Frühling, 1996. S. 11.)
⁵ In seinem Buch „Eine harte Gnade" beschreibt Sheldon Vanauken diesen Prozess folgendermaßen: „Den Glauben wählen, das heißt glauben. Es ist alles, was ich tun kann: wählen. [...] Ich behaupte nicht, dass ich ohne Zweifel bin, ich bitte Gott nur, nachdem ich nun gewählt habe, mir dabei zu helfen, die Zweifel zu überwinden. Ich kann nur sagen: Herr, ich glaube – hilf du meinem Unglauben" (Sheldon Vanauken: „Eine harte Gnade". Gießen 1989. S. 117).
⁶ Thomas Merton: *No Man is an Island*. New York 1955. S. 241.
⁷ Zitiert nach: Gerard Manley Hopkins: *The Sermons and Devotional Writings of Gerard Manley Hopkins*. London 1959. S. 95.
⁸ Andrew Greeley, in: *The New York Times Book Review*.
⁹ G. K. Chesterton: *Orthodoxy*. New York 1959. S. 95.
¹⁰ Rabbi Bunam. In: Clark: *When Faith*, a. a. O., S. 158.
¹¹ M. Scott Peck: *The Road Less Traveled*. New York 1978. S. 15.
¹² Elton Trueblood: *The Yoke of Christ*. Waco 1958. S. 17.
¹³ Dennis Covington: *Salvation on Sand Mountain*. New York 1995. S. 204.
¹⁴ John Bunyan: *Pilgrim's Progress*. New York 1957. S. 210.
¹⁵ Zitiert nach: Thomas Cahill: *The Gifts of the Jews*. New York 1998. S. 169.

Kapitel 8: Gott kennen lernen – wen sonst?

¹ Blaise Pascal: *Gedanken*. Nr. 333. A. a. O.
² George Berkeley, ein Philosoph des 18. Jahrhunderts, formuliert das Problem mit folgenden Worten: „Es ist klar, dass wir von der Existenz eines anderen Geistes (einer Person) nichts wissen können, es sei denn durch sein Handeln oder seine Ideen, von ihm in

uns angeregt. Ich nehme bestimmte Bewegungen, Veränderungen und Kombinationen von Ideen wahr, die mir anzeigen, dass es gewisse einzelne Handelnde wie ich gibt, die mit ihnen (den Ideen) einhergehen und zu ihrem Zustandekommen beitragen" (zitiert nach: Alvin Plantinga: *God and Other Minds: A Study of the Rational Justification of Belief in God*. Ithaca 1967. VIII).

[3] Alfred Lord Tennyson: „The Higher Pantheism", in: *The Poetic and Dramatic Works of Alfred Lord Tennyson*. Boston 1898. S. 273.

[4] In der Erzählung *Micromages* stellt Voltaire sich außerirdische Besucher vor, die 15 000 Jahre lang leben und 72 Sinne haben, mit denen sie die Welt wahrnehmen. Die menschlichen Wesen, viel „beschränkter", nehmen nur einen winzigen Anteil des elektromagnetischen Spektrums wahr: Infrarote und ultraviolette Strahlen erreichen uns, ohne dass wir es bemerken; ebenso die Frequenzen, die uns Mitteilungen per Radio, Fernsehen und Handy ermöglichen.

[5] Zitiert nach: Richard Foster: *Streams of Living Water*. San Francisco 1998. S. 235.

[6] Augustinus: *Confessions*. A. a. O., S. 335.

[7] „Unsere Hunde kennen uns und lieben uns höchst real, und doch erkennen sie uns zweifellos nur impulsiv, nicht klar und deutlich; offensichtlich ermüden wir nach einer Weile ihren Verstand – dann möchten sie sich an Kinder und Dienstboten halten; und eigentlich würden sie viel lieber ganz und gar der menschlichen Gesellschaft entfliehen. [...] Und doch, wie wunderbar! Hunde bedürfen also ihrer Mithunde, des Einfachen und Klaren, aber sie sind auch auf uns angewiesen, das Tiefe und Unklare; sie bedürfen tatsächlich dessen, was sie erfassen können ... Die Quelle und der Gegenstand der Religion, wenn die Religion denn wahr und ihr Gegenstand real ist, kann mir in der Tat unmöglich auch nur so verständlich sein, wie ich es meinem Hund bin" (zitiert nach: Alister Hardy: *The Biology of God*. New York 1976. S. 155).

[8] Zitiert nach: Alfred Kazin: *God and the American Writer*. New York 1997. S. 5.

[9] Evagrius von Pontus. Zitiert nach: *Christian History*, Ausgabe 54 (Band XVI, Nr. 2). S. 36.

[10] Viktor Frankl: *Man's Search for Meaning*. New York 1984. S. 48.

[11] Thomas Green, ein Priester, der sein ganzes Leben auf die Erfor-

schung des Spirituellen verwandt und sieben Bücher über das Gebet geschrieben hat, macht eine interessante Beobachtung. Er schätzt, dass der Anteil der Bevölkerung mit sehr gutem Gebetsleben auch eine sehr gelungene Ehe führe. Es gehe dabei nicht um die Greifbarkeit, weil diese das Gelingen menschlicher Beziehungen nicht gewährleisten könne (Thomas Green: *Drinking From a Dry Well*. Notre Dame 1991. S. 18).

[12] Kathleen Norris: *Amazing Grace*. New York 1998. S. 214.

Kapitel 9: Ein Persönlichkeitsprofil

[1] Ron Hansen: *Mariette in Ecstasy*. New York 1991. S. 174.
[2] John Updike: *Self-Consciousness*. New York 1989. S. 229.
[3] Zitiert nach: Clark: *When Faith* . . . A. a. O., S. 4.
[4] Zitiert nach: Belden C. Lane: „A Hidden and Playful God". In: *The Christian Century* vom 30. September 1987. S. 812.
[5] Ebd.
[6] John V. Taylor: *The Go-Between God*. London 1972. S. 33.
[7] Julian von Norwich: *Revelations of Divine Love*. London 1901. S. 34–35.
[8] C. S. Lewis: *Christian Reflections*. Grand Rapids 1967. S. 168–169.
[9] Jonathan Edwards: *The Works of Jonathan Edwards*. Edinburgh 1992. Band 1, S. 386 b.

Kapitel 10: Im Namen des Vaters

[1] Zitiert nach: Luigi Giussani: „Religious Awareness in Modern Man". In: *Communio: International Catholic Review*, Nr. 25 (Frühling 1998). S. 121.
[2] Die meisten Autoren geraten in leichte Panik, wenn sie gefragt werden: „Woran arbeitest du?" Ich würde am liebsten antworten: „Das weiß ich noch nicht. Lass mich zu Ende schreiben und dann kann ich es dir sagen." Die Idee existiert im kreativen Prozess nur als erstes Stadium.
[3] Das Wort „Person" an sich entspringt dieser langen Debatte. Die Theologen entlehnten das Wort – lateinisch *Persona*, griechisch

porsopon –, mit dem die Maske der Schauspieler bezeichnet wurde, die sie auf der Bühne trugen, um zum Ausdruck zu bringen, wie ein Wesen in drei Personen dargestellt werden könne.
[4] Tim Stafford: *Knowing the Face of God*. Colorado Springs 1996. S. 20.
[5] George Herbert: *Poems*. A. a. O., S. 113.
[6] Gordon MacDonald: *Forging a Real World Faith*. Nashville 1989. S. 58.
[7] Zitiert nach: Eleanor Munro: *On Glory Roads*. New York 1987. S. 112.
[8] John Milton: *Paradise lost*. A. a. O., S. 332.
[9] Zitiert nach: Eugene Peterson: *Reversed Thunder*. San Fransisco 1988. S. 162.
[10] Abraham Heschel: *The Prophets*. Band 1. New York 1962. S. 110–112.

Kapitel 11: Der Stein von Rosette

[1] Reynolds Price: *The Palpable God*. New York 1978. S. 14.
[2] So hat Augustinus das Paradoxon formuliert: „Der Schöpfer des Menschen wurde zum Menschen, so dass er, der Herrscher der Gestirne, an der Brust seiner Mutter gesäugt werde; damit das Brot hungere, der Brunnen dürste, das Licht schlafe, der Weg auf seiner Reise müde werde; damit die Wahrheit falschen Zeugnisses beschuldigt, der Lehrer mit Peitschen geschlagen, das Fundament ans Holz gehängt werde; damit die Kraft schwach werde; damit der Heiler verwundet werde, das Leben sterben möge" (zitiert nach: Garry Wills: *Saint Augustine*. New York 1999. S. 139–140).
[3] John Milton: *Paradise Lost*. A. a. O., S. 335.
[4] Paul Tournier: „Vom Sinn unserer Krankheit". Freiburg.
[5] Um den Wandel zu verdeutlichen: Im Alten Testament wird 11-mal von Gott als Vater gesprochen, im Neuen Testament 170-mal.
[6] H. Richard Niebuhr: *The Meaning of Revelation*. New York 1941. S. 154.
[7] Zitiert nach: Fénelon: *The Seeking Heart*. Beaumont 1992.

[8] Henry Drummond: *Natural Law in the Spiritual World*. London 1885. S. 365.
[9] Gil Bailie: *Violence Unveiled*. New York 1995. S. 21.
[10] Der Hohepriester Kaiphas hat die Sündenbockpraxis eindrucksvoll zum Ausdruck gebracht, als er von Jesus sagte: „Seht ihr nicht, dass es günstiger für euch ist, wenn einer für alle stirbt, als wenn das ganze Volk vernichtet wird?"
[11] Flannery O'Connor: „A Good Man is Hard to Find". In: Flannery O'Connor: *The Complete Stories*. New York 1973. S. 131.
[12] Roberta Bondi: *Memories of God*. Nashville 1995. S. 43.
[13] Simone Weil: *Gravity and Grace*. London 1995. S. 80.

Kapitel 12: Der Mittler

[1] Zitiert nach: Loren Eiseley: *The Star Thrower*. New York 1978. S. 246.
[2] Umberto Eco: *Travels in Hyper Reality*. New York 1983. S. 53.
[3] John V. Taylor: *The Go-Between God*. A. a. O., S. 43.
[4] Der Geist war natürlich die ganze Zeit wirksam. Er schwebte über den Wassern der Schöpfung und inspirierte in der gesamten Geschichte des Alten Testamentes Gottes Boten – an 378 Stellen wird in der hebräischen Bibel der Heilige Geist erwähnt. Henri Nouwen hat eine Vernachlässigung des Geistes beobachtet, die daran zu erkennen sei, dass für die meisten Menschen Pfingsten ein „Nicht-Ereignis" ist. Auf den Kalendern ist Weihnachten und Ostern vermerkt, doch „Pfingsten ist auffällig abwesend". Und doch war Pfingsten und nicht Ostern das Ereignis, das die Jünger zu überschwänglichen Botschaftern der Guten Nachricht gemacht hat. (Henri Nouwen: *Sabbatical Journey*. New York 1998. S. 161.)
[5] Thomas Merton: *Ascent to Truth*. New York 1951. S. 280.
[6] Jürgen Moltmann: *The Spirit of Life*. Minneapolis 1971. S. 180 (dt.: „Der Geist des Lebens". Gütersloh 1994).
[7] J. I. Packer tadelt die Kirche:
„Mit einer Perversion, die mit ebenso viel Pathos daherkommt, wie sie uns verarmen lässt, beschäftigen wir uns heutzutage mit den außergewöhnlichen, sporadischen, nicht allgemein gültigen

Diensten des Geistes auf Kosten der normalen und allgemeinen. Daher sind wir viel interessierter an den Gaben der Heilung und des Zungenredens – Gaben, an denen nach Paulus sowieso nicht alle Christen teilhaben – als an dem gewöhnlichen Wirken des Geistes, das uns Frieden, Freude, Hoffnung und Liebe schenkt, indem uns das Wissen um die Liebe Gottes in die Herzen gegossen wird" (J. I. Packer: *Knowing God*. Downers Grove 1973. S. 107).

[8] Eugene Peterson: *Reversed Thunder*. A. a. O., S. 54.
[9] John V. Taylor: *The Christlike God*. London 1992. S. 205.
[10] Etty Hillesum: *An Interrupted Life: The Diaries of Etty Hillesum, 1941–1943*. New York 1983. S. 151.
[11] Gerard Manley Hopkins: *The Sermons*. A. a. O., S. 100.

Kapitel 13: Das Vermächtnis

[1] Sören Kierkegaard: *The Prayers of Kierkegaard*, hrsg. von Perry LeFebre. Chicago 1956. S. 147.
[2] J. Heinrich Arnold: *Discipleship*. Farmington 1994. S. 28.
[3] Zitiert nach: Eugene Peterson: *Leap Over a Wall*. San Francisco 1997. S. 236.
[4] Zitiert nach: Kathleen Norris: *Cloister Walk*. New York 1996. S. 63.
[5] J. B. Phillips: *Ring of Truth*. Wheaton 1967. S. 74.
[6] Henri Nouwen: „Du bist der geliebte Mensch". Freiburg 1993. S. 65.
[7] Kathleen Norris: *Amazing Grace*. A. a. O., S. 151.
[8] John V. Taylor: *The Go-Between God*. A. a. O., S. 18.
[9] Dietrich Bonhoeffer: *Meditating on the Word*. Cambridge 1986. S. 32.
[10] Roberta Bondi: *Memories*. A. a. O., S. 201.
[11] Dag Hammarskjöld: *Markings*. New York 1993. S. 103.
[12] T. S. Eliot: *Four Quartets*. London 1944. S. 33.

Kapitel 14: Unbeherrschbar

1. Zitiert nach: Robert J. Wicks: *Touching the Holy*. Notre Dame 1992. S. 14.
2. Zitiert nach: James William McClendon jr.: *Biography as Theology*. Philadelphia 1990. S. 83.
3. Ich ging zur gleichen Zeit auf ein christliches College, als in einer Schwesternbibelschule, dem *Moody Bible Institute*, Plakate mit Hinweisen aufgehängt wurden, was in „Notfällen" zu geschehen habe. Zu den Notfällen gehörten Feuer, Tornados, Luftangriffe, Bombendrohungen, Gefühlsausbrüche und/oder Selbstmord, Krankheit oder Verletzung sowie „charismatische Aktivitäten".
4. Robert Jay Lifton: *Thought Reform and the Psychology of Totalism*. Chapel Hill 1961. S. 6 f.
5. Aus dem Film „Die Stunde des Siegers".
6. Richard Mouw, in: *The Reformed Journal*. Oktober 1990. S. 13.
7. C. S. Lewis: *God in the Dock*. Grand Rapids 1970. S. 50.
8. Zitiert nach: James Houston: *In Pursuit of Happiness*. Colorado Springs 1996. S. 264.

Kapitel 15: Die Leidenschaft und die Wüste

1. Jean Sullivan: *Morning Light*. New York 1976. S. 19.
2. Henri Nouwen: *Sabbatical Journey*. A. a. O., S. 5–6.
3. Henri Nouwen: „Die innere Stimme der Liebe". Freiburg 1997. S. 12.
4. Thomas von Kempen: „Nachfolge Christi". Marburg 1975.
5. Zitiert nach: Ernest Kurtz/Katherine Ketcham: *The Spirituality of Imperfection*. New York 1992. S. 220.
6. Hieronymus: *Select Letters of Saint Jerome*. Cambridge 1933. S. 397.
7. Jürgen Moltmann: „The Passion of Life". In: *Currents in Theology and Mission*. Band 4, S. 1.
8. Frederick Buechner: *Peculiar Treasures*. San Francisco 1979. S. 24.
9. Franz von Sales: *The Art of Loving God*. Manchester 1998. S. 36.

[10] Henri Nouwen: *Gracias*. Maryknoll 1993. S. 69.
[11] Thomas Merton: *Thoughts in Solitude*. Garden City 1968. S. 81.

Kapitel 16: Geistliche Amnesie

[1] Zitiert nach: Leonard I. Sweet: *Strong in the Broken Places*. A. a. O., S. 181.
[2] W. H. Auden: „Pascal". In: *Collected Poetry of W. H. Auden*. New York 1945. S. 88.
[3] Zitiert nach: John Piper: *Desiring God*. Portland 1986. S. 116.
[4] John Claypool: *Tracks of a Fellow Traveler*. Waco 1974. S. 55.
[5] Zitiert nach: Gene Edwards: *The Secret to the Christian Life*. Beaumont 1991.
[6] Romano Guardini: *The Lord*. Chicago 1954. S. 38, 211.
[7] C. S. Lewis: *Letters to Malcolm: Chiefley on Prayer*. New York 1963. S. 114.
[8] Thomas Merton: *No Man is an Island*. A. a. O., S. 230.
[9] In seinem Buch *A Serious Call to a Devout and Holy Life* („Ernster Ruf zu hingebungsvollem und heiligem Leben") schlägt William Law bestimmte Meditationsthemen für die unterschiedlichen Tageszeiten vor: 6 Uhr morgens – Lob und Danksagung; 9 Uhr morgens – Demütigung; 12 Uhr mittags – Fürbitte für andere; 3 Uhr nachmittags – das Leben dem Willen Gottes unterstellen; 6 Uhr abends – Selbstprüfung und Bekenntnis der Sünden des Tages; Schlafenszeit – Tod. Seine Regeln für die Beziehung zu Gott schienen mir beim Durchlesen schrecklich streng zu sein, bis ich mich daran erinnerte, dass die gläubigen Moslems fünf Mal am Tag beten und viele Computernutzer ihre E-Mails mindestens ebenso oft abholen.
[10] Bruder Lorenz: *Practice of the Presence of God*. Nashville 1981. S. 51, 41–42, 88. (dt.: „Allzeit in Gottes Gegenwart".)
[11] Alle zitierten Passagen aus: Frank Laubach: *Man of Prayer*. Syracuse 1990.

Kapitel 17: Das Kind

[1] W. H. Auden: *The Age of Anxiety*. New York 1947. S. 123.
[2] In einem medizinischen Museum habe ich einmal einen verknöcherten Fötus gesehen. Auf dem Schild wurde erklärt, dass eine sehr übergewichtige Frau schwanger geworden war und nichts davon gemerkt hatte. Irgendetwas verlief verkehrt, und der Fötus wurde nicht geboren, sondern blieb im Mutterleib. Die Zellen wurden im Lauf der Zeit von Mineralien zugesetzt, ähnlich, wie Holz versteinert. Als die Frau mit 65 Jahren wegen einer anderen Sache operiert wurde, fanden die Ärzte in ihr ein Knochenstück in der Form eines Fötus, so schwer wie eine Bowlingkugel.
[3] Artur Weiser: *The Psalms*. Philadelphia 1962, S. 777.
[4] J. I. Packer: *Knowing God*. A. a. O., S. 223.
[5] Frederick Buechner: „The Breaking of Silence". In: *The Magnificent Defeat*. New York 1966. S. 124.
[6] Kathleen Norris: *Amazing Grace*. A. a. O., S. 63.
[7] Ebd., S. 66.
[8] Walter Ciszek: *He leadeth Me*. San Francisco 1973. S. 36, 142, 175, 182, 57, 79.
[9] Frederick Buechner: *The Magnificent Defeat*. A. a. O., S. 134.

Kapitel 18: Der Erwachsene

[1] Zitiert nach: Diogenes Allen: *The Traces of God*. O. O. 1981. S. 31.
[2] C. S. Lewis: *Letters to Malcolm: Chiefly on Prayer*. A. a. O., S. 114.
[3] Edward Langerak: „The Possibility of Love". In: *The Reformed Journal* (2/76), S. 26–27.
[4] Henri Nouwen: „Die innere Stimme der Liebe". A. a. O., S. 79.
[5] Augustinus: *Day by Day*. New York 1986. S. 17.
[6] Zitiert nach: Kathleen Norris, *Cloister Walk*. A. a. O., S. 7.
[7] Joan Chittister (*Wisdom Distilled from the Daily*. San Francisco 1990. S. 7), eine zeitgenössische Benediktiner-Äbtissin, beschreibt die Regel des Benedikt als „Wegweiser" oder „Geländer", etwas, an dem man sich im Dunkel festhalten kann, das in die vorgegebene Richtung führen hilft und beim Aufstieg Halt gibt.

Mit anderen Worten: Die Regel des Benedikt ist eher Weisheit als Gesetz. Sie ist keine Sammlung von Anweisungen. Die Regel des Benedikt ist eine Lebensweise. Und das ist der Schlüssel zu ihrem Verständnis: Es ist gar keine Regel.

[8] Zitiert nach: James M. Gordon: *Evangelical Spirituality*. London 1991. S. 43.
[9] C. S. Lewis: „Pardon, ich bin Christ". Gießen 1977. S. 137.

Kapitel 19: Die Eltern

[1] Zitiert nach: H. Wheeler Robinson: *Suffering, Human and Divine*. New York 1939. S. 200.
[2] Jean Vanier: *Man and Woman He Made Them*. New York 1984. S. 84.
[3] Robert Browning: „A Death in the Desert". In: *Dramatis Personae*. Hrsg. von: F. E. L. Priestley/I. Lancashire. Toronto 1997.
[4] Ronald Rolheiser: *Holy Longing*. New York 1999. S. 192.
[5] C. S. Lewis: „Dienstanweisung für einen Unterteufel". Freiburg 1992. S. 39 f.
[6] Henri Nouwen: *The Living Reminder*. New York 1977. S. 45.
[7] Gerard Manley Hopkins: *Poems of Gerard Manley Hopkins*. Hrsg. von: Robert Bridges/W. H. Gardner. New York 1948. S. 43.
[8] C. Day Lewis: „Walking Away". In: *The Complete Poems of C. Day Lewis*. London 1992. S. 546.
[9] Ich muss mahnend erwähnen, dass in der Kirche das Thema Selbstverleugnung oft falsch dargestellt wird. Es geht nicht darum, den eigenen Wert zu leugnen. Das hat Jesus nie getan. Es geht auch nicht darum, eigene Begabungen oder Fähigkeiten abzuwerten. Für Paulus waren sie unser Hauptbeitrag im Leib Christi. Nicht jeder Mensch ist reif, die Botschaft der Selbstverleugnung zu hören. Wir müssen erst empfangen, bevor wir geben können, müssen besitzen, bevor wir aufgeben, müssen einen Ort für uns haben, bevor wir ihn verlassen. Viele Christen, die von einer fehlgeleiteten Theologie klein gehalten wurden, haben zu ihrer Heilung eine Portion Selbstverwirklichung nötig, bevor sie über Opfer nachdenken können. Ist man als Kind verletzt worden, braucht man Heilung, bevor man zur Elternschaft fähig ist.
[10] Frederick Buechner: *Wishful Thinking*. A. a. O., S. 28.

Kapitel 20: Das verlorene Paradies

[1] C. S. Lewis: „Dienstanweisung für einen Unterteufel". A. a. O., S. 42.
[2] Gerald May. Interview in: *The Wittenberg Door* (Sept./Okt. 1992). S. 7–10.
[3] Primo Levi: *The Reawakening*. New York 1965. S. 163.
[4] Zitiert nach: Cliff Edwards: *Van Gogh and God*. Chicago 1989. S. 70.
[5] Marilynne Robinson. In: *Incarnation*. Hrsg. von: Alfred Corn. London 1990. S. 310–311.
[6] Zitiert nach: Kathleen Norris: *Cloister Walk*. A. a. O., S. 125.

Kapitel 21: Göttliche Ironie

[1] George Dell: *The Earth Abideth*. Columbus 1986. S. 317.
[2] Flannery O'Connor: *Mystery and Manners*. New York 1961. S. 118.
[3] Teilhard de Chardin: *The Divine Milieu*. New York 1960. S. 86.
[4] Zitiert nach: Dallas Willard: *The Spirit of the Disciplines*. San Francisco 1988. S. 35.
[5] Paul Tournier: *The Person Reborn*. New York 1966. S. 80–81.
[6] Leslie Weatherhead: *The Will of God*. Nashville 1972.
[7] Nicholas Wolterstorff: *Lament for a Son*. Grand Rapids 1987. S. 96–97, 81.
[8] Henri Nouwen: „In ihm das Leben finden – Einübungen". Freiburg 1982. S. 96–97.

Kapitel 22: Eine arrangierte Ehe

[1] G. K. Chesterton: *Collected Works, Bd. IV*. San Francisco. S. 69.
[2] Dorothy L. Sayers: *The Mind of the Maker*. London 1959. S. 152.
[3] Flannery O'Connor: *Letters of Flannery O'Connor: Habit of Being*. A. a. O., S. 163.
[4] Kathleen Norris: *Amazing Grace*. A. a. O., S. 29.
[5] Milan Kundera: „A Life Like a Work of Art". In: *The New Republic* (29. Januar 1990). S. 16.

[6] Václav Havel: „Faith in the World". In: *Civilisation* (April / Mai 1998). S. 53.
[7] John Masefield: *The Everlasting Mercy and The Widow in the Bye Street*. New York 1916. S. 221.

Kapitel 23: Karfreitag und die Folgen

[1] Thomas Cahill: *Desire of the Everlasting Hills*. New York 1999. S. 130.
[2] Dallas Willard: *The Divine Conspiracy*. San Francisco 1998. S. 337.
[3] Zitiert nach: Ernest Kurtz: *Not God: A History of Alcoholics Anonymous*. Center City 1991. S. 61.
[4] Paul Tournier: „Vom Sinn unserer Krankheit". Freiburg.
[5] Reynolds Price: *A Whole New Life*. New York 1994. S. 179.
[6] John Milton: *Paradise Lost*. New York 1961. S. 338.
[7] Augustinus: *Enchiridon*. S. 27. Zitiert nach: John Chapin (Hrg.): *The Book of Catholic Quotations*. New York 1956. S. 313.
[8] N. T. Wright: *Following Jesus*. Grand Rapids 1994. S. 58.
[9] Text & Musik: George Bennard; Übersetzung: S. A. Rose.
[10] Zitiert nach: Ford: *The Shape of Living*. A. a. O., S. 185.
[11] Georg Steiner: *Real Presences*. Chicago 1989. S. 231–232.

Philip Yancey bei Projektion J

Angesichts der Not in dieser Welt stellt sich immer wieder die Frage nach dem Warum. Der erfolgreiche Autor Philip Yancey macht deutlich, dass Gott weder teilnahmslos noch launisch ist. Auf der Grundlage der Bibel und eigener Erfahrungen setzt er sich tief gehend mit dem Thema „Leid und Schmerz" auseinander.

Philip Yancey:
**Wo ist Gott
in meinem Leid?**
Taschenbuch, 320 Seiten
Best.-Nr. 657 422

Viele Christen gehören bewusst keiner Gemeinde an. Grund für dieses Verhalten ist in den meisten Fällen die falsche Sichtweise von Gemeinde. In dieser erfrischend ehrlichen und zum Nachdenken anregenden Bestandsaufnahme legt Philip Yancey die Gründe für seinen eigenen Weg offen, der ihn vom Skeptizismus zu einer engagierten Mitarbeit in der Gemeinde führte.

Philip Yancey:
Auf der Suche nach der perfekten Gemeinde
Taschenbuch, 112 Seiten
Best.-Nr. 657 461

Geistliches Training
für Menschen wie du und ich

Beim Christsein geht es um mehr, als es „gerade so" in den Himmel zu schaffen. Im Mittelpunkt des christlichen Glaubens geht es um Veränderung! Es geht um einen Gott, dem nicht nur unser „geistliches Wohl" am Herzen liegt, sondern der Einfluss auf jeden Bereich unseres Lebens haben und uns überall begegnen möchte.
Wie dies aussehen kann, beschreibt Ortberg anhand eines erfrischend neuen Zugangs zu den klassischen geistlichen Übungen. Es gelingt ihm, die bewährten und jahrhundertelang erprobten heiligen Gewohnheiten – z. B. Feiern, Dienen, Einsamkeit – modern und straßentauglich zu beschreiben.

John Ortberg
Das Leben, nach dem du dich sehnst
Hardcover, 240 Seiten
Bestell-Nr. 657 243